国学基本文库

中国文化史

下册

柳诒徵　编著

中国人民大学出版社

·北京·

第十一章　隋唐之统一及开拓

自隋文帝开皇九年至唐玄宗天宝十四年，为中世史第一次统一之时（中间虽有隋末群雄之乱，不过十年），肃、代以后，遂成藩镇割据之局，唐祚虽仍延至百五十余年，其实不得谓之统一也。然隋、唐统一之时，亦不过一百六十七年，比之汉室则远不逮。此亦可见幅员既广，则破裂易而整理难，非有特殊之才德及适当之法制，而又值群众心理厌乱思治，能以向心力集中于一政府者，未易统治此泱泱大国也。吾国疆域至秦、汉时已极廓大，然三国、两晋以降，未始不继续开拓，如吴平山越，蜀定南蛮，

《蜀志·诸葛亮传》："建兴三年春，亮率众南征，其秋悉平。军资所出，国以富饶。"《李恢传》："先主以恢为庲降都督，使持节领交州刺史住平夷县。（裴松之注：庲降，地名，去蜀二千余里，时未有宁州，号为南中，立此职以总摄之。晋泰始中，始分为宁州。）……恢钼尽恶类，徙其豪帅于成都，赋出叟、濮耕牛、战马、金银、犀革，充继军资，于时费用不乏。"

氐杨之辟仇池，

《魏书·氐传》："汉建安中，有杨腾者，为部落大帅，勇健多计略，始徙居仇池。仇池方百顷，因以为号，四面斗绝，高七里余，羊肠蟠道三十六回，其上有丰水泉，煮土成盐。腾后有名千万者，魏拜为百顷氐王。千万孙名飞龙，渐强盛。……养外甥令狐茂搜为子。晋惠帝元康中，茂搜自号辅国将军、右贤王，群氐推以为主。关中人士流移者多依之。"

鲜卑之开青海，

《隋书·吐谷浑传》："吐谷浑本辽西鲜卑徒何涉归子也。……涉归死……吐谷浑与弟若洛廆不协，遂西度陇，止于甘松之南，洮水之西，南极白兰山，数千里之地，其后遂以吐谷浑为国氏焉。当魏、周之际，始称可汗，都伏俟城，在青海西十五里……其器械衣服，略与中国同。"

爨氏之居曲靖、龙和，

《文献通考》："西爨蛮，自云本安邑人。七世祖晋南宁太守，中国乱，遂王蛮中。宋元帝时，南宁州刺史徐文盛召诣荆州，有爨瓒者据其地，延袤二千余里，土多骏马、犀象、明珠。既死，子震玩分统其众。隋开皇初，遣使朝贡。"

麹氏之王高昌、焉耆，

《隋书·高昌传》："高昌国者，汉车师前王庭也。……其地有汉时高昌垒，故以为国号。初蠕蠕立阚伯周为高昌王，伯周死，子义成立，为从兄首归所杀。首归自立为高昌王，又为高车阿伏至罗所杀。以敦煌人张孟明为主，孟明为国人所杀，更以马儒为王，以巩顾、麹嘉二人为左右长史。儒又通使后魏，请内属。内属人皆恋土，不愿东迁，相与杀儒，立嘉为王。嘉字灵凤，金城榆中人，既立……属焉耆为挹怛所破，众不能自统，请主于嘉。嘉遣其第二子为焉耆王，由是始大，益为国人所服。其风俗政令，与华夏略同。"

或前代所未经营，或昔时未隶疆索者，皆由华人或他族分途竞进，以为后来统一之预备。于是隋若唐袭累世之成劳，集合其地，又加之以恢廓，而造成空前之版图焉。据隋、唐二《志》之言，以较之汉地有过有不及。

《隋书·地理志》："东西九千三百里，南北万四千八百一十五里，东南皆至于海，西至且末，北至五原。隋氏之盛，极于此。"《新唐书·地理志》："太宗元年，因山川形便，分天下为十道：一曰关内，二曰河南，三曰河东，四曰河北，五曰山南，六曰陇右，七曰淮南，八曰江南，九曰剑南，十曰岭南。至十三年定簿，凡州府三百五十八，县一千五百五十一。明年，平高昌，又增州二、县六。其后北殄突厥颉利，西平高昌，北逾阴山，西抵大漠，其地东极海，西至焉耆，南尽林州南境，北接薛延陀界。东西九千五百一十一里，南北一万六千九百一十八里。"

举唐之盛时，开元、天宝之际，东至安东，西至安西，南至日南，北至单于府。盖南北如汉之盛，东不及而西过之。然高宗时，高丽、百济皆属唐。开元中，始以萨水以南地界新罗，则其东界亦轶于汉矣。

中国南北之分，以江、河为最大之界限。故欲通南北，必先通江、淮以为之枢。春秋时吴将伐齐，先城邗沟，通江、淮。

《左传》哀公九年："秋，吴城邗沟，通江、淮。"《春秋大事表》(顾栋高)："春秋列国地形口号：连属江、淮、沂、济波，积成今日转漕河。夫差争长黄池岁，却已功成半又过。"(哀公九年，"吴城邗沟，通江、淮"。杜注："通粮道也，今广陵邗江是。"又哀公十三年，"会于黄池"。杜注："在封丘县南，近济水。"《国语》："夫差起师北征，阙为深沟，通于商、鲁之间，北属之沂，西属之济，以会晋公午于黄池。"案：邗沟，今日漕河。起于扬州府城东南二里，历邵伯、高邮、宝应诸湖。北至黄浦，接淮安界。其合淮处曰末口，在淮安府北五里。自江达淮，南北共长三百余里。又十三年既沟通江、淮，遂帅舟师，自淮入泗，自泗入沂，复穿鲁、宋之境。连属水道有不通者，凿而通之，以达于封丘之济，即杜氏所云近济水也。盖吴人沟通之路，由今考城过杞县北境，历兰阳而至于封丘。今日漕河由淮而北，连合沂、泗、汶、洸及山东诸泉，以济运都，放其遗法。《漕河沿革考》曰："漕河之北段，即元人之会通河；其南段，春秋吴子所开之邗沟也。")

历秦、汉至南北朝，其道渐湮而迹犹存，故隋世屡开之。

《隋书 · 文帝纪》："开皇七年夏四月，于扬州开山阳渎，以通运漕。"胡身之曰："春秋吴城邗沟，通江、淮，山阳渎通于广陵尚矣。隋特开而深广之，将以伐陈也。"（炀帝开邗沟详下。）

而通济、永济二渠，江南之河，皆与邗沟衔接。

《通鉴》："大业元年，营建东京，发河南、淮北诸郡民，前后百余万，开通济渠。（杜佑曰：陈留郡城西有通济渠，炀帝开以通江、淮漕运，兼引汴水，即莨荡渠也。）自西苑引毂、洛水达于河，复自板渚引河历荥泽入于汴。又自大梁之东，引汴水入泗达于淮。又发淮南民十余万开邗沟，自山阳至扬子入江。渠广四十步，渠旁皆筑御道，树以柳。自长安至江都，置离宫四十余所。""大业四年，发河北诸军百余万穿永济渠，引沁水南达于河，北通涿郡。""大业六年，敕穿江南河，自京口至余杭，八百余里，广十余丈。"

于是南至余杭，北至涿郡，西至洛阳，胥可以舟航直达。此隋、唐之所以能统一中国之一大主因也。

《通鉴》："大业七年，讨高丽，诏总征天下兵，无问远近，俱会于涿。又发江、淮以南水手一万人，弩手三万人，岭南排镩手三万人，于是四远奔赴如流。五月，敕河南、淮南、江南造戎车五万乘送高阳，供载衣甲幔幕，令兵士自挽之，发河南、北民夫以供军需。秋，七月，发江、淮以南民夫及船运黎阳及洛口诸仓米至涿郡，舳舻相次千余里。"

此皆可见南北交通之便。

汉都长安，旧有运渠与渭并行，东抵潼关。隋时修之，名为广通渠。

《通鉴》："陈至德二年（开皇五年），隋主以渭水多沙，深浅不常，漕者苦之。六月，壬子，诏太子左庶子宇文恺帅水工凿渠，引渭水，自大兴城东至潼关三百余里，名曰广通渠。漕运通利，关内赖之。”

唐天宝初，韦坚为水陆运使，又开广运潭与通渠。而四方之舟，遂可毕萃于长安城下。

《旧唐书·韦坚传》：“天宝元年，为水陆转运使。自西汉及隋，有运渠自关门西抵长安，以通山东租赋。奏请于咸阳拥渭水作兴成堰，截灞、浐水，傍渭东注至关西永丰仓下与渭合。于长安城东九里长乐坡下浐水之上，架苑墙。东面有望春楼，楼下穿广运潭，以通舟楫，二年而成。坚预于东京、汴水，取小斛底船三二百只，置于潭侧，其船皆署牌表之。若广陵郡船，即于栿背上堆积广陵所出锦、镜、铜器、海味；丹阳郡船，即京口绫衫段；晋陵郡船，即折造官端绫绣；会稽郡船，即铜器、罗、吴绫、绛纱；南海郡船，即玳瑁、真珠、象牙、沉香；豫章郡船，即名瓷、酒器、茶釜、茶铛、茶碗；宣城郡船，即空青石、纸笔、黄连；始安郡船，即蕉葛、蚺蛇胆、翡翠。船中皆有米，吴郡即三破糯米、方丈绫。凡数十郡，驾船人皆大笠子、宽袖衫、芒屩，如吴、楚之制。”

有唐一代财赋，悉仰给于东南。使非累世经营，通达江、淮、河、渭之路，何能使舟航无阻乎？

《新唐书·食货志》：“唐都长安，而关中号称沃野，然其土地狭，所出不足以给京师，备水旱，故常转漕东南之粟。高祖、太宗之时，用物有节而易赡，水陆漕运，岁不过二十万石，故漕事简。自高宗以后，岁益增多，而功利繁兴，民亦罹其弊。”“韦坚开广运潭，岁漕山东粟四百万石。”“刘晏为盐铁使，吴、越、扬、楚盐廪至数千……岁得钱百余万缗，以当百余州之赋。”“元和中，供岁赋者浙西、浙东、宣歙、淮南、江西、鄂岳、福建、湖南八道，户百四十四万，比天宝才四之一。兵食于官者八十三万，加天宝三之一，通以二户养一兵。京西北、河北以屯兵广，无上供。”

国内统一，则其力足以外竞，隋、唐其明证也。炀帝之伐高丽，世多讥之，而发见流求，

《隋书·东夷传》："大业三年，炀帝令羽骑尉朱宽入海访求异俗……因到流求国。""明年，帝遣武贲郎将陈稜、朝请大夫张镇州，率兵自义安浮海击之。"

通使倭国，

《隋书·东夷传》："大业三年，倭王思利北孤遣使朝贡。使者曰：'闻海西菩萨天子重兴佛法，故遣朝拜，兼沙门数十人来学佛法。'……明年，遣文林郎裴清使于倭国。"

南招赤土，

《隋书·南蛮传》："炀帝即位，募能通绝域者。大业三年，屯田主事常骏，虞部主事王君政等，请使赤土。帝大悦，赐骏等帛各百匹，时服一袭而遣，赍物五千段以赐赤土王。其年十月，骏等……至赤土国。其王以船来迎至王宫，骏等宣诏讫，王诏骏曰：'今是大国中人，非复赤土国矣。'寻遣那邪迦随骏贡方物。"

西达波斯，

《隋书·西域传》："炀帝遣云骑尉李昱使通波斯。寻遣使随昱贡方物。"

皆其时事之可纪者也。裴矩之撰《西域图记》，虽亦出于逢君之恶，然周知四国、招徕远人，亦贤哲所当为，正不可以闭关自守之见斥之也。

《隋书·裴矩传》："时西域诸蕃，多至张掖与中国交市。帝令矩掌其事。矩知帝方勤远略，诸商胡至者，矩诱令言其国俗山川险易，撰《西域图记》三卷，入朝奏之。其序曰……臣既因抚纳，监知关市，寻讨书传，访采胡人，或有所疑，即详众口。依其本国服饰仪形，王及庶人，各显容止，即丹青模写，为《西域图记》，共

成三卷，合四十四国。仍别造地图，穷其要害。从西顷以去，北海之南，纵横所亘，将二万里。”“帝复令矩往张掖，引致西蕃，至者十余国。……及帝西巡，次燕支山，高昌王、伊吾设等，及西蕃胡二十七国，谒于道左。皆令佩金玉，被锦罽，焚香奏乐，歌舞喧噪。复令武威、张掖士女，盛饰纵观，骑乘填咽，周亘数十里，以示中国之盛。……矩以蛮夷朝贡者多，讽帝令都下大戏。征四方奇技异艺，陈于端门街，衣锦绮、珥金翠者，以十数万。又勒百官及民士女，列坐棚阁而纵观焉。皆被服鲜丽，终月乃罢。又令三市店肆，皆设帷帐，盛列酒食，遣掌蕃率蛮夷与民贸易，所至之处，悉令邀延就坐，醉饱而散。蛮夷嗟叹，谓中国为神仙。”

唐太宗、高宗时，国威之隆，尤无伦比，

《东洋史要》（桑原骘藏）：“唐太宗、高宗两朝，国势之盛，旷古无两。虽力征经营，专属东西北三面，于南徼或未暇及，而威声所播，南方诸小国先后朝贡称藩。如占城（今交趾）、真腊（今柬埔寨）、扶南（今暹罗）、婆利（今婆罗洲）、阇婆（今爪哇）、室利佛逝（今苏门答剌）诸国，以及东谢（今四川涪陵县）、西赵（今云南凤仪县）、牂柯（今贵州思南县）诸蛮，皆于其时来廷。于是唐威令所行，东综辽海，北跨大碛，西被达曷水（今低格里河），南极天竺，暨海洋洲中诸小国。既拥此广土，欲筹所以统理之者，乃即其部落列置州县，其大者为都督府，以其首领为都督刺史，皆得世袭。虽贡赋版籍多不上户部，然声教所暨，皆边州都督、都护所领，著于令式。其突厥、回纥、党项、吐谷浑隶关内道者，凡府二十九，州九十；突厥别部及奚（东部鲜卑宇文之别种，据今内蒙喀喇沁部地）、契丹、靺鞨、降胡、百济、高丽隶河北道者，凡府十四、州四十六；突厥、回纥、党项、吐谷浑之别部及自于阗以西、波斯以东十六国隶陇右道者，凡府五十一、州百九十八；羌蛮隶剑南道者，凡州二百六十一；蛮隶江南道者，凡州五十一；隶岭南道者，凡州九十三；又有党项州二十四，不知其隶属。大凡府、州八百五十六，号为羁縻云。都督府为数较多，又分并置罢不常，兹不具载。都护府例置大都护一、副大都护各二，皆由唐廷特简。其治所及所统如下：（一）安西都护府，统西域天山南路至波斯以东，治西州（今吐鲁番），后徙龟兹（今库车）；（二）燕然都护府，统漠北，治天德军（今吴喇忒西北黄河北岸）；（三）单于都护府，统阴山之阳黄河之北，治振武军（今托克托西北）；（四）瀚海都护府，统漠南，治云中（今大同）；（五）昆陵都护府，统西突厥五咄陆部落，治碎叶川东；（六）濛池都护府，统西突厥五弩失毕部落，治碎叶川西；（七）安东都护府，统高丽、百济、降户，治平壤，后徙新城；（八）北庭都护府，统金山以西及天山北路，治庭州（今乌鲁木齐）；（九）安南都护府，统诸蛮，治交州（今安南东京）；（十）峰州都护府，统蜀爨蛮，治嘉宁（今安南太原）。”

突厥、回纥之酋长，并列于朝，

《旧唐书·突厥传》：“太宗用温彦博计，于朔方之地，自幽州至灵州，置顺、祐、化、长四州都督府，又分颉利之地六州，左置定襄都督府，右置云中都督府，以统其部众。其酋首至者，皆拜为将军、中郎将等官，布列朝廷，五品以上百余人，因而入居长安者数千家。”《回纥传》：“显庆元年，程知节等大破贺鲁于阴山，尽收所据之地，执贺鲁送洛阳。以贺鲁种落分置州县，西尽波斯。加婆闰右卫大将军兼瀚海都督。”（婆闰，故回纥酋长吐迷度之子，初官右屯卫大将军翊左郎将。）

新罗、日本之生徒，骈罗于学，

《旧唐书·新罗传》：“贞观二十二年，金春秋请诣国学观释奠及讲论，太宗因赐以所制温汤及晋祠碑，并新撰《晋书》，将归国。”“开元十六年，其王兴光上表，请令人就中国学问经教。上许之。”（黄遵宪《日本国志》载唐高祖、太宗时，并有日本学生，详东亚史。）

碑版照耀于绝域，

《语石·平百济碑》（叶昌炽）：“显庆五年，贺遂亮文，权怀素书，厂估王某渡海精拓，并拓得刘仁愿《纪功碑》。亦初唐之佳构，此二碑皆在忠清道扶余县。”《金石萃编·姜行本纪功碑》（王昶）：“今在哈密城北，天山之麓，土人名阔石图，汉之碑岭也。考《唐书·姜行本传》，高昌之役，磨去古刻，更刊颂陈国威灵，即此碑也。案唐代纪功碑，东西相望，至今尚存，实为国光。其尤可宝贵者，蒙古突厥故庭，亦有唐碑。叶昌炽《语石》曰：俄人于娑陵水上，访得回鹘故宫。又于鄂勒昆河，访得突厥旧庭。又访得唐碑三，一为《苾伽可汗碑》，开元廿三年李融文；一为《阙特勤碑》，开元廿年御制；一为《九姓回鹘可汗碑》，断为五石，亦唐刻。此三碑虽非太宗、高宗时所立，然亦可证唐代文教之远。”

诏书震动于殊方。

《旧唐书·天竺传》：“贞观十五年，尸罗逸多自称摩伽佗王，遣使朝贡。太宗降玺书慰问，尸罗逸多大惊，问诸国人曰：‘自古曾有摩诃震旦使人至吾国乎？’皆曰：‘未之有也。’乃膜拜而受诏书。”

观太宗自夸之词，

《通鉴》：“太宗尝谓侍臣曰：自古帝王，虽平定中夏，不能服戎狄。朕才不逮古人，而成功过之。所以能及此者，自古皆贵中华贱夷狄，朕独爱之如一，故其种落皆依朕如父母。”

及其时蕃将之盛，

《陔余丛考》（赵翼）：“唐初多用蕃将，史大奈本西突厥特勒，

> 冯盎本高州土酋，阿史那社尔本突厥处罗可汗之子，阿史那忠本苏尼失之子，契苾何力本铁勒莫贺可汗之孙，黑齿常之本百济西部人，泉男生本高丽盖苏文之子，李多祚亦靺鞨酋长之后，论弓仁本吐蕃族，尉迟胜本于阗国王，尚可孤本鲜卑别种。他如李光弼、浑瑊、裴玢等，亦皆外蕃久居中国者。”

知唐时初非专恃强大，黩武开边，其于抚绥夷落，怀柔远人，实有一视同仁之概，故视隋为尤盛焉。

第十二章　隋唐之制度

三国以降，世乱如棼丝。凡百政治，苟且补苴，无所谓经制也。北朝元魏，颇有善制，孝文以后，复不能继续进步。嬖倖擅国，以至于亡。北周继魏，有志复古。苏绰、卢辩等，咸有制作。

《周书·苏绰传》："太祖召绰，拜大行台右丞，参典机密。绰始制文案程式，朱出墨入及计帐户籍之法。""又为六条诏书，奏施行之。其一先治心，其二敦教化，其三尽地利，其四擢贤良，其五恤狱讼，其六均赋役。太祖令百司习诵之，其牧守、令长非通六条及计帐者，不得居官。"《卢辩传》："除太常卿、太子少傅。孝武西迁：朝章礼度湮坠咸尽。辩因时制宜，皆合轨度。""初，太祖欲行《周官》，命苏绰专掌其事。未几而绰卒，令辩成之。于是依《周礼》建六官，置公、卿、大夫、士，并撰次朝仪，车服器用多依古礼，革汉、魏之法。事并施行。""辩所述六官，太祖以魏恭帝三年始命行之。自兹厥后，世有损益。宣帝嗣位，事不师古，官员班品，随意变革。""于时虽行《周礼》，其内外众职又兼用秦、汉等官。"

然徒务复古，而无古人之精神，又不能尽革时弊，未足语于善制也。惟隋承周而唐承隋，因革损益，亦当远溯其源焉。

《隋书·经籍志》史部有旧事、官职、仪注、刑法四篇，皆六代之典制，惜其书多不传。然其纲要，则散见于五代史志中。

《隋书考证》："唐武德五年，起居舍人令狐德棻奏请修五代史。（五代谓梁、陈、齐、周、隋也。）十二月，诏中书令封德彝、舍人颜师古修隋史。绵历数载，不就而罢。贞观三年，续诏秘书监魏徵修隋史。十年正月，徵等诣阙上之。”“十五年，又诏左仆射于志宁、太史令李淳风、著作郎韦安仁、符玺郎李延寿同修五代史志，凡勒成十志，三十卷。显庆元年上进，诏藏秘阁。后又编第入《隋书》，其实别行，亦呼为《五代史志》。”

学者欲知自汉以来一切制度之变迁，当详览《隋志》，兹篇不能偻述，节录《百官志序》以见一斑：

《隋书·百官志序》：“汉高祖除暴宁乱，轻刑约法，而职官之制，因于嬴氏。……光武中兴，聿遵前绪。唯废丞相与御史大夫，而以三司综理众务。洎于叔世，事归台阁。论道之官，备员而已。魏、晋继及，大抵略同。爰及宋、齐，亦无改作。梁武受终，多循齐旧。然而定诸卿之位，各配四时，置戎秩之官，百有余号。陈氏继梁，不失旧物；高齐创业，亦遵后魏。台省位号，与江左稍殊。……有周创据关右，日不暇给。洎乎克清江、汉，爰议宪章。酌酆镐之遗文，置六官以综务。详其典制，有可称焉。高祖践极，百度伊始。复废周官，还依汉、魏。唯以中书为内史、侍中为纳言，自余庶僚，颇有损益。炀帝嗣位，意存稽古，建官分职，率由旧章。大业三年，始行新令。于时三川定鼎，万国朝宗，衣冠文物，足为壮观。既而以人从欲，待下若仇；号令日改，官名月易。寻而南征不复，朝廷播迁，图籍注记，多从散佚。今之存录者，不能详备焉。”

唐之制度，亦多变迁。综其一代，未可概论。然欲考求有唐一代良法美意，莫若先治《唐六典》。盖《六典》成于开元中，正唐室全盛之时。弘纲巨旨，粲然明备，足与《周官》颉颃。而宋以后所行之法，亦多孕育于其中。

《唐六典序》（王鏊）：“周之后莫善于唐，唐有《六典》可追仿《周礼》。”“国家官制，则象《周官》，于唐制固若未暇，而亦未尝遗之。盖唐以中书、门下、尚书三省参领天下之务，今六部虽分，顾犹尚书省之旧。而内阁则隐然中书，通政、给事则门下之遗也。其余寺监府院以分众职，品爵勋阶以叙群材，尚多唐旧。”

虽书中所云，亦未尽使用。

《四库全书提要》：“《唐六典》卅卷，其书以三师、三公、三省、九寺、五监、十二卫，列其职司官佐，叙其品秩，以拟《周礼》。《书录解题》引韦述《集贤记》注曰：开元十年，起居舍人陆坚被旨修是书。帝手写白麻纸六条曰：理、教、礼、政、刑、事，令以类相从。”“二十六年，奏草上，迄今在直院，亦不行用。程大昌《雍录》则曰：唐世制度，凡最皆在《六典》。”“草制之官，每入院必首索《六典》，则时制尽在故也。二说截然不同。考《吕温集》有《代郑相公请删定施行六典开元礼状》一篇，称‘宣示中外，星周六纪，未有明诏施行’……与韦述之言相合。唐人所说，当无讹误。……疑当时讨论典章，亦相引据，而公私科律，则未尝事事遵用，如明代之《会典》也云尔。”

然考求吾国人立国之法，自《周官》外，无逾是书者矣。

《周官》所重，体国经野。《唐六典》则惟重设官分职，而其体国经野之法，则具于户部职中。

《唐六典》：“户部尚书、侍郎，掌天下户口井田之政令。”“郎中、员外郎，掌领天下州、县户口之事。凡天下十道，任土所出，而为贡赋之差，分十道以总之。一曰关内道，凡二十有二州，东距河，西抵陇坂，南据终南之山北边沙漠。厥赋：绢、绵、布、麻，厥贡：岱赭盐、山角弓、龙须席、苁蓉、野马皮、麝香。二曰河南道，凡二十有八州，东尽于海，西距函谷，南濒于淮，北薄于河。厥赋：绢、絁、绵、布，厥贡：紬絁、文绫、丝葛、水葱、藨心席、瓷石之器。三曰河东道，凡十有九州，东距恒山，西据河，南抵首阳、太行，北边匈奴。厥赋：布襺，厥贡：麹扇、龙须席、墨蜡、石英、麝香、漆、人参。四曰河北道，凡二十有五州，东并于海，南迫于河，西距太行、恒山，北通渝关、蓟门。厥赋：绢、绵及丝，厥贡：罗绫、平细、丝布、丝细、凤翮、苇席、墨。五曰山南道，凡三十有三州，东接荆，西抵陇蜀，南控大江，北据商、华之山。厥赋：绢、布、绵、细，厥贡：金、漆、蜜蜡、蜡烛、钢铁、芒硝、麝香、布、交梭、白縠、细纻、绫葛、彩纶、兰干。六曰陇右道，凡二十有一州，东接秦，西逾流沙，南连蜀及吐蕃，北界朔漠。厥赋：布、麻，厥贡：麸金、砺石、綦石、蜜蜡、蜡烛、毛毼、麝香、白氎及鸟、兽之角、羽毛、皮革。七曰淮南道，凡一十有四州，东临海，西抵汉，南据江，北距淮。厥赋：绝、绢、绵、布，厥贡：交梭、纻绨、孔雀熟丝布、青铜镜。八曰江南道，凡五十有一州，东临海，西抵蜀，南极岭，北带江。厥赋：麻、纻，厥贡：纱编、绫纶、蕉葛、练麸金、犀角、鲛鱼、藤、朱砂、水银、零陵香。九曰剑南道，凡三十有三州，东连牂柯，西界吐蕃，南接群蛮，北通剑阁。厥赋：绢、绵、葛、纻，厥贡：麸金、罗绫、绵细、交梭、弥牟布、丝葛、麝香，羚羊、犛牛角尾。十曰岭南道，凡七十州，东南际海，西极群蛮，北据五岭。厥赋：蕉纻、落麻，厥贡：金、银、沉香、甲香、水马、翡翠，孔雀、象牙、犀角、龟壳、蝇鼊、丝、藤、竹布。”①

其地方分州、县两级，其下有乡里村坊之别。

《唐六典》：“四万户以上为上州，三万户以上为中州，不满为下州。六千户以上为上县，二千户以上为中县，一千户以上为中下县，不满一千户皆为下县。百户为里，五里为乡。两京及州县之廓

① 《新唐书·地理志》：“开元二十一年，又因十道分山南、江南为东西道，增置黔中道及京畿、都畿，置十五采访使检察，如汉刺史之职。”

内分为坊，郊外为村里及村坊，皆有正以司督察。四家为邻，五家为保，保有长，以相禁约。”

其民有计帐、户籍，

《唐六典》：“凡男女始生为黄，四岁为小，十六为中，二十有一为丁，六十为老。每一岁一造计帐，三年一造户籍。县以籍成于州，州成于省，户部总而领焉。”①

分等而载之，计年而比之。

《唐六典》：“凡天下之户，量其资产，定为九等。每定户以中年②，造籍以季年③。州县之籍，恒留五比，省籍留九比。”

计口授田，度地之肥瘠宽狭而居之。

《唐六典》：“凡天下之田，五尺为步，二百有四十步为亩，百亩为顷。度其肥瘠宽狭，以居其人。凡给田之制有差，丁男、中男以一顷④，老男、笃疾、废疾以四十亩，寡妻妾以三十亩，若为户者则减丁之半。凡分田为二等，一曰永业，一曰口分。丁之田，二为永业，八为口分。凡道士给田三十亩，女冠二十亩，僧尼亦如之。凡官户受田，减百姓口分之半。凡天下百姓给园宅地者，良口，三人以上给一亩，三口加一亩，贱口，五人给一亩，五口加一亩，其口分、永业不与焉。凡给口分田，皆从便近。居城之人本县无田者，则隔县给受。凡应收授之田，皆起十月，毕十二月。凡授田，先课后不课，先贫后富，先无后少。凡州县界内所部受田悉足者为宽乡，不足者为狭乡。”（按其法盖多沿魏、周及隋之制而变通

---

① 诸造籍起正月，毕三月。所须纸笔装潢轴帙，皆出当户内，口别一钱。计帐所须，户别一钱。

② 子、卯、午、酉。

③ 丑、辰、未、戌。

④ 中男年十八以上者，亦依丁男给。

之也。)《文献通考》:“隋代中男、丁男永业露田,皆遵后齐之制。”“开皇九年,任垦田千九百四十四万四千二百六十七顷。开皇十二年,文帝以天下户口岁增,京辅及三河地少而人众,衣食不给,议者咸欲徙就宽乡,帝乃发使四出,均天下之田。其狭乡每丁才至二十亩,老少又少焉。至大业中,天下垦田五千五百八十五万四千四十顷。”“隋文帝颁新令,男女三岁以下为黄,十岁为小,十七岁以下为中,十八岁以上为丁,以从课役。六十为老,乃免。开皇三年,乃令人以二十一成丁。炀帝即位,户口益多,男子以二十二为丁。高颎奏人间课税,虽有定分,年恒征纳,除注常多,长吏肆情,文帐出没,既无簿籍,难以推校,乃定输籍之样,请遍下诸州。每年正月五日,县令巡人各随近五党三党共为一团,依样定户上下。帝从之,自是奸无所容。”

虽人户之数,隋、唐相等,

《文献通考》:“炀帝大业二年,户八百九十万七千五百三十六,口四千六百一万九千九百五十六。”《通典》:“天宝十四载,管户总八百九十一万九千三百九,口五千二百九十万九千三百九。”

尚未可以比于汉室,然论者颇称其法焉。

《文献通考》载苏轼曰:“自汉以来,丁口之蕃息,与仓廪府库之盛,莫如隋。其贡赋输籍之法,必有可观者。然学者以其得天下不以道,又不过再世而亡,是以鄙之而无传焉。”

唐之设官,大抵皆以隋故,

《新唐书·百官志》:“唐之官制,其名号爵秩,虽因时增损,而大抵皆沿隋故。其官司之别,曰省、曰台、曰寺、曰监、曰卫、曰府,各统其属,以分职定位。其辨贵贱、叙劳能,则有品、有爵,有勋、有阶,以时考核而升降之。”

其格令定于开元二十五年。

《文献通考》:“开元二十五年,刊定职次,著为格令。尚书省以统会众务,举持绳目;门下省以侍从献替,规驳非宜;中书省以献纳制册,敷扬宣劳;秘书省以监录图书;殿中省以供修膳服;内侍省以承旨奉引;御史台以肃清僚庶;九寺①、五监②以分理群司;六军③、十六卫④以严其禁御。一詹事府,二春坊,三寺⑤,十率⑥,俾又储宫,牧守督护,分临畿服。设官以经之,置使以纬之⑦,自六品以下,率由选曹,居官者以五岁为限。”

论者谓门下省给事中之掌封驳,为一代极善之制。

《唐六典》:“给事中侍奉左右,分制省事。凡百官奏钞,侍中审定,则先读而署之,以驳正违失。凡制敕宣行大事,则称扬德泽,褒美功业,复奏而请施行,小事则署而颁之。凡国之大狱,三司详决,若刑名不当,轻重或失,则援法例,退而裁之。凡文武六品以下授职,所司奏拟,则校其仕历深浅,功状殿最,访其德行,量其材艺。官若非其人,理失其事,则白侍中而退量焉。凡天下冤滞未申及官吏刻害者,必听其讼,与御史及中书舍人同计其事宜而申理之。”

《日知录》卷九:“人主之所患,莫大乎唯言而莫予违。……汉哀帝封董贤,而丞相王嘉封还诏书。后汉钟离意为尚书仆射,数封还诏书。自是封驳之事,多见于史,而未以为专职也。唐制,凡诏敕皆经门下省,事有不便,得以封还,而给事中有驳正违失之掌,

① 太常、光禄、卫尉、宗正、太仆、大理、鸿胪、司农、太府为九寺。

② 少府、将作、国子、军器、都水为五监。

③ 左右羽林、左右龙武、左右神武为六军。

④ 左右卫、左右骁卫、左右武、左右威、左右领军、左右金吾、左右监门、左右千牛为十六卫。

⑤ 家令寺、率更寺、太仆寺。

⑥ 左右卫、左右司御、左右清道、左右监门、左右内侍,凡十率府。

⑦ 按察、采访等使以理州县,节度、团练等使以督府军事,租庸、转运、盐铁、青苗、营田等使以毓财货。其余细务,因事置使者,不可悉数。

著于六典。如袁高、崔植、韦弘景、狄兼谟、郑肃、韩佽、韦温、郑公舆之辈，并以封还敕书，垂名史传。亦有召对慰谕，如德宗之于许孟容；中使嘉劳，如宪宗之于薛存诚者。而元和中，给事中李藩在门下，制敕有不可者，即于黄纸后批之。吏请别连白纸，藩曰：'别以白纸，是文状也。何名批敕？'宣宗以右金吾大将军李燧为岭南节度使，已命中使赐之节。给事中萧倣封还制书，上方奏乐，不暇别召中使，使优人追之，节及燧门而返。人臣执法之正，人主听言之明，可以并见。五代废弛。宋太宗淳化四年，始复给事中封驳。而司马池犹谓门下虽有封驳之名，而诏书一切自中书以下，非所以防过举也。明代虽罢门下省长官，而独存六科给事中，以掌封驳之任。旨必下科，其有不便，给事中驳正到部，谓之科参。六部之官，无敢抗科参而自行者。故给事中之品卑而权特重。"

盖汉代人主及大臣之于政务，多与群僚会议。自三国以降，君主及大臣之权漫无限制。故唐以门下省给事中掌封驳，使纠正其违失。沿及明、清，犹存其制之遗意，孰谓君主之世皆专制哉！

魏、晋以来，国之大政，多总于中书。中书舍人掌撰制诰，其职尤重。唐代因之，诸官莫比。

《文献通考》："中书省自魏、晋始，梁、陈时，凡国之政事，并由中书省。隋初改为内史省，唐武德三年，复中书省。""隋内史舍人专掌诏诰。武德三年，改为中书舍人，专掌诏诰，侍从署敕，宣旨劳问，授纳诉讼，敷奏文表，分制省事。自永淳以来，天下文章道盛，台阁髦彦，无不以文章达。故中书舍人为文士之极任，朝廷之盛选，诸官莫比焉。"

而尚书省奉行政令，分立六部，后世多因此以分职，迄清末始改。盖自汉置五曹，至隋置六部，历经研究，始定此政务之大纲（隋置吏、礼、兵、刑、民、工六部尚书，唐与之同，惟民部曰户部），而行政之法，遂详备焉。六部行政，各有区别。就其总者言之，如官司之奏报，文牍之施行，皆有定式，是亦可觇唐制之善矣。

《唐六典》："尚书都省掌举诸司之纲纪，与其百僚之程式，以正邦理。凡内外百司所受之事，皆印其发日，为之程限。一日受，二日报。小事五日，中事十日，大事二十日，狱案三十日，其急务者不与焉。小事判句经三人以下者给一日，四人以上给二日；中事每经一人给二日，大事各加一日。内外诸司咸率此。若诸州计奏达于京师，量事之大小多少以为之节，二十条以上，二日；倍之，三日；又倍之，四日；又倍之，五日。虽多，不是过焉。凡制敕施行，京师诸司有符移关牒，诸下州者，必由于都省以遣之。凡文案既成，勾司行朱讫，皆书其上端，记年月日，纳诸库。凡施行公文应印者，监印之官考其事目，无或差谬，而后印之。必书于历，每月终，纳诸库。""凡内外百僚，日出而视事，既午而退，有事则直官省之，其务繁不在此例。"

天下大政，曰财，曰兵。其制度之变迁，则以唐为古今大判之枢。唐行授田之法，其赋役亦因以定制为租、调、庸、徭四目。

《唐六典》："凡赋役之制有四：一曰租，二曰调，三曰役，四曰杂徭。课户每丁租粟二石，其调随乡土所产绫、绢、絁各二丈，布加五分之一。输绫、绢、絁者绵三两，输布者麻二斤，皆书印焉。凡丁岁役二旬，无事则收其庸，每日三尺。有事而加役者，旬有五日，免其调，三旬则租调俱免。凡庸、调之物，仲秋而敛之，季秋发于州。租则准上收获早晚，量事而敛之，仲秋起输，孟春而纳毕。"

其取于民也均。开元以后，法度废弊，又经大乱，版籍难定，于是有杨炎两税之法。

《文献通考》："租庸调法以人丁为本。开元后，久不为版籍，法度废弊，丁口转死，田亩换易，贫富升降，悉非向时，而户部岁以空文上之。……天宝中，王鉷为户口使，务聚敛，乃按旧籍，除当免者。积三十年，责其租庸，人苦无告，法遂大弊。至德后，天下兵起，人口凋耗，版图空虚。赋敛之司，莫相统摄，纲纪大坏。王赋所入无几，科敛凡数百名。……德宗时，杨炎为相，遂作两税法。夏输无过六月，秋输无过十一月，置两税使以总之。凡百役之费，先度其数而赋之于民，量出制入。户无主客，以见居为簿，人无丁中，以贫富为差。不居处而行商者，在所州县，税三十之一，度所取与居者均，使无侥利，其租、庸、杂徭悉省，而丁额不废。其田亩之税，以大历十四年垦田之数为定，而均收之。"

后世专重田赋，分为夏、秋两税。又不计土壤高下，沿各地所收旧数而高下之，皆本杨炎之法，而古者均地均赋之义亡矣。

唐之兵制，亦因周、隋设府兵。

《文献通考》："周太祖辅西魏时，用苏绰言，始仿周典置六军，籍六等之民。择魁健材力之士，以为之首。尽蠲租调，而刺史以农隙教之，合为百府。每府一郎将主之，分属二十四军，开府各领一军。"《新唐书·兵志》："府兵之制，起自西魏、后周而备于隋，唐兴因之。""诸府总曰折冲府，凡天下十道，置府六百三十四，皆有名号，而关内二百六十有一皆以隶诸卫。凡府三等，兵千二百人为上，千人为中，八百人为下。""凡民年二十为兵，六十而免。""其隶于卫也，左右卫皆领六十府，诸卫领五十至四十。""凡当宿卫者番上，兵部以远近给番。五百里为五番，千里为七番，千五百里八番，二千里十番，外为十二番，皆一月上。若简留直卫者，五百里为七番，千里八番，二千里十番，外为十二番，亦月上。"

实即今日所谓征兵之制，亦即古者兵农不分之意。

《文献通考》："府兵平日皆安居田亩，每府有折冲领之。折冲以农隙教习战阵，国家有事征发，则以符契下其州及府，参验发之。”

开元之后，改为募兵，而从来征兵之制不可复矣。

《文献通考》：“自开元之末，张说始募长征兵，谓之‘彍骑’。其后益为六军。及李林甫为相，奏诸军皆募人为兵，兵不土著，又无宗族，不自重惜，忘身徇利，祸乱自生。”

唐代京师学校，皆隶于国子监，沿隋制也。其学校有六：一曰国子，二曰太学，三曰四门，四曰律学，五曰书学，六曰算学。其学生以阶级分之。

《唐六典》：“国子博士掌教文武官三品以上及国公子孙从二品以上曾孙之为生者……太学博士掌教文武官五品以上及郡县公子孙三品曾孙之为生者……四门博士掌教文武官七品以上及侯伯子男之为生者，若庶人子为俊士生者……律学博士、书学博士、算学博士掌教文武官八品以下及庶人子之为生者。”

各有定额及专业年限。

《新唐书·选举志》：“国子学，生三百人；太学，生五百人；四门学，生千三百人①；律学，生五十人；书学，生三十人；算学，生三十人。……凡生，限年十四以上、十九以下；律学十八以上、二十五以下。”《唐六典》：“国子生五分其经以为之业，习《周礼》、《仪礼》、《礼记》、《毛诗》、《春秋左氏传》，每经各六十人，余经亦兼习之。习《孝经》、《论语》，限一年业成；《尚书》、《春秋穀梁》、《公羊》各一年半；《周易》、《毛诗》、《周礼》、《仪礼》各二年；《礼记》、《左氏春秋》各三年。其习经有暇者，命习隶书，并《国语》、《说文》、《字林》、《三仓》、《尔雅》。”“太学生五分其经以为之业，每经各百人。”“四门分经同太学。”“律学生以律令为专业，

---

① 内八百人，以庶人之俊异者为之。

格式法例亦兼习之。”“书学生以《石经》、《说文》、《字林》为专业，余字书亦兼习之。《石经》三体书限三年业成，《说文》二年，《字林》一年。”“算学生二分其经以为之业，习《九章》、《海岛》、《孙子》、《五曹》、《张丘建》、《夏侯阳》、《周髀》十有五人，习《缀术》、《缉古》十有五人。《孙子》、《五曹》共限一年业成，《九章》、《海岛》共三年，《张丘建》、《夏侯阳》各一年，《周髀》、《五经算》共一年，《缀术》四年，《缉古》三年。”

入学有束脩，每旬有考试。

《唐六典》：“其生初入，置束帛一篚、酒一壶、脩一案，号为束脩之礼。每旬前一日，则试其所习业。”

业成者上于监，无成者免。

《唐六典》：“凡六学生每岁有业成上于监者，丞以其业与司业祭酒试之。明经，帖经口试策经义；进士，帖一中经，试杂文策时务征事。其明法、明书算，亦各试所习业。登第者上于尚书，礼部主簿掌印句检监事。凡六学生有不率师教者，则举而免之。其频三年下第、九年在学及律生六年无成者，亦如之。”①

其地方之学校学生，亦有定额。

《新唐书·选举志》：“京都学生八十人，大都督、中都督府、上州各六十人，下都督府、中州各五十人，下州四十人，京县五十人，上县四十人，中县、中下县各三十五人，下县二十人。”

设博士、助教等教之。

《唐六典》：“京兆、河南、太原三府及各州，皆有经学博士一人，助教二人或一人。”②

① 假违程限及作乐杂戏亦同，惟弹琴、习射不禁。

② 魏、晋以下，郡国并有文学，即博士、助教之任，并皇朝置。

别有弘文、崇文馆学生，讲习经业，兼学书法。

《唐六典》："门下省弘文馆学生三十人[①]，太子崇文馆学生二十人，其课试举送如弘文馆。"

当太宗时，学风最盛。

《新唐书·选举志》："自高祖初入长安，开大丞相府，下令置生员，自京师至于州县皆有数。既即位，又诏秘书外省别立小学，以教宗室子孙及功臣子弟。其后又诏诸州明经、秀才、俊士、进士，明于理体为乡里称者，县考试，州长重覆，岁随方物入贡。吏民子弟学艺者，皆送于京学，为设考课之法，州县乡皆置学焉。及太宗即位，益崇儒术，乃于门下别置弘文馆，又增置书、律学，进士加读经史一部。十三年，东宫置崇文馆。自天下初定，增筑学舍至千二百区。虽七营飞骑，亦置生，遣博士为授经。四夷若高丽、百济、新罗、高昌、吐蕃，相继遣子弟入学，遂至八千余人。"

天宝后，学校遂衰，员额均减于旧。

《新唐书·选举志》："自天宝后，学校益废，生徒流散。"元和二年，"始定生员，西京国子馆生八十人，太学七十人，四门三百人，广文六十人[②]，律馆二十人，书、算馆各十人；东都国子馆中人，太学十五人，四门五十人，广文十人，律馆十人，书馆三人，算馆二人而已"。

而学风之坏，亦颇为时人所讥焉。

《与太学诸生书》（柳宗元）："仆少时，尝有意游太学，受师说，以植志持身。当时说者咸曰：'太学生聚为朋曹，侮老慢贤，有堕窳败业而利口食者，有崇饰恶言而肆斗讼者，有凌傲长上而谇

---

① 置讲经博士，考试经业，准试贡举，兼学书法。

② 天宝九载，始置广文馆于国学。

骂有司者，其退然自克，特殊于众人者无几耳。’仆闻之，遂退托乡间家塾，考厉志业。过太学之门，而不敢蹈顾。”

唐代重科举，其学校亦科举之一法，非专为讲学之地。天宝中，尝令举人专由国学及郡县学，后又复乡贡。

《新唐书·选举志》：“举人旧重两监，后世禄者以京兆、同、华为荣，而不入学。天宝十二载，敕天下罢乡贡，举人不由国子及郡县学者勿举送。……十四载，复乡贡。”

故终唐之世，人悉骛于科名，而唐之科目亦特备。

《新唐书·选举志》：“唐制，取士之科，多因隋旧，然其大要有三。由学馆者曰生徒，由州县者曰乡贡，皆升于有司而进退之。其科之目，有秀才，有明经，有进士，有俊士，有明法，有明字，有明算，有一史，有三史，有开元礼，有道举，有童子。而明经之别，有五经，有三经，有二经，有学究一经，有三礼，有三传，有史科。此岁举之常选也。其天子自诏者曰制举，所以待非常之才焉。”

士皆怀牒自列于有司，

《新唐书·选举志》：“每岁仲冬，州、县、馆、监举其成者送之尚书省，其不繇馆选者，谓之乡贡，皆怀牒自列于州、县。试已，长吏以乡饮酒礼，会属僚，设宾主，陈俎豆，备管弦，牲用少牢，歌《鹿鸣》之诗，因与耆艾叙长少焉。既至省，皆疏名列到，结款通保及所居，始由户部集阅，而关于考功员外郎试之。”

各科之试法不同，要以明经、进士二科为重。

《新唐书·选举志》：“凡秀才，试方略策五道，以文理通粗为上上、上中、上下、中上，凡四等为及第。凡明经，先帖文，然后口试，经问大义十条，答时务策三道，亦为四等。凡《开元礼》，通大义百条、策三道者，超资与官；义通七十、策通二者，及第。散、试官能通者，依正员。凡三传科，《左氏传》问大义五十条，《公羊》、《穀梁传》三十条，策皆三道，义通七以上、策通二以上为第，白身视五经，有出身及前资官视学究一经。凡史科，每史问大义百条、策三道，义通七、策通二以上为第。能通一史者，白身视五经、三传，有出身及前资官视学究一经；三史皆通者，奖擢之。凡童子科，十岁以下能通一经及《孝经》、《论语》，卷诵文十，通者予官，通七，予出身。凡进士，试时务策五道，帖一大经，经、策全通者为甲第；策通四、帖过四以上为乙第。凡明法，试律七条、令三条，全通为甲第，通八为乙第。凡书学，先口试，通，乃墨试《说文》、《字林》二十条，通十八为第。凡算学，录大义本条为问答，明数造术，详明术理，然后为通。试《九章》三条，《海岛》、《孙子》、《五曹》、《张丘建》、《夏侯阳》、《周髀》、《五经算》各一条，十通六，《记遗》、《三等数》帖读十得九，为第。试《缀术》、《缉古》录大义为问答者，明数造术，详明术理，无注者，合数造术，不失义理，然后为通。《缀术》七条、《缉古》三条，十通六，《记遗》、《三等数》帖读十得九为第。落经者，虽通六，不第。"又："开元二十九年，始置崇玄学，习《老子》、《庄子》、《文子》、《列子》，亦曰道举。其生，京、都各百人，诸州无常员。官秩、荫第同国子，举送、课试如明经。"

其得第者，大抵百分之一。

《文献通考》："开元以后，四海晏清，士耻不以文章达。其应诏而举者，多则二千人，少不减千人，所收百才有一。"

世多病其法之不善，然九品中正之弊，致成贵族政治。矫之以科举，而平民与贵族乃得均享政权，是亦未始无关于国家社会之进化也。

隋都长安，以洛阳为东都。唐室因之，以长安为西京，洛阳为东京。两京城坊之壮丽，轶于前世，《两京城坊考》详述之。

《两京城坊考》(徐松):“唐西京初曰京城,隋之新都也。开皇二年所筑。[①] 唐天宝元年为西京。”“宫城东西四里,南北二里二百七十步,周十三里一百八十步。其崇三丈五尺,南即皇城。”[②]“傅宫城之南面曰皇城,亦曰子城。东西五里一百一十五步,南北三里一百四十步,周十七里一百五十步。城中南北七街,东西五街。左宗庙,右社稷,百寮廨署,列于其间。”[③]“外郭城隋曰大兴城,唐曰长安城,亦曰京师城。前直子午谷,后枕龙首山,左临灞岸,右抵沣水。东西一十八里一百一十五步,南北一十五里一百七十五步,周六十七里。其崇一丈八尺,面各三门,郭中南北十四街,东西十一街,其间列置诸坊,有京兆府万年、长安二县所治,寺观邸第编户错居焉。当皇城南,面朱雀门,有南北大街,曰朱雀门街,东西广百步,万年、长安二县以此街为界;万年领街东五十四坊及东市;长安领街西五十四坊及西市。”“东京一名东都,始筑于隋大业元年,谓之新都。唐显庆二年,曰东都。”“宫城在皇城北,东西四里一百八十八步,南北二里八十五步,周一十三里二百四十一步。其崇四丈八尺。”“皇城傅宫城南,东西五里一十七步,南北三里二百九十八步,周一十三里二百五十步。高三丈七尺。城中南北四街,东西四街。”“东京城,隋大业元年筑,曰罗郭城。唐长寿二年李昭德增筑,改曰金城。前直伊阙,后倚邙山,东出瀍水之东,西出涧水之西。雒水贯都,有河汉之象焉。周五十二里,南东各三门,北二门,城内纵横各十街。凡坊一百十三,市三。”

日本之平安京,即仿唐之长安城,彼国至今犹盛称之。考史者所宜资以

① 原注:按周、汉皆都长安,而皆非隋、唐之都城。文王作丰,在今西安府鄠县。武王宅镐,在今咸阳县西南。汉都城在唐城西北十三里,自刘聪、刘曜、石勒、苻健、苻坚、姚苌所据,皆汉城也。隋开皇二年,始移于龙首原。

② 隋时规建,先筑宫城,次筑皇城,次筑外郭城。

③ 自两汉以后,至于晋、齐、梁、陈,并有人家在宫阙之间。隋文帝以为不便于事,于是皇城之内,惟列府寺,不使杂居,公私有辨。

比较者也。唐之都会，民居与市廛不杂，故商店悉聚于两市，

《两京城坊考》："西京东市，隋曰都会市，东西南北各六百步。四面各开二门，四面街各广百步。北街当皇城南之大街，东出春明门，广狭不易于旧。东西及南面三街向内开，壮广于旧。街市内货财二百二十行，四面立邸。四方珍奇，皆所积集。""西市，隋曰利人市，南北尽两坊之地。市内店肆，如东市之制。长安县所领四万余户，比万年为多。浮寄流寓，不可胜计。""东都南市，隋曰丰都市。唐以其在雒水南，故曰南市。东西南北居二坊之地，其内一百二十行，三千余肆。四壁有四百余店，货贿山积。"（其西市、北市之制未言，当亦等于南市。）

而掌以市令。

《唐六典》："京都诸市令，掌百族交易之事。丞为之贰，以二物平市。① 以三贾均市。② 凡与官交易，及悬平赃物，并用中贾。其造弓矢长刀，官为立样，仍题工人姓名，然后听鬻，诸器物亦如之。以伪滥之物交易者没官，短狭不中量者还主。凡卖买奴婢牛马，用本司本部公验以立券。凡卖买不和而榷固及更出开闭，共限一价。若参市而规自入者并禁之。凡市以日午击鼓三百声，而众以会；日入前七刻，击钲三百声，而众以散。"

其地方亦各有市令焉。

《唐六典》："汉代诸郡国，皆有市长。晋、宋以来，皆因之。隋氏始有市令。皇朝初，又加市丞。户四万以上者省补市令，州市令不得用本市内人，县市令不得用当县人。"

唐人之居室，以贵贱为差等。其制掌于左校令。

---

① 秤以格，斗以概。

② 精为上贾，次为中贾，粗为下贾。

《唐六典》："左校令掌供差构梓匠之事，致其杂材，差其曲直，制其器用，程其功巧。丞为之贰。凡宫室之制，自天子至于士庶，各有差等。"①

后世民居，多则五间，少则三间，沿唐制也。

衣服之制，别之以色，则起于隋。

《通鉴》卷一百八十一："大业六年十二月，上以百官从驾，皆服袴褶，于军旅间不便。是岁始诏从驾涉远者，文武官皆戎衣。五品以上，通著紫袍；六品以下，兼用绯丝，胥使以青，庶人以白，屠商以皂，士卒以黄。"

其礼服兼用历代之制，

《唐六典》："乘舆之服，则有大裘冕、衮冕②、鷩冕③、毳冕④、絺冕⑤、玄冕⑥、通天冠、武弁、弁服、黑介帻、白纱帽、平巾帻、翼善冠之服。⑦百官有朝服、公服、弁服、平巾帻服、袴褶之服。"

常服则用袍，

《唐六典》："凡常服，亲王三品以上、二王后服用紫，饰以玉；五品以上服用朱，饰以金；七品以上服用绿，饰以银；九品以上用青，饰以鍮石；流外庶人服用黄，饰以铜铁。"

其阔狭长短均有定例。

---

① 天子之宫殿，皆施重栱藻井。王公诸臣三品以上九架，五品以上七架，并厅厦两头，六品以下五架。其门舍三品以上五架三间，五品以上三间两厦，六品以下及庶人一间两厦。五品以上得制乌头门，若官修者，左校为之。私家自修者制度准此。

② 王公第一品服之。

③ 二品服之。

④ 三品。

⑤ 四品。

⑥ 五品。

⑦ 六品至九品服爵弁。

《唐会要》（王溥）："袍袄衫等曳地不得长二寸以上，衣袖不得广一尺三寸以上。妇人制裙，不得阔五幅以上，裙条曳地不得长三寸以上，襦袖不得广一尺五寸以上。"

然各地风气，亦有变迁，奢侈者往往流于长阔焉。

《唐会要》："开成四年，淮南观察使李德裕奏管内妇人，袖先阔四尺，今令阔一尺五寸，裙先曳地四五寸，今令减五寸。"

唐人之饮食，亦有阶级。观其膳部所掌官吏食料，可以考见唐人饮食之材料及其节日之所尚。

《唐六典》："膳部郎中，掌邦之牲豆酒膳，辨其品数。凡亲王以下，常食料各有差①，三品以上食料九盘②，四品五品常食料七盘③，六品以下、九品以上常食料五盘④，凡诸王以下，皆有小食料。午时粥料各有差，复有设食料、设会料，每时皆有常食料。又有节日食料。"⑤

《六典》载珍羞署有饧匠，良酝署有酒匠，皆唐所特置。此可见唐人之嗜饧与酒矣。

《唐六典》："珍羞署饧匠五人⑥，良酝署酒匠三十人。"⑦

---

① 每日细白米二升，粳米、粱米各一斗五升。粉一升，油五斤，盐一升，醋二升，蜜三合，粟一斗，梨七颗，酥一合，干枣一升，木橦十根，炭十斤，葱韭豉蒜姜椒之类各有差。每月给羊二十口，猪肉六十斤，鱼三十头，各一尺，酒九斗。

② 每日细米二升二合，粳米八合，面二升四合，酒一升半，羊肉四分，酱四合，醋四合，瓜三颗，盐豉葱姜葵韭之类各有差。木橦春二分，冬三分五厘，炭春三斤，冬五斤。

③ 每日细米二升，面二升三合，酒一升半，羊肉三分，瓜两颗，余并同三品。若断屠及决囚日停肉，给油一合，小豆三合，三品以上亦同此。

④ 每日白米二升，面一升一合，油三勺，小豆一合，酱三合，醋三合，豉盐葵韭之类各有差。木橦春二分，冬三分。

⑤ 谓寒食麦粥，正月七日、三月三日煎饼，正月十五日并晦日膏糜，五月五日粽糦，七月七日斫饼，九月九日麻葛糕，十月一日黍臛，皆有等差，各有配食料。

⑥ 皇朝置。

⑦ 皇朝置。郢州出美酒，张去奢为刺史，进其法。今则取郢州人为酒匠，以供御及时燕赐。

唐之交通，均有定法。按驿程定其迟速，

《唐六典》："驾部郎中，掌邦国之舆辇车乘，及天下之传驿厩牧官私马牛杂畜之簿籍，司其名数，凡三十里一驿，天下凡一千六百三十有九所。① 又度支郎中，掌水陆道路之利。凡陆行之程，马，日七十里；步及驴，五十里；车，三十里。水行之程，溯河，日三十里，江，四十里；沿流之舟，河，日一百五十里，江，百里；余水，七十里。"

其运价亦有定数，

《唐六典》："河南、河北、河东、关内等四道诸州运租、庸、杂物等脚，每驮一百斤，一百里一百文；山阪处一百二十文。车载一千斤，九百文。黄河及江水并从幽州运至平州，上水十六文，下水六文；余水上十五文，下五文。从澧、荆等州至扬州四文。其山陵险难驴少处，不得过一百五十文；平易处不得下八十文。"

各地长官，皆置进奏院于京师，以通文报。

《两京城坊考》："崇仁坊有东都、河南、商、汝、汴、淄、青、淮南、兖州、太原、幽州、冀州、丰州、沧州、天德、荆南、宣歙、江西、福建、广、桂、安南、邕宁、黔南进奏院。"

京师之事，亦有日报达于四方。

《读开元杂报》（孙樵）："樵曩于襄、汉间得数十幅书，系日条事，不立首末。其略曰：某日，皇帝亲耕籍田。某日，百僚行大射礼于安福楼内。某日，安北诸蕃长请扈从封禅。某日，宣政门宰相与百寮廷争十刻罢。如此凡数十百条。樵当时未知何等书，有知者曰：'此开元政事。'及来长安，日见条报朝廷事者，徒曰今日除某

① 二百六十所水驿，一千二百九十七所陆驿，八十六所水陆相兼。

官，明日授某官；今日幸于某，明日幸于某。”[①]

故其疆域虽广，而内外贯通，无隔阂之虞也。

自汉时创常平仓，

《汉书·食货志》：“五凤中，岁数丰穰。大司农中丞耿寿昌奏令边郡皆筑仓，以谷贱时增其价而籴，以利农谷，贵时减价而粜，名曰常平仓。”

历代因之，借以利民。

《文献通考》：“后汉明帝永平五年，作常平仓。”“晋武帝泰始二年，立常平仓。”

至隋又立社仓，由军民共立。

《文献通考》：“开皇五年，工部尚书长孙平，奏请令诸州百姓及军人劝课当社共立义仓。收获之日，随其所得，劝课出粟及麦于当社，造仓窖贮之，即委社司执帐检校。每年收积，勿使损败。若时或不熟，当社有饥馑者，即以此谷赈给。由是诸州储峙委积。”“十六年，诏社仓准上、中、下三等税。上户不过一石，中户不过七斗，下户不过四斗。”

唐代并置常平仓及义仓。常平积谷或钱，而义仓惟积谷。亩别征之，以备荒年。

《唐六典》：“凡王公以下，每年户别，据已受田及借荒等具所种苗顷亩，造青苗簿。诸州以七月以前申尚书省，至征收时，亩别纳粟二升，以为义仓。凡义仓之粟，唯荒年给粮，不得杂用。”《文献通考》：“太宗诏亩税二升粟麦粳稻土地所宜，宽乡敛以所种，狭

① 樵为此文，在大中五年。是唐自开元至大中，日日有朝报也。世以新闻纸创自泰西，实则吾国早有此制。特朝报只载朝廷之事，不纪民间社会之状况，且不著议论，与今之报纸不同。然其性质之为传播消息，使人易于周知，则一也。

> 乡据青苗簿而督之。田耗十四者免其半，耗十七者皆免。商贾无田者，以其户为九等出粟，自五石至五斗为差。下下户及夷獠不取。岁不登则以赈民，或贷为种，至秋而偿。其后洛、相、幽、徐、齐、并、秦、蒲州又置常平仓，粟藏九年，米藏五年。下湿之地，粟藏五年，米藏三年，皆著于令。”“开元七年，敕关内、陇右、河南、河北五道及荆、扬、襄、夔、绵、益、彭、蜀、资、汉、剑、茂等州并置常平仓，其本上州三千贯，中州二千贯，下州一千贯，每籴具本利与正仓帐同申。”

维持民食，调节经济，使谷价常平，而人民知思患预防，且食互助之益，一善制也。天宝中，天下诸色米积九千六百余万石，而义仓得六千三百余万石。可见人民合力之所积，愈于官吏之所储矣。

第十三章　隋唐之学术文艺

吾国文化，自汉以来，虽迭因兵燹而遭摧毁，然治乱相间，亦时时有人整理而绍述之。即以书籍而论，牛弘所举五厄，自破坏方面言之也；而与此五厄相错者，则自荀勖因郑默《中经》著《新簿》，始分四部，至隋、唐而分析益密。目录之学，远绍刘《略》、班《志》之绪。

《隋书·经籍志》："魏氏代汉，采掇遗亡，藏在秘书中外三阁。魏秘书郎郑默，始制《中经》，秘书监荀勖，又因《中经》更著《新簿》，分为四部，总括群书。一曰甲部，纪六艺及小学等书；二曰乙部，有古诸子家、近世子家、兵书、兵家、术数；三曰丙部，有史记、旧事、皇览簿、杂事；四曰丁部，有诗赋、图赞、《汲冢书》。大凡四部，合二万九千九百四十五卷。但录题及言，盛以缥囊，书用缃素。至于作者之意，无所论辩。惠、怀之乱，京华荡覆。渠阁文籍，靡有孑遗。东晋之初，渐更鸠聚。著作郎李充，以勖旧簿校之，其见存者，但有三千一十四卷。充遂总没众篇之名，但以甲乙为次。自尔因循，无所变革。其后中朝遗书，稍流江左。宋元嘉八年，秘书监谢灵运造《四部目录》，大凡六万四千五百八十二卷。元徽元年，秘书丞王俭又造《目录》，大凡一万五千七百四卷。俭又别撰《七志》，一曰《经典志》，纪六艺、小学、史记、杂传；二曰《诸子志》，纪今古诸子；三曰《文翰志》，纪诗赋；四曰《军书志》，纪兵书；五曰《阴阳志》，纪阴阳图纬；六曰《术艺志》，纪方技；七曰《图谱志》，纪地域及图书。其道、佛附见，合九条。然亦不述作者之意，但于书名之下，每立一传，而又作九篇条例，编乎首卷之中。……齐永明中，秘书丞王亮、监谢朏，又造《四部书目》，大凡一万八千一十卷。齐末兵火，延烧秘阁，经籍遗散。梁初，秘书监任昉，躬加部集，又于文德殿内，列藏众书，华林园中，总集释典，大凡二万三千一百六卷，而释氏不预焉。梁有秘书监任昉、殷钧《四部目录》，又《文德殿目录》。其术数之书，更为一部，使奉朝请祖暅撰其名。故梁有《五部目录》。普通中，有处士阮孝绪，沉静寡欲，笃好坟史，博采宋、齐以来王公之家凡有书记，参校官簿，更为《七录》：一曰《经典录》，纪六艺；二曰《记传录》，纪史传；三曰《子兵录》，纪子书、兵书；四曰《文集录》，纪诗赋；五曰《技术录》，纪数术；六曰《佛录》；七曰《道录》。其分部题目，颇有次序。"

计其都数，隋唐最盛。

《隋书·经籍志》："中原……文教之盛，苻、姚而已。宋武入关，收其图籍，府藏所有，才四千卷。""后魏始都燕、代，南略中原，粗收经史，未能全具。孝文徙都洛邑，借书于齐，秘府之中，稍以充实。暨于尔朱之乱，散落人间。""后周始基关右，外逼强邻，戎马生郊，日不暇给。保定之始，书止八千，后稍加增，方盈万卷。周武平齐，先封书府，所加旧本，才至五千。隋开皇三年，秘书监牛弘，表请分遣使人，搜访异本。每书一卷，赏绢一匹，校写既定，本即归主。于是民间异书，往往间出。及平陈以后，经籍渐备。……内、外之阁，凡三万余卷。""唐武德五年，克平伪郑，尽收其图书及古迹焉，命司农少卿宋遵贵载之以船，溯河西上，将致京师，行经底柱，多被漂没，其所存者，十不一二。其《目录》亦为所渐濡，时有残缺。今考见存，分为四部，合条为一万四千四百六十六部，有八万九千六百六十六卷。"

《新唐书·艺文志》："自汉以来，史官列其名氏篇第，以为六艺、九种、七略；至唐始分为四类，曰经、史、子、集。而藏之盛，莫盛于开元。其著录者，五万三千九百一十五卷，而唐之学者自为之书，又二万八千四百六十九卷。""初，隋嘉则殿书三十七万卷，至武德初，有书八万卷，重复相糅。王世充平，得隋旧书八千余卷，太府卿宋遵贵监运东都，浮舟溯河，西致京师，经砥柱舟覆，尽亡其书。”“两都各聚书四部，以甲、乙、丙、丁为次，列经、史、子、集四库。其本有正有副，轴带帙签，皆异色以别之。而安禄山之乱，尺简不藏。元载为宰相，奏以千钱购书一卷。……至文宗时……四库之书复完，分藏于十二库。”

分写副本，尤极精美。

《隋书·经籍志》：“平陈所得，多太建时书，纸墨不精，书亦拙恶。于是总集编次，存为古本。召天下工书之士，京兆韦霈、南阳杜頵等，于秘书内补续残缺，为正副二本，藏于宫中，其余以实秘书内、外之阁，凡三万余卷。”“炀帝即位，秘阁之书，限写五十副本，分为三品：上品红琉璃轴，中品绀琉璃轴，下品漆轴。于东都观文殿东西厢构屋以贮之，东屋藏甲、乙，西屋藏丙、丁。”《新唐书·艺文志》：“贞观中，魏徵、虞世南、颜师古继为秘书监，请购天下书，选五品以上子孙工书者为书手，缮写藏于内库，以官人掌之。玄宗命左散骑常侍、昭文馆学士马怀素为修图书使，与右散骑常侍、崇文馆学士褚无量整比。会幸东都，乃就乾元殿东序检校。无量建议：‘御书以宰相宋璟、苏颋同署，如贞观故事。’又借民间异本传录。及还京师，迁书东宫丽正殿，置修书院于著作院。其后大明宫光顺门外，东都明福门外，皆创集贤书院，学士通籍出入。太府月给蜀郡麻纸五千番，季给上谷墨三百三十六丸，岁给河间、景城、清河、博平四郡兔千五百皮为笔材。”《唐六典》：“四库之书，两京各二本，共三万五千九百六十一卷，皆以益州麻纸写。其经库书钿白牙轴黄带红牙签，史库书钿青牙轴缥带绿牙签，子库书雕紫檀轴紫带碧牙签，集库书绿牙轴朱带白牙签，以为分别。”

典校装写，并设专官。

《唐六典》："秘书省监一人，从三品，掌邦国经籍图书之事。""少监二人，从四品上。""秘书郎四人，从六品上，掌四部之图籍，分库以藏之，以甲、乙、丙、丁为之部目。""校书郎八人，正九品上，正字四人，正九品下，掌雠校典籍，刊正文字，皆辨其纰缪，以正四库之图史。""令史四人、书令史九人、典书八人、楷书手八十人、熟纸装潢匠各十人、笔匠六人。""弘文馆学士无员数，掌详正图籍。""书郎二人，掌校理典籍，刊正错缪。典书二人，拓书手三人，笔匠三人，熟纸装潢匠九人。""集贤殿学士掌刊辑古今之经籍。""知书官八人。""书直及写御书一百人，拓书手六人，装书直十四人，造笔直四人。"

所贮副本，并以赐人。

《唐六典》："凡四部之书，必立三本，曰正本、副本、贮本，以供进内及赐人。凡敕赐人书，秘书无本，皆别写给之。"①

此帝王之以国力保存文化者也。

其士大夫之藏书者，自晋以来，多著称于史策。

《晋书》："张华雅爱书籍，身死之日，家无余财，惟有文史，溢于几箧。尝徙居，载书三十乘，秘书监挚虞撰定官书，皆资华之本以取正焉。天下奇秘，世所希有者，悉在华所。"《南史》："张缵好学，兄缅有书万卷余，昼夜披读，殆不辍手。""沈约聪明过人，好坟籍，聚书至二万卷，都下无比。""任昉博学，于书无所不见。家虽贫，聚书至万余卷，率多异本。及卒后，武帝使学士贺纵共沈约勘其书目，官无者就其家取之。""王僧孺好坟籍，聚书至万余卷，率多异本，与沈约、任昉家书埒。"

至唐而藏书者尤多，

---

① 如武后赐新罗吉凶礼，并文辞五十篇等，皆秘书所写也。

《旧唐书》："吴兢家聚书颇多，尝自录其卷帙，号《吴氏西斋书目》。"① "韦述少聪敏，笃志文学，家有书二千卷。述为儿童时，记览皆遍，人骇异之。述澹于势利，家聚书二万卷，皆自校定铅椠，虽御府不逮也。兼古今朝臣图，历代知名人画，魏、晋以来草隶真迹数百卷，古研、古器、药方、格式、钱谱、玺谱之类，当代名公品题，无不毕备。""蒋乂代为名儒，而又史官吴兢之外孙，以外舍富坟史。幼便记览不倦，手不释卷，老而弥笃，旁通百家，尤精历代沿革。家藏书一万五千卷。""田弘正于府舍起书楼，聚书万余卷。""李磎聚书至多，手不释卷，时人号曰李书楼。""韦处厚聚书逾万卷，多手自刊校。""苏弁聚书至二万卷，皆手自刊校。至今言苏氏书，次于集贤、秘阁焉。"《送诸葛觉往随州读书诗》（韩愈）："邺侯家多书，插架三万轴。一一题牙签，新若手未触。为人强记览，过眼不再读。"《寄许孟容书》（柳宗元）："家有赐书三千卷，尚在善和里旧宅。宅今已三易主，书存亡不可知。"

好学者率手自抄录。

《旧唐书》："柳仲郢厩无名马，衣不熏香。退公布卷，不舍昼夜。九经、三史一抄，魏晋以来南北史再抄，手抄分门三十卷，号《柳氏自备》。又精释典，《瑜伽》、《智度大论》皆再抄，自余佛书，多手记要义。小楷精谨，无一字肆笔。"

此隋、唐所以能赓续前绪，使文教翼进而不坠者也。

有唐一代，为文学美术最盛之时，而其他学术亦时有树立。其于经，有《经典释文》、《五经正义》等书。而南北之学，以之统一。

《经学历史》（皮锡瑞）："学术随世运为转移，亦不尽随世运为转移。隋平陈，而天下统一，南北之学，亦归统一，此随世运为转

① 《渊鉴类函》引鸿书吴兢西斋书一万三千四百余卷。

移者也。天下统一，南并于北，而经学统一，北学反并于南，此不随世运为转移者也。”“经学统一之后，有南学，无北学，南学北学，以所学之宗主分之，非以其人之居址分之也。……《隋书·经籍志》于《易》云：‘梁、陈，郑玄、王弼二注，列于国学。齐代，唯传郑义。至隋，王注盛行，郑学浸微。’于《书》云：‘梁、陈所讲，有郑、孔二家。齐代唯传郑义。至隋，孔、郑并行，而郑氏甚微。’于《春秋》云：‘《左氏》唯传服义，至隋，杜氏盛行，服义浸微。’是伪孔、王、杜之盛行，郑、服之浸微，皆在隋时。故天下统一之后，经学也统一，而北学从此绝矣。”“唐太宗以儒学多门，章句繁杂，诏国子祭酒孔颖达与诸儒撰定五经义疏，凡一百七十卷，名曰《五经正义》。颖达既卒，博士马嘉运驳其所定义疏之失。有诏更定，未就。永徽二年，诏诸臣复考证之，就加增损。永徽四年，颁孔颖达《五经正义》于天下。每年明经，依此考试。自唐至宋，明经取士皆遵此本。”“其所定《五经疏》，《易》主王注，《书》主孔传，《左氏》主杜解。郑注《易》、《书》，服注《左氏》，皆置不取。”“其时同修《正义》者，《周易》则马嘉运、赵乾叶，《尚书》则王德韶、李子云，《毛诗》则王德韶、齐威，《春秋》则谷那律、杨士勋，《礼记》则朱子奢、李善信、贾公彦、柳士宣、范义頵、张权。标题孔颖达一人之名者，以年辈在先，名位独重耳。”（按《周易正义》十六卷，《尚书正义》二十卷，《毛诗正义》四十卷，《礼记正义》七十卷，《春秋正义》三十六卷，是为《五经正义》。此外贾公彦有《周礼疏》五十卷，《仪礼疏》五十卷，杨士勋有《春秋穀梁传疏》十三卷，皆成于唐初。惟徐彦《公羊传疏》二十八卷，不详其时代。）“前乎唐人义疏，经学家所宝贵者，有陆德明《经典释文》。①《经典释文》亦是南学，其书创始于陈后主元年，成书在未入隋以前。而《易》主王氏，《书》主伪孔，《左》主

① 三十卷。

杜氏，为唐人义疏之先声。”

于史有《晋》、《梁》、《陈》、《周》、《齐》、《隋》诸书，及《南》、《北》二史。而五朝之事，得无失坠。

《旧唐书・艺文志》：“《晋书》一百三十卷，许敬宗等撰。”“《梁书》五十卷，姚思廉撰。”①“《陈书》三十六卷，姚思廉撰。”“《后周书》五十卷，令狐德棻撰。”“《北齐书》五十卷，李百药撰。”“《隋书》八十卷，魏徵等撰。”“《南史》八十卷，李延寿撰。”“《北史》一百卷，李延寿撰。”

外此，如李鼎祚《周易集解》、司马贞《史记索隐》、张守节《史记正义》、颜师古《汉书注》等，皆有考证辑录之功。其见于《唐志》而不传者尚多，无俟具论。比而观之，唐之史学盛于经学。如刘子玄著《史通》讥评古今。

《史通自序》(刘知幾)：“三为史臣，再入东观，其所载削，皆与俗浮沉。虽自谓依违苟从，然犹大为史官所嫉，退而私撰《史通》，以见其志。”“《史通》之为书也，盖伤当时载笔之士，其义不纯，思欲辨其指归，殚其体统。夫其书虽以史为主，而余波所及，上穷王道，下掞人伦，总括万殊，包吞千有。其为义也，有与夺焉，有褒贬焉，有鉴诫焉，有讽刺焉。其为贯穿者深矣，其为网罗者密矣，其所商略者远矣，其所发明者多矣。”

杜佑撰《通典》，条贯事类。

《通典序》(李翰)：“京兆杜公君卿，雅有远度，志于邦典。采五经群史，上自黄帝，至于有唐天宝之末，每事以类相从，举其始终，历代沿革废置及当时群士论议得失，靡不条载，附之于事。如人支脉散缀于体，凡有八门，号曰《通典》。”

---

① 实五十六卷。

皆史家之创制，迄今人犹诵法之。

其读经者，多务速成，罕治大经。

《唐会要》："开元八年，国子司业李元瓘言：今明经所习务在出身，《礼记》文少，人皆竞读。《周礼》、《仪礼》、《公羊》、《穀梁》历代宗习，今两监及州县以独学无友，四经殆绝。事资训诱，不可因循。""开元十六年，国子祭酒杨玚言：今明经习《左氏》者十无一二，又《周礼》、《仪礼》、《公羊》、《穀梁》殆将绝废，亦请量加优奖。"

虽有壁书五经，石刻九经，而名儒不窥。讹误甚多，世盛讥之焉。

《唐会要》："刘禹锡《国学新修五经壁记》：大历中名儒张参为司业，始详定五经，书于论堂东西厢之壁。""文宗太和七年，敕于国子监讲学论堂两廊，创立石壁九经并《孝经》、《论语》、《尔雅》共一百五十九卷。"[①]《旧唐书·文宗纪》："石经立后数十年，名儒皆不窥之。"

隋承南朝之绪，注重天文历算之学。其历、天文、漏刻、视祲，各有博士及生员。

《隋书·百官志》："秘书省领著作、太史二曹……太史曹置令、丞各二人，司历二人，监候四人。其历、天文、漏刻、视祲，各有博士及生员。"又《天文志》："高祖平陈，得善天官者周坟以为太史令。坟博考经书，勤于教习。自此太史观生，始能识天官。"

唐因其制，设官益多。

《唐六典》："太史局令二人，从五品下，掌观察天文，稽定历数。凡日月星辰之变，风云气色之异，率其属而占候焉。丞二人，从七品下；司历二人，从九品上；保章正一人，从八品上；历生三

---

① 开成二年始成。

十六人，装书历生五人，监候五人，从九品下；天文观生九十人，云台郎二人，正八品下；天文生六十人，挈壶正二人，从八品下；司辰十九人，正九品下。漏刻典事十六人，漏刻博士六人，漏刻生三百六十人，典钟二百八十人，典鼓一百六十人。”

故精于测算制作者，不乏其人。王孝通著《缉古算经》，为后世立天元术所本。

《畴人传》（阮元）：“王孝通武德九年为算术博士，复为通直郎太史丞，著《缉古算经》一卷，并自为之注。”“李锐曰：算书以《缉古》为最深，学之未易通晓。惟以立天元术御之，则其中条理秩然。”阮元曰：“孝通《缉古》，实后来立天元术之所本也。”

李淳风、梁令瓒等制仪象，史称其精博，后世不能过。

《新唐书·天文志》云：“星经、历法，皆出于数术之学。唐兴，太史李淳风、浮图一行，尤称精博，后世未能过也。”

“贞观初，太宗诏淳风为浑仪。七年，仪成。表里三重，下据准基，状如十字，末树鳌足，以张四表。一曰六合仪，有天经双规、金浑纬规、金常规，相结于四极之内。列二十八宿、十日、十二辰、经纬三百六十五度。二曰三辰仪，圆径八尺，有璇玑规、月游规，列宿距度，七曜所行，转于六合之内。三曰四游仪，玄枢为轴，以连结玉衡游筩，而贯约矩规。又玄枢北树北辰，南矩地轴，傍转于内。玉衡在玄枢之间，而南北游，仰以观天之辰宿，下以识器之晷度，皆用铜。”

“开元九年，一行受诏，改治新历，率府兵曹参军梁令瓒以木为游仪，一行是之，乃奏：‘……请更铸以铜铁。’十一年仪成。……玄宗又诏一行与令瓒等更铸浑天铜仪，圆天之象，具列宿赤道及周天度数，注水激轮，令其自转，一昼夜而天运周。外络二轮，缀以日月，令得运行。每天西旋一周，日东行一度，月行十三度十九分度之七，二十九转有余而日月会，三百六十五转而日周天。以木柜为地平，令仪半在地下，晦明朔望，迟速有准。立木人二于地平上，其一前置鼓以候刻，至一刻则自击之；其一前置钟以候辰，至一辰而自撞之。皆于柜中各施轮轴，钩键关锁，交错相持。”

而瞿昙罗、瞿昙悉达等，以西域人制历译书。

《畴人传》(阮元)：“瞿昙罗官太史令，神功二年甲子南至，改《元圣历》，命瞿昙作《光宅历》。将颁用，三年罢之。”“瞿昙悉达开元六年官太史监，受诏译《九执术》。上言：臣等谨案九执术法，梵天所造，五通仙人承习传授，肇自上古。”“臣等谨凭天旨，专精钻仰，凡在隐秘，咸得解通。”“其算法用字乘除，一举札而成，凡至十进入前位，每空位处，恒安一点。”

世谓即今西法所自出，是尤唐代历算学之特色矣。

阮元曰：“九执术即今西法之所自出，名数虽殊，理则无异。惟《九执》译于唐时，其法尚疏，后人精益求精，故今之西法为更密合耳。”

唐人于地理之学，亦甚注重。州府三年一造地图，鸿胪有外国山川风土图。

《唐六典》：“职方郎中员外郎，掌天下之地图及城隍镇戍烽候之数，辨其邦国都鄙之远迩及四夷之归化者。凡地图，委州府三年一造，与板籍偕上省。其外夷每有番客到京，委鸿胪讯其人本国山川风土为图以奏焉，副上于省。其五方之区域，都鄙之废置，疆场之争讼者，举而正之。”

《唐书·经籍志》载《长安十道图》、《开元十道图》等，当即其时州府所上，惜其后不传耳。

《旧唐书·经籍志》：“《长安四年十道图》十三卷。”“《开元三年十道图》十卷。”

高宗时，许敬宗等撰《西域图志》。按其卷数，当更详于裴矩之《西域图记》。

《新唐书·艺文志》：“《西域图志》六十卷，高宗遣使分往康国、吐火罗，访其风俗物产，画图以闻，记史官撰次。许敬宗领之，显庆三年上。”

而制作之法未闻。德宗时，贾耽画《陇右山南图》及《海内华夷图》，史载其折算及题色之法。

《旧唐书·贾耽传》：“耽好地理学，凡四夷之使及使四夷还者，必与之从容，讯其山川土地之终始。是以九州之夷险，百蛮之土俗，区分指画，备究源流。自吐蕃陷陇右积年，国家守于内地，旧时镇戍，不可复知。耽乃画《陇右山南图》，兼黄河经界远近，聚其说，为书十卷，表献曰：陇右一隅，久沦蕃寇，职方失其图记，境土难以区分。辄扣课虚微，采掇舆议，画关中、陇右及山南九州等图一轴。……诸州诸军，须论里数人额，诸山诸水，须言首尾源流，图上不可备书，凭据必资记注，谨撰《别录》六卷。又黄河为四渎之宗，西戎乃群羌之帅，臣并研寻史牒，剪弃浮词，罄所闻知，编为四卷，通录都成十卷。……贞元十七年，又撰成《海内华夷图》及《古今郡国县道四夷述》四十卷，表献之曰：兴元元年，伏奉进止，令臣修撰国图，间以众务，不遂专门。近乃力竭衰病，思殚所闻见，聚于丹青，谨令工人画《海内华夷图》一轴，广三丈，从三丈三尺，率以一寸折成百里。别章甫左衽，奠高山大川，缩四极于纤缟，分百郡于作绘。……并撰《古今郡国县道四夷述》四十卷，中国以《禹贡》为首，外夷以《班史》发源，凡诸疏舛，悉从厘正。其古郡国题以墨，今州县题以朱，今古殊文，执习简易。”

后世图书，分别朱墨，所由昉也。眈之图世犹传其模本，而书亦不传。今所存唐人地理书，惟李吉甫《元和郡县图志》，为后世地志之祖。

《元和郡县图志序》（李吉甫）："前上元和国计簿，审户口之丰耗；续撰《元和郡县图志》，辨州域之疆理。起京兆府，尽陇右道，凡四十七镇，成四十卷。每镇皆图在篇首，冠于序事之前，并目录两卷，总四十二卷。"①

其书详载四至八到，及开元、元和户数、乡数之比较，不独资当时之实用，且可供后世之考证焉。

唐人尚文学，学者必精熟《文选》。

《困学纪闻》（王应麟）："李善精于《文选》，为注解。因以讲授，谓之'《文选》学'。少陵有诗云'续儿诵《文选》'，又训其子'熟精《文选》理'，盖选学自成一家。"

然唐人能变选文之文，而自开风气，由模仿而创造，备极文章之能事。故论文与诗，莫盛于唐。虽其风气迭变，作者代出，未可以一概论。

《新唐书·文艺传》云："唐有天下三百年，文章无虑三变。高祖、太宗大难始夷，沿江左余风，绨句绘章，揣合低卬，故王、杨为之伯。玄宗好经术，群臣稍厌雕琢，索理致，崇雅黜浮，气益雄浑，则燕、许擅其宗。是时，唐兴已百年，诸儒争自名家。大历、贞元间，美才辈出，擩哜道真，涵泳圣涯，于是韩愈倡之，柳宗元、李翱、皇甫湜等和之，排逐百家，法度森严，抵轹魏、晋，上轧汉、周，唐之文完然为一王法，此其极也。若侍从酬奉，则李峤、宋之问、沈佺期、王维，制册则常衮、杨炎、陆贽、权德舆、王仲舒、李德裕，言诗则杜甫、李白、元稹、白居易、刘禹锡，谲怪则李贺、杜牧、李商隐，皆卓然以所长为一世冠，其可尚已。"

① 宋时图已亡，独志存。

要以杜甫、李白之诗，韩愈、柳宗元之文，极雄奇深秀之致，前无古人，后无来者，足为有唐一代之特色。至其体制，由排偶而单行，由浮华而质朴。而律诗、绝诗诸体，又以谐协声律擅长，虽齐、梁人之讲声律者，尚不之逮，则进化之表见于文艺者也。

隋唐之世，书法亦益进化，世称隋碑为古今书学大关键。

> 《语石》（叶昌炽）：“隋碑上承六代，下启三唐，由小篆八分，趋于隶楷。至是而巧力兼至、神明变化，而不离于规矩，诚古今书学大关键也。”

唐初书家，欧、虞皆尝仕隋，则隋、唐之书法，亦难画分界域也。按隋始置书学博士，唐代因之。

> 《唐六典》：“隋置书学博士一人，从九品下，皇朝加置二人。”

以书为教，故善书者特多。不但著名之书家，卓然各成家法，即寻常流传文字，亦皆雅健深厚。近世发见敦煌石室之经卷，多唐人书，虽其不经意之作，今人亦鲜能及焉。唐太宗好书法，躬撰《晋书·王羲之传论》，自谓“心慕手追”，

> 《晋书·王羲之传》：“制曰：详察古今，研精篆素，尽善尽美，其惟王逸少乎！观其点曳之工，裁成之妙，烟霏露结，状若断而还连；凤翥龙蟠，势如斜而反直。玩之不觉为倦，览之莫识其端，心慕手追，此人而已。其余区区之类，何足论哉！”

临终至以《兰亭序》殉葬。

> 《法书要录》：“贞观二十三年，圣躬不豫。临崩，谓高宗曰：‘吾欲从汝求一物。’高宗流涕听受制命。太宗曰：‘吾所欲得《兰亭》，可与我将去。’后随仙驾入玄宫矣。”

《唐书》以二王等书载之小学类，

> 《新唐书·艺文志》：“二王、张芝、张昶等书一千五百一十

卷。”（太宗出御府金帛，购天下古本，命魏徵、虞世南、褚遂良定真伪。凡得羲之真行二百九十纸，为八十卷。又得献之、张芝等书，以“贞观”字为印。草迹命遂良楷书小字以影之。其古本多梁、隋官书。梁则满骞、徐僧权、沈炽文、朱异；隋则江总、姚察署记。帝令魏、褚卷尾各署名。开元五年，敕陆玄悌、魏哲、刘怀信检校，分益卷轶。玄宗自书“开元”字为印。）

故知唐人之工书，不第由学校教授。且经贞观、开元之提倡，视其他艺术为独尊也。古碑无行书，至唐始有之。

《语石》（叶昌炽）：“隋以前碑无行书。以行书写碑，自唐太宗《晋祠铭》始。开元以后，李北海、苏灵芝皆以此体擅长。”

草书亦至唐而盛，张旭、怀素并称草圣，颜真卿传旭笔法。

《新唐书·张旭传》：“后人论书，欧、虞、褚、陆皆有异论，至旭无非短者。传其法惟崔邈、颜真卿云。”

真书行草，集篆籀分隶之大成。

《宣和书谱》：“论者谓颜真卿书点如坠石，画如夏雨，钩如屈金，戈如发弩。篆籀分隶而下，同为一律，号为大雅，岂不宜哉！”

自宋及清，学书者无不师颜，亦可证张旭之所诣矣。

与书学并进者，又有绘事。隋置宝迹台以藏画，与妙楷台之藏书并重。

《隋书·经籍志》：“炀帝聚魏以来古迹名画，于观文殿后起二台。东曰妙楷台，藏古迹[①]；西曰宝迹台，藏古画。”

至唐而集贤殿书院有画直。

《唐六典》：“画直八人。”[②]

---

① 按楷书之名当始于此，隋秘书省有楷书员二十人，唐亦有楷书手。

② 开元七年，敕缘修杂图访取二人。八年，又加六人。十九年，院奏定为直院。

画直之画，且志之于史籍。

> 《新唐书·艺文志》：“杨昇画《望贤宫图》、《安禄山真》；张萱画《伎女图》、《乳母将婴儿图》、《按羯鼓图》、《秋千图》，并开元馆画直。”①

是皆可为隋、唐注重绘事之证。前代绘画多重人物，如晋之顾恺之、梁之张僧繇等，皆以画人物擅名。宋之宗炳，始画山水于壁，以供卧游。

> 《名画录》：“宋宗炳，字少文，善书画，好山水。西涉荆巫，南登衡岳，因结宇衡山，以疾还江陵，叹曰‘老疾俱至，名山恐难遍游，当澄怀观道，卧以游之’。凡所游历，皆画于壁，坐卧向之。”

至唐而王维、李思训、吴道子等，始以画山水著名。

> 《唐画断》：“王右丞维，画山水松石，风标特出。今京都千福寺西塔院有掩障，一画枫戍，一画辋川，山谷郁盘，云水飞动，意出尘外，怪生笔端。”“又曰：山水松石，妙上上品。”“开元中，诸卫将军李思训，子昭道为中舍，俱得山水之妙。时人云大李将军、小李将军是也。思训格品高奇，山川妙绝，鸟兽草木，皆极其能。中舍之图，山水鸟兽甚多，繁巧智思，笔力不及也。天宝中，玄宗召思训画大同殿壁兼掩障。异日因奏断诏云：‘卿所画掩障，夜闻水声，通神之佳手，国朝山水第一。’思训神品，昭道妙上品。”“吴道玄字道子，年未弱冠，穷丹青之妙。玄宗天宝中，忽思蜀中嘉陵江山水，遂假吴生驿递，令往写貌。及回日，帝问其状，奏云：‘臣无粉本，并记在心。’遣于大同殿图之，嘉陵江三百里山水一日而毕。时有李将军山水擅名，亦画大同殿壁，数月方毕。玄宗云：‘李思训数月之功，吴道玄一日之迹，皆极其妙也。’”

---

① 前史不志图画，《唐志》始载之子部艺术类。自汉王元昌画《汉贤王图》，至周昉画《扑蝶图》，凡四十余种，亦可见唐之重画矣。

然亦兼工人物，不专画山水。

《唐画断》："吴道子画人物、佛像、鬼神、禽兽、山水、台殿、草木，皆神妙也，国朝第一。"

若阎立本、韩幹等，尤专以人物著。《唐志》所载，皆人物图也。

《新唐书·艺文志》："阎立本画《秦府十八学士图》、《凌烟阁功臣二十四人图》。""韩幹画《龙朔功臣图》、《姚宋及安禄山图》、《相马图》、《玄宗试马图》、《宁王调马打球图》。"

近年敦煌石室发见唐画，皆极工细之人物。

《石室秘宝》载唐画五：一画壁《弥陀法会图》、一藻井画《佛堂内诸佛图》、一画壁《千佛岩图》、一画壁《明王像》、一画壁《太子求佛舍利图》。

故知唐画专以工细象形为主，非若后世之写意画，潦草简率，谓得神似矣。

唐人学艺之精者，自诗文、书画外，复有二事：曰音乐、曰医药。观其制度，盖皆以为专门之学，广置师弟以教之。教乐则有太乐署，

《唐六典》："太乐令掌教乐人，调合钟律，以供邦国之祭祀飨燕，丞为之贰。""凡习乐立师以教，每岁考其师之课业，为上、中、下三等，申礼部。十年大校之，若未成，则又五年而校之，量其优劣而黜陟焉。若职事之为师者，则进退其考，习业者亦为之限，既成得进为师。凡乐人及音声人应教习，皆著簿籍，核其名数，而分番上下①，皆教习检察以供其事。"

教医则有太医署。

① 短番散乐一千人，诸州有定额。长上散乐一百人，太常自访召关外诸州者分为六番，关内五番，京兆府四番，并一月上。一千五百里外两番并上，六番者上番日教至申时，四番者上番日至午时。

《唐六典》："太医令掌诸医疗之法，丞为之贰。其属有四：曰医师、针师、按摩师、咒禁师，皆有博士以教之。其考试登用，如国子监之法。""医博士掌以医术教授诸生，习《本草》、《甲乙脉经》。分而为业：一曰体疗，二曰疮肿，三曰少小，四曰耳、目、口、齿，五曰角法。""针博士掌教针生，以经脉孔穴，使识浮沉涩滑之候。又以九针为补泻之法，凡针疾，先察五脏有余不足而补泻之。凡针生习业者教之，如医生之法。""按摩博士掌教按摩生，以消息导引之法，以除人八疾：一曰风，二曰寒，三曰暑，四曰湿，五曰饥，六曰绝，七曰劳，八曰逸。凡人支节府藏积而疾生，导而宣之，使内疾不留，外邪不入，若损伤折跌者，以法正之。""咒禁博士掌教咒禁生，以咒禁祓除邪魅之为厉者。"（其京兆府各大都督府各州，皆有医学博士及助教学生等。诸州每年任土所药物可用者，随时收采以给人之疾患。）

故唐之精于音乐者特多，上自帝王卿相[①]，下至优伶工人[②]。虽其所工与古之雅乐异趣，而言梨园者必始于唐。

《旧唐书·音乐志》："玄宗于听政之暇，教太常乐工子弟三百人为丝竹之戏。音响齐发，有一声误，玄宗必觉而正之，号为皇帝弟子。""梨园子弟以置院近于禁苑之梨园，太常又有别教院教供奉新曲。太常每凌晨鼓笛乱发于太乐别署，教院廪食常千人。"

至医药专家，则有甄权、孙思邈等。

《旧唐书·方伎传》："甄权撰《脉经针方》、《明堂人形图》各一卷。""孙思邈撰《千金方》三十卷。"

世虽属之方伎，然与袁天纲观相，李虚中之推命，固有学术之殊焉。

① 如玄宗、汝阳王琎、宋璟、杜鸿渐等。

② 如李龟年、黄幡绰等，皆有特殊之艺。

第十四章　工商进步之特征

唐代工商进步之特征有四：其一曰飞钱。飞钱者，纸币及汇兑之滥觞也。欲知其制之发生，当先知唐以前货币行使之沿革。秦、汉币制，黄金与铜钱并用。汉武、新莽广为货币，率未尽行。[①] 东汉以降，各地自为风气，不尽用钱。王莽乱后，货币杂用布帛金粟。至建武十六年，始行五铢钱。三国时，吴、蜀均用钱，而魏文帝罢五铢钱，使百姓以谷帛为市。晋太始中，河西荒废不用钱，裂匹以为货。安帝元兴中，桓玄辅政，议欲废钱，用谷帛，朝议以为不可，乃止。宋、齐两代，皆尝铸钱。梁初惟京师及三吴、荆、郢、江、襄、梁、益用钱，其余州郡则杂以谷帛交易。交广之域，则全以金银为货。后魏孝文帝时，始诏天下用钱，而河北诸州犹以他物交易，钱略不入市。[②] 盖执政者率不知钱币之原理，随时补苴而已。隋、唐之时，天下统一，悉行当时官铸之钱。而人口日增，商业日盛，行铸之钱，往往不周于用。唐开元中，屡敕禁民用钱。

《唐会要》（王溥）："开元十三年，敕绫罗、绢布、杂货等皆令通用。如闻市肆，必须见钱，深非通理。自今后与钱货并用，违者准法罪之。""开元廿二年，敕货物兼通，将以利用。自今以后，所有庄宅交易，并先用绢布、绫罗、丝绵等，其余市价至一千以上，亦令钱物兼用，违者科罪。"

德宗、宪宗时，迭申钱禁，而飞钱之制以兴。

《新唐书·食货志》："贞元初，骆谷、散关禁行人以一钱出

① 其详见《汉书·食货志》。

② 参诸史及《文献通考》。

者。”“民间钱益少，缯帛价轻，州县禁钱不出境，商贾皆绝。浙西观察使李若初请通钱往来。而京师商贾，赍钱四方贸易者，不可胜计，诏复禁之。二十年，命市井交易以绫罗、绢布、杂货与钱兼用。”“宪宗以钱少，复禁用铜器。时商贾至京师，委钱诸道进奏院及诸军、诸使富家，以轻装趋四方，合券乃取之，号飞钱。京兆尹裴武请禁与商贾飞钱者，廋索诸坊，十人为保。”

嗣因商民之利，遂准其于官府飞钱。

《新唐书·食货志》：“自京师禁飞钱，家有滞藏，物价寝轻。判度支卢坦、兵部尚书判户部事王绍、盐铁使王播，请许商人于户部、度支、盐铁三司飞钱，每千钱增给百钱。然商人无至者，复许与商人敌贯而易之，然钱重帛轻如故。宪宗为之出内库钱五十万缗市布帛……而富家钱过五千贯者死，王公重贬，没入于官，以五之一赏告者。”

盖钱币专重流通，流通则其数虽少而若多，不通则虽多而若少。然苟明于汇兑之理，则一纸即可代钱，视挟赀以远行为便。当时政府不知研究钱币与商业之关系，创立新法，而商贾独能发明此理，则唐时商贾之智，高于政府中人多矣。

其二曰瓷器。唐、虞之时，即有陶器。不过今之盆、盎之类，无细瓷也。日用饮食之物，大都用竹木，后又进而用铜。至唐禁铜器，而陶器之业以盛。

《新唐书·食货志》：“开元十一年，诏所在禁卖铜锡及造铜器者。”[①]“文宗病币轻钱重，诏方镇纵钱谷交易。时虽禁铜为器，而江淮岭南列肆鬻之，铸千钱为器，售利数倍，宰相李珏请加炉铸钱。于是禁铜器，官一切为市之。”

① 以钱少之故。

瓷之兴，盖自晋至北魏而渐多。

《景德镇陶录》："东瓯陶。瓯，越也。昔属闽地，今为浙江温州府。自晋已陶，其瓷青，当时著尚。杜育《荈赋》所谓'器泽陶简，出自东瓯'者也。""关中窑。元魏时所烧。出关中，即今西安府咸阳等处，陶以供御。""洛京陶。亦元魏烧造，即今河南洛阳县也。初都云中，后迁都此，故亦曰洛京所陶，皆供御物。"

其见于史策者，则自隋之何稠始。

《隋书·何稠传》："稠性极巧，有智思，览博古图，多识旧物。时中国久绝琉璃之作，匠人无敢厝意。稠以绿瓷为之，与真不异。"

唐时制瓷之地，如河南邢州、豫章等处，既见于史志，

《新唐书·地理志》："河南府贡埏埴盎缶。""邢州贡瓷器。"《唐六典》："河南府贡瓷器。""邢州贡瓷器。"《新唐书·韦坚传》："豫章瓷饮器、茗铛、釜。"

而寿州、洪州、越州、鼎州、婺州、岳州、邛州，均产名陶，

《景德镇陶录》："寿窑、洪州窑、越窑、鼎窑、婺窑、岳窑、蜀窑，均唐代所烧造。"

其品第见于陆羽《茶经》。

《茶经》："碗，越州为上。其瓷类玉类冰，青而益茶，茶色绿，邢瓷不如也。鼎州瓷碗次于越器，婺器次于鼎，岳器次于婺，寿瓷色黄最下。洪州瓷褐，令茶色黑，品更次寿州。"

其昌南镇之瓷，则今之景德镇瓷器之祖也。

《景德镇陶录》："陶窑，唐初器也。土惟白壤，体稍薄，色素润。镇钟秀里人陶氏所烧造。邑志云：唐武德中，镇民陶玉者，载瓷入关中，称为假玉器，且贡于朝，于是昌南镇瓷名天下。"

综历代之用器观之，竹笾、木豆、瓦簋、铜槃，渐变而为瓷碗、瓷盂，而精美轻细，不止于适用而已。此非化学工艺之进步乎？迄今世界各国，犹推吾国之瓷为首。故自隋、唐迄今，直可谓之瓷器时代。

其三曰茶盐。茶之兴，后于盐。而言唐之征商者，多以茶、盐并举，是二者皆唐之大商业也。古无茶字，故《孟子》称冬日则饮汤，夏日则饮水，未尝言饮茶也。茶、茗之称，始于三国。

> 《吴志·孙皓传》："韦曜素饮酒，不过三升，初见礼异时，常易裁减，或密赐茶茗以当酒。"

至晋而饮者犹少，

> 《世说新语》："王濛好饮茶，人至辄饮之。士大夫每往，必云今日有水厄。"

《唐书·陆羽传》称其时尚茶成风，且以之与外国市易。

> 《新唐书·陆羽传》："羽嗜茶，著《茶经》三篇，言茶之原，茶之法，茶之具尤备。天下益知饮茶矣。时鬻茶者，至陶羽形置炀突间，祀为茶神。其后尚茶成风，回纥入朝，始驱马市茶。"

知饮茶之风，至唐始盛，而茶可为商品，则产之多可知矣。白居易《琵琶行》称茶商重利，而《唐书》载其时茶税特重。

> 《新唐书·食货志》："初，德宗纳户部侍郎赵赞议，税天下茶、漆、竹、木，十取一，以为常平本钱。及出奉天，乃悼悔，下诏罢之。""贞元八年，以水灾减税。明年，诸道盐铁使张滂奏：出茶州县若山，及商人要路，以三等定估，十税其一。自是岁得钱四十万缗。""穆宗即位，盐铁使王播图宠以自幸，乃增天下茶税，率百钱增五十。江、淮、浙东西、岭南、福建、荆襄茶，播自领之，两川以户部领之。天下茶加斤至二十两，播又奏加取焉。其后王涯判二使，置榷茶使，徙民茶树于官场，焚其旧积者，天下大怨。""武宗即位，盐铁转运使崔珙，又增江淮茶税。是时茶商所过州县有重

税，或掠夺舟车，露积雨中，诸道置邸以收税，谓之‘拓地钱’，故私贩益起。大中初，盐铁转运使裴休著条约：私鬻三犯皆三百斤，乃论死；长行群旅，茶虽少皆死；雇载三犯至五百斤，居舍侩保四犯至千斤者，皆死；园户私鬻百斤以上，杖背，三犯，加重徭；伐园失业者，刺史、县令以纵私盐论。庐、寿、淮南皆加半税，私商给自首之帖，天下税茶增倍贞元。江淮茶为大摸，一斤至五十两。诸道盐铁使于悰每斤增税钱五，谓之‘剩茶钱’，自是斤两复旧。”

官税愈严，私贩愈夥，知茶为利溥矣。今日国货之销于域外者，尚以茶为大宗。溯其权舆，固当详稽唐之茶法也。

吾国自唐、虞以来，久知食盐之利。其后太公、管子及汉之刘濞、孔仅等，多以盐为富国之本。

《史记 • 齐太公世家》：“太公至国……通商工之业，便鱼盐之利，而人民多归齐，齐为大国。”《管子 • 海王篇》：“海王之国，谨正盐筴。十口之家，十人食盐，百口之家，百人食盐。终月大男食盐五升少半，大女食盐三升少半，吾子食盐二升少半，此其大历也。盐百升而釜，令盐之重升加分强。釜五十也，升加一强；釜百也，升加二强；釜二百也，钟二千。十钟二万，百钟二十万，千钟二百万，万乘之国，人数开口千万也。禺筴之商，日二百万，十日二千万，一月六千万，万乘之国，正九百万也。月人三十钱之籍，为钱三千万，今吾非籍之诸君吾子，遂有二国之籍者六千万。”《汉书 • 吴王濞传》：“吴有豫章郡铜山，即招致天下亡命盗铸钱，东煮海水为盐，以故无赋，国用饶足。”《汉书 • 食货志》：“东郭咸阳、孔仅为大农丞，领盐铁事。……元狩五年，仅、咸阳言：‘山海、天地之藏，宜属少府，陛下弗私，以属大农佐赋。愿募民自给费，因官器作鬻盐，官与牢盆。浮食奇民，欲擅斡山海之货，以致富羡，役利细民。其阻事之议，不可胜听。敢私铸铁器鬻盐者，钛左趾，没入其器物。'使仅、咸阳乘传举行天下盐铁，作官府，除故盐铁家富者为吏，吏益多贾人矣。"

而言盐法者，多推刘晏。

《新唐书・食货志》云："乾元元年，盐铁铸钱使第五琦初变盐法，就山海井灶近利之地置监院，游民业盐者为亭户，免杂徭。盗鬻者论以法。及琦为诸州榷盐铁使，尽榷天下盐，斗加时价百钱而出之，为钱一百一十。自兵起，流庸未复，税赋不足供费，盐铁使刘晏以为因民所急而税之，则国足用。于是上盐法轻重之宜，以盐吏多则州县扰，出盐乡因旧监置吏，亭户粜商人，纵其所之。江、岭去盐远者，有常平盐，每商人不至，则减价以粜民，官收厚利，而人不知贵。"

盖管子、孔仅及第五琦等，皆用官专卖法。而晏则用就场征税之法，视盐与其他商货相等。粜之商人，听其所之，故盐商之业甚盛。天下之赋，盐利居半。

《新唐书・食货志》："晏之始至也，盐利岁才四十万缗。至大历末，六百余万缗。天下之赋，盐利居半。宫闱服御、军饷、百官禄俸皆仰给焉。"

而淮、浙之盐利，迄今远过于齐、鲁、晋、蜀者，亦自晏开之焉。

《新唐书・食货志》："（晏）随时为令，遣吏晓导，倍于劝农。吴、越、扬、楚盐廪至数千，积盐二万余石。有涟水、湖州、越州、杭州四场，嘉兴、海陵、盐城、新亭、临平、兰亭、永嘉、大昌、侯官、富都十监，岁得钱百余万缗，以当百余州之赋。"

其四曰互市。自汉以降，久与外国通商。

《汉书・地理志》："自日南障塞，徐闻、合浦船行可五月，有都元国；又船行可四月，有邑卢没国；又船行可二十余日，有谌离国；步行可十余日，有夫甘都卢国。自夫甘都卢国船行可二月余，有黄支国，民俗略与珠崖相类。其州广大，户口多，多异物。自武帝以来，皆献见。有译长，属黄门，与应募者俱入海，市明珠、璧流离，奇石异物，赍黄金、杂缯而往。所至国皆禀食为耦，蛮夷贾船转送致之。"《后汉书·西域传》："大秦王常欲通使于汉，而安息欲以汉缯彩与之交市，故遮阂不得自达。至桓帝延熹九年，大秦王安敦遣使自日南徼外献象牙、犀角、玳瑁，始乃一通焉。"《梁书·诸夷传》："孙权黄武五年，有大秦贾人字秦伦，来到交趾。太守吴邈遣使送诣权……权差吏会稽刘咸送伦，咸于道物故，伦乃径返本国。"

交、广诸州最称富饶者，以有互市之利也。然其商市率掌于地方官吏，未有专官司其事者，至隋始有互市专官。

《唐六典》："汉、魏以降，缘边郡国，皆有互市，与诸蕃交易。致其物产也，并郡县主之，而不别置官吏，至隋诸缘边州置交市监。"

《隋书·职官志》四夷使者各一，掌其方国及互市事。其属有监置、互市监、参军事等。监置掌安置其驼马车船，并纠察非违；互市监掌互市；参军事掌出入交易。唐亦设互市监，掌诸蕃交易。

《唐六典》："诸互市监各掌诸蕃交易之事，丞为之贰。凡互市所得马、驼、驴、牛等，各别其色，具齿岁、肤第以言于所隶州府。"

而广州复有市舶使，

《国史补》(李肇)："南海舶外国船也，每岁至安南、广州。师子国舶最大，梯上下数丈，皆积宝货。至则本道奏报，郡邑为之喧阗。有蕃长为主，领市舶使籍其各物，纳舶价，禁珍异。"《文献通考》："唐有市舶使，以右威卫中郎将周泽为之。"① "唐代宗广德元

① 见柳泽《劾庆立疏》。

年，有广州市舶使吕太一。”

知岭南商业尤盛于诸边矣。西历九世纪，阿剌伯人伊宾戈尔他特宾(Ibn Khordabeh) 著一书，曰《道程及郡国志》，中述唐代商港凡四。

《伊宾戈尔他特宾所述支那贸易港考》(桑原骘藏)：“唐时支那与大食之间，海上之交通，极其繁盛。当时模哈麦特教徒之来航于支那之贸易港者尤多。西历九世纪之半顷，阿剌伯地理学者伊宾戈尔他特宾尝记之于《道程及郡国志》。此书之著作年代，颇多异说。英国学者认为西历八百六十四年顷之作，德国学者认为西历八百四十六年之作，法人认为西历八百四十四年乃至四十八年之作，要之必在西历九世纪之半顷也。……其书之关于支那之贸易港者，略曰：支那之最初贸易港曰龙编[1]，有支那上等之铁器、瓷器及米谷等。次则广府，距龙编海程约四日，陆行约二十日。此地所产果实及野菜、小麦、大麦、米及甘蔗等甚夥。自广府行八日而达胶府。[2]其地之物产，亦同于广府。自胶府行六日至扬州，其产物亦与前两地相同。此等支那之贸易港，外人皆得航行，其城市皆临大河之口，而河水通流，亦不受潮水涨落之影响。河中多鹅、鸭及其他之鸟类云。”

今人所拟定者，曰广州，曰扬州。于广州，则知其地有犹太、波斯人等十余万。

《中国历史研究法》(梁启超)：“九世纪时，阿剌伯人所著《中国见闻录》[3] 中一节云，有广府 (Gonfu) 者，为商舶荟萃地。纪元二百六十四年[4]，叛贼黄巢 (Punzo) 陷广府，杀回、耶教徒及犹太、波斯人等十二万。其后有五朝争立之乱，贸易中绝。”

---

① 即安南之河内。

② 此译音，尚不知何地。

③ 即桑原氏所译《道程及郡国志》。

④ 此回教历。

于扬州，则以文宗德音证之。知南海蕃舶，可直达扬州也。

《全唐文》卷七十五“文宗大和八年疾愈德音”：“南海蕃舶，本以慕化而来，固在接以恩仁，使其感悦。其岭南、福建及扬州蕃客，宜委节度观察使常加存问。除舶脚收市进奉外，任其往来通流，自为交易，不得重加率税。”

然《唐书》称边境走集最要者七：

《新唐书·地理志》：“入四夷之路与关戍走集最要者七：一曰营州，八安东道。二曰登州，海行入高丽、渤海。三曰夏州，塞外通大同、云中道。四曰中受降城，入回鹘道。五曰安西，入西域道。六曰安南，通天竺道。七曰广州，通海夷道。”

则中外之商业，亦不仅广东番舶一途。唐之京师，贾胡荟萃。

《通鉴》：“大历十四年，诏回纥诸胡在京师者，各服其服，无得效华人。先是回纥留京师者常千人，商胡伪服而杂居者又倍之。县官日给饔饩，殖产赀，开第舍，市肆美利皆归之。日纵贪横，吏不敢问。或衣华服，夸取妻妾，故禁之。”

怀柔远人，至给饔饩，使殖赀产，不徒官吏存问仅收市脚而已。盖当时之政见，以天朝上国自居，不屑与外夷较利害。故待之极宽大，不似今之讲国际商业者，以国家为商贾之行为，而外商遂辐辏于吾国之通都大市，迄今犹称中国人曰唐人，知唐人所以来远人者，感之深矣。

第十五章 隋唐之佛教

佛教之入中国，蝉嫣五六百年，至于隋、唐之时，遂成为极盛时代。隋虽短祚，特崇译学。西来大德，中土僧俗，飙起云兴，赍经译梵。

《续高僧传》(释道宣)："那连提黎耶舍，隋言尊称，北天竺乌场国人。天保七年，届于京邺。文宣礼遇隆重，安置天平寺中，请为翻经。三藏殿内梵本千有余夹，敕送于寺，又敕昭玄大统沙门法上等二十余人，监掌翻译。沙门法智、居士万天懿传语，初翻众经五十余卷。有隋御宇，重隆三宝。开皇之始，梵经遥应，爰降玺书，请来弘译。二年七月，住大兴善寺，敕昭玄统沙门昙延等三十余人，令对翻传，凡前后所译经论一十五部、八十许卷，即《菩萨见实》、《月藏》、《日藏》、《法胜毗昙》等是也。并沙门僧琛、明芬、给事李道宝等度语笔受，昭玄统沙门昙延、昭玄都沙门灵藏等二十余僧，监护始末。""时又有同国沙门毗尼多流支，隋言灭喜，开皇三年，于大兴善寺译《象头精舍》、《大乘总持经》二部，给事李道宝传语，沙门法纂笔受。""阇那崛多，隋言德志，北贤豆犍陀啰国人，以周明帝武成年初届长安，渐通华语。""有齐僧宝暹、道邃、僧昙等十人，以武平六年，采经西域，往返七载，凡获梵本二百六十部。""大隋受禅，暹等赍经来。开皇元年季冬，届至京邑。""开皇五年，大兴善寺沙门昙延等三十余人，请敕延崛多来还京阙。寻敕敷译新至梵本，或经或书，且内且外，诸有翻传，必以崛多为主。""尔时耶舍已亡，专当元匠于大兴善，更召婆罗门僧达摩笈多，并敕居士高天奴、高和仁兄弟等同传梵语。又置十大德沙门僧休、法粲、法经、慧藏、洪遵、慧远、法纂、僧晖、明穆、昙迁等监掌翻事，铨定宗旨。沙门明穆、彦琮重对梵本，再审复勘。”“循历翻译，合三十七部，一百七十六卷。”“高祖又敕崛多共西域沙门若那竭多、开府高恭、恭息都督天奴、和仁及婆罗门毗舍达等，于内史内省，翻梵古书及乾文。至开皇十二年，书度翻讫，合二百余卷。”“时又有达摩般若，隋言法智，本中天竺国人。妙善方言，执本自传，不劳度语，译《业报差别经》等。”“达摩笈多，隋言法密，本南贤豆罗啰国人。开皇十年，入京。奉敕翻经，处之兴善。所翻经论七部，合三十二卷。”

炀帝置翻经馆及翻经学士，

《续高僧传》：“炀帝定鼎东都，敕于洛水南滨上林园内，置翻经馆，撰举翘秀，永镇传法。”“大业二年，东都新治。彦琮与诸沙门诣阙朝贺，因即下敕，于洛阳上林园，立翻经馆以处之。”“新平林邑，所获佛经，合五百六十四夹，一千三百五十余部，并昆仑书多黎树叶，有敕送馆，付琮披览。并使编叙目录，以次渐翻。”“时有翻经学士成都费长房，妙精玄理，撰《三宝录》一十五卷，始于周庄之初。上编甲子，下录年号，并诸所翻经部卷目。”“又有翻经学士泾阳刘冯，撰《内外旁通比校数法》一卷。”

沙门彦琮尤精译事，

《续高僧传》：“释彦琮，俗缘李氏，赵郡柏人人也。周武平齐，延谈玄籍，敕预通道观学士。”“开皇三年，西域经至，敕琮翻译，住大兴善。”“琮专寻教典，日诵万言。《大品》、《法华》、《维摩》、《楞伽》、《摄论》、《十地》等，皆亲传梵书，受持读诵，每日暗阅，要周乃止。”“仁寿二年，敕撰众经目录，乃分为五例，谓单译、重翻、别生、疑伪、随卷有位。”“寻又敕令撰《西域传》，前后译经合二十三部，一百许卷。”

妙体梵文，以垂译式。所举八备，世多称之焉。

《续高僧传》："琮晚以所诵梵经四千余偈十三万言，七日一遍，用为常业。""著《辩正论》，以垂翻译之式。经不容易，理借名贤，常思品藻，终惭水镜。兼而取之，所备者八：诚心爱法，志愿益人，不惮久时，其备一也；将践觉场，先牢戒足，不染讥恶，其备二也；筌晓三藏，义贯两乘，不苦暗滞，其备三也；旁涉坟史，工缀典词，不过鲁拙，其备四也；襟抱平恕，器量虚融，不好专执，其备五也；耽于道术，澹于名利，不欲高衒，其备六也；要识梵言，乃闲正译，不坠彼学，其备七也；薄阅《苍》、《雅》，粗谙篆隶，不昧此文，其备八也。八者备矣，方是得人。"

唐代译业，尤盛于隋。道宣《续高僧传》、赞宁《高僧传》三集，译经篇中所载西来高僧，不下数十人：

波罗颇迦罗蜜多罗	中天竺人	武德九年	由突厥入京
那提三藏	中印度人	永徽六年	由南海来
伽梵达磨	西印度人	永徽中	
阿地瞿多	中印度人	永徽三年	自西印度届长安
佛陀波利	罽宾国人	仪凤元年	涉流沙来华
释地婆诃罗	中印度人	仪凤初	
那跋陀罗	波凌国人	仪凤三年	由交州入唐
菩提流志	南天竺人	永淳二年	
释提云般若	于阗国人	永昌元年	
阿你真那	迦湿弥罗人	长寿二年	
实叉难陀	于阗人	证圣元年	由于阗来
般剌蜜帝	中印度人	神龙中	由南海来
弥陀山	睹货逻人	天后时	
输波迦罗（善无畏）	中印度人	开元四年	自北印至长安
阿目佉跋折罗（不空）		北天竺人	幼随叔父来华

释跋日罗菩提（金刚智）	摩赖耶国人	开元七年	由狮子国来
般剌若	北天竺人	贞元二年	由狮子国来
牟尼宝利	北印度人	贞元十六年	
佛陀多罗	罽宾人		
释勿提提羼鱼	龟兹人		
尸罗达摩	于阗人	贞元中	
释莲华	中印度人	兴元元年	
般若	罽宾人	宪宗时	
满月	西域人	开成中	

以上皆有专传者。外此如《义净传》有吐火罗沙门达磨末磨、中印度沙门拔弩、罽宾沙门达磨难陀、居士东印度首领伊舍罗、居士中印度李释迦度颇多、居士东印度瞿昙金刚等；《释无极高传》有中印度大菩提阿难律、木叉师、迦叶师等；《释极量传》有乌苌国沙门弥伽释迦；《日照传》有沙门战陀般若提婆；《菩提流志传》有天竺沙门波若屈多，亦皆有功于译业者也。他若神策军正将罗好心，为般剌若之表兄；金满郡公尉迟智严，为于阗国质子；以及迦湿弥罗国王子阿顺，为义净证译，均可见唐时西域僧俗来居中国者之多矣。

其西行求经者，有玄奘、

《旧唐书·僧玄奘传》："僧玄奘，姓陈氏，洛州偃师人。大业末出家，博涉经论。尝谓翻译者多有讹谬，故就西域广求异本，以参验之。贞观初，随商人往游西域。玄奘既辩博出群，所在必为讲释论难，蕃人远近咸尊伏之。在西域十七年，经百余国，悉解其国之语，仍采其山川谣俗、土地所有，撰《西域记》十二卷。贞观十九年，归至京师。太宗见之，大悦，与之谈论。于是诏将梵本六百五十七部，于弘福寺翻译。"《慈恩传》（释慧立、彦琮）："法师于西域所得《大乘经》二百二十四部，《大乘论》一百九十二部，《上座部经律论》一十五部，《三弥底部经律论》一十五部，《弥沙塞部经律论》二十二部，《迦叶臂耶部经律论》一十七部，《法密部经律论》四十二部，《说一切有部经律论》六十七部，《因明论》三十六部，《声论》一十三部，凡五百二十夹，六百五十七部。”

义净、

《续高僧传三集》（释道宣）：“义净，姓张氏，范阳人也。慕玄奘之风，欲游西域。咸亨二年，年三十有七，方遂发足。初至番禺，得同志数十人，及将登舶，余皆罢退。净奋励孤行，备历艰险，所至之境，皆洞言音。”“经二十五年，历三十余国。以天后证圣元年乙未仲夏，还至河洛，得梵本经律论近四百部，合五十万颂。”

不空，

《续高僧传三集》：“释不空，梵名阿目佉跋折罗，华言不空金刚。幼失所天，随叔父观光东国。开元二十九年，附昆仑舶离南海，至诃陵国界，达狮子国，广求密藏及诸经论五百余部。次游五印度境，至天宝五载还京。”

及会宁、

《续高僧传二集》：“麟德年中，成都沙门会宁泛舶西游，路经波凌国，与智贤同译《涅槃后分》二卷，寄达交州，宁方之西域。”

悟空等。

《续高僧传二集》：“释悟空，京兆云阳人，姓车氏。天宝十年，随使臣西去，留健陀罗，投舍利越摩。落发后，巡历数年，回及龟兹，翻成《十地回向轮经》，以贞元五年己巳达京师。”

其翻译之规模，远轶前代。

《旧唐书 · 僧玄奘传》：“玄奘于弘福寺翻译，敕右仆射房玄龄、太子左庶子许敬宗，广召硕学沙门五十余人，相助整比。高宗在东宫，为文德太后追福，造慈恩寺及翻经院。内出大幡，敕九部乐及京城诸寺幡盖众伎，送玄奘及所翻经像、诸高僧等入住慈恩寺。显庆元年，高宗又令左仆射于志宁，侍中许敬宗，中书令来济、李义府、杜正伦，黄门侍郎薛元超等，共润色玄奘所定之经，国子博士范义硕、太子洗马郭瑜、弘文馆学士高若思等助加翻译。凡成七十五部……后移于宜君山故玉华宫。六年卒。"《续高僧传二集》："贞观十九年五月，奘师于弘福寺创开翻译，召沙门慧明、灵润等以为证义，沙门行友、玄赜等以为缀缉，沙门智证、辩机等以为录文，沙门玄模以证梵语，沙门玄应以定字伪。""自前代以来，所译经教，初从梵语，倒写本文，次乃回之，顺同此俗，然后笔人观理文句，中间增损，多坠全言。今所翻传，都由奘旨，意思独断，出语成章，词人随写，即可披玩。"《慈恩传》："麟德元年，法师属纩，嘉尚法师具录所翻经论，合七十四部，总一千三百三十五卷。"《续高僧传三集》："义净自天后久视，迄睿宗景云，都翻出五十六部、二百三十卷。又出《说一切有部跋窣堵》约七十八卷。""不空译经，起于天宝，迄大历六年，凡一百二十余卷，七十七部。"

而玄奘之论胜异邦，

《续高僧传二集》："戒日王于曲女城，大会沙门、婆罗门一切异道，请奘升座，标举论宗，命众征核。竟十八日，无敢问者。王大嗟赏，施银钱三万、金钱一万、上氎衣一百具。仍令大臣执奘袈裟，巡众唱言支那法师论胜，十八日来，无敢问者，并宜知之。"

译华为梵，尤前此所未有也。

《续高僧传二集》："敕令翻《老子》五千文为梵言，以遗西域。

奘乃召诸黄巾，述其玄奥，令叠词旨，方为翻述。”①

自晋至唐，中土之讲佛学者，各有宗派，近人综为十宗。诸宗有至唐而已微者，有至唐而始盛者。三论、成实，则至唐而已微者。

《十宗略说》（杨文会）：“《成实论》译于姚秦罗什三藏，六朝名德专习者众，别为一宗。至唐而渐衰，后世则无闻焉。”“《中论》、《百论》、《十二门论》，是为三论，亦在性空宗。文殊师利实为初祖，马鸣、龙树、清辨等菩萨继之。鸠摩罗什至秦，盛弘此道，一时学者宗之。生、肇、融、睿，并肩相承。生公门下，昙济大师辗转传持，以至唐之吉藏，专以此宗提振学徒。三论之旨，于斯为盛。天台亦提《中论》，其教广行于世，而习三论者鲜矣。”

俱舍、贤首、慈恩、律、密诸宗，皆盛于唐。

《十宗略说》：“世亲菩萨造《俱舍论》，陈真谛三藏译出，并作疏释之。唐玄奘法师重译三十卷，门人普光作记，法宝作疏，大为阐扬。当时传习有专门名家者，遂立为一宗焉。”“《华严》为经中之王，秘于龙宫，龙树菩萨乘神通力，诵出略本，流传人间。有唐杜顺和尚者，文殊师利化身也，依经立观，是为初祖。继其道者，云华、智俨、贤首、法藏，以至清凉、澄观，而纲目备举。”“天竺有性、相二宗，性宗即前之三论，相宗则从《楞伽》、《深密》、《密严》等经流出，有《瑜伽显扬》诸论。而其文约义丰，莫妙于《成唯识论》。以弥勒为初祖，无著、天亲护法等菩萨相继弘扬。唐之玄奘至中印度，就学于戒贤论师，精通其法，归国译传，是为慈恩宗。窥基、慧沼、智周，次第相承。”《印度哲学概论》（梁漱溟）：“律宗从所主律藏得名，远祖为优波离尊者，此方开宗者唐道宣，

① 《彦琮传》：“有王舍城沙门，远来谒帝，将还本国，请《舍利瑞图经》及《国家祥瑞录》。敕令琮翻隋为梵，合成十卷，赐诸西域。”此译华为梵之始。然琮所译，为当世之文，玄奘所译，为古哲之说，其难易当有别。

律有《大、小乘》，宣公以《小乘律》释通《大乘》，立为圆宗戒体。所弘通者为《四分律》，著述甚多，其《行事钞》等称五大部。宋有元照，复作《资持记》等释之，中兴律宗。”“真言宗一曰密宗，以秘密真言为宗，故名。奉《大日经》等为本，大日如来传金刚萨埵，再传龙树，龙树授之龙智，再授之金刚智。金刚智唐时来中国，偕者有不空。不空能汉语，共译经论。既受其传，更还天竺，亲接龙智。密宗之弘，在此师也。”①

净土则始于晋而盛于唐，世或分为二流。

《佛学大纲》（谢无量）：“净土宗持念佛法门，实三根普被之要路也。念佛缘因，出于《起信论》，继则龙树、天亲亦间论念佛。而震旦开宗，实始于东晋慧远。慧远姓贾氏，雁门楼烦人。博极群书，尤善《老》、《庄》，为道安法师之高弟，专倡净土法门，道俗皈依。共结莲社。”“魏昙鸾，雁门人，家近五台。历观圣迹，发心出家，逢天竺三藏菩提流支以《观无量寿经》授之，鸾遂作《往生论注》二卷，莲宗著述推为巨擘。”“唐道绰姓卫，并州汶水人。十四岁出家，讲《大涅槃经》二十四遍，景慕昙鸾净土之业，继其后尘，住玄中寺。道俗赴者弥众，讲《观无量寿经》将二百遍，瑞应甚多。著有《安乐集》二卷。”“善导者，不知何处人。见禅师九品道场讲论《观经》，大喜曰：‘此真入佛之津要也。’人见其念佛一声，有一光明从口中出；百声千声，亦复如是。著有《观经疏》及各种净土典籍传世。”

《印度哲学概论》：“净土宗从其皈依净土得名，以《无量寿经》、《观无量寿经》、《阿弥陀经》为本。在天竺则马鸣造《起信论》，劝修净土；龙树造《十住论》，而宏念佛；世亲造《净土论》而乐往生。中土则有二流：一为晋之远公，结莲社于匡庐；一为唐

① 善无畏先来，未开宗。

之善导，化俗众于长安。中间昙鸾、道绰，制作最宏。”

天台则倡于齐而继于唐，说复分为三部。

《印度哲学概论》：“天台宗从智者大师所栖天台山得名，此宗《法华经》为本，而以《智度论》为指趣，以《涅槃经》为辅翼，以《大品经》为观法，专习禅定。先是北齐惠文，悟一心三观，以授南岳惠思，惠思传智𫖮，即大师。大师以为道有传行，亦必有说，于是由一法华说为三部：一玄义以判教相，二文句以解名义，三止观以示观行。中唐有荆溪作《释签》疏记辅行，如次第，以释三部，大振其宗。”

而禅宗六祖，唐居其三。

《佛学大纲》：“佛之心印，即是般若波罗蜜，五祖令人诵《金刚般若经》，六祖称为学般若菩萨，皆以般若为心印也。后人名为禅宗，是出世间上上禅。世尊在灵山会上，拈花示众，是时众皆默然，惟迦叶尊者破颜微笑。世尊曰：‘吾有正法眼藏，涅槃妙心，实相无相，微妙法门，不立文学，教外别传，付嘱摩诃迦叶。’故迦叶为禅宗第一祖。”“二十八祖菩提达摩尊者，为中华初祖。尊者本南天竺国香至王第三子，得法于般若多罗尊者。承师遗命，泛海达广州，在梁普通元年。广州刺史萧昂馆之，表闻于朝，武帝迎至金陵。尊者知机不契，遂渡江届洛阳，止于嵩山少林寺。面壁坐九年，人莫能测，终为东土禅宗之初祖。”“二祖慧可，武牢姬氏子，参初祖于少林，勤恳备至，后付袈裟，以表传法，并为说偈。又付《楞伽》四卷，令诸众生开示悟人。”“三祖僧灿，住舒州皖公山，往来于太湖县司空山，作《信心铭》六百言，流传于世。”“四祖名道信，蕲州人，姓司马氏。三祖付以衣法，后住蕲春破头山。”“五祖名宏忍，黄梅人，前生为破头山栽松道者，再来为浣衣女子弃子。四祖识其法器，令出家，付以衣法，住破头山。后迁黄梅东山，宗风大振。”“六祖名慧能，姓卢，岭南新州人。家贫，鬻薪供母。闻人诵《金刚经》，问所由来，遂往黄梅参五祖。祖令入碓坊舂米，人称卢行者。经八月，述一偈曰：‘菩提本无树，明镜亦非台；本来无一物，何处惹尘埃？’五祖即付嘱心传，并授袈裟，且曰：‘衣至汝身，不复传。’六祖至岭南，经十五载，一日至广州法性寺升座说法，闻者倾心。别传之道，由此大行。”

南岳、青原分开五派。今之佛寺禅宗，皆传自唐者也。

《释氏稽古略》（释觉岸）：“六祖弟子最著者，衡州怀让、吉州行思，是为南岳、青原二宗。唐末，南岳复分为沩仰①、临济②二派，青原又分为曹洞③、云门④、法眼⑤三派。”

有唐一代，自诗文书画而外，其宗派林立超轶前世者，殆无过于宗教哲学矣。

唐之佛教寺庙，掌于礼部。据《唐六典》，开元中，天下寺总五千三百五十八所。

《唐六典》：“凡天下寺总五千三百五十八所⑥，每寺上坐一人、寺主一人、都维那一人，共纲统众事。而僧持行有三品：一曰禅，二曰法，三曰律。大抵皆以清净慈悲为宗。凡僧尼之簿籍，三年一造。”⑦

至武宗时，增至四万余所。

《通鉴》：“会昌五年，祠部奏报天下寺四千六百，兰若四万，

---

① 灵佑，福州长谿人，居潭州沩山。传慧寂，韶州怀化人，居袁州仰山。是为沩仰宗。

② 义玄，曹州人，居镇州临济寺。是为临济宗。

③ 良价，越州会稽人，居豫章高安之洞山。其弟子本寂，泉州莆田人，改山名曰曹。是为曹洞宗。

④ 文偃，浙西秀水人，居韶州云门山。是为云门宗。

⑤ 文益，余杭人，居金陵清凉寺，谥法眼禅师。是为法眼宗。

⑥ 三千二百四十五所僧，二千一百一十三所尼。

⑦ 其籍一本送祠部，一本送鸿胪，一本留于州县。

僧尼二十六万五百。”

以道士之毁，遂大汰僧尼。

《通鉴》：“会昌五年，上恶僧尼耗蠹天下，欲去之。道士赵归真等复劝之，乃先毁山野招提兰若，敕上都、东都两街各留二寺，每寺留僧三十人。天下节度观察使治所及同、华、商、汝州各留一寺。分为三等，上等留僧二十人，中等留十人，下等五人。余僧及尼，并大秦穆护僧祆，皆勒归俗。寺非应留者，立期令所在毁撤，仍遣御史分道督之。财货地产并没官，寺材以葺公廨驿舍，铜像钟磬以铸钱。”

世谓北魏太武帝、周武帝及唐武宗为三武，皆反对佛教最力者也。然不数年，所毁者尽复。

《通鉴》：“大中元年闰月，敕应会昌五年所废寺，有僧能营葺者，听自居之，有司毋得禁止。是时君相务反会昌之政，故僧尼之弊，皆复其旧。”

故至唐末，禅宗之盛，转轶于前焉。

唐代之于佛教，不独译经求法、分宗立寺为最盛也，即整理佛教经籍，亦以唐为最大。藏经之确定，即缘于开元释教之目录。

《大藏经雕印考》（常磐大定）：“自后汉之末叶，至元之初期，佛典传译之时期，前后通计千三百有余年。当时及其后之多数学者，整理此极纷杂之典籍，调撰目录，达六十次以上。今其存者二十余部，此皆调查《大藏经》内容之变迁，所不可或缺之材料也。”“多数目录中，最可贵重者，前有《隋录》，中有《开元录》，后有《至元录》。此三种者，诸目录中之尤最也。而三录又以《开元录》为中心。自汉以至五代，仅有缮写之藏经，至宋初雕印《大藏》，于是为《大藏经》划一时期。而为宋初雕印之基础者，《开元录》也。故《大藏经》有种种之经过。至唐有《开元录》，而后完全因之。自目录上研究《大藏》，亦遂可谓至《开元录》而结束矣。”

《开元目录》，释智昇撰，体例最善。

《大藏经雕印考》：“《开元录》者，自后汉永平十年，至开元十八年，六百六十四年间之传译者，百七十六人，所出大小二乘之三藏及集传并失译，总计二二七八部、七〇四六卷。至是而《大藏经》之本体，始确定不动矣。……智昇之分类法，定《大乘经》为《般若》、《宝积》、《大集》、《华严》、《涅槃》五大部，其外开重译、单译各门。《大乘论》中，开释义、集义二门；《小乘经》中，开根本四阿含、四阿含中别译及四阿含外重译、单译各门。《小乘律》中，开正及、眷属二门；《小乘论》中，开有部根本、身足支派二门。《贤圣集》中，开梵本翻译，此方撰述二门，秩序整然，殆达于目录完成之域。”

贞元间虽有新定释教目录，实不逮其整备也。

《大藏经雕印考》：“后世刻经，不据新定《贞元录》，而仰范《开元录》以成宋之刻藏，故此录有左右《大藏》之力。”

唐代译经，文义之美，既极其盛，而禅宗语录，又别开一俗释典之例。观六祖《坛经》所载问答之语，

《坛经》：“怀让禅师至曹溪礼拜，师曰：甚处来？曰：嵩山。师曰：什么物？恁么来？”“一僧问师云：‘黄梅意旨甚么人得？’师曰：‘会佛法人得。’僧云：‘和尚还得否？’师曰：‘我不会佛法。’”

为宋代儒家语录之祖，亦为今之倡语体文者所称道也。大抵诸宗学派，皆尚文言，惟禅宗六祖徒恃慧力，不用功于文字，故其后别成一种风气。而佛典之优美，与语录之鄙俚，实不可以一律视之也。

唐代宗教之盛，自佛教外，首推道教。盖唐出李氏，崇拜老子，故盛倡道教。

《旧唐书・礼仪志》："开元二十九年正月己丑，诏两京及诸州各置玄元皇帝庙一所，并置崇玄学。其生徒令习《道德经》及《庄子》、《列子》、《文子》等，每年准明经例举送。……天宝元年，诏《古今人表》玄元皇帝升入上圣，庄子号南华真人，文子号通玄真人，列子号冲虚真人，庚桑子号洞虚真人。改《庄子》为《南华真经》，《文子》为《通玄真经》，《列子》为《冲虚真经》，《庚桑子》为《洞虚真经》。两京崇玄学，各置博士、助教，又置学生一百员。"

其道观亦掌于祠部。

《唐六典》："凡天下观总一千六百八十七所。[①] 每观观主一人、上座一人、监斋一人，共纲统众事。而道士修行有三号：其一曰法师，其二曰威仪师，其三曰律师。其德高思精，谓之炼师。而斋有七名：其一曰金录大斋；其二曰黄录斋；其三曰明真斋；其四曰三元斋；其五曰八节斋；其六曰涂炭斋；其七曰自然斋。而禳谢复三事：其一曰章；其二曰醮；其三曰理沙。大抵以虚寂自然无为为宗。""凡道士、女道士之簿籍，亦三年一造。"

此外则有袄教、摩尼教、景教等。[②]

《通典・职官门》："视流内有正五品萨宝，从七品萨宝府祆正。又视流外有勋品萨宝府祓祝，四品萨宝府率，萨宝府史。"[③]《旧唐书・宪宗纪》："元和六年正月，回纥请于河南府、太原府置摩尼寺。许之。""八年十二月二日，宴归国回鹘摩尼八人。""长庆元年五月，回鹘宰相、都督、公主、摩尼等五百七十三人入朝。"又《回鹘传》："元和初，以摩尼至，其法，日晏食，饮水茹荤，屏湩

---

① 一千一百三十七所道士，五百五十所女道士。

② 景教详第三编。

③ 杜佑自注：祆者，西域天神，佛经所谓摩醯首罗也。武德四年，置祆祠及官。

> 酪。可汗常与其国摩尼至京师，岁往来西市，商贾颇与囊橐为奸。武宗初年，命有司收摩尼书若像，烧于道，产赀入之官。”

武宗之排佛也，大秦寺[①]、摩尼寺皆废罢。京城女摩尼七十人皆流回纥，于道死者大半。景教僧、祆僧二千余人，并放还俗[②]，故惟道、佛二教，流衍至宋焉。

---

① 即景教寺。

② 详见《唐会要》。

第十六章　唐宋间社会之变迁

自唐迄宋，变迁孔多。其大者则藩镇之祸，诸族之兴，皆于政治文教有种种之变化；其细者则女子之缠足，贵族之高坐，亦可以见体质风俗之不同。而雕板印刷之术之勃兴，尤于文化有大关系。故自唐室中晚以降，为吾国中世纪变化最大之时期。前此犹多古风，后则别成一种社会。综而观之，无往不见其蜕化之迹焉。

唐之藩镇之祸，自安、史始。

> 《新唐书·藩镇传》："安、史乱天下，至肃宗大难略平，君臣皆幸安。故瓜分河北地，付授叛将，护养孽萌，以成祸根。乱人乘之，遂擅署吏，以赋税自私，不献于朝廷。效战国，肱髀相依，以土地传子孙，胁百姓，加锯其颈，利怵逆污，遂使其人自视犹羌狄然。一寇死，一贼生，讫唐亡百余年，卒不为王土。"

论者谓由于节度使之制不善。

> 《廿二史劄记》（赵翼）："唐之官制，莫不善于节度使。其始察刺史善恶者有都督，后以其权重，改置十道按察使。开元中，或加采访、观察、处置、黜陟等号，此文官之统州郡者也。其武臣掌兵，有事出征，则设大总管；无事时，镇守边要者，曰大都督。自高宗永徽以后，都督带使持节者，谓之节度使，然犹未以名官。景云二年，以贺拔延嗣为凉州都督河西节度使，节度使之官由此始。然犹第统兵，而州郡自有按察等使，司其殿最。至开元中，朔方、陇右、河东、河西诸镇皆置节度使，每以数州为一镇，节度使即统此数州，州刺史尽为其所属，故节度使多有兼按察使、安抚使、支度使者。既有其土地，又有其人民，又有其甲兵，又有其财赋，于是方镇之势日强。安禄山以节度使起兵，几覆天下。及安、史既

平，武夫战将以功起行阵为侯王者，皆除节度使。大者连州十数，小者犹兼三四，所属文武官悉自置署，未尝请命于朝，力大势威，遂成尾大不掉之势。或父死，子握其兵，而不肯代，或取舍由于士卒，往往自择将吏，号为留后，以邀命于朝。天子力不能制，则含羞忍耻，因而抚之。姑息愈盛，方镇愈骄。其始为朝廷患者，只河朔三镇。其后淄青、淮蔡无不据地偃强，甚至同华逼近京邑，而周智光以之反，泽潞亦连畿甸，而卢从史、刘稹等以之叛。迨至末年，天下尽分裂于方镇，而朱全忠遂以梁兵移唐祚矣。推原祸始，皆由于节度使掌兵民之权故也。”

然立国之道，初非一端。或困于法，或劫于势，或歉于德，或缘于才，其为因果，盖也多矣。大抵秦、汉以来，辖地太广，民治既湮，惟恃中央一政府，其力实有所不及。故非君主有枭雄过人之才，其所属之地，必易于分裂。无论唐法之蔽，酿成五代之乱。

《廿二史劄记》：“五代诸镇节度使，未有不用勋臣武将者，遍检薛、欧二史，文臣为节度使者，惟冯道暂镇同州，桑维翰暂镇相州及泰宁而已。兜鍪积功，恃勋骄恣，酷刑暴敛，荼毒生民，固已比比皆是。乃至不隶藩镇之州郡，自朝廷除刺史者，亦多以武人为之。欧史《郭延鲁传》谓刺史皆以军功拜，论者谓天下多事民力困敝之时，不宜以刺史任武夫，恃功纵下，为害不细。薛史《安重荣传》亦云自梁、唐以来，郡牧多以勋授，不明治道，例为左右群小所惑，卖官鬻狱，割剥蒸民。诚有慨乎其言之也。”

即宋之改制，亦仅能救一时之弊，而于经营全国之法，初未能尽善。

《宋史纪事本末》（陈邦瞻）：“乾德元年春正月，初以文臣知州事。五代诸侯强盛，朝廷不能制，每移镇受代，先命近臣谕旨，且发兵备之，尚有不奉诏者。帝即位初，异姓王及带相印者不下数十人。至是用赵普谋，渐削其权。或因其卒，或因迁徙致仕，或以遥领他职，皆以文臣代之。”“夏四月，诏设通判于诸州，凡军民之政皆统治之，事得专达，与长史均礼，大州或置二员。又令节镇所领支郡，皆直隶京师，得自奏事，不属诸藩，于是节度使之权始轻。”“三年三月初，置诸路转运使。自唐天宝以来，藩镇屯重兵，租税所入，皆以自赡，名曰留使、留州，其上供者甚少。五代藩镇益强，率领部曲，主场务，厚敛以入己，而输贡有数。帝素知其弊。赵普乞命诸州度支经费外，凡金帛悉送汴都，无得占留。每藩镇帅缺，即令文臣权知所在场务。凡一路之财，置转运使掌之，虽节度、防御、团练、观察诸使及刺史，皆不预签书金谷之籍，于是财利尽归于上矣。”“八月，选诸道兵入补禁卫。先是帝诏殿前、侍卫二司各阅所掌兵，拣其骁勇者升为上军。至是命诸州长吏择本道兵骁勇者送都下，以补禁旅之阙。又选强壮卒，定为兵样，分送诸道，召募教习，俟其精练，即送阙下。复立更戍法，分遣禁旅，戍守边城，使往来道路，以习勤苦，均劳佚。自是将不得专其兵，而士卒不至于骄惰，皆赵普之谋也。”

故对内则财权、兵权悉操自上，而对外则力多不竞。辽、夏迭兴，无以制之。其中因果得失，盖难言矣。

唐室中叶，汉族势力日衰，沙陀、契丹、党项诸族并兴。

《中国民族志》（刘师培）：“沙陀为突厥别种，居天山东北，服属吐蕃。后东徙代边，款关内附，为唐平乱，立功中原。据汾、晋之疆，拥甲兵以自固，而沙陀势力日盛。”“契丹处潢河附近，残食邻封，其属土包满洲、蒙古。唐末率众南侵，营、平之州既沦，榆关之险遂失，而契丹势力日盛。”“党项处西川边徼，服属唐廷。以苦吐蕃之侵，徙届灵、夏，部族渐蕃。其酋长拓跋思恭助唐讨乱，据夏、银、绥、宥、静五州，称靖难节度使，而党项势力日盛。”

五代之君，既多西戎族种。

《新五代史·唐本纪》：“其先本号朱邪，盖出于西突厥。”“明宗本夷狄，无姓氏。太祖养以为子，赐名嗣源。”《晋本纪》：“高祖

> 父臬捩鸡本出于西夷，自朱邪归唐，从朱邪入居阴山。……臬捩鸡生敬瑭，其姓石氏，不知其得姓之始。”《汉本纪》：“高祖姓刘氏，名知远，其先沙陀部人也。”

契丹、女真之南侵，摧残中国之文化，尤甚于刘、石之乱华。

> 《通鉴》：“开运二年，契丹连岁入寇。中国疲于奔命，边民涂地。”“三年，契丹主大举入寇，至洛阳，赵延寿请给上国兵廪食，契丹主曰：‘吾国无此法。’乃纵胡骑四出，以牧马为名，分番剽掠，谓之打草谷。丁壮毙于锋刃，老弱委于沟壑，自东西两畿及郑、滑、曹、濮数百里间，财畜殆尽。”“契丹入汴，纵胡骑打草谷，又多以其子弟及亲信左右为节度使、刺史，不通政事。华人之狡狯者，多往依其麾下，教之妄作祸福，掊敛货财，民不堪命。”“契丹主发大梁，晋文武诸司从者数千人，诸军吏卒又数千人，宫女宦官又数百人，尽载府库之宝以行，所留乐器、仪仗而已。”《辽史·太宗纪》：“大同元年三月壬寅，晋诸司僚吏、嫔御、宦寺、方伎、百工、图籍、历象、石经、铜人、明堂刻漏、太常乐谱、诸宫悬卤簿法物及铠仗，悉送上京。”“所归顺凡七十六处，得户一百九万百一十八。”《宋史·钦宗纪》：“靖康二年夏四月庚申朔，金人以帝及皇后太子北归，凡法驾、卤簿，皇后以下车辂、卤簿、冠服、礼器、法物、大乐、教坊乐器、祭器、八宝、九鼎、圭璧、浑天仪、铜人、刻漏、古器、景灵宫供器、太清楼秘阁三馆书、天下州府图，及官吏、内人、内侍、技艺、工匠、娼优，府库畜积，为之一空。”《南烬纪闻》（黄冀之）：“靖康元年十一月二十五日，京城陷，北兵入城。十二月初五日，遣兵搬运书籍及国子监三省六部司式官制、天下户口图籍赋役及宗室玉牒。初九日，又运车辂、卤簿、太常乐器及钟鼓刻漏，因是朝廷仪注法物，取之无遗。”

而汉族之混乱迁流，亦为从前所未有。

《中国民族志》：“辽金南下以来，其影响及汉族者有三：一曰汉族之北徒也。自契丹南征，朔方沦陷，汉民陷虏，实繁有徒。或归于虏廷①，或见俘于异域②，而契丹民族遂向华风③。及金人南伐，汉民罹祸尤深④，此实汉族迁徙之一大关键也。加以汉族不振，浸染夷风，祖国山川，弃之如遗。甚至偷息苟生，右虏下汉。⑤影响及汉族者，此其一；二曰异族之杂处也。金皇统五年，创屯田军，凡女真、契丹之民，皆自本部徙中土，计户受田，与民杂处，号明安穆昆⑥，凡数万人⑦。驱游牧之蛮民，适中华之乐土，是直以中国为牧场矣。《金史》天会六年，禁民汉服，令民削发，汉族之礼俗，无一不变于夷矣。影响及汉族者，此其二。”⑧

义儿养子，胡汉杂糅，

《五代史·义儿传》：“世道衰，人伦坏，而亲疏之理反其常。干戈起于骨肉，异类合为父子。开平、显德五十年间，天下五代而实八姓，其三出于丐养。……李嗣昭，本姓韩氏，汾州大谷县民家子也。太祖取之，命弟克柔养之为子。……嗣本，本姓张氏，雁门人也。世为铜冶镇将，嗣本少事太祖，太祖爱之，赐以姓名，养为

① 许元宗《奉使行程录》言幽民苦刘守光暴虐，逃入契丹，契丹建滦州而处之，其证也。

② 金《地理志》言辽以所俘望都民置海山县，以所俘安喜民置迁安县，以所俘定州民置昌黎县，皆汉族为契丹所俘之证。又宋人《儒林公议》云太宗征契丹后，河朔之民数被其毒，驱掠善民入国中，分诸部落，鞭笞凌辱，酷不忍闻。亦汉族见俘之证。

③ 契丹用汉族之民，为汉族所化。观金人以契丹人为汉人，而以宋人为南人，可以知汉族多与契丹族相合矣。

④ 《大金国志》言卢益奉使时，言国主自入燕以后，所虏中原士大夫家子姝姬凡二三千北归。

⑤ 《儒林公议》云：始石晋时，关南山后初莅虏，民既不乐附，又为虏所侵辱日久，企思中国，常若偷息苟生。周世宗止平关南，功不克就，岁月既久，汉民宿齿尽逝，新少者渐便习不怪，居常右虏下汉。其间士人及有识者，亦常愤然，无可奈何。

⑥ 自燕南至淮陇以北，皆有之。

⑦ 金曹望之《论便宜疏》云：山东河北，明安穆昆与百姓杂处，民多失业。此明安穆昆害民之证。

⑧ 第三段汉族排外思想，略之。

子。……嗣恩，本姓骆，吐谷浑部人也。少事太祖，能骑射，赐姓名以为子。……存信，本姓张氏，其父君政，回鹘李思忠之部人也。存信少善骑射，能四夷语，通六蕃书，从太祖起代北，遂赐姓名以为子。……存进，振武人也。本姓孙，名重进。太祖攻破朔州、得之，赐以姓名，养为子。……存贤，许州人也。本姓王，名贤。少为军卒，太祖击黄巢于陈州得之，赐以姓名，养为子。"

巨室世家，没为奴隶。

《容斋三笔》（洪迈）云："靖康之后，陷于金虏者，帝王子孙，宦门仕族之家，尽没为奴婢，使供作务。每人一月支稗子五斗，令自舂为米。得一斗八升，用为糇粮。岁支麻五把，令缉为裘，此外更无一钱一帛之入。男子不能缉者，则终岁裸体，虏或哀之，则使执爨。虽时负火得暖气，然才出外取柴归，再坐火边，皮肉即脱落，不日辄死。惟喜有手艺，如医人、绣工之类，寻常只团坐地上，以败席或芦藉衬之，遇客至开筵，引能乐者使奏技。酒阑客散，各复其初，依旧环坐刺绣，任其生死，视如草芥。"

而昔之标举门第，崇尚族望之风，由兹而隳。南北文化，亦以迥殊焉。

《中国民族志》："江淮大河以北，古称膏腴之区，文物之国者，何今北省诸地，人才湮没，文化陵夷，等于未开化之壤耶？则以与蛮族同化之故也。"①

---

① 按《陔余丛考》：宋南渡时，凡世家之官于朝者多从行。如韩肖胄、侂胄，皆琦之曾孙也。王伦，旦之裔孙也。吕本中、祖谦、祖俭、祖泰，皆公著后也。常同，安民之子也。晏敦复，殊之后也。曹友闻，彬之后也。叶石林记南渡后诏随驾官员携眷属者，听于寺庙居住。又李心传《朝野杂记》：渡江后将帅，韩世忠，绥德军人。曲端，镇戎军人。吴玠、吴璘、郭浩，德顺军人。张俊、刘琦、王燮，秦州人。杨惟忠、李显忠，环州人。王渊，阶州人。马广，熙州人。杨政，泾州人。皆西北人也。刘光世，保大军人。杨存忠，代州人。赵密，太原人。苗传，隆德人。岳飞，相州人。王彦，怀州人。皆北人也。据此，知宋室南渡，不惟文人学者从之而南，即将帅武人之生长西北者，亦多居于南方。举各地优秀之人，皆居江、淮以南，宜江淮以北之民族，遂渐退化也。

自唐以降，汉族不振，固有各种原因，而妇女之缠足，亦其一也。按俞正燮《癸巳类稿》、赵翼《陔余丛考》，皆以弓足盛于五代及宋元之时。

《癸巳类稿·书旧唐书舆服志后》（俞正燮）："刘昫等作志，时言妇人贵贱履舄及靴，略本《开元礼序例》下及《唐六典》内官尚服注。皇后太子妃青袜舄，加金饰，开元初或著丈夫靴。""迨后妇人足弓，于南唐渐成风俗。""南唐裹足，亦仅闻窅娘，《道山新闻》言之最详。""弓足之事，宋以后则实有可征。《鹤林玉露》云：建炎四年，柔福帝姬至，以足大疑之。颦蹙曰：'金人驱迫跣行万里，岂复故态?'上为恻然。徐积《睢阳蔡张氏诗》云：'手自植松柏，身亦委尘泥。何暇裹两足，但知勤四支。'已以足大不裹为异。《老学庵笔记》云：宣和末，妇人鞢底尖以二色合成，名曰'错到底'。元时亦有之。张翥《多丽》词云'一尖生色合欢鞢'是也。""《辍耕录》云：'元丰以前，犹少裹足，宋末遂以大足为耻。'此南宋时事。而《岭外代答》云：'安南国妇人足加鞋袜，游于衢路，与吾人无异。'所谓'吾人'，今广西人，是宋时岭外皆不弓足。《辍耕录》云'程鹏举宋末被掳，配一宦家女，以所穿鞋易程一履'，是其时宦家亦有不弓足者。至金、元之制，《枫窗小牍》云：汴京闺阁，宣和以后，花靴弓履，穷极金翠，今虏中闺饰复尔。瘦金莲方、莹面丸、遍体香，皆自北传南者。是金循旧俗，而元时南人亦有不弓足者。《湛渊静语》云：'伊川先生后人居池阳，其族妇人不缠足。'盖言其族女子不肯随流俗缠足也。《野获编》则云：'明浙东丐户，男不许读书，女不许裹足。'是反以裹足为贵，今徽州宁国小户亦然，积习所以难反。"《陔余丛考》（赵翼）："妇人弓足，不知起于何时。有谓起于五代者，《道山新闻》谓李后主令宫嫔窅娘以帛绕脚，令纤小作新月状，由是人皆效之。""杜牧诗：'钿尺裁量减四分，纤纤玉笋裹轻云。'周达观引之，以为唐人亦裹足之证。尺减四分，尚未纤小，第诗家已咏其长短，则是时俗尚，已渐以纤小为贵可知。至于五代，乃盛行扎脚耳。《湛渊静语》谓程伊川六代孙淮居池阳，妇人不裹足，不贯耳，至今守之。陶九成《辍耕录》谓扎脚五代以来方为之。熙宁、元丰之间，为之者犹少。此二说皆在宋、元之间，去五代犹未远，必有所见闻，固非臆说也。今俗裹足，已遍天下，而两广之民，惟省会效之。乡村则皆不裹，滇、黔、瑶、苗、僰、夷亦然。苏州城中女子以足小为贵，而城外乡妇皆赤足种田，尚不缠裹。盖各随其风土，不可以一律论也。”

女子缠足，则身体孱弱，所生子女，必不强壮。此正汉族不及他族之弱点，而后世反以此为中国特别之风俗，取其与他族妇女有别，或且严禁而不能实行，斯则事之至可怪者也。

《陔余丛考》：“康熙三年，诏禁裹足。王大臣等议，元年以后，所生子女，不得裹足，违者枷责流徙，其家长及该管官皆有罪。①康熙七年，礼部奏罢此禁。”②

中国古人，皆席地而坐，其坐或与跪相近。

《陔余丛考》：“朱子《跪坐拜说》谓古者跪与坐相类。汉文帝不觉膝之前于席，管宁坐不箕股，榻当膝处皆穿。诸所谓坐，皆跪也。盖以膝隐地，伸腰及股，危而不安者，跪也。以膝隐地，以尻着蹠而体便安者，坐也。今成都学所存文翁礼殿刻石诸像，皆膝地危坐，两蹠隐然，见于坐后帷裳之下，尤足证云。又《后汉书》：向栩坐板床，积久，板乃有膝踝足指之处。据此，则古人之坐与跪，皆是以膝着地，但分尻着蹠与不着蹠耳。其有偃蹇伸脚而坐者，则谓之箕踞。《汉书·陆贾传》：‘尉佗箕踞。’颜师古注：‘伸其两足如箕形。’佛家盘膝而坐，则谓之趺坐，皆非古人常坐之

① 事见《蚓庵琐语》。

② 事见《池北偶谈》。

法也。”

虽战国时已有高坐者，然尚未为普通之俗。唐、宋以来，始有绳床、椅子、杌子、墩子诸物，是亦俗尚之大异于古者也。

《陔余丛考》云：“古人席地而坐，其凭则有几。《诗》所谓‘授几有缉御’也。寝则有床，《诗》所谓‘载寝之床’也。应劭《风俗通》：‘赵武灵王好胡服，作胡床。’此为后世高坐之始。然汉时犹皆席地，文帝听贾谊语，不觉膝之前于席。暴胜之登堂坐定，隽不疑据地以示尊敬是也。至东汉末，始斲木为坐具，其名仍谓之床，又谓之榻，如向栩、管宁所坐可见。又《三国·魏志·苏则传》‘文帝据床拔刀’，《晋书》‘桓伊据胡床，取笛作三弄’，《南史》纪僧真诣江敩登榻坐，敩令左右移吾床让客。狄当、周赳诣张敷，就席，敷亦令左右移床远客。此皆高坐之证。然侯景升殿踞胡床垂脚而坐，《梁书》特记之，以为殊俗骇观。则其时坐床榻，大概皆盘膝无垂脚者。至唐又改木榻，而穿以绳，名曰绳床。程大昌《演繁露》云‘穆宗长庆二年十二月，见群臣于紫宸殿，御大绳床’是也，而尚无椅子之名。其名之曰椅子，则自宋初始。丁晋公《谈录》：‘窦仪雕起花椅子二，以备右丞及太夫人同坐。’王铚《默记》：‘李后主入宋后，徐铉往见，李卒取椅子相待。铉曰：但正衙一椅足矣。李主出具宾主礼，铉辞，引椅偏坐。’张端义《贵耳集》：‘交椅即胡床也，向来只有栲栳样。秦太师偶仰背坠巾，吴渊乃制荷叶托首以媚之，遂号曰太师样。’此又近日太师椅子所由起也。然诸书椅子，犹或作倚字，近代乃改从椅，盖取桐椅字假借用之。至杌子、墩子之名，亦起于宋，见《宋史·丁谓传》及周益公《玉堂杂记》。”

古人行路多乘车，以马牛曳之。自晋以来，始有肩舆。

《晋书·王羲之传》：“子敬乘平肩舆入顾氏园。”《梁书·萧渊藻传》："在益州乘平肩舆，巡行贼垒。"

唐宋大臣年老或有疾者，始乘肩舆，余多乘马。

《唐书 • 崔祐甫传》："被病，诏肩舆至中书。"《宋史 • 舆服志》："神宗优待宗室，老病不能骑者，听肩舆出入。"

宋室南渡，仕宦皆乘舆，无复骑马者。

《癸巳类稿》引丁特起《靖康纪闻》云："靖康元年十二月初五日，籍马与金人，自是士大夫出入，止跨驴乘轿，至有徒步者。都城之马，搜括无遗矣。靖康二年正月二十九日，送戚里权贵女子于金，搜求肩舆赁轿之家，悉取无遗。"张端义《贵耳集》云："渡江以前，无今之轿。"《却扫编》云："汴京皆乘马。建炎初，驻跸扬州，特诏百官悉用肩舆出入。"《东南纪闻》云："思陵在扬州传旨百官，许乘肩舆。"《朝野杂记》："故事百官乘马，建炎初，以维扬砖滑，诏特许乘轿。"《演繁露》云："寓京乘轿自扬州始，其后不复乘马。"

居处行动，皆求安适，人之文弱，盖缘于此矣。

第十七章　雕板印书之盛兴

吾国书籍，代有进化。由竹木而帛楮，由传写而石刻，便民垂远，其法夥矣。降及隋、唐，著作益富，卷轴益多，读书者亦益众，于是雕板印书之法，即萌芽于是时焉。

《中国雕板源流考》（孙毓修）："《河汾燕闻录》（陆深）：隋文帝开皇十三年十二月日，敕废像遗经悉令雕造。""《敦煌石室书录》：大隋《永陀罗尼本经》上面，左有施主李和顺一行，右有王文沼雕板一行，宋太平兴国五年翻雕隋本。""柳玭《训序》：中和三年，在蜀阅书肆所鬻书，率雕本。""《国史志》：唐末益州始有墨板，多术数小学字书。""《猗觉寮杂记》（朱翌）：唐末益州始有墨板。"

然隋唐之时，雕板之法，仅属萌芽，尚未大行。故唐人之书，率皆写为卷轴，而印刷成册者流传甚希。雕板大兴，盖在五代，官书家刻，同时并作。

《旧五代史》："后唐明宗长兴三年，宰相冯道、李愚请令制国子监田敏校正《九经》，刻板印卖。"《五代会要》（王溥）："长兴三年二月，中书门下奏请依石经文字刻《九经》印板，敕令国子监集博士生徒，收西京石经本，各以所业本经，广为钞写，仔细看读。然后雇召能雕字匠人，各部随帙刻印，广颁天下。如诸色人要写经书，并须依所印敕本，不得更使杂本交错。其年四月，敕差太子宾客马缟，太常丞陈观，太常博士段颙、路航，尚书屯田员外郎田敏，充详勘官，兼委国子监于诸色选人中，召能书人，端楷写出，旋付匠雕刻。每日五纸，与减一选。""周广顺三年六月，尚书左丞兼制国子监事田敏，进印板《九经》书、《五经字样》各二部，一百三十册。又《和凝传》：凝长于短歌艳曲，尤好声誉，有集百卷，自篆于板，模印数百册，分惠于人焉。”《挥麈录》（王明清）：“蜀相毋公，蒲津人。先为布衣，常从人借《文选》、《初学记》，多有难色。公叹曰：‘恨余贫不能力致，他日稍达，愿刻板印之，庶及天下学者。’后公果贵显于蜀，乃命工日夜雕板，印成二书，复雕《九经》诸史。西蜀文字，由此大兴。”

度其情势，似以蜀中刻板为早。自唐季及五代，时时有雕板印书者，故毋昭裔必就蜀中刻之。而唐《周官》板所刻既多，费时亦巨，自长兴至广顺，历四朝七主二十四年乃成，可知创始之不易矣。

北宋之初，雕印书籍，先佛藏而后儒书。

《大藏经雕印考》（常磐大定）引南宋僧志盘《佛祖统记》曰：“宋太祖开宝四年，敕高品、张从信往益州雕《大藏经》板。至太宗太平兴国六年，板成，进上，凡四百八十一函，五千四十八卷。”

以其所刻藏经之数，与五代所刻儒书之数校之，则《九经》一百三十册，历二十四年始成；《佛藏》五千余卷，仅十年而成，可以见雕印之法之进步矣。嗣是赓续刻书，经史注疏皆备。

《玉海》（王应麟）：“太宗端拱元年，敕司业孔维等校勘孔颖达《五经正义》，诏国子监镂板行之。”“真宗景德二年，幸国子监，历览书库，观群书漆板，问祭酒邢昺曰：‘板数几何?’昺曰：‘国初印板，止及四千，今至十万，经史义疏悉备。’帝褒之。因益书库十步，以广所藏。”

后世官书，多雕印于国子监，号称监本，亦历史上相沿之例也。

刻板之法既兴，视抄写为便矣。然犹必按书雕之，不能以简驭繁也。于是又有活字排印之法。

《皇朝事实类苑》（江少虞）：“庆历中，有布衣毕昇为活板。其法用胶泥刻字，薄如钱唇，每字为一印，火烧令坚。先设一铁板其上，以松脂蜡和纸灰之类冒之，欲印则以一铁范置铁板上。乃密布字印，满铁范为一板，持就火炀之。药稍镕，则以一平板按其面，则字平如砥。若止印三二本，未为简易，若印数十百千本，则极为神速。常作二铁板，一板印刷，一板已用布字，此印者才毕，则第二板已具。更互用之，瞬息可就。每一字皆有数印，如'之'、'也'等字，每字有一十余印，以备一板内有重复者。不用则以纸贴之，每韵为一贴，木格贮之。有奇字素无备者，旋刻之，以草火烧，瞬息可成。"

庆历当西历纪元后一千〇四十余年，距西洋人之发明，盖先四百余年。

《西洋通史》："关于活板之发明，荷兰人谓始于可斯特（Coster），德人则谓始于葛登堡（Gutenburg，一三九七—一四六八），其他异说尚多。要以可斯特发明刻板于一四二〇年之说为近。[①] 葛登堡则由访问可斯特之工场，见其木板，后于一四三八年[②]，始改良而为木制活字。其后更与佛奥斯忒（Johan Fust）等共制金属活字板，时在一四五二年。"[③]

西人多称其印刷术得自中国，殆即毕昇之法。惜昇之生平无可考耳。

古书多作卷轴，后始变为单叶。宋人之书，多作蝴蝶装，即今西书式也。

《中国雕板源流考》引张萱《疑耀》曰："秘阁中所藏宋板书，皆如今制乡会进呈试录，谓之蝴蝶装。其糊经数百年不脱落。""孙毓修曰：按清季发内阁藏书，宋本多作蝴蝶装，直立架中如西书式，糊浆极坚牢。"

惟其书甚长大，不便翻阅。故宋时又别有巾箱本，以今日所传宋本书考之，其小者板心高不过三寸许，宽二寸半，一页刊三百二十四字，几如

---

① 明永乐十八年。
② 明正统三年。
③ 明景泰三年。

今之石印缩本。而字画清朗，不费目力，此可见宋时刻工之精矣。刻书多而书肆兴，不第售官印之本，且自刻而自售焉，是为坊本。宋时书肆有名者，如：王氏梅溪精舍、魏氏仁宝书堂、秀岩书堂、瞿源蔡潜道宅墨堂、广都裴宅、稚川世家传授堂、建安刘日省三桂堂、建邑王氏世翰堂、建安王懋甫桂堂、建安郑氏宗文堂、建宁王八郎书铺、建安慎独斋及建安刘叔刚宅，皆有书传于今，为研究宋板者所称。而建安余氏自唐已设书肆，至宋益盛，有勤有堂、双桂堂、三峰书舍、广勤堂、万卷堂、勤德书堂等名，盖刻书、售书之世家也。建安书肆，皆聚于麻沙、崇化二坊，其板本书籍行四方者，无远不至。惟校勘不精，故世称书板之恶劣者曰麻沙板。

《天禄琳琅书目续编》："《仪礼图》，是刊序后刻'余志安刊于勤有堂'。按宋板《列女传》，载建安余氏靖安刻于勤有堂，乃南北朝余祖焕，始居闽中，号勤有居士。盖建安自唐为书肆所萃，余氏世业之，仁仲最著，岳珂所称建安余氏本也。""孙毓修曰：按余氏勤有堂之外，别有双桂堂、三峰书舍、广勤堂、万卷堂、勤德世堂等名。《平津馆鉴藏记》、《千家集注分类杜工部集》及《分类李太白集》，皆有'建安勤有堂刊'篆书木记。"《福建省志·物产门》："书籍出建阳麻沙、崇化二坊，麻沙书坊元季毁，今书籍之行四方者，皆崇化书坊所刻者也。"《老学庵笔记》(陆游)："三舍法行时，有教官出《易》义题云：'乾为金，坤又为金，何也?'诸生乃怀监本《易》至帘前……请曰：'先生恐是看了麻沙板，若监本，则坤为釜也。'"

印售之书既多，藏书者亦因之而多。考宋初崇文院著录及宣和馆阁《嘉定书目》，其数虽不追隋、唐，

《文献通考》(马端临)："祖宗藏书之所，曰三馆秘阁，在左升龙门北，是为崇文院。自建隆至大中祥符，著录总三万六千二百八十卷。""景祐三年，诏购求逸书，仿《开元四部录》为《崇文总

> 目》。庆历初成书，凡三万六百六十九卷。”“淳熙四年，秘书少监陈骙等言：中兴馆阁藏书，前后搜访，部帙渐广，乞仿《崇文总目》类次。五年，书目成，计见在书四万四千四百八十六卷，较《崇文》所载，实多一万三千八百一十七卷。后参三朝所志，多八千二百九十卷，两朝所志，多三万五千九百九十二卷。嘉定十三年，以四库之外，书复充斥，诏秘书丞张攀等读书目，又得一万四千九百四十三卷。而太常博士之藏，诸郡诸路刻板而未及献者，不预焉。”《宋史·艺文志》：“徽宗时，更《崇文总目》之号为《秘书总目》，诏购求士民藏书，其有所秘未见之书，足备观采者，乃命以官。且以三馆书多逸遗，命建局以补全校正为名，设官总理，募工缮写，一置宣和殿，一置太清楼，一置秘阁。自熙宁以来，搜访补辑，至是为盛矣。尝历考之，始太祖、太宗、真宗三朝，三千三百二十七部、三万九千一百四十二卷，次仁、英两朝，一千四百七十二部、八千四百四十六卷，次神、哲、徽、钦四朝，一千九百六部、二万六千二百八十九卷。最其当时之目为部六千七百有五，为卷七万三千八百七十有七焉。”

而士大夫家以藏书名者，所在多有。其逾万卷者，如荣王宗绰，《史略》(高似孙)：濮安懿王之子荣王宗绰，聚书七万卷。王钦臣，《宋史新编》(柯维骐)：王洙，字原叔。泛览传记，无所不通。子钦臣，字仲至。性嗜古，藏书数万卷，手自雠正。徐度《却扫编》：王仲至家书目四万三千卷，而类书之卷册浩博，如《太平广记》之类，皆不在其间。宋敏求，《宋史新编》：宋敏求，字次道，家藏书三万卷，皆略诵习。李淑，《郡斋读书志》(晁公武)：李淑撰《邯郸图书志》，载其家所藏图书二万三千一百八十六卷。田伟，《郡斋读书志》：田伟居荆南，家藏书几三万卷。《荆州府志》：宋田伟，燕人。为江陵尉，因家焉。作博古堂，藏书三万七千卷。苏颂，《嘉定镇江志》（罗宪）：苏丞相颂，家藏书万卷。李常，《宋史·李常传》：李常，字公择。少读书庐山僧舍，留所抄书七千卷，名曰李氏山房。《齐东野语》（周密）：李氏山房藏书之富二万卷。晁公武，《直斋书录解题》（陈振孙）：《晁氏读书志》二十卷，晁公武撰。《郡斋读书志》“吾家旧藏，除其重复，得二万四千五百卷”。蔡致君，《夷门蔡氏藏书目序》（苏过）：蔡致君喜收古今之书，手校而积藏之。凡五十年，今二万卷矣。叶梦得，《挥麈录》（王明清）：叶少蕴平生好收书，逾十万卷。郑寅，《澹生堂藏书训》（郁承瑛）：莆田郑子敬，藏书卷帙，不减李献臣。[①] 陈振孙，《齐东野语》（周密）：陈直斋藏旧书至五万一千一百八十余卷，且仿《读书志》作《解题》，极其精详。周密，《杭州府志》：周密，字公谨。官义乌令，著有《齐东野语》。《齐东野语》（周密）：“吾家三世积累，凡有书四万二千余卷。”皆以藏书为世所称。其最富者，至逾十万卷，盖超过于宋之馆阁矣。得书易，则读书者不甚爱惜。其学力转不逮印刷未兴之先，宋人之文多有论之者。

> 《李氏山房藏书记》（苏轼）：“余犹及见老儒先生，自言其少时欲求《史记》、《汉书》而不可得，幸而得之，皆手自书，日夜诵读，惟恐不及。近岁市人转相摹刻，诸子百家之书，日传万纸，学者之于书多且易致如此。而后生科举之士，皆束书不观，游谈无根。”《文献通考》：“叶梦得曰：唐以前，凡书籍皆写本，未有摹印之法，人以藏书为贵，人不多有，而藏书者精于雠对，故往往皆有善本，学者以传录之难，故其诵读亦精详。五代时，冯道始奏请官镂板印行。国朝淳化中，复以《史记》、前后《汉书》付有司摹印，自是书籍刊镂者益多。士大夫不复以藏书为意，学者易于得书，其诵读亦因灭裂。”

然宋时博闻强记之士甚多，皆由刻书藏书者之众所致。未可以“束书不观”及“诵读灭裂”概全体之学者也。

---

① 李淑，字献臣。

第十八章　宋儒之学

有宋一代，武功不竞，而学术特昌。上承汉、唐，下启明、清，绍述创造，靡所不备。言小学则二徐之于《说文》，

《直斋书录解题》（陈振孙）："《说文解字》三十卷，汉许慎撰。凡十四篇，并序目一篇，各分上下卷，凡五百四十部，九千三百五十三文，重一千一百六十三。雍熙中，右散骑常侍徐铉奉诏校定，以唐李阳冰排斥许氏为臆说。""《说文解字系传》四十卷，南唐校书郎广陵徐锴楚金撰。为通释三十篇，部叙二篇，通论三篇，祛妄、类聚、错综、疑义、系述各一篇。锴与兄铉齐名，或且过之。此书援引精博，小学家未有能及之者。"

邢昺之于《尔雅》，

《直斋书录解题》："《尔雅疏》十卷，邢昺等撰，共其事者，杜镐而下八人。""陈傅良跋曰：国初诸儒独追古，依郭氏注为之疏，《尔雅》稍稍出。"

吴棫之于古音，

《小学考》（谢启昆）："吴氏棫《毛诗补音》十卷，佚。棫字才老，本武夷人，后家同安。"《诗考》："古音自才老始。"

司马光之于《切韵》，

《小学考》："司马光《切韵指掌图》三卷，存。"王行书后曰："华音之有翻切，未审昉于何时。世所大行，惟陆法言之五卷。至于图列音母，以简御烦，则又自司马公始也。大中祥符初，敕增修《唐韵》为《广韵》，昭陵又敕增为《集韵》，是图之作，实羽翼夫

韵书也。"

实开后来汉学家之途径。言史学则温公之《通鉴》，

《文献通考》(马端临)："《资治通鉴》二百九十四卷，目录三十卷，《考异》三十卷。晁氏曰：治平中，司马光奉诏编集历代君臣事迹，许自辟官属以馆阁书，在外听以书局自随。至元丰七年，凡十七年始奏御，上起战国，下终五代，凡一千三百六十二年。又略举事目，年经国纬，以备检阅，别为《目录》；参考同异，俾归一途，别为《考异》各一编。公自谓精力尽于此书。"

夹漈之《通志》，

《文献通考》："《通志略》，莆田郑樵渔仲撰，淳熙间经进自序略曰：臣今总天下之大学术而条其纲目，名之曰略，凡二十略，百代之宪草，学者之能事，尽于此矣。""《中兴四朝艺文志》别史类载《通志》二百卷。其后叙述云：中兴初，郑樵采历代史及他书，自三皇迄隋，为书曰《通志》，仿迁、固为纪传；而改表为谱，志为略。"

袁枢之《纪事本末》，

《文献通考》："《通鉴纪事本末》四十二卷。陈氏曰：工部侍郎袁枢机仲撰。"

马端临之《文献通考》，

《进文献通考表》(王寿衍)："饶州路乐平州儒人马端临，乃故宋丞相廷鸾之子。尝著述《文献通考》三百四十八卷，总二十四类。其书与唐杜佑《通典》相为出入。"

并为奕世著作家所宗仰。他若考证金石，群推欧、赵，

《直斋书录解题》："《集古录跋尾》十卷，欧阳修撰。《集古目录》二十卷，公子礼部郎官棐字叔弼撰。""《金石录》三十卷，东

武赵明诚撰。盖仿欧阳《集古录》，而数则倍之。”

研求目录，尤重晁、陈，

《直斋书录解题》：“晁氏《读书志》二十卷，昭德晁公武撰。其所发明，有足观者。”《四库全书提要》：“《直斋书录解题》，宋吴兴陈振孙撰。以历代典籍，分为五十三类，各详其卷帙多少，撰人名氏，且为品题其得失。古书之不传于今者，得藉是以资征信。而其校核精详，议论醇正，于考古亦有助焉。”

推之地志、年谱、钟鼎款识、泉货文字之类，皆惟宋人考订述作为多。

而宋人之治经学者派别尤夥。有专主复古者，

《直斋书录解题》：“《古周易》八卷，中书舍人清丰晁说之以道所录。《卦爻》一，《彖》二，《象》三，《文言》四，《系辞》五，《说卦》六，《序卦》七，《杂卦》八。其说曰：以《彖》、《象》、《文言》杂八卦中，自费氏始。孔颖达又谓辅嗣之意，《彖》、《象》本释经，宜相附近；分爻之象辞，各附逐爻。则费氏初变古制时，犹若今乾、坤二卦各存旧本欤？古经始变于费氏，而卒大乱于王弼。奈何后之儒者尤而效之。杜预分《左氏传》于经，宋衷、范望散《太玄》测、赞于八十一首之下，是其明比也。”《日知录》（顾炎武）：“《周易》自汉以来，为费直、郑玄、王弼所乱，取孔子之言，逐条附于卦爻之下，程正叔《传》因之。及朱元晦《本义》，始依古文，故于《周易》上经条下云，中间颇为诸儒所乱。近世晁氏始正其失，而未能尽合古文。吕氏又更定著为《经》二卷、《传》十卷，乃复孔氏之旧云。”

有勇于疑古者，

《易童子问》（欧阳修）曰：“《系辞》非圣人之作乎？曰：何独《系辞》焉？《文言》、《说卦》而下，皆非圣人之作。而众说淆乱，亦非一人之言也。若余者，可谓不量力矣。邈然远出诸儒之后，而学无师授之传，其勇于敢为而决于不疑者，以圣人之经尚在，可以质也。”《尚书古文疏证》（阎若璩）：“《书》古文出魏、晋间，距东晋建武元年凡五十三四年，始上献于朝，立学官。建武元年，下到宋南渡初，八百一十有一年，有吴棫字才老者出，始以此书为疑，真可谓天启其衷矣。……其言曰：伏生传于既耄之时，而安国为隶古，又特定其所可知者。而一篇之中，一简之内，其不可知者，盖不无矣。乃欲以是尽求作书之本意，与夫本末先后之义，其亦可谓难矣。而安国所增多之书，今书目具在，皆文从字顺，非若伏生之书屈曲聱牙，至有不可读者。夫四代之书，作者不一，乃至二人之手而定为一体乎，其亦难言矣。”《朱子语类》：“问：林少颖说《盘诰》之类，皆出伏生，如何？曰：此亦可疑。盖《书》有古文，有今文。今文乃伏生口传，古文乃壁中之书。《禹谟》、《说命》、《高宗肜日》、《西伯戡黎》、《泰誓》等篇，凡易读者，皆古文。况又是科斗书，以伏生书字文考之方读得。岂有数百年壁中之物，安得不讹损一字，又却是伏生记得者难读，此尤可疑。今人作全书解，必不是。”“《尚书》注并序，某疑非孔安国所作。盖文字善困，不类西汉人文章，亦非后汉之文。”“《尚书》决非孔安国所注。”“《尚书孔安国传》，此恐是魏、晋间人所作，托安国为名，与毛公《诗传》大段不同。”“《诗大序》亦只是后人作，其间有病句。”“《诗序》，《东汉·儒林传》分明说道是卫宏作，后来经意不明，都是被他坏了。某又看得亦不是卫宏一手作，多是两三手合成一序，愈说愈疏。”《困学纪闻》（王应麟）：“王介甫《答韩求仁问春秋》曰：此经比他经尤难，盖三传不足信也。尹和靖云：介甫不解《春秋》，以其难之也。废《春秋》非其本意。朱文公亦曰：《春秋》义例，时亦窥其一二大者，而终不能自信于心，故未尝敢措一辞。”

有各持所见，不为苟同者，

《困学纪闻》：“欧阳公以《河图》、《洛书》为怪妄。东坡云：

著于《易》，见于《论语》，不可诬也。南丰云：以非所习见，则果于以为不然，是以天地万物之变，为可尽于耳目之所及，亦可谓过矣。苏、曾皆欧阳公门人，而论议不苟同如此。”《朱子语类》：“邵浩云：苏子由却不取《小序》。曰：他虽不取下面言语，留了上一句，便是病根。伯恭专信《序》，又不免牵合。伯恭凡百长厚，不肯非毁前辈，要出脱回护，不知道只为得个解经人，却不曾为得圣人本意。是便道是，不是便道不是，方得。”

有贯串群书，务极精博者。

《四库全书总目提要》：“《仪礼释宫》一卷，宋李如圭撰。如圭既为《仪礼集释》，又为是书，以考论古人宫室之制。仿《尔雅·释宫》，条分胪序，各引经记注疏，参考证明，深得经义，非空言说礼者所能也。”“《礼记集说》二百六十卷，宋卫湜撰。其书始作于开禧、嘉定间，自序言日编月削，继二十余载而后成。……采摭群言，最为赅博，去取亦最为精审。自郑《注》而下，所取凡一百四十四家，其他之涉于《礼记》者，所采录不在此数焉。”“朱彝尊《经义考》采摭最为繁富，而不知其书与不知其人者，凡四十九家，皆赖此书以传，亦可云礼家之渊海矣。”

故谓宋人空疏不学，较之后世若远不逮者，实目论也。然而宋儒之学，虽已有此种种特色，而犹未足为宋儒之学之主体。其为宋儒之学之主体者，即《宋史》特立一传之道学，而世所称为理学者也。道学之名，不见于古。《宋史》已言之，而其特立此传者，以宋儒讲求此学者独盛也。

《宋史·道学传》：“道学之名，古无是也。三代盛时，天子以是道为政教，大臣百官有司以是道为职业，党、庠、术、序师弟子以是道为讲习，四方百姓日用是道而不知。”“于斯时也，道学之名，何自而立哉！”“至宋中叶，周敦颐出于舂陵，乃得圣贤不传之学，作《太极图说》、《通书》，推明阴阳五行之理，命于天而性于人者，了若指掌。张载作《西铭》，又极言理一分殊之旨，然后道之大原出于天者，灼然而无疑焉。仁宗明道初年，程颢及弟颐实生。及长，受业周氏，已乃扩大其所闻，表章《大学》、《中庸》二篇，与《语》、《孟》并行，于是上自帝王传心之奥，下至初学入德之门，融会贯通，无复余蕴。迄宋南渡，新安朱熹得程氏正传，其学加亲切焉。大抵以格物致知为先，明善诚身为要。凡《诗》、《书》六艺之文，与夫孔、孟之遗言，颠错于秦火，支离于汉儒，幽沉于魏、晋、六朝者，至是皆焕然而大明，秩然而各得其所。此宋儒之学所以度越诸子，而上接孟氏者欤?”

《道学传》以周、程、张、邵、朱、张为主，程、朱门人亦以类从，

> 《宋史·道学传》：“邵雍高明英悟，程氏实推重之。旧史列之隐逸，未当，今置张载后。张栻之学，亦出程氏，既见朱熹，相与博约，又大进焉。其他程、朱门人，考其源委，各以类从。”

而吕祖谦、蔡元定、陆九龄、九渊等，则列之《儒林传》，其意盖严于统系，而未能备见宋儒之学派。近代黄宗羲、全祖望编《宋元学案》，自胡瑗、孙复至王安石、苏轼等，皆编为学案，标举其学术宗旨，而宋儒之学，囊括无遗。盖周、程诸儒，固擅道学之正统，而自安定、泰山以下，乃至荆、蜀之学，虽有浅深纯驳之差，而其讲求修身为人之道，则同一鹄的。上下千古，求其学者派别孔多，而无不讲求修身为人之道者，殆无过于赵宋一朝。故谓有宋为中国学术最盛之时代，实无不可。今就《宋元学案》所列诸儒之学，胪列其派别之大者于下。

秦以降，学术衰。汉以降，世风敝。乘其隙而入者，惟佛学。发人天之秘，拯盗杀之迷。而吾国思想高尚之人，遂多入于彼教。披六朝、隋、唐历史，凡墨守儒教者，殆无大思想家，以此也。隋、唐外竞虽力，而风俗日即于奢淫，士习日趋于卑陋。皇纲一坠，藩镇朋兴，悍将骄兵，宦官盗贼，充塞于唐季、五代之史籍，人群棼乱极矣。物极则反，有宋诸帝，崇尚文治，而研穷心性，笃于践履之诸儒，乃勃兴于是

宋儒学派表

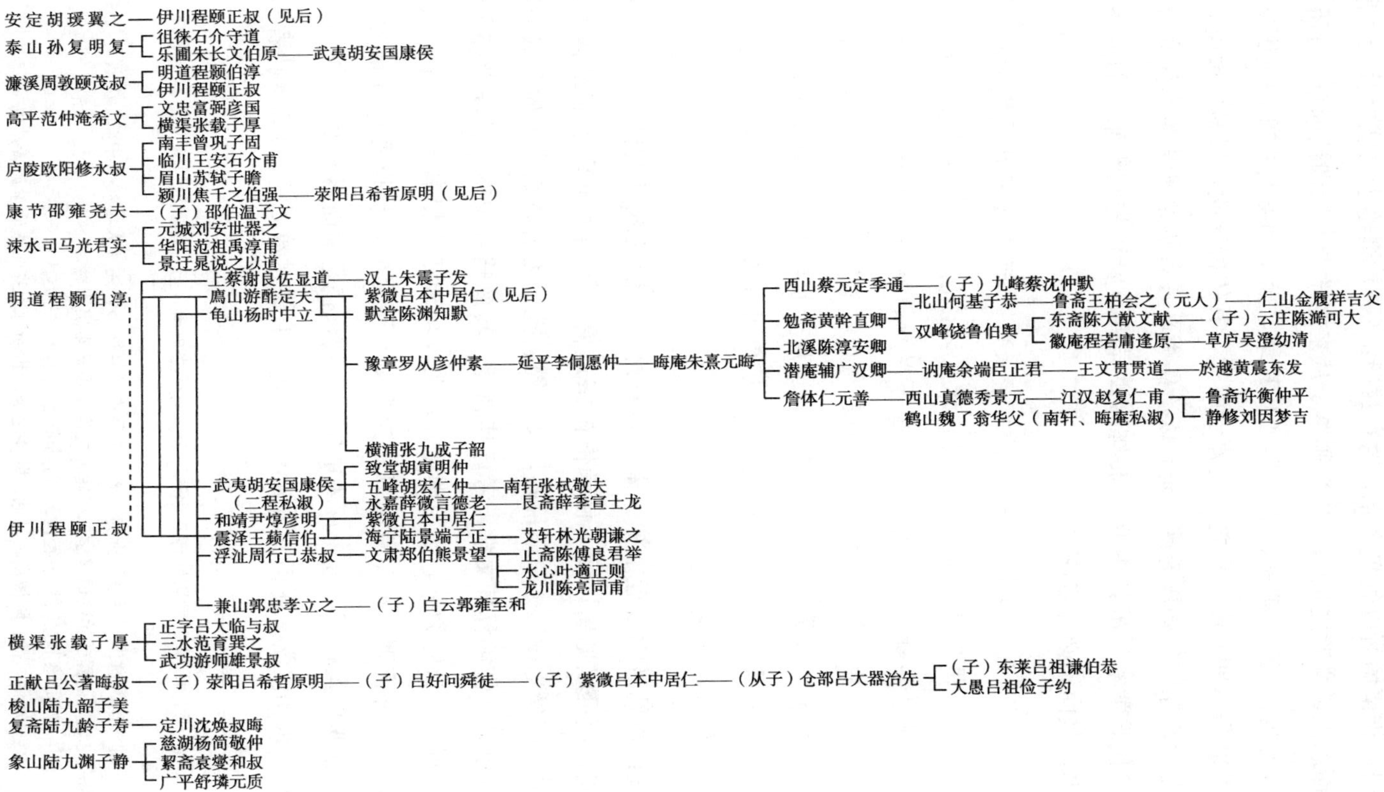
安定胡瑗翼之——伊川程颐正叔（见后）
泰山孙复明复——徂徕石介守道
乐圃朱长文伯原——武夷胡安国康侯
濂溪周敦颐茂叔——明道程颢伯淳
伊川程颐正叔
高平范仲淹希文——文忠富弼彦国
横渠张载子厚
庐陵欧阳修永叔——南丰曾巩子固
临川王安石介甫
眉山苏轼子瞻
颍川焦千之伯强——荥阳吕希哲原明（见后）
康节邵雍尧夫——（子）邵伯温子文
涑水司马光君实——元城刘安世器之
华阳范祖禹淳甫
景迂晁说之以道
明道程颢伯淳
上蔡谢良佐显道——汉上朱震子发
廌山游酢定夫
龟山杨时中立
紫微吕本中居仁（见后）
默堂陈渊知默
豫章罗从彦仲素——延平李侗愿仲——晦庵朱熹元晦
西山蔡元定季通——（子）九峰蔡沈仲默
勉斋黄榦直卿
北山何基子恭——鲁斋王柏会之（元人）——仁山金履祥吉父
双峰饶鲁伯舆
东斋陈大猷文献——（子）云庄陈澔可大
徽庵程若庸逢原——草庐吴澄幼清
北溪陈淳安卿
潜庵辅广汉卿——讷庵余端臣正君——王文贯贯道——於越黄震东发
詹体仁元善——西山真德秀景元——江汉赵复仁甫
鹤山魏了翁华父（南轩、晦庵私淑）
鲁斋许衡仲平
静修刘因梦吉
横浦张九成子韶
武夷胡安国康侯
（二程私淑）
致堂胡寅明仲
五峰胡宏仁仲——南轩张栻敬夫
永嘉薛徽言德老——艮斋薛季宣士龙
和靖尹焞彦明
震泽王蘋信伯
紫微吕本中居仁
海宁陆景端子正——艾轩林光朝谦之
浮沚周行己恭叔——文肃郑伯熊景望
止斋陈傅良君举
水心叶適正则
龙川陈亮同甫
兼山郭忠孝立之——（子）白云郭雍至和
伊川程颐正叔
横渠张载子厚——正字吕大临与叔
三水范育巽之
武功游师雄景叔
正献吕公著晦叔——（子）荥阳吕希哲原明——（子）吕好问舜徒——（子）紫微吕本中居仁——（从子）仓部吕大器治先
（子）东莱吕祖谦伯恭
大愚吕祖俭子约
梭山陆九韶子美
复斋陆九龄子寿——定川沈焕叔晦
象山陆九渊子静——慈湖杨简敬仲
絜斋袁燮和叔
广平舒璘元质

时。推诸儒所以勃兴之原，约有数端：（一）则鉴于已往之社会之堕落，而思以道义矫之也[①]；（二）则鉴于从来之学者专治训诂词章，不足以淑人群也；（三）则韩、李之学已开其绪，至宋而盛行古文，遂因文而见道也[②]；（四）则书籍之流通盛于前代，其传授鼓吹，极易广被也。而其尤大之原因，则沟通佛、老，以治儒书，发前人之所未发，遂别成为一时代之学术。虽其中有力求与佛说异者，要皆先尝涉猎，而后专治儒书，是固不必为之讳也。

> 《朱子语类》（卷一百二十六）："近看《石林过庭录》载上蔡说，伊川参某僧后，有得，遂反之，偷其说来做已使，是为洛学。某也尝疑，如石林之说，固不足信，却不知上蔡也恁地说时怎生地。后见某僧与伊川帖，乃载《山谷集》中，其差谬类如此。但当初佛学只是说无存养底工夫，至唐六祖始教人存养工夫；当初学者亦只是说不曾就身上做工夫，至伊川方教人就身上做工夫：所以谓伊川偷佛说为已使。"

按此可见洛学之近于禅。朱子虽辨之，而谓其就身上做工夫与六祖相同，此可以见唐以降，佛学惟禅宗最盛，及儒学惟理学家最盛之消息矣。就身上做工夫一语最妙，文、周、孔、孟皆是在身上做工夫者。自汉以来，惟解释其文学，考订其制度，转忽略其根本，其高者亦不过谨于言行，自勉为善，于原理无大发明。至宋儒始相率从身上做工夫，实证出一种道理。不知者则以是为虚诞空疏之学，反以考据训诂为实学。不知腹中虽贮书万卷，而不能实行一句，仍是虚而不实也。

宋儒之学，派衍支分，不可殚述。有讲术数者[③]，有务事功者[④]，有

---

① 如司马光、欧阳修等，皆熟习唐、五代之史事，且深痛其时之人不知礼义廉耻，以致亡国。

② 唐韩愈作《原道》排佛、老，李翱作《复性书》述《大学》、《中庸》之说，皆宋儒之先声。近人谓程子始提倡《学》、《庸》之说，不知本出于翱。

③ 如邵康节之《皇极经世》、司马光之《潜虚》之类。

④ 如薛季宣、陈傅良、叶適、陈亮之类，世所称永嘉、永康学派者是也。

以礼制为主者[①]，有兼治乐律者[②]。而朱、陆之分，尤为灼然共见。故泛称宋学，必无一定义以赅之也。吾观于诸儒之学，择其可以表示文化之进步轶于前代，而为后人所祖述者，大要有四：

（一）则修养之法之毕备也。躬行实践，不专事空谈，此宋儒共同之点。虽其途术各有不同，要皆以实行有得。人人能确指修养之法，以示学者。如周子之主一，

《通书》：曰“圣可学乎？”曰：“可。”曰：“有要乎？”曰：“有。”请问焉，曰：“一为要。一者，无欲也。无欲则静虚动直。静虚则明，明则通；动直则公，公则溥。明通公溥，庶矣乎！”

张子之变化气质，

《横渠理窟》：“为学大益，在自能变化气质。不尔，卒无所发明，不得见圣人之奥。”

明道之识仁，

《识仁篇》：“学者先须识仁。识得此理，以诚敬存之，不须防检，不须穷索。”

伊川之用敬致知，

《伊川语录》：“涵养须用敬，进学则在致知。”

上蔡之去矜，

《近思录》：“谢子与伊川别一年，往见之。伊川曰：‘相别一年，做得甚工夫？’谢曰：‘也只去得个矜字。’曰：‘何故？’曰：‘予细检点得来，病痛尽在这里。’”

延平之观喜怒哀乐未发前气象，

---

① 如张横渠之类。

② 如蔡元定之类。

《延平问答》："罗先生令静中看喜怒哀乐未发时作何气象，此意不惟于进学有方，兼得养心之要。"

南轩之辨义利，

《张南轩行状后述》（朱熹）："公之教人，必先使之有以察乎义利之间，而后明理居敬，以造其极。"①

朱子之格物致知，

《补大学格物致知传》（朱熹）："《大学》之教，必使学者即凡天下之物，莫不因其已知之理而益穷之，以求至乎其极。至于用力之久，而一旦豁然贯通，则众物之表里精粗无不到，而吾心之全体大用无不明矣。"

象山之先立乎大，

《象山语录》："大凡为学须要有所立。《论语》云：'己欲立而立人。'卓然有不为流俗所移，乃为有立。须思量天之所以与我者是甚底，为还是要做人否？理会得这个明白，然后方可谓之学问。"

皆诸儒以其生平得力之处，示学者以正鹄。学者可由之以证入之法也。

（二）则教育之复兴也。自汉以后，学校教育，皆利禄之途，无所谓人格教育也。宋仁宗时，胡瑗倡教于苏州、湖州及太学，以经义、治事分斋，而以身教人之风始盛。周、张、二程，皆于私家讲学，而师道大兴。濂洛之学，遂成统系。朱、陆诸子，亦随在讲学，或设书院，或于家塾，虽为世所诋毁，而师生相从，讲习不倦。② 观诸儒之教人，或随事指示，

---

① 《象山语录》亦曰："凡欲为学，当先识义利公私之辨。"

② 《宋史 · 朱熹传》："刘德秀为谏官，首论留正引伪学之罪。右谏议大夫姚愈论道学权臣结为死党，窥伺神器。乃命直学士院高文虎草诏谕天下。于是攻伪学日急，而熹日与诸生讲学不休，或劝其谢遣生徒者，笑而不答。"

《近思录》（朱熹）："程明道曰：昔受学于周茂叔，每令寻仲尼、颜子乐多，所乐何事。""又曰：吾年十六七时，好田猎。既见茂叔，则自谓已无此好矣。茂叔曰：何言之易也，但此心潜隐未发，一日萌动，复如初矣。后十二年，复见猎者，不觉有喜心，乃知果未也。"《宋元学案》："明道先生与门人讲论有不合者，则曰更有商量。""明道见谢子记问甚博，曰：'贤却记得许多？'谢子不觉面赤身汗。先生曰：'只此便是恻隐之心。'""陆九渊始至行都，从游者甚众。先生能知其心术之微，言中其情，多至汗下。""一生饭次交足，饭既，先生谓之曰：'汝适有过，知之乎？'生曰：'已省。'其规矩之严又如此。"

或订为教条学则，

《白鹿洞书院教条》（朱熹）："窃观古昔圣贤所以教人为学之意，莫非使之讲明义理，以修其身，然后推以及人。非徒欲其务记览为词章，以钓声名取禄利而已也。今人之为学者，既反是矣。然圣贤所以教人之法，具存于经，有志之士，固当熟读深思而问辨之。苟知其理之当然，而责其身以必然，则夫规矩禁防之具，岂待他人设之，而后有所持循哉！[①] 近世于学有规，其待学者为已浅矣。而其为法，又未必古人之意也。故今不复以施于此堂，而特取凡圣贤所以教人为学之大端，条列如右。而揭之楣间，诸君其相与讲明遵守，而责之于身焉。则夫思虑云为之际，其所以戒谨而恐惧者，必有严于彼者矣。其有不然而或出于禁防之外，此言之所弃，则彼所谓规者，必将取之，固不得而略也。"《程董学则》[②]："凡学于此者，必严朔望之仪，谨晨昏之令。居处必恭，步立必正，视听必端，言语必谨，容貌必庄，衣冠必饬，饮食必节，出入必谨，省书

① 此可见宋儒教人，专望人之自觉自动，并不取干涉主义。

② 程端蒙、董铢，皆朱熹弟子。二人所定学则，世称《程董学则》。

必专一，写字必楷敬，几案必整齐，堂室必洁净，相呼必以齿，接见必有定。修业有余功，游艺有适性，使人庄以恕，而必专所听。”①

其所感化，自门弟子以至乡人异端，皆有征验。

《宋史》：“侯师圣学于程颐。未悟，访周敦颐。敦颐曰：‘吾老矣，说不可不详。’留对榻夜谈，越三日乃还。颐惊异之曰：‘非从周茂叔来耶？’其善开发人类此。”“司马光兄事邵雍，而二人纯德，尤为乡里所慕向。父子昆弟每相饬曰：毋为不善，恐为司马端明、邵先生知。”《宋元学案》：“尹彦明先生穷居讲论，不肯少自贬屈。拱手敛足，即醉后未尝别移一处。在平江累年，所用止有一扇，用毕置架上，凡百严整有常。一僧见之曰：吾不知儒家所谓周、孔如何，恐亦只如此也。”

第取《朱子语类》观之，当时学子对于其师之一话一言，皆谨录之，以为世法。录者九十九人，成书至一百四十卷，亦自古所未有也。所惜者，古代教育必兼礼乐，庄敬和乐，内外兼之。宋时礼乐均失传，故惟恃教者之躬行，示之模范，而以口语辅之，学者或有执滞于语言，

《宋元学案》：“上蔡曰：‘昔伯淳先生教子，只管看他言语。’伯淳曰：‘与贤说话，却是扶醉汉，救得一边，倒了一边，只怕人执著一边。”

及病其拘苦者。

《宋元学案》：“二程随侍太中知汉州，宿一僧寺。明道入门而右，从者皆随之；伊川入门而左，独行。至法堂上相会，伊川自谓此是某不及家兄处。盖明道和易，人皆亲近；先生严重，人不敢近

① 此与《白鹿洞教条》，似有初学与成人之分。《白鹿洞教条》示成人也，《程董学则》示初学也。两者皆从积极方面言，不专事消极也。

也。"《宋史纪事本末》(陈邦瞻)："胡纮未达时，尝谒朱熹于建安。熹待学士惟脱粟饭，遇纮不能异也。纮不悦，语人曰：'此非人情，只鸡斗酒，山中未为乏也。'及为监察御史，乃锐然以击熹自任。"

要之，人师之多，人格之高，蔑有过于宋者也。

(三)则哲学之大昌也。宋儒之哲学，大抵本于《周易》、《洪范》，而各加以推阐之功。司马光作《潜虚》，立原荧本卝基之名象；邵雍作《皇极经世》，立太阴、太阳、少阴、少阳、太刚、太柔、少刚、少柔之名象。盖一则出于五行，一则出于八卦也。周敦颐作《太极图》及《说》，首曰"无极而太极"，其说更进于《系辞》。而儒家为此龂龂争辩，累世不休。

《与朱熹书》(陆象山)曰："梭山兄谓《太极图说》与《通书》不类，疑非周子所为。不然，或是其学未成时所作。不然，则或是传他人之文，后人不辨也。""《易大传》曰：《易》有太极，圣人言有，今乃言无，何也?""朱子发谓濂溪得太极图于穆伯长，伯长之传，出于陈希夷，其必有考。希夷之学，老氏之学也。无极二字，出于《老子》知其雄章，吾圣人之书所无有也。"朱熹《答书》曰："伏羲作《易》自一画以下，文王演《易》自乾元以下，皆未尝言太极也，而孔子言之。孔子赞《易》，自太极以下，未尝言无极也，而周子言之。夫先圣后圣，岂不同条而共贯哉。""若论'无极'二字，乃是周子灼见道体，迥出常情，不顾旁人是非，不计自己得失，勇往直前，说出人不敢说底道理。今后之学者，晓然见得太极之妙，不属有无，不落方体。若于此看得破，方见此老真得千圣以来不传之秘。""前书所谓不言无极，则太极同于一物，而不足为万化根本；不言太极，则无极沦于空寂，而不能为万化根本：乃是推本周子之意，以为当时若不如此两下说破，则读者错认语意，必有偏见之病。""《老子》'复归于无极'。无极乃无穷之义，如庄生入无穷之门，以游无极之野云尔。非若周子所言之意也。"

其实"无极"二字，即出于道家，亦无碍于学理。太极之先，自必有无极，周、朱皆见及此，而陆似执著于学派家法，而未求之于太极之先也。然诸儒公认太极以下诸说，而力争太极以上有无无极之义，其不囿于人生观，而必欲穷宇宙之原理，亦为前此儒家所未有矣。张子及二程子，虽不言无极、太极之理，而张子推本于太和。

> 《正蒙》（张载）："太和所谓道，中涵浮沉、升降、动静相感之性。"[①]

明道推本于乾元一气，

> 《二程全书》："凡人类禽兽草木，莫非乾元一气所生。"[②]

亦皆有意说明人物之本源。而程子谓"冲穆无朕，万象森然已具"，尤有契于此旨。

> 《二程全书》："冲穆无朕，万象森然已具，未应不是先，已应不是后。如百尺之木，自根本至枝叶，皆是一贯，不可道上面一段是无形无兆，却待人旋安排引出来，教入涂辙。既是涂辙，却只是一个涂辙。"

盖宋之大儒，皆尝从静养中作工夫。故其所见所证，确然有以见万物一体，而有无朕无形、万化自具之妙。故或说性即理，

> 《二程全书》："性即理也，所谓理性是也。"朱熹《中庸注》："性即理也。"

或说天即理，

> 《论语注》（朱熹）："天即理也。"

其名义尽自分立，其理性无不贯澈。大抵周、秦经子之书，已蕴其端，

---

① 此所谓太和，当即《易》所谓太极。

② 此义亦是本于太极。

至宋始发挥透辟。世或斥其说为古人所未有，或谓其涉于异端，如戴震曰："《大学》开卷说虚灵不昧，便涉异学。以具众理而应万事，非心字之恉。《论语》开卷说可以明善而复其初，出《庄子》，全非《孟子》扩充言学之意。《中庸》开卷说性即理也，如何说性即是理。"要皆未尝亲证宋儒所造之境，惟就文字训诂测之耳。

（四）则本末之一贯也。自宋以前，儒者之学，仅注重于人伦日用之间，而不甚讲求玄远高深之原理。道、释二氏，则又外于伦纪，而为绝人出世之想。惟宋之诸儒，言心言性，务极其精微；而于人事，复各求其至当，所谓明体达用，本末兼赅，此尤宋儒之特色也。虽其中亦有偏于虚寂，颇近禅学者，而程、朱诸儒，则皆一天人，合内外，而无所不备。

> 《宋元学案》："唐一庵曰：明道之学，嫡衍周派，一天人，合内外，立于敬而行之以恕，明于庶物而察于人伦，务于穷神知化而能开物成务。"伊川曰："学者不可不通世务。天下事譬如一家，非我为，则彼为，非甲为，则乙为。""人恶多事，或人悯之；世事虽多，尽是人事。人事不教人做，更责谁做。"朱熹曰："今也须如僧家行脚，接四方之贤士，察四方之事情，览山川之形势，观古今兴亡治乱得失之迹，这道理方见得周遍。士而怀居，不足以为士矣。不是块然守定这物事，在一室闭户独坐便了，使可以为圣贤。自古无不晓事情底圣贤，亦无不通变底圣贤，亦无关门独坐的圣贤。圣贤无所不通，无所不能，那个事理会不得？如《中庸》，天下国家有九经，便要理会许多事物。如武王访箕子，陈《洪范》，自身之貌言视听思，极至于天人之际。以人事则有八政，以天时则有五纪。稽之于卜筮，验之于庶征，无所不备。如《周礼》一部书，载周公许多经国制度，便有国家当自家做，只是古圣贤许多规模大体也。要识得这道理，无所不该，无所不在，且如礼、乐、射、御、书、数，许多周旋升降、文章品节之繁，岂有妙道精义在？只是也

要理会。理会得熟时，道理便在上面。又如律历、刑法、天文、地理、军旅、职官之类，都要理会，虽未能洞研其精微，然也要识个规模大概，道理方浃洽通透。若只守个些子，捉定在这里，把许多都做闲事，便都无事了，如此只理会得门内事，门外事便了不得。”

即象山之学，亦以宇宙内事为己分内事，

《宋元学案》：“陆九渊读古书至宇宙二字，解者曰：四方上下曰宇，往古来今曰宙。忽大省曰：宇宙内事乃己分内事，己分内事乃宇宙内事。”

故其服官治政，治效卓然，亦非徒事玄虚、不务人事也。近人病宋学者，往往以为宋学虚而不实，或病其无用，或病其迂腐，要皆未知宋儒之实际也。观张子《西铭》，

《西铭》：“乾称父，坤称母，予兹藐焉，乃浑然中处。故天地之塞，吾其体；天地之帅，吾其性。民吾同胞，物吾与也。大君者，吾父母宗子；其大臣，宗子家相也。尊高年，所以长其长；慈孤弱，所以幼其幼。圣其合德，贤其秀也。凡天下疲癃残疾茕独鳏寡，皆吾兄弟之颠连而无告者也。”

及《论语说》，

《论语说》：“为天地立心，为生民立命，为往圣继绝学，为万世开太平。”

其心量之广远，迥非区区囿于一个人、一家族、一社会、一国家、一时代者所可及。盖宋儒真知灼见人之心性，与天地同流。故所言所行，多彻上彻下，不以事功为止境，亦不以禅寂为指归。此其所以独成为中国唐、五代以后勃兴之学术也。

第十九章　政党政治

自汉以来，君主政体无所变革。然政治之中心，往往不在君主本身，而旁及于女主、外戚、宦寺、嬖倖、宗王、强藩之手。有宋尽革其弊，虽间有女主垂帘、宦者得势之时，要皆视两汉、晋、唐为不侔。

《宋史·后妃传》："慈圣光献曹后拥佑两朝，宣仁圣烈高后垂帘听政，而有元祐之治。""宋三百余年，外无汉王氏之患，内无唐武、韦之祸，岂不卓然而可尚哉。"《宦官传》："宋世待宦者甚严。太祖初定天下，掖庭给事不过五十人，宦寺中年方许养子为后。又诏臣僚家毋私蓄阉人，民间有阉童孺为货鬻者论死。去唐未远，有所惩也。厥后太宗却宰相之请，不授王继恩宣徽。真宗欲以刘承规为节度使，宰相持不可而止，中更主幼母后听政者凡三朝。在于前代，岂非宦者用事之秋乎？祖宗之法严，宰相之权重，貂珰有怀奸慝，旋踵屏除，君臣相与防微杜渐之虑深矣。然而宣、政间童贯、梁师成之祸，亦岂细哉！南渡苗、刘之逆，亦宦者所激也。"

盖宋之政治，士大夫之政治也。政治之纯出于士大夫之手者，惟宋为然。故惟宋无女主、外戚、宗王、强藩之祸。宦寺虽为祸而亦不多，而政党政治之风，亦开于宋。《论语》曰："君子群而不党。"以党为不良之名词。故世多以党为戒，后汉始有党禁。

《后汉书·灵帝纪》："建宁二年冬十月丁亥，中常侍侯览讽有司奏前司空虞放、太仆杜密、长乐少府李膺、司隶校尉朱瑀、颍川太守巴肃、沛相荀翌、河内太守魏朗、山阳太守翟超，皆为钩党。下狱死者百余人，妻子徙边，诸附从者锢及五属。制诏州郡大举钩党，于是天下豪杰及儒学行谊者，一切结为党人。”“熹平五年闰月，永昌太守曹鸾坐讼党人弃市。诏党人门生、故吏、父兄、子弟在位者，皆免官禁锢。”“光和二年四月丁酉，大赦天下。诸党人禁锢，小功以下皆除之。”“中平元年三月壬子，大赦天下党人，还诸徙者。”

唐代亦有牛、李之党，

《通鉴目录》：“穆宗长庆元年，李德裕、李宗闵始为朋党。”《通鉴》：“长庆三年三月，以牛僧孺为中书侍郎，同平章事。时僧孺与李德裕皆有入相之望，德裕出为浙西观察使，八年不迁，以为李逢吉排己，引僧孺为相。由是牛、李之怨愈深。”“太和七年二月，以兵部尚书李德裕同平章事。德裕入谢，上与之论朋党事，对曰：方今朝士，三分之一为朋党。”“八年十一月，李宗闵言李德裕制命已行，不宜自便。乙亥，复以德裕为镇海节度使，不复兼平章事。时德裕、宗闵各有朋党，互相挤援。上患之，每叹曰：去河北贼易，去朝中朋党难。”

其事虽不同，要皆不可目为政党。盖汉之党人，徒以反对宦官、自树名节为目的，固无政策之关系。其与之为难之宦官，更不成为敌党。唐之牛僧孺、李德裕虽似两党之魁，然所争者官位，所报者私怨，亦无政策可言。故虽号为党，而皆非政党也。

宋仁宗时，始有朋党之议。

《宋史纪事本末·庆历党议篇》(陈邦瞻)：“仁宗景祐三年，礼部员外郎天章阁待制判国子监范仲淹，以吕夷简执政，进用多出其门，上《百官图》指其次第。……为四论以献……大抵讥切时敝。……夷简诉仲淹越职言事，离间君臣，引用朋党。仲淹对益切，由是落职，知饶州。集贤校理余靖请改前命，坐落职，监筠州酒税。馆阁校勘尹洙上疏，自承是仲淹之党。夷简怒，斥监郢州酒税。馆阁校勘欧阳修责司谏高若讷不能谏，若讷怒，上其书，修坐贬夷陵令。馆阁校勘蔡襄作四贤一不肖诗，以誉仲淹、靖、洙、修而讥若讷，都人士相传写，鬻书者市之，得厚利。”“御史韩缜，希夷简旨，请以仲淹朋党榜朝堂，戒百官越职言事者。从之。”“宝元元年冬十月丙寅，诏戒百官朋党。”

欧阳修著论，谓惟君子有朋。

《宋史纪事本末》：“庆历三年三月，以欧阳修、王素、蔡襄知谏院。”“自范仲淹贬饶州，修及尹洙、余靖，皆以直仲淹见逐。群邪目之曰党人，于是朋党之议遂起。修乃为《朋党论》以进曰：‘臣闻朋党之说，自古有之，惟幸人君辨其君子小人而已。大凡君子与君子以同道为朋，小人与小人以同利为朋，此自然之理也。然臣谓小人无朋，惟君子则有之。……故为人君者，但当退小人之伪朋，用君子之真朋。’”

盖已明于君子执政，必多集同志以行其政策，不必以朋党为讳矣。然庆历中虽有党论，而并无两党相对峙之形式。范仲淹、欧阳修等为党，而反对范、欧等之吕夷简、夏竦等并不能为党。吕虽反对范，后转为之画策，明与夏非党。

《宋史纪事本末》：“夏竦怨石介斥己，欲因以倾富弼等。乃使女奴阴习介书……伪作介为富弼撰废立诏草，飞语上闻。帝虽不信，而弼与仲淹恐惧，不自安于朝，皆请出按西北边，不许。适闻契丹伐夏，仲淹固请行，乃独允之。仲淹将赴陕，过郑州。时吕夷简已老，居郑，仲淹往见之。夷简问：‘何事遽出？’仲淹对以暂往经抚两路，事毕即还。夷简曰：‘君此行正蹈危机，岂复再入？若欲经制西事，莫如在朝廷为便。’仲淹愕然。”

范之无憾于吕，尤能分别公私之界。

《宋史·范仲淹传》：“夷简再入相，帝谕仲淹使释前憾。仲淹顿首谢曰：臣乡论盖国家事，于夷简无憾也。”

故仁宗时之党议，不得谓之政党，而君子之风有足多者。

中国之有政党，殆自宋神宗时之新旧两党始。其后两党反复互争政权，讫北宋被灭于金始已。

北宋新旧党政争表

元首		年号	党派	首领	执政年间
神宗		熙宁 元丰	新	王安石　吕惠卿 章惇　蔡确	一六
哲宗	高太后	元祐	旧	司马光　范纯仁　吕大防	九
	亲政	绍圣	新	章惇　曾布　蔡卞	六
徽宗	向太后	建中靖国	旧	韩忠彦	二
	亲政	崇宁以后	新	曾布　蔡京	二〇

论史者恒以宋之党祸比于汉、唐，实则其性质大不相同。新旧两党各有政见，皆主于救国，而行其道特以方法不同，主张各异，遂致各走极端。纵其末流，不免于倾轧报复，未可纯以政争目之；而其党派分立之始，则固纯洁为国，初无私憾及利禄之见羼杂其间。此则士大夫与士大夫分党派以争政权，实吾国历史上仅有之事也。

自唐、五代以降，因仍苟且，政法大敝。宋室区区，仅能谋政权之统一，图皇位之世袭，而于民生国计之要，初未能有大经大法，起积弊而垂之于无穷。故有识之士，咸思奋发有为。范仲淹、欧阳修等，皆尝持改革之论。

《宋史·范仲淹传》：“帝方锐意太平，数问当世事。仲淹语人曰：上用我至矣，事有先后，久安之弊，非朝夕可革也。帝再赐手诏，又为之开天章阁，召二府条对。仲淹皇恐，退而上十事。”一曰明黜陟，二曰抑侥幸，三曰精贡举，四曰择长官，五曰均公田，六曰厚农桑，七曰修武备，八曰推恩信，九曰重命令，十曰减徭役。“仲淹以天下为己任，裁削倖滥，考核官吏，日夜谋虑，兴致太平。然更张无渐，规模阔大，论者以为不可行。”①《本论》（欧阳修）：“今之务众矣，所当先者五也。其一者有司之所知，其三者则未之思也。足天下之用，莫先乎财；系天下之安危，莫先乎兵，此有司之所知也。然财丰矣，取之无限而用之无度，则下益屈而上益劳。兵强矣，而不知所以用之，则兵骄而生祸。所以节财用兵者，莫先乎立制。制已具备，兵已可使，财已足用，所以共守之者，莫先乎任人。……天下之势，有若敝庐，补其奥则隅坏，整其桷则栋倾，枝撑扶持，苟存而已。……是以兵无制，用无节，国家无法度，一切苟且而已。……今宋之为宋，八十年矣。天下为一，海内晏然。为国不为不久，天下不为不广也。然而财不足用于上而下已敝，兵不足威于外而敢骄于内，制度不可为万世法而日益丛杂，一切苟且，不异五代之时。此甚可叹也。”

至神宗时，积弊愈甚。而王安石、吕惠卿等，以学者见信于神宗，遂力主改革旧弊，创立新法。十余年间，于理财讲武、恤民救灾、兴学育才、建官明法之要政，粗有图议，尚未能大树规模。而当时之守旧者，若司马光、富弼、韩琦、文彦博、范纯仁等，群起反对。致王、吕之志事，未能展其六七。盖以其施行太骤，陈义太高，蚩蚩之民，相率咨怨。而奉行之官吏，又不能尽如立法者之意，有以贻反对者之口实也。今观其施行次第：

《宋史・神宗纪》：熙宁二年二月庚子，以王安石参知政事。甲子，陈升之、王安石创置三司条例，议行新法。　三月乙酉，诏漕运盐铁等官，各具财用利害以闻。　四月丁巳，遣使诸路，察农田水利赋役。　七月辛巳，立淮、浙、江、湖六路均输法。　九月丁卯，立常平给敛法。　十一月乙丑，命韩绛制置三司条例。　丙

① 据此，是范文正实首倡改革者。然以其知久安之弊非朝夕可革，故持论尚取其近而易行者。而当时之人，已以为更张无渐，规模阔大，而不可行矣。

子，颁《农田水利约束》。　闰月，差官提举诸路常平、广惠仓，兼管勾农田水利差役事。　三年正月乙卯，诏诸路散青苗钱，禁抑配。　十二月己未，立诸路更戍法，旧以他路兵杂戍者遣还。　乙丑，立保甲法。　丁卯，以韩绛、王安石并同中书门下平章事。戊寅，初行免役法。　四年正月壬辰，王安石请鬻天下广惠仓田，为三路及京东常平仓本，从之。　二月丁巳朔，罢诗赋及明经诸科，以经义、论、策试进士。置京东西、陕西、河东、河北路学官，使之教导。　辛酉，诏治吏沮青苗法者。三月庚寅，诏给诸路学田，增教官员。　辛卯，遣使察奉行新法不职者。　十月壬子朔，罢差役法，使民出钱募役。　戊辰，立太学生内、外、上舍法。　五年三月丙午，以内藏库钱置市易务。　四月己未，括闲田，置弓箭手。　六月乙亥，置武学。　八月甲辰，颁方田均税法。　六年三月庚戌，置经局，命王安石提举。　己未，置诸路学官。　丁卯，诏进士、诸科，并试明法注官。　四月乙亥，置律学。　戊戌，裁定在京吏禄。　八月戊戌，复比闾族党之法。　九月壬寅，置两浙和籴仓，立敛散法。　戊申，诏兴水利。　七年三月己未，行方田法。　四月丙戌，王安石罢知江宁府。以韩绛同中书门下平章事，监修国史。翰林学士吕惠卿参知政事。　十月庚辰，置三司会计司，以韩绛提举。　八年二月癸酉，以王安石同中书门下平章事。　六月己酉，颁王安石《诗》、《书》、《周礼义》于学官。　辛亥，以王安石为尚书左仆射兼门下侍郎。　十月壬寅，罢手实法。　九年十月丙午，王安石罢知江宁府。　十年六月癸巳，王安石以使相为集禧观使。九月癸酉，立义仓。　元丰元年正月乙卯，以王安石为尚书左仆射、舒国公、集禧观使。　二年五月戊子，御史中丞蔡確参知政事。　三年二月丙午，以翰林学士章椿参知政事。　六月丙午，诏中书详定官制。　九月乙亥，正官名。

乙酉，以王安石为特进，改封荆国公。　五年四月癸酉，官制成。以王珪为尚书左仆射兼门下侍郎，蔡确为尚书右仆射兼中书侍郎。　甲戌，以太中大夫章惇为门下侍郎。　五月辛巳朔，行官制。

则安石初执政时，改革最锐。至再执政，仅颁行《三经新义》及罢手实法而已。元丰初政，惟改官制，余多循熙宁之法行之。则以反对者之烈，未能举旧制一一研索，扫地而更张也。

神宗崩，高太后听政。元祐诸贤，力反王、吕、章、蔡所为。

《宋史纪事本末·元祐更化篇》：元丰八年五月，诏起司马光知陈州。光过阙入见，留为门下侍郎。　七月，罢保甲法。　十一月丙戌，罢方田。　十二月壬戌，罢市易法。　罢保马法。　元祐元年三月，司马光请悉罢免役钱，复差役法。诸色役人，皆如旧制。　光居政府，凡王安石、吕惠卿所建新法，刬革略尽。　八月辛卯，诏复常平旧法，罢青苗钱。

其势似颇专于守旧。然其于学校贡举，亦思多立新制以祛旧弊。

《宋史纪事本末·学校科举之制篇》：元祐元年四月辛亥，司马光请立经明行修科。　五月戊辰，命程颐等修定学制。　颐以为学校礼义相先之地，而月使之争，殊非教养之道。请改试为课，有所未至，则学官召而教之，更不考定高下。置尊贤堂，以延天下道德之士，镌解额以去利诱。及置待宾吏师斋，立观光法，如是者亦数十条。　七月癸酉，立十科举士法。一曰行义纯固，可为师表；二曰节操方正，可备献纳；三曰智勇过人，可备将帅；四曰公正聪明，可备监司；五曰经术精通，可备讲读；六曰学问该博，可备顾问；七曰文章典丽，可备著述；八曰善听狱讼，尽公得实；九曰善治财赋，公私俱便；十曰练习法令，能断请谳。

使温公等执政稍久，未必不别有所建设。惟其建设之法，必有鉴于王、吕等，不期急进，而务得民心。且即王、吕之所创置，亦未尝不可采用。如差役之法，苏轼、范纯仁等皆以为不如免役。足证守旧者未必不知新法之孰长孰短。即温公一概抹杀，而苏、范且抗颜力争矣。

宋之新党近于管、商，旧党近于黄、老。其根本观念不同，故政策亦各有所蔽。第以司马温公与王荆公辩论之书观之，即可知其政策之原本：

> 《司马光与王介甫书》："窃见介甫独负天下大名三十余年，才高而学富，难进而易退。远近之士，识与不识，咸谓介甫不起则已，起则太平可立致，生民咸被其泽矣。天子用此起介甫于不可起之中，引参大政，岂非欲望众人之所望于介甫邪？今介甫从政始期年，而士大夫在朝廷及自四方来者，莫不非议介甫如出一口。下至闾阎细民、小吏、走卒，亦切切怨叹，人人归咎于介甫，不知介甫亦尝闻其言而知其故乎？""今天下之人，恶介甫之甚者，诋毁无所不至，光独知其不然。介甫固大贤，其失在于用心太过、自信太厚而已。何以言之？自古圣贤所以治国者，不过使百官各称其职，委任而责成功也。其所以养民者，不过轻租税、薄赋敛、已逋责也。介甫以为此皆腐儒之常谈，不足为，思得古人所未尝为者而为之。于是财利不以委三司而自治之，更立制置三司条例司，聚文章之士及晓财利之人，使之讲利。""又置提举句当常平广惠仓使者四十余人，使行新法于四方。先散青苗钱，次欲使比户出助役钱，次又欲更搜求农田水利而行之。""所遣者虽皆选择才俊，然其中亦有轻佻狂躁之人，陵轹州县、骚扰百姓者。于是士大夫不服，农商丧业，故谤议沸腾，怨嗟盈路。迹其本原，或以此也。""夫侵官者，乱政也，介甫更以为治术而先施之；贷息钱，鄙事也，介甫更以为王政而力行之；繇役自古皆从民出，介甫更欲敛民钱雇市佣而使之。此三者，常人皆知其不可，而介甫独以为可。非介甫之智不及常人也，直欲求非常之功，而忽常人之所知耳。""介甫素刚直，每议事于人主前，如与朋友争辨于私室，不少降辞气，视斧钺鼎镬无如也。及宾客僚属谒见论事，则唯希意迎合、曲从如流者，亲而礼

之；或所见小异、微言新令之不便者，介甫辄艴然加怒，或诟骂以辱之，或言于上而逐之，不待其辞之毕也。明主宽容如此，而介甫拒谏乃尔，无乃不足于恕乎！”“光昔从介甫游，于诸书无不观，而特好《孟子》与《老子》之言，今得君得位而行其道，是宜先其所美，必不先其所不美也。《孟子》曰：‘仁义而已矣，何必曰利?’又曰：‘为民父母，使民盻盻然，将终岁勤动，不得以养其父母，又称贷而益之，恶在其为民父母也。’今介甫为政，首制置条例，大讲财利之事；又命薛向行均输法于江淮，欲尽夺商贾之利；又分遣使者散青苗钱于天下而收其息，使人人愁痛，父子不相见，兄弟妻子离散。此岂孟子之志乎?《老子》曰：‘天下神器不可为也。为者败之，执者失之。’又曰：‘我无为而民自化，我好静而民自正，我无事而民自富，我无欲而民自朴。’又曰：‘治大国若烹小鲜。’今介甫为政，尽变更祖宗旧法，先者后之，上者下之，右者左之，成者毁之，弃者取之，矻矻焉穷日力，继之以夜而不得息。使上自朝廷，下及田野，内起京师，外周四海，士吏兵农工商僧道无一人得袭故而守常者，纷纷扰乱，莫安其居者，岂老氏之志乎？何介甫总角读书，白头秉政，乃尽弃其所学，而从今世浅丈夫之谋乎!”“观介甫之意，必欲力战天下之人，与之一决胜负，不复顾义理之是非、生民之忧乐、国家之安危，光窃为介甫不取也。”“光今所言，正逆介甫之意，明知其不合也。然光与介甫趣向虽殊，大归则同，介甫方欲得位以行我道，泽天下之民；光方欲辞位以行其志，救天下之民者：所谓和而不同者也。故敢一陈其志，以自达于介甫，以终益友之义。其舍之取之，则在介甫矣。”

《王安石答司马谏议书》：“某启：昨日蒙教，窃以为与君实游处相好之日久，而议事每不合，所操之术多异故也。虽欲强聒，终必不蒙见察，故略上报，不复一一自辨。重念蒙君实视遇厚，于反复不宜卤莽，故今具道所以，冀君实或见恕也。盖儒者所争，尤在于名实。名实已明者，天下之理得矣。今君实所以见教者，以为侵官、生事、征利、拒谏，以致天下怨谤也。某则以谓受命于人主，议法度而修之于朝廷，以授之于有司，不为侵官；举先王之政，以兴利除弊，不为生事；为天下理财，不为征利；辟邪说，难壬人，不为拒谏。至于怨诽之多，则固前知其如此也。人习于苟且非一日，士大夫多以不恤国事，同俗自媚于众为善。上乃欲变此，而某不量敌之众寡，欲出力助上以抗之，则众何为而不汹汹然！盘庚之迁，胥怨者民也，非特朝廷士大夫而已。盘庚不为怨者故改其度，度义而后动，是而不见可悔故也。如君实责我以在位久，未能助上大有为，以膏泽斯民，则某知罪矣。如曰今日当一切不事事，守前所为而已，则非某之所敢知。无由会晤，不任区区向往之至。”

惟旧者偏徇俗见，新者间杂意气，则皆不免为贤者之累。其后新党为众论所排，不得不用政见相同之人，而小人乃乘而为利。旧党当元祐中虽暂得势，寻复分裂，而有洛、蜀、朔党之别。而两方始不以政策为重，而以党派为争矣。

《宋史纪事本末》：“元祐二年，吕公著独当国，群贤咸在朝，不能不以类相从，遂有洛党、蜀党、朔党之语。洛党以程颐为首，而朱光庭、贾易为辅。蜀党以苏轼为首，而吕陶为辅。朔党以刘挚、梁焘、王岩叟、刘安世为首，而辅之者尤众。”

熙、丰、元祐之分党，最为纯洁。其于异党之人，虽亦排斥，然未尝明著党籍，诬加罪状也。其后绍述调停反覆不已，而蔡京当国，遂至仇异党而刻石示众。

《宋史纪事本末·蔡京擅国篇》：“（崇宁元年）秋七月戊子，以蔡京为尚书右仆射兼中书侍郎。……九月己亥，立党人碑于端礼门，籍元符末上书人，分邪、正等黜陟之。时元祐、元符末群贤贬窜死徙者略尽，蔡京犹未惬意，乃与其客强浚明、叶梦得籍宰执司马光、文彦博、吕公著、吕公亮、吕大防、刘挚、范纯仁、韩忠彦、王珪、梁焘、王岩叟、王存、郑雍、傅尧俞、赵瞻、韩维、孙固、范百禄、胡宗愈、李清臣、苏辙、刘奉世、范纯礼、安焘、陆佃，曾任侍制以上官苏轼、范祖禹、王钦臣、姚勔、顾临、赵君锡、马默、王汾、孔文仲、孔武仲、朱光庭、孙觉、吴安持、钱勰、李之纯、赵彦若、赵离、孙升、李周、刘安世、韩川、吕希纯、曾肇、王觌、范纯粹、杨畏、吕陶、王古、陈次升、丰稷、谢文瓘、鲜于侁、贾易、邹浩、张舜民，馀官程颐、谢良佐、吕希哲、吕希绩、晁补之、黄庭坚、毕仲游、常安民、孔平仲、司马康、吴安诗、张耒、欧阳棐、陈瓘、郑侠、秦观、徐常、汤馘、杜纯、宋保国、刘唐老、黄隐、王巩、张保源、汪衍、余爽、常立、唐义问、余卞、李格非、商倚、张廷坚、李祉、陈佑、任伯雨、朱光裔、陈郛、苏嘉、龚夬、欧阳中立、吴俦、吕仲甫、刘当时、马琮、陈彦、刘昱、鲁君贶、韩跋，内臣张士良、曾焘、赵约、谭扆、王偁、陈询、张琳、裴彦臣，武臣王献可、张巽、李备、胡田，凡百二十人，等其罪状，谓之奸党，请御书刻石于端礼门。京等复请下诏，籍元符末日食求言章疏及熙宁、绍圣之政者，付中书，定为正上、正中、正下三等，邪上、邪中、邪下三等。于是钟世美以下四十一人为正等，悉加旌擢；范柔中以下五百余人为邪等，降责有差。”《金石萃编·元祐党籍碑》（王昶）：“碑有二本。一是装本，正书隶额，有饶跋，在静江府。一碑高六尺，广三尺一寸五分，行字多寡不等，正书。额题‘元祐党籍碑’五字，亦正书，有沈跋，在融县。……《元祐党籍碑》，徽宗朝原有两本。崇宁元年九月己亥，御书刻石于端礼门者，初本也。三年六月戊午，重定一籍，通三百九人，御书刊石置文德殿门东壁，又诏蔡京书之，颁之州县，令皆刻石者，再刻本也。五年正月，以星变除毁朝堂石刻，如外处有石刻亦令除毁，而原刻无有存者。今世所传，乃南宋人所翻三百九人之本。……玩碑文先立于宫学，次及太学辟雍，又次及天下郡邑，则宫学在太学之上矣。此碑今存者，山左较多，河南次之。"

此则政党史之污点也。蔡京与王安石有连，然当王、吕时，未尝得志。元祐初，且以复差役为司马光所赏。

《宋史纪事本末·元祐更化篇》："初，差役之复，为期五日。同列病其太迫，知开封府蔡京独如约，悉改畿县雇役，无一违者。诣政事堂白光。光喜曰：使人人奉法如君，何不可行之有！"

则徽宗时之斥逐奸党，直元祐叛党所为，而无与于熙、丰之党也。

熙、丰、元祐之政党，败坏于蔡京。经宣和、靖康之变，而新党无所容喙。观崔鶠之疏，可知当日群议之归向。

《宋史纪事本末·群奸之窜篇》："宣和七年十二月，右正言崔鶠上疏曰：'数十年来，王公卿相皆自蔡京出，要使一门生死则一门生用，一故吏逐则一故吏来，更持政柄，无一人害己者。……王安石除异己之人，著《三经》之说以取士，天下靡然雷同，陵夷至于大乱。……京又以学校之法驭士人，如军法之驭卒伍，一有异论，累及学官。若苏轼、黄庭坚之文章，范缜、沈括之杂说，悉以严刑重赏，禁其收藏，其苛锢多士，亦已密矣。……仁宗、英宗选敦朴敢言之士，以遗子孙。安石目为流俗，一切逐去，司马光复起而用之，元祐之治，天下安于泰山。及章惇、蔡京倡为绍述之论以欺人主，绍述一道德而天下一于谄佞，绍述同风俗而天下同于欺罔，绍述理财而公私竭，绍述造士而人才衰，绍述开边而塞尘犯阙矣。……京奸邪之计大类王莽，而朋党之众则又过之。愿斩之以谢天下。'累章极论，时议归重焉。"

建炎仓猝之际，首诏停散青苗钱，及还元祐党籍及上书人恩数。

《宋史·高宗本纪》："建炎元年五月庚寅朔，帝即位，改元建炎。”“罢天下神霄宫，住散青苗钱。”“六月辛未，还元祐党籍及上书人恩数。”

而洛、蜀诸人之学术，复重于世，荆公之新说衰矣。然朱熹所订《社仓事目》，实本熙宁青苗之法。

《史传今义》（梁启超）：“后此有阴窃青苗法之实而阳避其名者，则朱子之《社仓》是也。其法取息十二，夏放而冬收之，此与青苗何异？朱子行之于崇安而效，而欲以施之天下，亦犹荆公行之于鄞而效，而欲以施之天下也。朱子平日痛诋荆公，谓其汲汲财利，使天下嚣然丧其乐生之心。及倡《社仓》议，有诘之者，则奋然曰：介甫独散青苗一事是耳。”①

是洛党学者，亦未尝不用新法之善者也。

宋代党论，历时最久。元祐党案甫衰，庆元党案复起。（《宋元学案》有《元祐党案》、《庆元党案》两表。）然伪学之禁，虽亦由执政者之分党相攻，而韩侂胄、京镗等初无政策可言，赵、留、朱、蔡等亦未尝标榜政策，反对异党。其事止类于后汉之党锢，与北宋之党争不同也。自是而后，惟学有党，而政无党。明之东林党议虽亦以政权相倾轧，历时至五十年。

《明史纪事本末·东林党议篇》：“顾宪成既谪归，讲学于东林，故杨时书院也。孙丕扬、邹元标、赵南星之流，謇谔自负，与政府每相持。其附阁臣沈一贯者，科道亦有人，而宪成讲学，天下趋之。一贯持权求胜，受黜者身去而名益高，此东林浙党所自始也。其后更相倾轧，垂五十年。”

然反对东林者，亦复不足齿数。上下数千年，惟北宋卓然有政党，岂不异哉！

---

① 俱见《朱子语类》。《社仓事目》见《朱子集》卷十五。

第二十章　辽夏金之文化

自后梁开平元年，辽太祖安巴坚称帝，而契丹立国于吾国之东北，传九世，二百一十九年。宋仁宗宝元元年①，夏景宗曩霄称帝，而西夏立国于吾国之西北，传十世，百九十年。宋徽宗政和五年②，金太祖阿古达称帝，而女真遂灭辽而与宋平分中夏，传九世，百二十年。宋宁宗开禧二年③，蒙古太祖铁木真称成吉思汗，而其后遂灭夏、金，入主中国，国号曰元，传十四世，一百六十二年。故自五代迄元末，为汉族式微，西北诸族崛兴之时④，其祸且甚于晋、隋之际。观于宋人之衰弱，几疑中国之文化实足为国家种族之害，反不若野蛮人种之尚武，可以凌驾文明国人之上。然试考诸国之历史，则其事殊不尽然。凡异族之以武力兴者，率多同化于汉人之文教，即其文字有特创者，亦多出于华文，此则文化不以种族而分之证也。蒙古之事，具于后篇。兹先述辽、夏及金之梗概。

契丹虽兴于元魏之时，而进化甚迟，至唐季始有城邑。

> 《辽史·太祖本纪赞》："懿祖生匀德实，始教民稼穑，善畜牧，国以殷富，是为玄祖。玄祖生撒剌的，仁民爱物，始置铁冶，教民鼓铸，是为德祖，即太祖之父也。世为契丹遥辇氏之夷离堇，执其政柄。德祖之弟述澜，北征于厥、室韦，南略易、定、奚、霫，始兴板筑，置城邑，教民种桑麻，习织组，已有广土众民之志。而太祖受可汗之禅，遂建国。"

---

① 辽兴宗重熙七年。

② 辽天祚帝天庆五年。

③ 金章宗泰和六年，夏襄宗应天元年。

④ 凡四百六十一年。

太祖之立，实本汉人之教。

《新五代史・四夷附录》："契丹部族之大者曰大贺氏，后分为八部。……部之长号大人，而常推一大人建旗鼓，以统八部。至其岁久，或其国有灾疾而畜牧衰，则八部聚议，以旗鼓立其次而代之。""某部大人遥辇次立时，八部之人，以为遥辇不任事，选于其众，以阿保机代之。""是时刘守光暴虐，幽、涿之人多亡入契丹。阿保机乘间入塞，攻陷城邑，俘其人民，依唐州县置城以居之。汉人教阿保机曰：'中国之王，无代立者。'由是阿保机益以威制诸部，而不肯代。其立九年，诸部以其久不代，共责诮之。阿保机不得已，传其旗鼓而谓诸部曰：吾立九年，所得汉人多矣，吾欲自为一部，以治汉城，可乎？""汉城在炭山东南滦河上，有盐铁之利，其地可植五谷。阿保机率汉人耕种，为治城郭邑屋廛市如幽州制度，汉人安之，不复思归。"

用兵四方，恒用汉字刻石纪功，

《辽史・太祖纪》："三年夏四月乙卯，诏左仆射韩知古，建碑龙化州大广寺，以纪功德。""五年三月，次滦州，刻石纪功。""神册元年八月，拔朔州，擒节度使李嗣本，勒石纪功于奇家南。"①

且自矜其能汉语。

《新五代史・四夷附录》：阿保机谓姚坤曰："吾能汉语，然绝口不道于部人，惧其效汉而怯弱也。"

则其机智绝伦，所以能弹压诸部者，自有吾国文教之关系矣。据《辽史》本纪，当时三教并崇，

《辽史・太祖纪》："神册三年五月乙亥，诏建孔子庙、佛寺、道观。"

---

① 按此时契丹字尚未创制，所云刻石记功，当系用汉字。

然以《义宗传》证之，则太祖实独尊孔教。

《辽史·义宗列传》："太祖常问侍臣曰：'受命之君，当事天敬神。有大功德者，朕欲祀之，何先？'皆以佛对。太祖曰：'佛非中国教。'倍曰：'孔子大圣，万世所尊，宜先。'太祖大悦。即建孔子庙，命倍春秋释奠。"

义宗既好汉籍，

《新五代史·四夷附录》："突欲好饮酒，工画，颇知书。其自契丹归中国，载书数千卷。枢密使赵延寿每假其异书、医经，皆中国所无者。"

其立国东丹，一用汉法。

《辽史·义宗传》："太祖改渤海国曰东丹，名其城曰天福，以倍为人皇王主之。仍赐天子冠服，建元甘露，称制，置左右大次四相及百官，一用汉法。""太宗既立，见疑，以东平为南京，徙倍居之。倍既归国，起书楼于西宫。"

自后辽室诸帝，皆通汉学，

《辽史·圣宗纪》："帝幼喜书翰，十岁能诗。既长，精射法，晓音律，好绘画。"《兴宗纪》："善骑射，好儒术，通音律。"《道宗纪》："咸雍九年十月丁丑，诏有司颁行《史记》、《汉书》。""大安二年正月癸丑，召权翰林学士赵孝严、知制诰王师儒等，讲《五经》大义。""四年四月癸卯，召枢密直学士耶律俨讲《尚书·洪范》。五月辛亥，命燕国王延禧写《五子之歌》。"

不独太宗置宫立制，皆依中国也。

《新五代史·四夷附录》："契丹以幽州为燕京，改天显十一年为会同元年，更其国号大辽。置百官，皆依中国，参用中国之人。"

五代之时，中国多有契丹人，

《新五代史·四夷附录》:“德光遣秃馁、萴剌等,以五千骑救王都。又遣惕隐赫邈,益秃馁以骑七千。”“明宗斩秃馁等六百余人,而赦赫邈,选其壮健者五千余人,为契丹直。”“长兴元年,突欲自扶余泛海奔于唐。明宗因赐其姓为东丹,而更其名曰慕华。”“其部曲五人,皆赐姓名。罕只曰罕友通,穆葛曰穆顺义,撒罗曰罗宾德,易密曰易师仁,盖礼曰盖来宾,以为归化、归德将军郎将。又赐前所获赫邈姓名曰狄怀惠,揑列曰列知思,萴剌曰原知感,福郎曰服怀造,竭失讫曰讫怀宥。其余为契丹直者,皆赐姓名。”

而契丹尤喜用中国人。

《新五代史·四夷附录》:“当阿保机时,有韩延徽者,幽州人也,为刘守光参军,守光遣延徽聘于契丹,阿保机奇之,遂用以为谋主。阿保机攻党项、室韦,服诸小国,皆延徽谋也。”“阿保机僭号,以延徽为相,号政事令,契丹谓之崇文令公。”“张砺,明宗时翰林学士。德光重其文学,仍以为翰林学士。砺常思归,逃至境上,为追者所得。德光责之,砺曰:‘臣本汉人,衣服饮食言语不同,今思归而不得,生不如死。’德光顾其通事高唐英曰:‘吾戒尔辈善待此人,致其逃去,过在尔也。’因笞唐英一百,而待砺如故。”

太宗之入晋,尤乐晋之仪制。

《新五代史·四夷附录》:“德光胡服视朝于广政殿。”“被中国冠服,百官常参起居,如晋仪。”“德光服靴袍御崇元殿,百官入阁,德光大悦。顾其左右曰:汉家仪物,其盛如此,我得于此殿坐,岂非真天子耶!”

故辽之制度,有国制、汉制之别。

《辽史·百官志》:“太祖神册六年,诏正班爵。至于太宗,兼制中国。官分南北，以国制治契丹，以汉制待汉人。国制简朴，汉制则沿名之风固存也。”

用以招徕中国之人，

《辽史·百官志》：“辽有北面朝官矣。既得燕代十有六州，乃用唐制，复设南面三省、六部、台、院、寺、监、诸卫、东宫之官，诚有志帝王之盛制，亦以招徕中国之人也。”

甚至以汉人、汉儿名其职务。

《辽史·百官志》：“汉人枢密院，本兵部之职。”“太祖初有汉儿司，韩知古总知汉儿司事。太宗入汴，因晋置枢密院，掌汉人兵马之政。”“汉儿行宫都部署院，亦曰南面行宫都部署司。圣宗开泰九年，改左仆射。某宫汉人行宫都部署，某宫同知汉人都部署。”

其南面军官大抵用宋人。

《辽史·百官志》：“南面军官。”“《传》曰：‘虽楚有材，晋实用之。’辽自太祖以来，攻掠五代、宋境，得其人则就用之。东北二鄙，以农以工，有事则从军政，计之善者也。”

盖纯用契丹之人、契丹之法，决不足以为国也。《辽史》诸志，备详汉制。

《辽史·礼志》：“太宗克晋，稍用汉礼。今国史院有金陈大任《辽礼仪志》，皆其国俗之故，又有《辽朝杂礼》，汉仪为多。”《乐志》：“辽有国乐，犹先王之风；其诸国乐，犹诸侯之风，故志其略。”“自汉以后，相承雅乐，有古《颂》焉，有古《大雅》焉。辽阙郊庙礼，无颂乐。大同元年，太宗自汴将还，得晋太常乐谱、宫悬、乐架，委所司先赴中京。”“自汉以来，因秦、楚之声置乐府。至隋得西域七声，由是雅俗之乐皆用之。晋高祖使冯道、刘煦册应天太后、太宗皇帝，其声器、工官与法驾，同归于辽。”“今之散乐，俳优、歌舞杂进，往往汉乐府之遗声。晋天福三年，遣刘煦以伶官来归，辽有散乐，盖由此矣。”《仪卫志》：“辽国自太宗入晋之后，皇帝与南班汉官用汉服；太后与北班契丹臣僚用国服。其汉服，即五代晋之遗制也。”“太宗皇帝会同元年，晋使冯道、刘煦等备车辂法物，上皇帝、皇太后尊号册礼。自此天子车服，昉见于辽。太平中行汉册礼，乘黄令陈车辂，尚辇奉御陈舆辇。盛唐辇辂尽在辽廷矣。”

至谓辽之所重，以汉仗为大端。

《辽史·仪卫志》：“金吾、黄麾六军之仗，辽受之晋，晋受之后唐，后唐受之梁、唐，其来也有自。”“大贺失活入朝于唐，娑固兄弟继之，尚主封王，饫观上国。开元东封，邵固扈从，又览太平之盛。自是朝贡岁至于唐。辽始祖涅里立遥辇氏，世为国相，目见耳闻，歆企帝王之容辉有年矣。遥辇致鼓纛于太祖帐前，曾何足以副其雄心霸气之所睥睨哉。厥后交梁聘唐，不惮劳勚。至于太宗，立晋以要册礼，入汴而收法物，然后累世之所愿欲者，一举而得之。太原擅命，力非不敌，席卷法物，先致中京，蹤弃山河，不少顾虑，志可知矣。于是秦汉以来帝王文物，尽入于辽。周、宋按图更制，乃非故物。辽之所重，此其大端，故特著焉。”

中原文物，为榛狉陋族所歆羡如此，非惟可以觇辽国之风化，抑亦可以见元代修《辽史》者之心理焉。

契丹太祖时，尝制契丹大字，

《辽史·太祖纪》：“神册五年正月乙丑，始制契丹大字。”“九月壬寅，大字成，诏颁行之。”

突吕不实赞其事，

《辽史》列传第五：“突吕不，字铎衮，幼聪敏嗜学。事太祖，见器重。及制契丹大字，突吕不赞成为多。”

字体亦本汉文，

《书史会要》（陶宗仪）：“辽太祖用汉人，以隶书之半增损之，制契丹字数千，以代刻木之约。”

字数虽不多，然已敷翻译汉籍之用。且自成其为辽文。

《辽史·义宗传》：“工辽、汉文章，尝译《阴符经》。”又《萧韩家奴传》：“欲帝知古今成败，译《通历》、《贞观政要》、《五代史》。”

是契丹亦能食中国之文化而自成其文化矣。第辽族以文学著者，多以工汉文得名。

《廿二史劄记》（赵翼）：“辽太祖起朔漠，而长子人皇王倍已工诗善画……藏书于医巫闾山绝顶。……其浮海适唐也，刻诗海上，曰：‘小山压大山，大山全无力。羞见故乡人，从此投外国。’情调悽惋，言短意长，已深有合于风人之旨矣。平王隆先，亦博学能诗，有《阆苑集》行世。其他宗室内亦多以文学著称，如耶律国留，善属文。坐罪在狱，赋《寤寐歌》，世竞称之。其弟资忠，亦能诗。使高丽被留，有所著，号《西亭集》。耶律庶成，善辽、汉文，尤工诗。耶律富鲁，为牌印郎君，应诏赋诗，立成以进。其父庶箴，尝寄《戒谕诗》，富鲁答以赋，时称典雅。耶律韩留，工诗。重熙中，诏进《述怀诗》，帝嘉叹。耶律辰嘉努，遇太后生辰进诗，太后嘉奖。耶律良，重熙中，从猎秋山，进《秋猎赋》。清宁中，上幸鸭子河，良作《捕鱼赋》。尝请编御制诗文曰《清宁集》，上亦命良诗为《庆会集》，亲制序赐之。耶律孟简，六岁能赋《晓天星月诗》，后以太子浚无辜被害，以诗伤之，无意仕进，作《放怀诗》二十首。耶律古裕，工文章，兴宗命为诗友。此皆宗室之能文者。按道宗长子浚，幼而能言，好学知书。铎卢斡，好学，喜属文，尝作《古诗》三章见志。当时名士，称其高情雅韵，不减古人。萧韩家奴，博览经史，通辽、汉文字。耶律昭，博学善属文。萧文，笃志力学，喜愠不形。皆辽人之以文学著者。若耶律俨，好学，有诗名，则汉人之入辽赐国姓者也。”

其以工辽文著者，仅义宗及萧韩家奴、耶律庶成三数人耳。《辽史》无艺文志，清卢文弨《补辽金元三史艺文志》，载辽人著作，寥寥无几。《补辽金元艺文志》所载辽人著作，仅僧行均《龙龛手镜》四卷；耶律俨《皇朝实录》七十卷；萧韩家奴、耶律庶成同撰《遥辇可汗至重熙以来事迹》二十卷；王鼎《焚椒录》一卷；耶律庶成、萧韩家奴《礼书》、《辽朝杂礼》，无卷数；无名氏《七贤传》；王白《百中歌》，亦无卷数；耶律纯《星命秘诀》五卷。[①]

叶氏《语石》，统计辽碑不过数十通，且谓其绝无佳迹：

《语石》（叶昌炽）：“辽碑文字，皆出自释子及村学究，绝无佳迹。”“余著录辽幢五十余通，中多唐、梵两体。惟刘李河白氏两幢，结构尚可观。”“此外行列整齐者，如今刻书之宋体字；潦草者，如市中计簿。满幅题名，皆某儿某郎妇之类，北伧乔野之风，于此可见。”

则契丹所得于中国之文化之成绩，亦至鲜矣。惟涿州刻经，远续隋、唐之绪。

《金石萃编》（王昶）：“涿州白带山云居寺东峰，续镌成四大部经记。幽州沙门释静琬，精有学识，于隋大业中，发心造石经一藏，以备法灭。遂于幽州西南白带山上，凿为石室。以石勒经，藏诸室内，满即用石塞户，以铁锢之。其后虽成其志，未满其愿。以唐贞观十三年奄化归真，门人导公继焉，导公殁，有仪公继焉，仪公殁，有暹公继焉，暹公殁，有法公继焉。自琬至法，凡五代焉，

① 按兴宗《清宁集》、耶律良《庆会集》均未著录。

不绝其志。”“圣宗皇帝委故瑜伽大师法讳可元提点镌修，勘讹刊谬，补缺续新。兴宗皇帝重熙七年，出御府钱委官吏贮之，岁析轻利，俾供书经镌碑之价。自太平七年至清宁三年，中间续镌造到《大般若经》八十卷，计碑二百四十条，以全其部也。又镌写到《大宝积经》一部，合一百二十卷，计碑三百六十条，以成四大部数也。都总合经碑二千七百三十条。”

虽非创造，亦不可谓非文字之巨工也。

西夏出于拓跋氏，世为唐、宋官，故亦通汉文。元昊之兴，尤以兼通内外典籍，始能创制物始。

《宋史·西夏传》：“曩霄本名元昊……性雄毅，多大略，善绘画，能创制物始……晓浮屠学，通蕃、汉文字。”“案上置法律，常携《野战歌》、《太乙金鉴诀》。”

设官置吏，亦多本于唐、宋。

《宋史·西夏传》：“其官分文武班。曰中书，曰枢密，曰三司，曰御史台，曰开封府，曰翊卫司，曰官计司，曰受纳司，曰农田司，曰群牧司，曰飞龙院，曰磨勘司，曰文思院，曰蕃学，曰汉学。自中书令宰相、枢使、大夫、侍中、太尉已下，皆分命蕃、汉人为之。”

谅祚继世，慕向中国，易服求书，益重文治。

《宋史·西夏传》：“谅祚，景宗长子也。”“嘉祐六年，上书自言慕中国衣冠，明年当以此迎使者，诏许之。”“表求太宗御制诗章隶书石本，且进马五十匹，求《九经》、《唐史》、《册府元龟》及宋正至朝贺仪。诏赐《九经》，还所献马。”

乾顺以降，兴学养贤，崇祀孔子，奕世不衰。

《宋史·西夏传》：“建中靖国元年，乾顺始建国学，设弟子员三百，立养贤务，以廪食之。”“绍兴十三年，夏改元人庆，始建学校于国中，立小学于禁中，亲为训导。”“十五年八月，夏重大汉太学，亲释奠，弟子员赐予有差。十六年，尊孔子为文宣帝。十七年，改元天盛，策举人始立唱名法。十八年，复建内学，选名儒主之，增修律成，赐名鼎新。”

盖夏虽以武力背宋，其于文化，未尝背宋也。即其创制之文字，形式虽殊，仍不出汉字系统。

《宋史・西夏传》：“元昊自制蕃书，命野利仁荣演绎之，成十二卷。字形体方整类八分，而画颇重复。教国人纪事用蕃书，而译《孝经》、《尔雅》、《四言杂字》为蕃语。”

以今世所传西夏书考之，其字之分行、楷、篆各体，亦犹汉字之有行、隶、篆诸种也。

《西夏国书略说》（罗福苌）：“西夏国有楷书，有行书，有篆书。”“《宋史》蕃书字体方整，类八分，而画颇重复，此谓楷书也。今传世石刻及《掌中珠佛经》等，皆是。”“西夏之有行书，前籍所未载。日本西本愿寺所得西夏人书残经数纸，书迹至草率，与石刻及他写经不同。以汉字之名定之，则为行书，无可疑也。”“《宋史》但言元昊制蕃书，方整类八分，不言有篆书。《金史・西夏传》与《宋史》同，而云又若符篆，《隆平集》亦称元昊自为番书十二卷，文类符篆，均似谓西夏蕃字，既若隶书，又若符篆者。惟《辽史・西夏传》，则言之颇明析，曰李继迁子德明①，制番书十二卷。又制字如符篆，盖如隶书者谓楷书，如符篆者谓篆书也。今其传世篆书，有《感通塔记碑》额，盖就其楷书略变为婉曲，可以其楷书推知。惟又有传世西夏铜印，其文则填委屈迭，与其楷书甚远，与

① 此元昊之误。

《感通塔记》之额亦迥殊。是西夏篆书，亦有二种，殆犹篆书中有模印诸体之别欤?”

契丹文字，传世者少，西夏亦然。然近人因东西学者之考订，乃知西夏遗文传世者尚十余种，

《西夏国书略说》(罗福苌):“西夏文字传世者，曩但有金石刻而已。近十余年，欧人始于我西陲，得各种经文等，兹就所知者录之:(一)《重修护国寺感应塔碑》，(二)《黑水河建桥祭神敕》，(三)《莫高窟造像记》，(四)《居庸关六体刻经》，(五)西夏官印，(六)西夏国书铜牌，(七)西夏国书钱，(八)陁罗尼镜，(九)《添品妙法莲华经》，(十)残佛经，(十一)《掌中珠字书》。”

且于蕃汉对译之法，亦有所得。以尘霾七百年之文字，乃复为中外学者所重，亦非野利仁荣等所及料矣。

《西夏国书略说》:“西历一千九百十年，俄大佐柯智洛夫氏(Kozlov)于张掖掘得西夏国书刻本经册十数箱。中有汉语及夏国语对译字书一册，约五十叶，名《掌中珠》。夏国书傍皆注汉字音，汉语傍亦注西夏字音，每字均两对译语，及两国字音，四言骈列，殆即《宋史·夏国传》所谓《四言杂字》者欤?又其所得西夏画像不少。像之下方，多有铭赞，均以其国书书之。并藏于俄都大学附属人种博物馆。”

金之先，出于靺鞨。当唐时，粟末靺鞨尝建渤海国，有文字、礼乐、官府制度。

《金史·世纪》:“金之先，出靺鞨氏。靺鞨本号勿吉。勿吉，古肃慎地也。元魏时，勿吉有七部:曰粟末部，曰伯咄部，曰安车骨部，曰拂涅部，曰号室部，曰黑水部，曰白山部。隋称靺鞨为七部，并同。唐初有黑水靺鞨、粟末靺鞨，其五部无闻。粟末靺鞨始

附高丽，姓大氏。李勣破高丽，粟末靺鞨保东牟山，后为渤海，称王，传十余世。有文字、礼乐、官府、制度。”

五代时，渤海亡，而黑水靺鞨之生女真代之而兴。观其初起之情状，若未受渤海文化之影响。然黑水、粟末实同一种，粟末先进，既能吸受中国之文教，则女真后起者，虽专以武力胜，故亦易于濡染华风矣。

石晋文物入于辽，辽亡而金受之。

《金史·太祖纪》：“太祖天辅五年十一月，命杲、昱、宗翰、宗斡、宗望等伐辽。诏曰：若克中京，所得礼乐、仪仗、图书、文籍，并先次津发赴阙。”

北宋文物萃于汴，汴破而金得之。故辽所得者，止于石晋及唐之遗；金所得者，兼有辽、宋南北两方之积。北宋文物，经八帝百八十余年之储蓄创造，迥非石晋可比。虽以女真之虓暴，未必能一一研索而得其用，然其所承受之丰，自必影响于民族。且契丹未尝南下，国都僻在东北，金则自燕而汴，都邑屡迁。兵力所及，远至江浙，其为宋患者滋深，即其受宋教者亦滋巨。《金史·文艺传》谓金之制作，非辽所及，宜矣。

《金史·文艺传》：“金初未有文字。世祖以来，渐立条教。太祖既兴，得辽旧人用之，使介往复，其言已文。太宗继统，乃行选举之法，及伐宋，取汴经籍图，宋士多归之。熙宗款谒先圣，北面如弟子礼。世宗、章宗之世，儒风丕变，庠序日盛，士繇科第位至宰辅者接踵。当时儒者，虽无专门名家之学，然而朝廷典策、邻国书命，粲然有可观者矣。金用武得国，无以异于辽；而一代制作，能自树立唐、宋之间，有非辽世所及，以文而不以武也。”

金自熙宗读书讲学，尊崇孔教，效法中国之帝王，已足为同化于汉之标准。

《金史·熙宗本纪》：“（天眷二年六月）己未，上从容谓侍臣曰：'朕每阅《贞观政要》，见其君臣议论，大可规法。'翰林学士韩昉对曰：'皆由太宗温颜访问，房、杜辈竭忠尽诚。其书虽简，足以为法。'上曰：'太宗固一代贤君，明皇何如?'昉曰：'唐自太宗以来，惟明皇、宪宗可数。明皇所谓有始而无终者，初以艰危得位，用姚崇、宋璟，惟正是行，故能成开元之治。末年怠于万机，委政李林甫，奸谀是用，以致天宝之乱。苟能慎终如始，则贞观之风，不难追矣。'上称善。又曰：'周成王何如主?'昉对曰：'古之贤君。'上曰：'成王虽贤，亦周公辅佐之力。后世疑周公杀其兄，以朕观之，为社稷大计，亦不当非也。'""（皇统元年二月）戊子，上亲祭孔子庙，北面再拜。退谓侍臣曰：'朕幼年游佚，不知志学，岁月逾迈，深以为悔。孔子虽无位，其道可尊，使万世景仰。大凡为善，不可不勉。'自是颇读《尚书》、《论语》及《五代》、《辽史》诸书，或以夜继焉。"

世宗嗜读史籍，尤尚儒风，

《金史·世宗本纪》："（大定二十年十月）壬寅，上谓宰臣曰：'近览《资治通鉴》，编次累代废兴，甚有鉴戒。司马光用心如此，古之良史无以加也。校书郎毛麾，朕屡问以事，善于应对，真该博老儒。可除太常职事，以备讨论。'""（二十六年十二月）丙寅，上谓侍臣曰：'……朕于圣经不能深解，至于史传，开卷辄有所益。每见善人不忘忠孝，检身廉洁，皆出天性。至于常人，多喜为非，有天下者苟无以惩之，何由致治。孔子为政七日而诛少正卯，圣人尚尔，况余人乎！'"

欲以《五经》译本，遍化女真种人，

《金史·世宗本纪》："二十三年九月……译经所进所译《易》、《书》、《论语》、《孟子》、《老子》、《杨子》、《文中子》、《刘子》及《新唐书》。上谓宰臣曰：'朕所以令译五经者，正欲女真人知仁义道德所在耳。'命颁行之。"

猛安谋克，皆须通知古今。

《金史·世宗本纪》："（二十六年三月）丁酉，以亲军完颜乞奴言：'制猛安谋克皆先读女真字经史，然后承袭。'因曰：'但令稍通古今，则不肯为非。尔一亲军粗人，乃能言此，审其有益，何惮而不从。'"

毡裘毳幕之俗，至是盖丕变矣。然世宗虽慕华夏文教，仍欲葆其种族旧风。谆谆训诫，屡见于史。

《金史·世宗本纪》："（十三年三月）乙卯，上谓宰臣曰：'会宁乃国家兴王之地，自海陵迁都永安，女真人浸忘旧风。朕时尝见女真风俗，迄今不忘。今之燕饮音乐，皆习汉风，盖以备礼也，非朕心所好。东宫不知女真风俗，第以朕故，犹尚存之。恐异时一变此风，非长久之计。甚欲一至会宁，使子孙得见旧俗，庶几习效之。'""（四月）乙亥，上御睿思殿，命歌者歌女真词，顾谓皇太子及诸王曰：'朕思先朝所行之事，未尝暂忘，故时听此词，亦欲汝辈知之。汝辈自幼惟习汉人风俗，不知女真纯实之风，至于文字语言，或不通晓，是忘本也。汝辈当体朕意，至于子孙，亦当遵朕教诫也。'""（五月）戊戌，禁女真人毋得译为汉姓。""（十六年正月）丙寅，上与亲王、宰执、从官从容论古今兴废事，曰：'经籍之兴，其来久矣。垂教后世，无不尽善。今之学者，既能诵之，必须行之。然知而不能行者多矣，苟不能行，诵之何益。女真旧风，最为纯直。虽不知书，然其祭天地、敬亲戚、尊耆老、接宾客、信朋友，礼意款曲，皆出自然，其善与古书所载无异。汝辈当习学之，旧风不可忘也。'""（二十五年十二月）丙子，上问宰臣曰：'闻原王见事甚明，予夺皆不失当。……又闻有女真人诉事，以女真语问之；汉人诉事，汉语问之。大抵习本朝语为善，不习，则淳风将弃。’”

种族之念未融，同化之效亦仅矣。按金时所谓汉人，实系辽地杂种，与宋之纯粹夏族者有别。

《廿二史劄记》（赵翼）：“金、元取中原后俱有汉人、南人之别，金则以先取辽地人为汉人，继取宋河南、山东人为南人，元则以先取金地人为汉人，继取南宋人为南人。《金史 · 完颜勖传》，女真无文字，及破辽，获契丹汉人，始通契丹汉字。此以辽地为汉人也。《贺扬庭传》，世宗谓扬庭曰：‘南人犷直敢为，汉人性奸，临事多避。异时南人不习诗赋，故中第者少，近年河南山东人中第者多，殆胜汉人。’此以河南、山东人为南人也。《元史 · 百官志序》，诸官职皆以蒙古人为之长，而汉人、南人贰焉。文宗诏各道廉访司官用蒙古二人，畏兀、河西、回回、汉人、南人各一人。是汉人、南人亦各分名目。《程钜夫传》，世祖命钜夫为御史中丞，台臣言钜夫南人，不宜用。帝曰：‘汝未用南人，何以知南人不可用？自今省部台院，必参用南人。’按钜夫由南宋人入附，故称南人。此以南宋人为南人也。”

世宗虑其族之染汉俗，盖以辽、宋杂种，多亡国败家之民，未足以胜女真，故宁保其旧风，无污恶习，而于中国圣贤之文化，仍力主导扬，正不可谓其无见。其后清代诸帝，恒引世宗之言以训其族，则其所指之汉人，为全中国之人，与金之所谓汉人，实不相同。是又读史者所不可不析也。

金之暴主曰海陵庶人亮，其荒淫无道极矣。然金之有国学，实始于海陵之时。

《金史 · 海陵本纪》：“天德三年正月甲午，初置国子监。”

世宗、章宗，迭加增益，文教之盛，实轶于辽。

《续文献通考》：“辽太祖时，上京置国子监，设祭酒、司业、监丞、主簿等官。太宗时，置南京太学。圣宗统和九年八月，以南京太学生员浸广，特赐水硙庄一区。道宗清宁六年六月，中京置国子监。"[①]"金海陵天德三年，始置国子监。后定制，词赋经义生百人，小学生百人，以宗室及外戚皇后大功以上亲、诸功臣及三品以上官兄弟子孙年十五以上者，入学；不及十五者，入小学。""世宗大定六年，置太学。初养士百六十人，后定五品以上官兄弟子孙百五十人，曾得府荐及终场人二百五十人，通四百人。""章宗明昌二年四月，增太学博士助教员。承安四年二月，诏建太学于京城之南，总为屋七十五区。西序置古今文籍、秘省新所赐书，东序置三代鼎彝、俎豆、敦槃、尊罍及春秋释奠合用祭器。""泰和元年九月，更定赡学养士法。生员给民佃官田人六十亩，岁支粟三十石；国子生人百八亩，岁给以所入。"

辽时州府虽亦有学校，其制不详。

《续通考》："辽道宗清宁二年十二月，诏设学养士，颁《五经》传疏，置博士、助教各一员。""时五京黄龙、兴中二府及诸州县皆有学，其设官并同。咸雍时，大公鼎为良乡令，省徭役，务农桑，建孔子庙学，部民服化。太康时，耶律孟简为高州观察使，修学校，招生徒，以循吏著。"

金则京府节镇，各处设学，定额数千。虽至衰世，不废廪给。

《续通考》："世宗大定十六年四月，诏京府设学养士。""凡十七处，共千人。""二十九年[②]，诏计州府户口，增养士之数。""时上封事者，乞兴学校。下尚书省集百官议，户部尚书邓俨等，谓唐太宗养士至八千人，亡宋两学五千人，今策论《词赋》经义三科取士，而太学所养，止百六十人，外京府或止十人，天下仅及千人。

---

① 所纪止此，可见简略。

② 时章宗已即位。

今若每州设学，专除教授，月加考试，每举所取数多者，赏其学官，月试定为三等籍之。一岁中，频在上等者，优复之；不率教、行恶者，黜之，庶几得人之道也。帝从其议，遂计州府户口，于旧制京府十七处千人之外，置节镇、防御刺史州学六十处，增养千人，各设教授一员，选五举终场或进士年五十以上者为之。府学二十有四，学生九百五人；节镇学三十九，六百一十五人；防御州学二十一，二百三十五人，凡千八百人，其长贰官各以进士提控其事。至承安四年八月，诏诸路学校生徒少者罢教官，止以本州府文资官提控。”“宣宗兴定元年二月，尚书省请罢州府学生廪给，不许。”“自章宗泰和元年九月，定赡学养士法。生员给民佃官田人六十亩，岁支粟三十石。至是省臣以军储不足，请罢之。帝曰：‘自古文武并用，向在中都，设学养士，犹未尝废，况今日乎?’其令仍旧给之。”

其国学印行书籍，亦不下于宋监。

《续通考》：“凡经，《易》用王弼、韩康伯注，《书》用孔安国注，《诗》用毛苌注、郑康成笺，《春秋左氏传》用杜预注，《礼记》用孔颖达疏，《周礼》用郑康成注、贾公彦疏，《论语》用何晏注、邢昺疏，《孟子》用赵岐注、孙奭疏，《孝经》用唐明皇注，《史记》用裴骃注，《前汉书》用颜师古注，《后汉书》用李贤注，《三国志》用裴松之注，及唐太宗《晋书》、沈约《宋书》、萧子显《齐书》、姚思廉《梁书》、《陈书》、魏收《后魏书》、李百药《北齐书》、令狐德棻《周书》、魏徵《隋书》、新旧《唐书》、新旧《五代史》，《老子》用唐明皇注疏，《荀子》用杨倞注，《扬子》用李轨、宋咸、柳宗元、吴秘注，皆自国子监印之，授诸学校。”

世传金刊经籍，雕镂极工，虽南宋精椠不能及。虽未知为金之监本与否，然亦可见金之朝野极重文事矣。

《铁琴铜剑楼藏书目》："《尚书注疏》二十卷，金刊本，蝇头小楷，雕镂极工，虽南宋精椠不能及也。"

女真初兴无文字，完颜希尹始制女真字，其法盖由汉人楷字及契丹字中脱化而出。

《金史·完颜希尹传》："金人初无文字，国势日强，与邻国交好，乃用契丹字。太祖命希尹撰本国字、备制度。希尹乃依仿汉人楷字，因契丹字制度，合本国语，制女真字。天辅三年八月，字书成。太祖大悦，命颁行之。赐希尹马一匹、衣一袭。其后熙宗亦制女真字，与希尹所制字俱行用。希尹所撰，谓之女真大字，熙宗所撰，谓之小字。"

按女真字之传于今者，有《皇弟都统经略郎君行记》及《国书碑》。

《金石萃编》（王昶）卷一百五十四："《皇弟都统经略郎君行记》，碑高一丈八尺，广八尺三寸，记在碑之中。女真书五行，译正书六行，行二十三字。额题'大金皇弟都统郎君行记'十二字，篆书，在乾州。"同上卷一百五十九："《国书碑》……碑连额高七尺，广二尺五寸，二十三行。字数多寡不等，连额并国书。"

孰为大字、小字，不可考。《皇弟都统经略郎君行记》字多集合体，笔画重迭；《国书碑》则较简单，疑前为大字，后则小字也。金用其字教女真人，号为女真学。其教学选举与用汉文者相等。

《续通考》："金世宗大定十三年，置女真国子学。""自大定四年，以女真大小字译《诗》、《书》，颁行诸路。择明安穆昆内良家子弟为学生，至三千人。九年，取其尤俊秀者百人，至京师，以编修官温特赫吉达教之。至是始设国子学，定策论生百人，小学生百人。凡取国子学生之制，皆与词赋经义生同。又定制每穆昆取二人，若宗室每二十户内无愿学者，则取有物力人家子弟年十三以上二十以下者充。凡会课三日，作策论一道，季月私试，如汉生制。"

其通女真字者，均著于史。

《金史·宗宪传》："颁行女真字书，年十六，选入学。太宗幸学，宗宪与诸生俱谒。宗宪进止恂雅，太宗召至前，令诵所习，语音清亮，善应对。侍臣奏曰：此左副元帅宗翰弟也。上嗟赏久之。兼通契丹、汉字。"《仲传》："仲本名石古乃，体貌魁伟，通女真、契丹、汉字。"《阿邻传》："颖悟辩敏，通女真、契丹大小字及汉字。"

徒单镒等且以译书教学，广播女真文字。

《金史·徒单镒传》："镒颖悟绝伦，甫七岁，习女真字。大定四年，诏以女真字译书籍。五年，翰林侍讲学士徒单子温进所译《贞观政要》、《白氏策林》等书。六年，复进《史记》、《西汉书》，诏颁行之。选诸路学生三十余人，令编修官温迪罕缔达教以古书，习作诗策。镒在选中最精诣，遂通契丹大小字及汉字，该习经史。久之，枢密使完颜思敬请教女真人举进士，下尚书省议。奏曰：初立女真科进士，且免乡、府两试，其礼部试廷试止对策一道，限字五百以上成。在都设国子学，诸路设府学，并以新进士充教授。士民子弟愿学者听，岁久学者当自众，即同汉人进士，三年一试。从之。十三年八月，诏策女真进士，问以求贤为治之道。侍御史完颜蒲涅、太常博士李晏、应奉翰林文字阿不罕德甫、移剌杰、中都路都转运副使奚颐考试，镒等二十七人及第。镒授两官，余授一官。上三人为中都路教授，四名以下，除为各路教授。十五年，诏译诸经。著作佐郎温迪罕缔达、编修官宗璧、尚书省译史阿鲁、吏部令史杨克忠译解，翰林修撰移剌杰、应奉翰林文字移剌履讲究其义。镒自中都路教授选为国子助教。"

不得谓剃头辫发者，无创造文化之力也。

《大金国志》："金俗好衣白，编发垂肩，与契丹异。垂金环，留颅后发，系以色丝，富人用珠金饰，妇人辫发盘髻，亦无冠。”“天会七年六月，行下禁民汉服及削发，不如式者死。”《曲园杂纂》（俞樾）：“剃头发辫，金人已然。宋汤玙《建炎德安守御录》：‘建炎二年十二月二十八日，有北来一项群贼数万人，皆剃头辫发，作金人装束。’”

第二十一章　蒙古之文化

辽、夏及金，以殊族而同化于汉族，固不能出中国之范围也。至于蒙古，则不然。成吉思汗之兴，先用兵于西北，至于太宗、宪宗之世，其疆域已据有今之内外蒙古、天山南北路、中国之西北部、阿富汗、波斯之北部、俄罗斯之南部，而分为四大汗国。[①] 至世祖时，始灭宋而全有华夏。故蒙古所吸收之文化，盖兼中国、印度、大食及欧洲四种性质，未可专属于中国之系统。是亦吾国历史上特殊之事也。

蒙古之兴，初无文字，太祖之灭乃蛮，始用畏兀字教授子弟，并以记言。

《元史·塔塔统阿传》："塔塔统阿，畏兀人也。性聪慧，善言论，深通本国文字，乃蛮太阳可汗尊之为傅，掌其金印及钱谷。太祖西征，乃蛮国亡，塔塔统阿怀印逃去，俄就擒。帝诘之曰：'太阳人民疆土悉归于我矣，汝负印何之?'对曰：'臣职也，将以死守，欲求故主授之耳，安敢有他。'帝曰：'忠孝人也。'问：'是印何用?'对曰：'出纳钱谷，委任人材，一切事皆用之，以为信验耳。'帝善之，命居左右。是后凡有制旨，始用印章，仍命掌之。帝曰：'汝深知本国文字乎?'塔塔统阿悉以所蕴对，称旨，遂命教太子诸王以畏兀字书国言。"

畏兀即回纥，其文字之起原不可考。

《元史译文证补》（洪钧）："元之畏吾儿，为回纥衰后分国。"

---

① 钦察汗国，东自吉利吉思荒原，西至欧洲匈牙利国境，及高加索以北地。察合台汗国，据锡尔河东天山附近一带之地。伊儿汗国，据阿母河外西亚一带之地。窝阔台汗国，据阿尔泰山附近一带之地，后窝阔台嗣为大汗。

"回纥文字，至今犹存，所谓托忒字体是也，与西里亚文字相仿。故泰西人谓唐时天主教人自西里亚东来传教，唐人称为景教，陕西之《景教碑》，碑旁字两行，即西里亚字，此其确证。回纥之有文字，实由天主教人授以西里亚文字之故，此一说也。回纥人自元以后，大率尽入天方教，而天方文字，本于西里亚，故信教之回人，谓蒙古文字出于回纥，回纥文出于天方，以归功于穆罕默德。此又一说也。"

当南宋时，中亚各国，多奉回教，其文字通行于西域，故蒙古袭用之。至世祖时，始命八思巴作蒙古新字。

《元史・释老传》："帝师八思巴者，吐蕃萨斯嘉人。相传自其祖多尔济，以其法佐国主霸西海者十余世。八思巴生七岁，诵经数十万言，能约通大义，国人号圣童。……年十五，谒世祖于潜邸，与语大悦，日见亲礼。中统元年，世祖即位，尊为国师，授以玉印，命制蒙古新字。字成，上之。其字仅千余，其母凡四十有一。其相关纽而成字者，则有韵关之法；其以二合三合四合而成字者，则有语韵之法，而大要则以谐声为宗也。至元六年，诏颁行于天下。诏曰：朕惟字以书言，言以纪事，此古今之通制。我国家肇基朔方，俗尚简古，未遑制作。凡施用文字，因用汉楷及畏吾儿字以达本朝之言。考诸辽、金及遐方诸国，例各有字，今文治浸兴，而字书有阙，于制为未备。故特命国师八思巴创为蒙古新字，译写一切文字，期于顺言达事而已。自今以往，凡有玺书颁降者，并用蒙古新字，仍各以其国字副之。"

据至元诏书，则蒙古字未兴之先，已以汉楷与畏吾儿字并用。蒙古字既颁之后，各国之字，仍副之而行，则蒙古未代宋之时，固亦通用汉文。然蒙古新字，实原本西蕃之字，应属梵文一支系，非若辽、金、夏之文字，仍本于汉文也。

《廿二史劄记》（赵翼）有“元诸帝多不习汉文”一条称：“《元史》本纪，至元二十三年，翰林承旨撒里蛮言，国史纂修太祖累朝实录，请先以畏吾字翻译进读，再付纂定。元贞二年，兀都带等进所译《太宗》、《宪宗》、《世祖实录》，是皆以国书进呈也。其散见于他传者：世祖问徐世隆以尧、舜、禹、汤为君之道，世隆取《书》传以对。帝喜曰：‘汝为朕直解进读。’书成，令翰林承旨安藏译写以进。曹元用奉旨译唐《贞观政要》为国语。元明善奉武宗诏，节《尚书》经文，译其关于政事者，乃举文陞同译。每进一篇，帝必称善。虞集在经筵，取经史中有益于治道者，用国语、汉文两进读。译润之际，务为明白，数日乃成一篇。马祖常亦译《皇图大训》以进[①]，是凡进呈文字，必皆译以国书，可知诸帝皆不习汉文也。”（按历代北方种族入居中夏，多通汉文，惟元不然，是一异点。）

蒙古部族复杂，又以兵力戡定西北各地，所抚驭之部族益多。故在元世，有蒙古、色目、汉人、南人之别。《辍耕录》称元代蒙古有七十二种、色目三十一种、汉人八种。据近人所考定，则蒙古支派，有黑塔塔儿、白塔塔儿、野塔塔儿三大系。

《新元史·氏族表上》（柯劭忞）：“蒙古民族，凡阿兰豁阿梦与神遇，生三子之后，为尼而伦派，曰哈特斤氏、萨而助特氏、泰亦兀赤氏、哀而狄于氏、西族特氏、起讷氏、奴牙特氏、兀鲁特氏、忙兀特氏、巴邻氏、苏哈奴特氏、贝鲁剌思氏、黑特而斤氏、札只剌忒氏、都黑拉特氏、贝亦速特氏、苏嘎特氏、乌而讷兀特氏、亨力希牙特氏。其余为都而鲁斤派，亦称塔立斤派，曰都而斤氏、乌梁黑特氏、鸿火拉特氏、亦乞列思氏、呼慎氏，苏而徒思氏、伊而都而斤氏、巴牙乌特氏、斤特吉氏，皆为黑塔塔儿。非蒙古人而归

① 皆见各本传。

于蒙古者，曰札剌儿氏、苏畏亦忒氏、塔塔儿氏、蔑儿乞氏、郭而路乌忒氏、卫拉特氏、贝格林氏、布而古忒氏、忽里氏、土斡剌斯氏、秃马特氏、布而嘎勒氏、格而谟勒氏、忽而罕氏、赛哈亦忒氏，皆为白塔塔儿。曰乌拉特氏、帖楞格特氏、客斯的迷氏、林木中乌梁黑氏，皆为野塔塔儿。盖拉施特所述蒙古支派如此，今列而序之，参以秘史，证其差别，为蒙古氏族表。至色目氏族，则以见于史传者为据。陶宗仪所称蒙古七十二种、色目三十一种，舛讹重复，不为典要，故弗取焉。（拉施特 Fadl Allah Rashid Eddin，波斯人，其书以波斯文制成，名 *Djami Ut. Tewarikh*，译言《世界史》。）”

色目人凡二十三族，

《新元史·氏族表》：“色目人曰畏吾氏、唐兀氏、康里氏、乃蛮氏、雍古氏、钦察氏、伯牙吾氏、阿速氏、乞失迷儿氏、赛夷氏、乌思藏掇族氏、回回氏、于阗氏、阿里马氏、昔里马氏、古速鲁氏、也里可温氏、木速蛮氏、哈剌鲁氏、答失蛮哈喇鲁氏、合鲁氏、阿鲁浑氏、尼波罗氏。见于史传者，凡二十有三族。”

外此则汉人中，尚有契丹、高丽、女真、渤海等族，

《辍耕录》（陶宗仪）：“汉人八种：契丹、高丽、女真、竹因歹、术里阔歹、竹温、竹亦歹、渤海。”

以与宋之南人混合。故蒙古入中国，实为异族与汉族大混合之时期。当时女真之人多改汉姓。

《辍耕录》：“金人姓氏，完颜，汉姓曰王，乌古论曰商，乞石烈曰高，徒单曰杜，女奚烈曰郎，兀颜曰朱，蒲察曰李，颜盏曰张，温迪罕曰温，石抹曰萧，奥屯曰曹，孛术鲁曰鲁，移剌曰刘，斡勒曰石，纳剌曰康，夹谷曰仝，裴满曰麻，尼忙古曰鱼，斡准曰赵，阿典曰雷，阿里侃曰何，温敦曰空，吾鲁曰惠，抹颜曰孟，都烈曰强，散答曰骆，阿不哈曰田，乌林答曰蔡，仆散曰林，术虎曰

董，古里甲曰汪。”

蒙古、色目人与汉族又互相仿效，更易名姓，氏族淆惑，乃不可辨。

《陔余丛考》(赵翼)：“元时蒙古、色目人有同汉人姓名者。如察罕帖木儿，系出北庭，以祖父家于颍州，遂姓李，字庭瑞。丁鹤年，本西域人，以其父职马禄丁为武昌达鲁花赤，遂以丁为姓，而名鹤年。又有内地人作蒙古名者：如贺胜，鄠县人，字伯颜。杨朵耳只及来阿八赤，皆宁夏人；刘哈喇不花，本江西人；褚不华，本隰州人；昂吉儿，本张掖人；朵儿赤，本宁州人；杨杰只哥，本宝坻人；李忽兰吉，本陇西人；抄儿，本汴梁阳武人。谢仲温，本丰州人，而其孙名孛完；綦公直，益都人，而其子名忙古台。事俱见《元史》，亦一时风尚也。”

又其时蒙古、色目人皆散处各地，且有与内地人联姻者，血统之杂，益可见矣。

《陔余丛考》：“元时，蒙古、色目人听就便散居内地。如贯云石，乃功臣阿里海牙之孙，而居江南；葛逻禄乃颜，随其兄宦游，而居浙之鄞县；萨都剌，本答失乃蛮氏，而为雁门人；泰不华，本伯牙吾氏，其父塔不台始家台州；余阙，本唐兀氏，其父始居庐州；肖乃台，本秃伯怯烈氏，而家东平；忽都铁木禄，本赤合鲁氏，而家南阳；彻里，本燕只吉台氏，以曾祖太赤封徐、邳二州，遂家徐州；怯烈，本西域人，而家太原；察罕，本西域人，铁连，本乃蛮人，而皆居绛州；孟昉，本西域人，而居北平；纥石烈希元，本契丹人，而居成都；伯颜师圣，本哈剌鲁氏，而居濮阳；石抹宜孙，以其父镇台州，遂家于台明；史道同，河间人，其先蒙古族也；又赵荣，其先本西域人，元时入中国，家闽县，遂为闽人，如此类者甚多。顾嗣立《元诗选》所谓元时漠北诸部仕于朝者，多散处内地，是也。按《元史》世祖至元二十三年，以从官南方者多不归，遣使尽徙北还，可见自元初，色目人已多散处他邑。不宁惟是，更有与内地人联姻者：如伯颜不花之母鲜于氏，乃鲜于枢之女[①]；松江人俞俊，娶也先普化之侄女。[②]《元史》大德七年，以行省官久任，多与所部人联姻，乃诏互迁其久任者。"

蒙古之兴，仅奉初民所迷信之神教，其后军锋所及，蹂躏回、耶各教教堂教士，恒极残虐。

《元史译文证补》："太祖攻围布哈尔城，城中伊玛姆[③]暨文士等出降。帝入城，见教堂，疑是王宫，驻马问。民以教堂对，帝下马入堂，谕马饥，速饲马，因取经箱为马槽，令教士守马，又以酒囊置堂中[④]，传集讴者歌舞。蒙兀兵亦歌呼为乐。"《拔都传》："破物拉的迷尔城，二守王战没，嫔御官绅皆入礼拜堂拒守。焚以火，薰灼尽死。"

然辖地既广，宗教各别，势亦不能取而一之，故各教之民，咸仍其旧。而蒙古之人，反多同化于他族。

《元史译文证补・伯勒克传》："伯勒克信天方教，常集教士于鄂尔多，讲论教律教理。太祖后裔入天方教者，自伯勒克始。""埃及王比拔而斯与旭烈兀有兵怨，知伯勒克同教，思引为援，发使赠以哈里发家乘。""当埃及使人北行时，伯勒克使亦至埃及，贻书谓我兄弟四人皆入教，愿合约以攻旭烈兀。比拔而斯优礼款接，复书致币，并《可兰经》、缠头布一方，由麦喀礼拜堂中取至。以伯勒克不能亲往礼拜，故遣人代行，得此以赠。"《马哥孛罗游记》："撒马尔罕，大城也。居民耶、回杂处，其王即大可汗之侄。据土人

---

① 见《元史》。

② 见《辍耕录》。按《辽史》太宗会同三年，诏契丹人授汉官者，听与汉人婚姻。则辽时已有此例。

③ 教士之称。

④ 天方教戒酒，故特记受辱之事。

言，当年城中有一异事：数年前，国王曰察哈台，蒙古大可汗之胞弟也。王改奉基督教，教徒势力倍增，时教徒欲建一寺，供奉施洗约翰。寺之顶为圆形，中支一柱，柱下盘石，系教徒请于王，得之于某回教寺中。时回人以王右耶而左回，不敢与争。察哈台死，继其位者，不直耶教徒，回人因得称于王，索还奠柱之石，耶教徒许酬以金，回教徒不允。耶教徒无术，哭诉于施洗约翰之灵，至约定移石之日，柱忽自起，离石可三掌。石移去后，柱仍悬立空际，至今尚然。”

至其抚有中国，亦各教并立，有木速儿蛮、答失蛮、也里可温、斡脱、和尚、先生等名。据《元史译文证补》，木速儿蛮即天方教，答失蛮亦木速儿蛮教中别派，也里可温为天主教[①]，斡脱即犹太教，和尚、先生，则释、道两教也。（《元史译文证补》有元世各教名，考甚详。）

元之崇奉佛教，自帝师八思巴始。

《元史纪事本末》（陈邦瞻）：“世祖号八思巴曰大宝法王。……至元十六年，八思巴死，诏赠皇天之下一人之上宣文辅治大圣至德普觉真智佑国如意大宝法王西天佛子大元帝师。其弟亦怜真嗣，凡六岁，至是死，复以答尔麻八剌乞列嗣位。自是每帝师一人死，必自西域取一人为嗣，终元世无改。”

其徒所奉之教，即西藏之喇嘛教，

《圣武记》（魏源）：“西藏古吐蕃，元明为乌斯藏，在五天竺之东，非古佛国也。而距天竺较近，故经教至多，持陀罗尼尤验。多僧，无城郭。僧居土台者，皆持戒律；不持戒者，居土台外。自唐太宗以文成公主下嫁吐番赞普，好佛，立寺庙，西藏始通于中国。元世祖封西番高僧八思巴为帝师大宝法王，以领其地。后嗣世袭其

① 详见第三编。

号，而西藏始为释教宗主。”

与汉、魏以来中土佛教迥异。元之诸帝崇奉之，徒以害民病国而已。道教虽在唐、宋已盛，而元之派别特多。

《元史・释老传》：“丘处机，登州栖霞人，自号长春子。太祖称之曰‘神仙’。其徒尹志平等世奉玺书，袭掌其教。”“正一天师者，始自汉张道陵，其后四代曰盛，来居信之龙虎山，相传至三十六代宗演。当至元十三年。世祖召之，待以客礼，子孙袭领江南道教主，领三山符箓。”“真大道教者，始自金季道士刘德仁之所立，其教以苦节危行为要，五传而至郦希诚，居燕城天宝宫。见知宪宗，始名其教曰真大道，授希诚太玄真人，领教事。”“太一教者，始金天眷中道士萧抱珍，传太一三元法箓之术，因名其教曰‘太一’。”

据《元史・百官志》，宣政院专掌释教僧徒。

《元史・百官志》：“宣政院秩从一品，掌释教僧徒及吐蕃之境而隶治之。”“其用人则自为选，其为选则军民通摄，僧俗并用。”

而《武宗纪》载：“宣政院奏免僧、道、也里可温、答失蛮租税。”则各教之人，皆辖于宣政院矣。

蒙古风俗之陋，最为汉族所鄙。郑所南《心史・大义略序》言之历历：

《心史・大义略序》：“旧鞑靼所居，并无屋宇，毡帐为家，得水草处即住。兽皮为衣，无号令，以合同出入。不识四时节候，以见草青为一年。人问岁数，但以几度草青为答。自忒没真驱金酋入南，嘉定癸酉岁，据古幽州为巢穴，即亡金僭称燕京大兴府也。渐学居屋，亦荒陋。逮咸淳间，鞑僭取大宋开封府大内式，增大新创，始略华洁。虏民咸可造穹庐，与鞑主通语。鞑法人凡相见，来不揖，去不辞，卑求尊，跪而语。鞑礼止于一跪而已。双足跪为重，单足跪次之。忽必烈篡江南后，一应渐习，僭行大宋制度……终非其本心。故辫发囚首，地坐无别，逆心恶行，灭裂礼法，卒不能改也。……鞑人甚耐寒暑、雨雪、饥渴，深雪中可张幕露宿。今皆不惧热，且惯于乘舟，高山穷谷，马皆可到。裹粮以肉为麸，干贮为备，饥则水和而食。甚涨，饱可一二日。搅马乳为酒，味腥酸，饮亦醉。群虏会饮，杀牛马曰'大茶饭'。但饮酒曰'把盏'，杂坐喧溷，上下同食，举杯互饮，不耻残秽。饮酒必囚首，毡藉地坐，以小刀刺肉授人，人即开口接食，为相爱。卑者跪受赐，行坐尚右为尊。久不相见，彼此两手相抱肩背，交颈摇首啮肉，跪膝摩膁，为极恳懃。鞑主剃三搭辫发，顶笠穿靴，衣以出袖海青衣为至礼。其衣于前臂肩间开缝，却于缝间出内两手衣裳袖，然后虚出，海青两袖反双悬纽背缝间，俨如四臂，谀虏者妄谓郎主为天蓬后身。衣曰海青者，海东青本鸟名，取其鸟飞迅速之义；曰'海青使臣'之义亦然。虏主、虏吏、虏民、僧道男女、上下尊卑，礼节服色一体无别。云三搭者，环剃去顶上一弯头发，留当前发，剪短散垂，却析两旁发，垂绾两髻，悬加左右肩衣衩上，曰'不狼儿'，言左右垂髻，碍于回视，不能狼顾。或合辫为一，直拖垂衣背，男子俱戴耳坠。"

而《马哥孛罗游记》述元代都城之壮丽，则极口称叹。

《马哥孛罗游记》卷一第五十七章："自章哈淖尔（Changanor）向东北行三日至一城，名曰上都（Xanadu）。此城为今日御极之大可汗忽必烈所造。[①] 以云母大理华贵之石为宫殿，构制宏壮华丽无比。殿中悉施金藻，其宫一面内向，一面向城垣，宫墙周围十六英里。"同上卷二第六章："大可汗每岁于阳历十二、正、二等三月，皆居汗巴路大城中。城之位置，在契丹（Cathay）之极东北。城之

① 上都今日已毁圮，其故址在科尔沁旗。

南，宫殿在焉。宫之制，划地筑垣，围以巨壕。垣为方形，每面长八英里，于两端之中辟一门，以便行人出入。垣以内沿墙凡宽一英里之地，皆属广场，羽林之军驻焉。过此又有一垣，垣内之地，纵横皆六英里，南北两垣，辟门为三。其中央者稍大，常时关闭，非大可汗出入，不启也。其两旁之门，则以通行人焉。通计南北六门、东西二门，每门之内，有武库一所，各库所储武器，各有不同。如缰辔足镫之类，属于骑兵者，为一库；弓矢弦韬之类，属于弓兵者，又为一库；甲胄盔铠又为一库，余仿此。此城之内，更有一城。墙垣至厚，高二十五尺，雉堞瓮城皆涂白垩。此城方四英里，每面长一英里，共辟六门。① 城内亦有八库，内储大可汗御用之物。沿城遍栽树木，间以草地，蓄麋鹿獐麝无数。草场辽广，有石砌之道，以通往来。道上不染纤尘，中凸，天雨则水自两旁流下，藉以灌溉草地。大可汗之宫，正建其中。此宫之华丽宏大，实为天下之冠。宫起城北，直达城南，除天井外，余无隙地，其中惟贵官及司宿卫之兵往来而已。宫殿均一屋，无有楼者。然殿顶崇高无比，殿基为石台，高数丈，四围皆白石之栏。无论何人，非经君问，不得过石栏一步。殿墙绘龙凤鸟兽，亦有绘两军鏖战状者，仰墙亦施藻绘金漆。殿之四面，均有石级，自平地直接殿基石台。大殿既深且广，当大可汗赐宴群臣时，容人至夥。宫之全部，零落星散，故触眼多胜景。殿顶覆以五彩之瓦，构造极坚，能历久不坏。窗门之上，嵌以明瓦，通透若琉璃。宫殿之最后，有宝库，凡珍珠、宝石、金银及其他贵重之物，皆储焉。”同上卷二第七章：“汗巴路城，建于契丹省内大河之旁，自古称为雄都。汗巴路（Canbaluc）之义，即皇都也。大可汗于河之对岸，另建新都，名之曰大都。两都之间，中隔以河。大都为方形，周围长二十四英里，每面长六英里。城垣以土为之，墙基宽十尺，渐渐向上峻削，至墙顶，

① 此城内始为宫殿。

仅宽三步而已。城垛皆作白色。城形既方，其街衢均尚直，故人登南城远望，能见北城之楼。通衢两旁，商肆林立，各家区地建屋，亦成正方，无参差先后之不齐。每家之长，各得地若干，建屋其中，世世居之。自高处下视全城，极类棋盘。有城门十二，每面三门，四角各有角门，门上建危楼一座，楼中皆储军械。每门拨兵一千守之。城之中央，有钟楼一所。每晚钟鸣，至第三次，则街上禁止行人。其因延医或接产婆必须外出者，必须提灯，否则仍以犯夜论罪。城外商店居民更多，市场远出三四英里以外。以户口论，城外尚多于城内也。商店居民之外，尚有旅馆多处。各路商客，咸有专门旅馆，例如回民有回民之旅馆，蛮子有蛮子之旅馆也。城内外之乐户，约计有妓二万五千人，公家设专官取缔之。"

盖郑氏所讥者，蒙古草昧之风；而欧人所睹者，元代极盛之世。当时汉族文教制度远轶鞑靼，故深恶其野蛮；欧洲文教制度不及中国，故大惊其宏伟。参两者而观之，则蒙古之由游牧民族，席辽、金及宋之遗产，而成城郭之国之规模，其进步之速亦可称矣。

元代统驭东亚，鞭笞万里，典章制作，必有远轶前代者。顾其传世诸书，若《元秘史》、《圣武亲征录》等，皆只述战胜攻取之事。

《成吉思汗实录序论》(那珂通世)："忙豁仑《纽察脱卜赤颜》，元太祖时撰。《续集》，太宗十二年撰。""《元朝秘史》十卷、《续集》二卷，明洪武十五年译。""《元朝秘史》十五卷，《永乐大典》十二先元字韵中所收，钱大昕抄出本，张穆连筠簃刻本，李文田注刻本。"又"修正《纽察脱卜赤颜》[①]，《圣武开天记》[②]，《圣武亲征记》[③]，《皇元圣武亲征录》"[④]。"《经世大典》，则仅存序录。"《补三

① 《元史·察罕传》称"脱必赤颜"，《虞集传》称"脱卜赤颜"。

② 仁宗时察罕译《脱必赤颜》以成。

③ 邵远平《元史类编》所引。

④ 两淮盐政采进本，《四库全书提要存目》。

史艺文志》（倪灿）："《经世大典》八百八十卷，目录十二卷，公牍一卷，纂修通议一卷。天历二年，命赵世延、虞集等撰，悉取诸有司掌故修之。"《元文类》卷四十至四十三，载《经世大典序录》。

《至元新格》、《风宪宏纲》、《大元通制》，并散佚无存。

《补三史艺文志》："《风宪宏纲》，赵世延撰，世延所较定律令。""《至元新格》，何荣祖撰。"《元史纪事本末》："英宗至治三年二月，命完颜纳丹、曹伯启等，纂集累朝格例而损益之，凡为条二千五百三十有九，名曰《大元通制》。"《元典章跋》（沈家本）："元代掌故之编，如《至元新格》、《风宪宏纲》、《大元通制》，并亡失不可复。"

今可考见元代制度者，自《元史》纪、志外，仅《元典章》及《典章新集》二书。

《元典章跋》（钱大昕）："此书题云《大元圣政国朝典章》，凡六十卷。首诏令，次圣政，次朝纲，次台纲，次六部。书成于至治之初，故称英宗为今上皇帝也。其后又有至治二年新集条例三百余页，仍冠以《大元圣政典章》之名。"

汇集案牍，俚俗无文。

《元典章跋》："此书乃汇集之书，而非修纂之书，故所录皆条画原文，未加删润，颇似今日官署通行之案牍，大都备录全文，以资参考。""《总目》议其所载皆案牍之文，兼杂方言俗语，浮词妨要者，十之七八。又体例瞀乱，漫无端绪，乃吏胥钞记之条格，不可以资考证。"

盖元制，百官皆蒙古人为之长，虽省部、台院，参用南人，多无实权。

《廿二史劄记》："元世祖定制，总政务者曰中书省，秉兵柄者曰枢密院，司黜陟者曰御史台。其次在内者，有寺，有监，有卫，有府；在外者，有行省，行台，宣慰司使，廉访使。其牧民者，曰路，曰府，曰州，曰县。官有常职，位有常员，其长皆以蒙古人为之，而汉人、南人贰焉。[①] 故一代之制，未有汉人、南人为正官者。中书省为政本之地，太祖、太宗时，以契丹人耶律楚材为中书令，弘州人杨惟中继之，楚材子铸亦为左丞相[②]，此在未定制以前。至世祖时，惟史天泽以元勋宿望，为中书右丞相。仁宗时，欲以回回人哈散为相，哈散以故事丞相必用蒙古勋旧，故力辞。帝乃以伯答沙为右丞相，哈散为左丞相。太平，本姓贺，名惟一。顺帝欲以为御史大夫，故事，台端非国姓不授，惟一固辞。帝乃改其姓名曰太平，后仕至中书省左丞相。终元之世，非蒙古而为丞相者，止此三人。哈散尚系回回人，其汉人止史天泽、贺惟一耳。丞相之下，有平章政事，有左右丞，有参知政事，则汉人亦得为之，其时亦称宰执。然中叶后，汉人为之者亦少。《顺帝纪》：至正十三年，始诏南人有才学者，依世祖旧制，中书省、枢密院、御史台皆用之。是时江、淮兵起，故以是收拾人心，然亦可见久不用南人，至是始特下诏也。《郑鼎传》：鼎子制宜为枢密院判官，车驾幸上都。旧制枢府官从行，岁留一人司本院事，汉人不得与。至是以属制宣，制宜力辞。帝曰：'汝岂汉人比邪?'竟留之。可见枢密属僚掌权之处，汉人亦不得与也。御史大夫非国姓不授，既见《太平传》，而世祖初命程钜夫为御史中丞，台臣言：'钜夫南人，不宜用。'帝曰：'汝未用南人，何以知南人不可用？自今省部台院必参用南人。'[③] 可见未下诏以前，御史中丞之职，汉人亦不得居也。中书省分设于外者曰行省，初本不设丞相，后以和林等处多勋戚，行省官轻，不足以镇之，乃设丞相，而他处行省遂皆设焉。《董文用传》：行省长官素

① 《元史·百官志序》。

② 元制尚右。

③ 《钜夫传》。

贵，同列莫敢仰视，跪起禀白如小吏，文用至则坐堂上，侃侃与论。可见行省中蒙古人之为长官者，虽同列不敢与讲钧礼也。《成宗本纪》：各道廉访司必择蒙古人为使。或缺，则以色目世臣子孙为之，其次始参以色目及汉人。《文宗本纪》：诏御史台，凡各道廉访司官，用蒙古二人，畏兀、河西、回回、汉人、南人各一人。是汉人、南人厕于廉访司者，仅五之一也。其各路达噜噶齐，亦以蒙古人为之。至元二年，诏以蒙古人充各路达噜噶齐，汉人充总管，回回人为同知，永为定制。其诸王驸马分地，并令自用达噜噶齐。仁宗始命以流官为之，而诸王驸马所用者为副，未几仍复旧制。文宗诏诸王封邑所用达噜噶齐，择本部识治体者为之。或有冒滥，罪及王相，然亦未闻有以汉人为之者，此有元一代中外百官偏重国姓之制也。”

故其经国之法，亦鲜可称。据郑介夫之言，则当时法令杂乱，家自为政，实极无法之弊。

《元史纪事本末》陈邦："（成宗大德四年）郑介夫上言……今天下所奉以行者，有例可援，无法可守，官吏因得以并缘为欺。如甲乙互讼，甲有力则援此之例，乙有力则援彼之例，甲乙之力俱到，则无所可否。迁调岁月，名曰撒放。使天下黔首，蚩蚩然狼顾鹿骇，无所持循。……内而省部，外而郡守，抄写格例至数十册，遇事为难决，则检寻旧例，或中无所载，则旋行议拟，是百官莫知所守也。民间自以耳目所得之敕旨条令，杂采类编，刊行成帙，曰《断例条章》，曰《仕民要览》，各家收置一本，以为准绳。试阅二十年间之例，较之三十年前，半不可用矣。更以十年间之例，较之二十年前，又半不可用矣。是百姓莫知所避也。……今者号令不常，有同儿戏，或一年二年前后不同，或纶音初降，随即泯没，遂致民间有'一紧、二漫、三休'之谣。上无道揆，下无法守，不闻如是可以立国者。……衙门纷杂，事不归一，十羊九牧，莫之适从。普天率土，皆为王民，岂可家自为政，人自为国？今正宫位下自立中政院，匠人自隶金玉府，校尉自归拱卫司，军人自属枢密院，诸王位下自有宗正府、内史府，僧则宣政院，道则道教所，又有宣徽院、徽政院、都护府、白云宗所管户计。诸司头目，布满天下，各自管领，不相统摄，凡有公讼，并须约会。或事涉三四衙门，动是半年，虚调文移，不得一会。或指日对问，则各私所管，互相隐庇，至一年二年，事无杜绝。遂至于强凌弱，众暴寡，贵抑贱，无法之弊，莫此为甚。”

然详观元代史事，则民治与封建，实为元之立国根本。民治之法，详见《元典章 · 户部 · 立社门》。

《元典章 · 户部 · 立社门》：“劝农立社事理十五款。”“至元二十八年，尚书省奏，奉圣旨，节该将行司农司、劝农司衙门罢了，劝课农桑事理，并入按察司。除遵依外，照得中书省先于至元二十三年六月十二日奏过事内一件，奏立大司农司的圣旨：奏呵，与者么道圣旨有来，又仲谦那的每行来的条画，在先他省官人每的印信文字行来，如今条画根底省家文字里交行呵，怎生么道奏呵，那般者么道圣旨了也。钦此。圣旨定到条画开坐前去，仰依上劝课行。”

《元史 · 食货志》约举其法，诩为用心周悉；

《元史 · 食货志》：“农桑之制十四条①，条多不能尽载，载其所可法者。县邑所属村疃，凡五十家立一社，择高年晓农事者一人为之长。增至百家者，别设长一员；不及五十家，与近村合为一社。地远人稀、不能相合、各自为社者，听。其合为社者，仍择数村之中立社长、官司长以教督农民为事。凡种田者，立牌橛于田侧，书某社某人于其上，社长以时点视劝诫。不率教者，籍其姓名，以授

① 当是十五条。

提点官责之。其有不敬父兄及凶恶者亦然，仍大书其所犯于门，俟其改过自新，乃毁。如终岁不改，罚其代充本社夫役。社中有疾病凶丧之家，不能耕种者，众为合力助之。一社之中，灾病多者，两社助之。凡为长者复其身，郡县官不得以社长与科差事，农桑之术，以备旱暵为先。凡河渠之利，委本处正官一员，以时浚治。或民力不足者，提举河渠官，相其轻重，官为导之。地高水不能上者，命造水车。贫不能造者，官具材木给之。俟秋成之后，验使水之家，俾均输其直。田无水者凿井，井深不能得水者，听种区田。其有水田者，不必区种。仍以区田之法，散诸农民。种植之制，每丁岁种桑枣二十株，土性不宜者，听种榆柳等，其数亦如之。种杂果者，每丁十株，皆以生成为数。愿多种者，听。其无地及有疾者不与。所在官司申报不实者，罪之。仍令各社布种苜蓿，以防饥年。近水之家，又许凿池养鱼并鹅鸭之属，及种莳莲藕、鸡头、菱芡、蒲苇等，以助衣食。凡荒闲之地，悉以付民，先给贫者，次及余户。每年十月，令州县正官一员巡视境内，有虫蝗遗子之地，多方设法除之。其用心周悉若此，亦仁矣哉。”

寻其法意，盖举农田、水利、树艺、渔畜、教育、劝惩一寓于立社之中，此实汉族先哲研求民治培植国本之法，而蒙古游牧之族，入主中国，乃能施行此制，是亦一奇事也。按北宋关中《吕氏乡约》，有约正及同约之人，以德业相励，过失相规，礼俗相交，患难相恤为约。而于劝农兴学之事，未之及也。

《宋元学案·吕范诸儒学案》：“吕大钧，字和叔，于横渠为同年友，心悦而好之，遂执弟子礼，于是学者靡然知所趋向。横渠之教，以礼为先。先生条为乡约，关中风俗，为之一变。”

朱子《社仓事目》有社首保正副等名，亦止及积谷一事。

《朱子集》卷十五《社仓事目》：“每十人结为一保，递相保委。”“逐年十二月，分委诸部社首保正副，将旧簿重行编排。”“某里第某都社首某人，今同本都大保长队长，编排到都内人口数下项。”

元之社长，职务綦繁，所立规程，亦极周密。盖承两宋地方制度，而又加以研究，此必非蒙古人所能为。然汉族贤者为立此制①，而彼族能用之，则元之能承中国国统，亦匪无故矣。

封建之制，殊无定法，惟拥立大汗，必由诸王宗室集会推举，则封建之关系，有可称者。

《蒙兀儿史记·斡歌歹可汗本纪》(屠寄)：“岁丁亥秋七月，成吉思汗殂于灵州。会葬礼毕，汗与诸皇子诸王各还本封。蒙兀俗，大位继承，必经忽里勒塔之定策。忽里勒塔者，华言大会议也。汗虽有成吉思前命，大位犹未定，故戊子年拖雷监国，其秋，拖雷即遣使召集左右手诸王驸马万户千户官人，期以明年夏会议立君。”

又其统辖诸国，全恃驿站之交通。诸书称元之所以强盛，多纪其制。

《元史·兵志》：“元制，站赤者，驿传之译名也。盖以通达边情，布宣号令，古人所谓置邮而传命，未有重于此者焉。凡站陆则以马以牛，或以驴，或以车；而水则以舟。其给驿传玺书谓之铺马圣旨。遇军务之急，则可以金字圆符为信，银字者次之。内则掌之天府，外则国人之为长官者主之。其官有驿令，有提领，又置脱脱禾孙于关会之地，以司辨诘，皆总之于通政院及中书兵部。而站户阙乏逃亡，则可以时佥补，且加赈恤焉。于是四方往来之使，止则有馆舍，顿则有供帐，饥渴则有饮食，而梯航毕达，海宇会同。元之天下，视前代所以为极盛也。”《马哥孛罗游记》：“汗巴路为大可汗之所居，故皆有大道，以通各省及诸藩属。大道之上，每隔二十

① 按《元史·食货志》：“世祖中统二年，立劝农司，以陈邃、崔斌等八人为使。至元七年，立司农司，以左丞张文谦为卿。”则立社之法，殆即陈邃、张文谦等所建白。

五英里，或三十英里，必设驿站一所，以便官员或公差在此歇宿，此等驿站，名之曰雅伯木站。屋极宽大，每站必有修洁之屋数间，陈设极其华丽，虽王公贵人之尊，亦不以为简陋也。其中饮馔一切，均自左近大城中购置，尚有数站，为贵人所常至，此其供应，均由内廷发给。每站蓄良马四百匹，以便外国使臣或官府往来之用。盖长途陆行，马易困乏，故一至前站，则以疲马委之站员，而易马以行，沿途无濡滞之患。即高山大漠之中，去城绝远，四无居人，而驿站仍续续不断，饮馔马匹，供应周全。大可汗每以内地无业之民，遣送荒僻之地，充站役，赐之耕种之地，不数年间其左近自成村落矣。因有此项制度，故各国贡使，以及大可汗派赴各国各省之专使，长途均无缺乏之苦，可谓周之极矣。驿站之间，每隔三英里，必有一小村落，约有居民四五十家，此亦公家所设。其居户大都均为邮卒，其人腰际缚鞓，上系以铃，疾行道上，声闻甚远。每遇投递公文，甲站之人，负之疾行三英里，以之交付乙站，乙站之人，再以交付丙站，故人不疲而递信极速。其所以腰际系铃者，使前站之人，预知将有公文递至，有所准备，以期不误时间也。大可汗所辖版图绵亘，非如此不足以寄号令于边远。往往边界有警，不数日即可达于大可汗。有时大可汗居上都，汗巴路早间摘佳果，令邮卒递呈大可汗，至明日午后，已达上都。若寻常旅行，自汗巴路至上都，须十日之程也。每村之中，设书记一员，专记某件公文何日何时到站发出。尚有巡查各站之官，每月稽查站吏邮卒之勤惰一次，记其功过。邮卒除不纳丁税外，每月尚可支领工食。驿站马匹，均由左近城市人民供其喂养之费，每年由各城官吏调查户口一次，计其岁入之多寡，责令每人纳费若干，以供驿站经费。此项捐纳仍并入地丁钱粮，一同赴柜交纳。官吏但于钱粮解京之时，扣留若干，以充驿站经费。前言每站有马四百匹，其实常川在厩者，仅二百匹耳。盖马居厩中，时常应差，则易消瘦，故分马四百匹为两班，甲班供应时，则乙班放牧，每班一月一轮，故马亦得休息之时。途中遇有河流阻梗，则近处城镇或村落，必须时备渡船数艘，待于河岸。设遇沙漠之地，中无人居者，其最近城镇，亦有供应马匹、粮食、饮水之义务，惟此等城镇每年仍受俸给，以补偿其所失耳。……如遇重要军情，须加紧递送者，则每日必行二百或二百五十英里，背插飞鹰标识，以示紧急之意。此等重要军情，往往必以二人递送，人各急装，缠布于首，策快马，同时并行。至第二站，必有二骏马鞍辔以待于此，并不休息，立即换马遄行。如是者逢站更马，一日之中，可行二百五十英里。如系最要公文，即夜间，亦加班递送。如遇月在上下弦，黑夜不便夜行，则站吏供给人役，令执炬前导。惟夜行时，不似白昼之迅耳。”

盖元之疆域，亘古无匹。使非有特殊制度，以便利交通，则其国家必不能抟结为一。诸书所言，较之前代驿传，实有缓急之殊。故欲考元代所以能合亚洲全境及欧洲东北部为一大国者，不可不注意于此也。然此特其制度之一端，他事殊未能称此。定宗薨后，诸王已有意见（详《元史译文证补·定宗宪宗本纪补异》），世祖立而海都抗命，诸王叛者相属。（详《元史译文证补·海都补传》。）故当极盛之时，已有分裂之兆。其后元室沦亡，而蒙古支裔，犹绵延历世，论者谓为封建之效。

《新元史·宗室世表序》：“太祖分封子弟，填服荒远，其后乃颜海都虽有阋墙之衅，然昭宗北走和林，不失旧物，历二三百年。成吉思汗之族，雄长北边，至今日犹为中国之藩服，然后知先王封建之制，为不可易也。”

然使其族能精研法制，无使涣散，其势岂止于是哉！

第二十二章　宋元之学校及书院

自唐以降，取士皆以科举。学校之制，大抵具文，不足语于教育也。然有宋诸儒，恒思兴起国学，其州郡之学，亦至宋始盛，是亦有足称者。书院之名起于唐，至五代而有讲学之书院。宋、元间儒者多于书院讲学，其风殆盛于国庠及州郡之学，迄明、清犹然。故欲知中国近代教育学术之变迁，不可不知书院之原起及其规制也。兹先略述宋、元学校制度，而次及书院。

唐末，学校颓废，五季区区，莫之能振。经用不足，则命官吏及监生输钱，名为光学。

> 《文献通考》："咸通中，刘允章为礼部侍郎，建言群臣输光学钱，治庠序。宰相五万，节度使四万，刺史万。诏可。""梁开平三年，国子监奏修建文宣王庙，请率在朝及天下见任官俸钱，每贯克留一十五文。""后唐天成五年，国子监奏当监旧例，初补监生，有束脩钱二千。及第后，光学钱一千。当监诸色举人及第后，多不于监司出给光学文钞，及不纳光学钱。"

其窘迫之状可想矣。宋室初兴，增修学舍，而国子监仅容释奠斋庖，太学未尝营建，止假锡庆院廊庑为之，劝学之风，殆亦未盛。

> 《文献通考》："宋初增修国子监学舍。""熙宁四年，侍御史邓绾言：国家治平百余年，虽有国子监，仅容释奠斋庖，而生员无所容。至于太学，未尝营建，止假锡庆院廊庑数十间，生员才三百人。"

虽有胡瑗、孙觉等，树立师道，稍复古风，而学校规模，犹在汉、唐之下。

《文献通考》："皇祐末，以胡瑗为国子监讲书，专管句太学。数年，进天章阁侍讲，犹兼学正。其初人未甚信服，乃使其徒之已仕者，盛侨、顾临辈，分治其事，又令孙觉说《孟子》，中都人士，稍稍从之。一日，升堂讲《易》，音韵高朗，指意明白，众方大服。然在列者不喜，谤议蜂起，瑗不顾，强力不倦，卒以有立。""瑗在学时，每公私试罢。掌仪率诸生会于首善，令雅乐歌诗，乙夜乃散。诸斋亦自歌诗，奏琴瑟之声彻于外。瑗在湖学，教法最备。始建太学，有司请下湖学，取瑗之法，以为太学法，至今为著令。"

熙宁、元丰厉行新法，太学三舍规制始宏。

《宋史纪事本末》："熙宁四年十月，立太学生三舍法。……厘生员为三等：始入太学为外舍，定额为七百人；外舍升内舍，员三百；内舍升上舍，员一百。各执一经，从所讲官受学，月考试其业，优等以次升舍，上舍免发解及礼部试，召试赐第。其正、录、学谕，以上舍生为之，经各二员。学行卓异者，主判、直讲复荐之于中书，除官。其后增置八十斋，斋三十人，外舍生至二千人。岁一试，补内舍生；间岁一试，补上舍生。弥封、誊录，如贡举法。"《文献通考》："元丰二年，颁学令。太学置八十斋，斋容三十人。外舍生二千人，内舍生三百人，上舍生百人，总二千四百。"《宋史·职官志》："凡诸生之隶于太学者，分三舍。始入学，验所隶州公据，以试补，中者充外舍。斋长、谕月书其行艺于籍，行谓率教不戾规矩，艺谓治经程文。季终，考于学谕，次学录，次学正，次博士，然后考于长贰。岁终校定，具注于籍，以俟复试。视其校定之数，参验而序进之。凡私试，孟月经义，仲月论，季月策。公试，初场以经义，次场以论、策。试上舍如省试法。凡内舍行艺与所试之等俱优者，为上舍上等，取旨命官；一优一平为中，以俟殿试；一优一否或俱平为下，以俟省试。唯国子生不预考选。""祭酒掌国子、太学、武学、律学、小学之政令，司业为之贰，丞参领监事。”“博士十人①，掌分经讲授，考校程文，以德行道艺训导学者。”“正、录各五人，掌举行学规，凡诸生之戾规矩者，待以五等之罚。”“职事学录五人，掌与正、录通掌学规。学谕二十人，掌以所授经传谕诸生，直学四人，掌诸生之籍，及畿察出入。凡八十斋，斋置长、谕各一人，掌表率斋生。凡戾规矩者，纠以斋规五等之罚，仍月考斋生行艺，著于籍。”

崇宁中，罢科举，取士一出于学，而太学生至三千八百人。

《宋史纪事本末》：“徽宗崇宁元年八月甲戌，蔡京请兴学贡士。县学生选考，升诸州学，州学生每三年贡太学。考分三等，入上等补上舍，中等补中舍，下等补内舍，余居外舍，诸州军解额各以三分之一充贡士。京又请建外学，乃诏即京城南门外营建，赐名辟雍。外圆内方，为屋千八百七十二楹。太学专处上舍内舍生，而外学则处外舍生。士初贡至皆入外学，经试补入上舍、内舍，始得进处太学。太学外舍，亦令出居外学。于是上舍至二百人，内舍六百人，外舍三千人。”“三年九月，罢科举法。时虽设辟雍、太学，以待士之升贡者，然州县犹以科举贡士。蔡京以为言，遂诏天下取士，悉由学校升贡，其州郡发解凡试礼部法皆罢。……四年五月，行三舍法于天下。”②

虽其法出于新党，论者多不谓然。

《学校贡举私议》（朱熹）：“熙宁以来，所谓太学者，但为声利之场。而掌其教学者，不过取其善为科举之文。师生相视，漠然如行路之人。月书季考，只以促其嗜利苟得、冒昧无耻之心，殊非立学教人之本意。”《论学校》（叶适）曰：“崇、观间，以俊秀闻于学

① 旧系国子监直讲，元丰三年，诏改为太学博士，每经二人。

② 按《宋史・选举志》：“宣和三年，诏罢天下三舍法。开封府及诸路并以科举取士。惟太学仍存三舍，以甄序课试，遇科举仍自发解。盖科举之罢，为时未久也。”

者，旋为大官。宣和、靖康所用误国之臣，大抵学校之名士也。”

然陈东等请诛六贼，用李纲。

《宋史·陈东传》：“东字少阳，镇江丹阳人。早有隽声……以贡入太学。钦宗即位，率其徒伏阙上书论事，请诛蔡京、梁师成、李彦、朱勔、王黼、童贯六贼。明年，金人迫京师，李邦彦议与金和，李纲主战，邦彦因少失利，罢纲而割三镇。东复率诸生，伏宣德门下上书，请用纲，斥邦彦，军民从者数万。书闻，传旨慰谕，众莫肯去，舁登闻鼓挝坏之，喧呼震地。于是亟召纲入，复令行营，遣使抚谕，乃稍引去。高宗即位五日，相李纲。又五日，召东至，未得对，会纲去。乃上书乞留纲而罢黄潜善、汪伯彦。潜善激怒高宗杀之。”

与汉之太学生救鲍宣、褒李膺者，后先相映，亦不可谓非养士之效也。

《汉书·鲍宣传》：“宣坐距闭使者，亡人臣礼，大不敬，不道，下廷尉狱。博士弟子济南王咸，举幡太学下，曰：‘欲救鲍司隶者，会此下。’诸生会者千余人。朝日，遮丞相孔光自言，丞相车不得行，又守阙上书。上遂抵宣罪，减死一等。髡钳。”《后汉书·党锢传》：“太学诸生三万余人，郭林宗、贾伟节为其冠，并与李膺、陈蕃、王畅更相褒重。”

宋代太学之外，有律、算、书、画、医诸学。

《文献通考》：“律学，熙宁六年置，教授四员。凡命官、举人，皆得自占入学。举人须命官二员任其平素，先入学听读，而后试补。习断案人，试案一道；习律令人，试大义五道。月一公试，三私试。”“需用古今刑书，许于所属索取。凡朝廷新颁条令，刑部画日关送。”“算学，崇宁三年立。其业以《九章》、《周髀》及假设疑数为算问，仍兼《海岛》、《孙子》、《五曹》、《张丘建》、《夏侯阳算法》，并历算、三式、天文书为本科。本科外，人占一小经，愿占大经者听。公私试、三舍法，略如太学。上舍三等推恩，以通仕、登仕、将仕郎为次。”“书学、篆、隶、草三体，《说文》、《字说》、《尔雅》、《博雅》、《方言》五书，仍兼通《论语》、《孟子》义，愿占大经者听。三舍试补升降，略同算学法，推恩差降一等。”“画学，曰佛道、人物、山水、鸟兽、花竹、屋木。以《说文》、《尔雅》、《方言》、《释名》教授，《说文》则令篆字著音训，余书皆设答，以所解义，观其能通画意与否。仍分士流、杂流，别其斋而居之。士流兼习一大经、一小经；杂流则诵小经，或读律。考画之等，以不仿前人而物之情态形色俱若自然，笔韵高简为工。三舍试补升降以及推恩，略同书学。惟杂流授官，止自三班借职以下三等。”“医学，初隶太常寺。神宗时，置提举制局，始不隶太常。亦置教授一员。翰林医官以下，与上等学生及在外良医为之。学生常以春试，取三百人为额，三学生愿预者听。仿三学之制立三舍法，为三科，以教诸生。有方脉科、针科、疡科，方脉以《素问》、《难经》、《脉经》为大经，《病源》、《千金翼方》为小经。考察、升补等，略如诸学之法。其选用最高者，为尚药医师，以次医职，余各以等补官，为本学博士、正、录及外州医学教授云。”

又有武学，以兵书、弓马、武艺训诱学者。

《宋史·职官志·武学》：“庆历三年，诏置武学于武成王庙，以阮逸为教授。八月，罢武学，以议者言‘古名将如诸葛亮、羊祜、杜预等，岂专学孙、吴’故也。熙宁五年，枢密院言：‘古者出师受成于学，文武弛张，其道一也，乞复置武学。’诏于武成王庙置学。元丰官制行，改教授为博士。绍兴十六年，诏修建武学，武博、武谕以兵书、弓马、武艺诱诲学者。”

而庆历以后，州郡无不有学。

《宋史·职官志》：“景祐四年，诏藩镇立学，他州勿听。庆历四年，诏诸路州、军、监各令立学，学者二百人以上，许更置县学。自是州郡无不有学，始置教授，以经术行义训导诸生，掌其课试之事，而纠正不如规者。委运司及长吏于幕职州县内荐，或本处举人有德艺者充。熙宁六年，诏诸路学官委中书门下选差，至是，始命于朝廷。元丰元年，州、府学官共五十三员，诸路惟大郡有之，军、监未尽置。元祐元年，诏齐、庐、宿、常等州各置教授一员，自是列郡各置教官。建炎三年，教授并罢。绍兴三年，复置四十二州。十二年，诏无教授官州、军，令吏部申尚书省选差。二十六年，诏并不许兼他职，令提举司常切遵守。”

宋儒文集，多有州郡建学碑记，可见一代风气。《金石萃编》载“永兴军牒”及“中书劄子”。

《金石萃编·永兴军牒》：“户部侍郎知永兴军范雍奏：国家剽甲敦儒，宅中开绪云云，臣伏见本府城中，见有系官隙地，欲立学舍五十间。乞于国子监请经典史籍一监，仍拨系官庄田一十顷，以供其费。访经明行修者为之师范，召笃学不倦者补以诸生。候敕旨牒。奉敕，依奏，许建立府学，仍勘会于系官荒闲土地内，量拨伍顷，充府学支用。及令国子监赐与《九经》书籍，不得假借出外，及有损污散失，仍令本军常切选差官一员管句。”

同上《永兴军中书劄子》：“户部侍郎知河阳军范雍奏：臣昨知永兴军，体量得前资寄任官员颇多，子弟辈不预肯构，唯恣嘲谑轻薄，斗谍词讼。自来累有条约，与诸处不同，有过犯情理重者，并奏听敕裁，然终难悛革。盖由别无学校励业之所，是致轻悍成风。臣到任后，奏乞建置府学，兼赐得《九经》书，差官主掌，每日讲授。据本府分析，即今见有本府及诸州修业进士一百三十人在学，关中风俗稍变，颇益文理。见是权节度掌书记陈谕管句，欲乞特降敕命指挥下本府管句官员，令常切遵守所立规绳，不得隳废，候敕旨。右奉圣旨：依奏，劄付永兴军准此者。”

知宋初各地立学，尚须特奏。关中为自古都会，而学校久废，待范雍而后兴，则自北宋中叶以降，无论路府州军，皆立学校教授，不得谓非文化之巨典也。虽然，宋代学校，究不迨科举之盛。宋之君主，多注重取士，临轩试士，待之极渥。

《文献通考》："太祖开宝八年，亲试举人，得王嗣宗等三十六人。""按殿前试士，始于唐武后。然唐制以考功郎中任取士之责，后不过下行其事，以取士誉，非于考功已试之后再试之也。""开宝六年，李昉知举放进士，后下第人徐士廉等打鼓论榜。上遂于讲武殿命题重试，御试自此始。""然是年虽别试，而共为一榜，亦未尝有省试、殿试之分。""至八年，复试礼部贡院合格举人王式等于讲武殿内，出试题，得进士三十六人，而以王嗣宗为首。王式者，礼部所定合格第一人，则居其四。盖自是年御试，始别为升降，始有省试、殿试之分，省元、状元之别云。"

而糊名考校、解衣阅视之令又极严，

《文献通考》："淳化三年，诸道举人凡万七千余人，苏易简知举殿试，始令糊名考校。""景德四年，令礼部糊名考校。""大中祥符五年，上闻贡院监门官以诸科举人挟书为私，悉解衣阅视，失取士之体，亟令止之。又令贡院录诸州发解试题以闻，以将廷试，虑或重复，自是用以为例。"

其举也限以年，

《文献通考》："英宗治平三年，诏曰：先帝以士久不贡，怠于学，而豪杰者不时举，故下间岁之令。而自更法以来，其弊浸长，里选之牒仍故，而郡国之取减半，计偕之籍屡上，而道涂之劳良苦，朕甚闵焉。其令礼部三岁一贡举。"

其取也判以甲，

《文献通考》："太平兴国八年，试进士始分三甲。第一甲并知县。”

定其解额，先以秋试。

《文献通考》：“绍兴十一年，始就诸路秋试。每五人解一名，省试七人取一名。”

于是天下学者，悉萃精力于考试，反视学校进身不如科举之捷。虽以王安石之提倡经术，

《宋史·选举志》：“王安石对曰：‘今人材乏少，且其学术不一，异论纷然，不能一道德故也。一道德则修学校，欲修学校，则贡举法不可不变。若谓此科尝多得人，自缘仕进别无他路，其间不容无贤。若谓科法已善，则未也。今以少壮时，正当讲求天下正理，乃闭门学作诗赋，及其入官，世事皆所不习，此科法败坏人才，致不如古。’既而中书门下言：‘古之取士，皆本学校，道德一于上，习俗成于下，其人才皆足以有为于世。今欲追复古制，则患于无渐。宜先除去声病对偶之文，使学者得专意经术，以俟朝廷兴建学校，然后讲求三代所以教育选举之法，施于天下，则庶几可以复古矣。’于是改法，罢诗赋、帖经、墨义，士各占治《易》、《诗》、《书》、《周礼》、《礼记》一经，兼《论语》、《孟子》。每试四场，初大经，次兼经，大义凡十道[①]，次论一首，次策三道，礼部试即增二道。中书撰大义式颁行。试义者须通经，有文采，乃为中格。不但如明经墨义，粗解章句而已。”

蔡京之主废科举，其弊卒不能革。盖利禄之途既开，奔竞之心日甚，亦势之无可如何者也。

南宋学制，亦沿三舍之法，太学初仅养士七百人。

《宋史·选举志》：“绍兴八年，叶琳上书请建学，而廷臣皆以

① 后改《论语》、《孟子》义各三道。

兵兴馈运为辞。十三年，兵事稍宁，始建太学。置祭酒、司业各一员，博士三员，正、录各一员，养士七百人。上舍生三十员，内舍生百员，外舍生五百七十员。”

庆元、嘉定中，增外舍生至千四百员，申严积分之法。

《续文献通考》：“庆元、嘉定中，增外舍生至千四百员。内舍校定，不系上舍，试年分以八分为优等，外舍生晏泰亨以七分三厘乞理为三优，朝命不许。遂申严学法，今后及八分者，方许岁校三名。如八分者止有一人，而援次优三优之例者，亦须止少二三厘，方可陈乞特放。”

其学规，有关暇、迁斋、夏楚屏斥诸目。

《续文献通考》：“学规五等：轻者关暇几月，不许出入，此前廊所判也。重则前廊关暇，监中所行也。又重则迁斋，或其人果不肖，则所迁之斋亦不受，又迁别斋，必须委曲人情方可。直须本斋同舍力告公堂，方许放还本斋，此则比之徒罪。又重则下自讼斋，比之黥罪，自宿自处，同舍亦不敢过而问焉。又重则夏楚屏斥，比之死罪，自此不与士齿矣。”

吴自牧《梦粱录》详载临安学校规制，观之可以见南宋国学及府县学校之概：

《梦粱录》：“太学有二十斋，扁曰服膺、禔身、习是、守约、存心、允蹈、养正、持志、节性、率履、明善、经德、循理、时中、笃信、果行、务本、贯道、观化、立礼。十七斋扁，俱米友仁书。余节性、经德、立礼斋扁，张孝祥书。各斋有楼，揭题名于东西壁。厅之左右为东西序，对列，位后为炉亭，又有亭宇，揭以嘉名甚夥。绍兴年间，太学生员额三百人，后增置一千员，今为额一千七百一十有六员。以上舍额三十人，内舍额二百单六人，外舍额一千四百人，国子生员八十人。诸生衫帽出入，规矩森严。朝家所给学廪，动以万计，日供饮膳，为礼甚丰。宗学在睦亲坊，按国朝宗子分为六宅，宅各有学，学各有训导之官。中兴后，惟睦亲一宅，置诸王官大小学教授，专以训迪南班子弟。嘉定岁，始改官学为宗学，凡有籍之宗子，以三岁一试，补入为生员，如太学法。置教授、博士、宗谕，立讲课，隶宗正寺掌之。学立大成殿、御书阁、明伦堂、立教堂、汲古堂。斋舍有六，扁曰贵仁、立爱、大雅、明贤、怀德、升俊。……杭州府学在凌家桥西，士夫嫌其湫隘，故帅臣累增辟规模，广其斋舍，总为十斋，扁曰进德、兴能、登俊、宾贤、持正、崇礼、致道、尚志、率性、养心。又有小学斋舍，在登俊后，以东西二教掌其教训之职，次有前廊录正等生员，各斋有长谕。月书季考，供膳亦厚，学廪不下数千，出纳、学正领其职。仁和、钱塘二县学，在县左，建庙学养士。仁和学有斋舍四，扁曰教文、教行、教忠、教信；钱塘学斋舍六，扁曰友善、辨志、教行、教信、教文、教忠。诸县学亦如之。各县有学官，次有学职。生员日供饮膳，月修课考，悉如州县学。各州县学廪，不下数百，以为养士之供。医学在通江桥北，又名太医局。建殿扁曰神应，奉医师神应王，以岐伯、善济公配祀。讲堂扁曰正纪。朝家以御诊长听充判局职，本学以医官充教授四员，领斋生二百五十人。月季教课，出入冠带如上学礼，学廪饮膳丰厚不苟，大约视学校规式严肃。局有斋舍者八，扁曰守一、全冲、精微、立本、慈和、致用、深明、稽疾。”

《癸辛杂识》痛诋当时学者：

《癸辛杂识》（周密）：“三学之横，盛于淳祐、景定之际。凡其所欲出者，虽宰相、台谏，亦直攻之使必去，权乃与人主抗衡。或少见施行，则必借秦为谕，动以坑儒恶声加之。时君时相，略不敢过而问焉。其所以招权受赂，豪夺庇奸，动摇国法，作为无名之谤，扣阍上书，经台投卷，人畏之如狼虎。若市井商贾，无不被害，而无所赴诉，非京尹不敢过问，虽一时权相如史嵩之、丁大全，亦未如之何也。大全时，极力与之为敌，重修丙辰监令，榜之三学，时则方大猷实有力焉。其后诸生竭力合党以攻大全，大全终于得罪而去。至于大猷，实有题名之石，磨去以为败群之罚。自此之后，恣横益甚。至贾似道作相，度其不可以力胜，遂以术笼络，每重其恩数，丰其馈给，增拨学田，种种加厚。于是诸生啖其利而畏其威，虽目击似道之罪，而噤不敢发一语。"

然太学诸生，能直攻宰相、台谏而使之去，其权至与人主抗衡，则正宋室养士之效。以贾似道之奸，而不敢得罪学生，仅思以术笼络，其贤过于今之政府多矣。

元代京师有国子学，及蒙古国子学、回回国子学，盖其文字不专用一国也。蒙古国子学以教蒙文。

《续文献通考》："世祖至元八年正月，立京师蒙古国子学。命于随朝蒙古汉人百官及集赛台官员，选子弟俊秀者入学。并令好学者兼习算学，以《通鉴》节要，用蒙古语言译写教之。俟生员学习成效，出题试问，观其所对，精通者量授官职。十四年，又立蒙古国子监。至成宗大德十年二月，增生员廪膳为六十员。""仁宗延祐二年，生员百人：蒙古五十人，色目二十人，汉人三十人。而百官子弟之就学者，常不下二三百人。"

回回国子学以教回文。

《续文献通考》："至元二十六年八月，置回回国子学。尚书省臣言：亦思替非文字宜施于用，今翰林院伊普迪哈鲁鼎能通其字学，乞授以学士之职。凡公卿大夫与夫富民之子，皆依汉人入学之制，日肄习之。帝可其奏，遂置回回学。""泰定二年闰正月，以入学者众，其学官及生员五十余人，已给饮膳者二十七人，外助教一人，生员二十四人，廪膳并令给之。学之建置，在于国都。凡百司庶府所设译史，皆从本学取以充焉。"

于吾国之文化无大关系。其国子学之教汉文者，则沿宋代之制，建孔子庙，分斋舍，行积分法。

《贾侯修庙学颂序》（吴澄）："世祖皇帝至元二十四年，设国子学，命立孔子庙。暨顺德忠献王哈喇哈孙相仁宗，始克继先志，成其事，而工部郎中贾侯董其役。庙在东北纬涂之南，北东经涂之东。殿四阿，崇十有七仞，南北五寻，东西十筵者三，左右翼之，广亦如之。衡达于两庑，两庑自北而南七十步。中门崇九仞有四尺，修半之，广十有一步。门东、门西之庑各广五十有二步，外门左右，为斋宿之室，以间计，各十有五。神厨、神库、南直殿之左右翼，以间计各七。殿而庑，庑而门，外至于外门，内至于厨、库，凡四百七十有八楹。肇谟于大德三年之春，讫功于大德十年之秋，于是设官教国子已二十年矣。寄寓官舍，不正其名，乃营国学于庙之西。中之堂为监，前以公聚，后以燕处。旁有东西夹，夹之东西各一堂以居博士。东堂之东，西堂之西，有室；东室之东，西室之西，有库。库之前为六馆，东西向，以居弟子员。一馆七室，助教居中以莅之。馆南而东而西为两塾，以属于门，屋四周通百间，逾年而成。"《元史·选举志》："仁宗延祐二年，用集贤学士赵孟頫、礼部尚书元明善等所议，国子学贡试之法更定之。一曰升斋等第。六斋东西相向，下两斋左曰游艺，右曰依仁，凡诵书讲说、小学属对者隶焉；中两斋左曰据德，右曰志道，讲说《四书》、课肄诗律者隶焉；上两斋左曰时习，右曰日新，讲说《易》、《书》、《诗》、《春秋》，科习明经义等程文者隶焉。每斋员数不等，每季考其所习经书课业及不违规矩者，以次递升。二曰私试规矩。汉人验日新、时习两斋，蒙古、色目取志道、据德两斋。本学举实历坐斋二周岁以上未尝犯过者，许令充试；限实历坐斋三周岁以上以充贡举。汉人私试，孟月试经疑一道，仲月试经义一道，季月试策问、表章、诏诰科一道。蒙古、色目人，孟、仲月各试明经一道，季月试策问一道。辞理俱优者为上等，准一分；理优辞平者为中等，准半分。每岁终，通计其年积分，至八分以上者，升充高等。生员以四十名为额，内蒙古、色目各十名，汉人二十名。岁终试贡，员不必备，惟取实才。有分同阙少者，以坐斋月日先后多少为定。其未及等并虽及等无阙未补者，其年积分，并不为用，下年再行积算。每月初二日蚤旦圆揖后，本学博士助教公座面引应试生员，各给印纸，依式出题考试，不许怀挟代笔，各用印纸真楷书写。本学正、录弥封誊录，余并依科举式。助教博士以次考定，次日监官复考，于名簿内籍记各得分数，本学收掌，以俟岁终通考。三曰黜罚科条。应私试积分生员，其有不事课业及一切违戾规矩者，初犯罚一分，再犯罚二分，三犯除名，从学正、录纠举；正、录知见而不纠举者，从本监议罚之。应已补高等生员，其有违戾规矩者，初犯殿试一年，再犯除名，从学正、录纠举；正、录知见而不纠举者，亦从本监议罚之。应在学生员，岁终实历坐斋不满半岁者，并行除名。除月假外，其余告假并不准算。学正、录岁终通行考校，应在学生员，除蒙古、色目别议外，其余汉人生员三年不能通一经及不肯勤学者，勒令出学。”

要亦科举之变相，不足以言教育。其府州县学校，则见于史籍者，为数颇多。

《元史•世祖本纪》：“至元二十三年，大司农司上诸路学校之数，凡二万一百六十六所。二十五年，二万四千四百余所。二十八年，二万一千三百余所。”

盖合社学而言，或沿宋、金之制。惟云南创建学校，于推广文化，有可纪焉。

《续通考》：“至元十九年四月，命云南诸路皆建学，祀先圣。”

"云南俗无礼义，子弟不能读书，且未知尊孔子，祀王逸少为师。至元三年，赛音谔德齐沙木斯鼎为云南行省平章，创建孔子庙、明伦堂，购经史，授学田。十五年，张立道为忠庆路总管，亦首建孔子庙，置学舍，劝士人子弟以学。择蜀士之贤者，迎以为弟子师。岁时率诸生行释菜礼，人习礼让，风俗稍变。至是复有是命。二十九年四月，设云南诸路学校，其教官以蜀士充。"

书院之名，昉于唐而盛于宋、元。

《唐六典》："开元十三年，改集贤殿修书所为集贤殿书院。""有学士、直学士、侍讲学士、修撰官、校理官、知书官等。""集贤院学士掌刊缉古今之经籍，以辨明邦国之大典，而备顾问应对。凡天下图书之遗逸、贤才之隐滞，则承旨而征求焉。其有筹策之可施于时，著述之可行于代者，较其才艺，考其学术，而申表之。凡承旨撰集文章，校理经籍，月终则进课于内，岁终则考最于外。"

宋初有四大书院：曰白鹿洞，曰岳麓，曰应天，曰嵩阳，其建置实先于各州之学。(《文献通考》称宋初有四书院：庐山白鹿洞，嵩阳书院，岳麓书院，应天书院，未建州学也。)王应麟《玉海》述四书院之历史甚详。今节录之：

白鹿洞书院。

唐李渤与兄涉，俱隐白鹿洞，后为江州刺史，即洞创台榭。南唐升元中，因洞建学馆，置田以给诸生。学者大集，以李善道为洞主，掌教授，当时谓之白鹿洞国庠。宋太平兴国三年，知江州周述言庐山白鹿洞学徒数千百人，请赐《九经》书肄习之。诏从之。皇祐五年，孙琛即故址为学馆十间，榜曰白鹿洞之书堂，俾子弟居而学焉。淳熙六年，南康守朱熹重建。八年，赐国子监经书。

岳麓书院。

开宝九年，潭州守朱洞，始于岳麓山抱黄洞下，以待四方学者，作讲堂五间，斋序五十二间。咸平二年，潭守李允则，益崇大其规模，中开讲堂，揭以书楼，塑先师十哲之像，画七十二贤。请下国子监赐诸经释文义疏、《史记》、《玉篇》、《唐韵》。从之。祥符五年，山长周式请于太守刘师道，广其居。[①] 八年，拜式为国子主簿，仍增给中秘书，于是书院之称闻天下。

应天府书院。

祥符二年，诏应天府新建书院，以曹诚为助教。国初有戚同文者，通五经业，聚徒百余人。于是诚即同文旧居建学舍百五十间，聚书千五百余卷，愿以学舍入官，令同文孙舜宾主之，故有是命。景祐二年，以书院为府学，给田十顷。

嵩阳书院。

至道二年七月甲辰，赐院额及印本《九经》书疏。祥符三年，赐太室书院《九经》。景祐二年，西京重修太室书院，诏以嵩阳书院为额。[②]

此外则衡州石鼓书院，建置亦甚久。

《文献通考》：石鼓书院，唐元和间衡州李宽所建，国初赐额。

故言宋初四大书院者，或举石鼓而不及嵩阳，盖嵩阳后来无闻，而石鼓则南宋时犹存也。北宋诸儒，多讲学于私家。南宋诸儒，多讲学于书院，故南宋时书院最盛。

《续通考》："宋自白鹿、石鼓、应天、岳麓四书院后，日增月益，书院之建，所在有之。宁宗开禧中，则衡山有南岳书院，掌教有官，育才有田，略仿四书院之制。嘉定中，则涪州有北岩书院。至理宗时尤夥，其得请于朝，或赐额，或赐御书，及间有设官者。

---

① 山长之名始此。

② 按《续通考》："嵩阳书院在河南登封县太室山下，五代时建。"

应天有明道书院，苏州有鹤山书院，丹阳有丹阳书院，太平有天门书院，徽州有紫阳书院，建阳有考亭书院、庐峰书院，崇安有武夷书院，金华有丽泽书院，宁波有甬东书院，衢州有柯山书院，绍兴有稽山书院，黄州有河东书院，丹徒有淮海书院，道州有濂溪书院，兴化有涵江书院，桂州有宣成书院，全州有清湘书院。度宗朝，则淳安有石峡书院，衢州有清献书院。其他名贤戾止、士大夫讲学之所自为建置者，不与焉。”

其法亦有仿三舍制者。

《续通考》：“理宗淳祐六年，敕湖广善化县别建湘西书院。”“潭州故有岳麓书院，至是御书其额赐之，复于湘水西别建书院。州学生月试积分高等，升湘西、岳麓书院生，又积分高等升岳麓精舍生。潭人谓为三学生。”

按宋时书院性质，殆有官立、私立两种。官立者如白鹿、岳麓等是，私立者如泰山书院、浮沚书院等是。

《泰山书院记》（石介）曰：“泰山先生①于泰山之阳，起学舍讲堂，聚先圣之书满屋，与群弟子居之。”《宋元学案》：“周行己，字恭叔，永嘉人。大观中，筑浮沚书院以讲学。”

其由私立改为官立者，如戚同文讲学之所，复改为应天书院是。

《宋元学案》：“戚同文字同文，晋末衰乱，绝意禄仕，将军赵直为筑室聚徒，请益之人，不远千里而至。”《答张征士问四大书院帖子》（全祖望）：“戚同文讲学睢阳，生徒即其居为肄业之地。祥符三年，赐额，晏元献公延范希文掌教焉。”

《续通考》所未载者，尚有传贻书院、

---

① 即孙复。

《宋元学案》："辅广，字汉卿，崇德人。筑传贻书院，教授学者，称传贻先生。"

石坡书院、

《宋元学案》："桂万荣，字梦协，慈溪人，尝筑石坡书院讲学。"

杜洲书院、

《宋元学案》："童居易，字行简，慈溪人。累世讲学，其孙金筑杜洲书院。"

同人书院、

《宋元学案》："高定，字瞻叔，知夹江县，作同人书院。"

石洞书院、

《宋元学案》："饶鲁，字伯舆，馀干人。于家作石洞书院，前有两峰，因号双峰。"

象山书院

《宋元学案・彭世昌传》："陆象山奉祠归家，世昌登应天山，乐之，因为建一精舍，以居象山，即所谓象山书院也。"

等。其规模大小也不等，如白鹿书院，不过小屋四五间，

《申修白鹿洞书院小贴子》（朱熹）："所立书院，不过小屋四五间，不敢妄有破费官钱，伤耗民力。"

杜洲书院则有礼殿讲堂等。

《杜洲书院记》（全祖望）："有先圣碑亭，有礼殿，有讲堂，有六斋，曰志道、曰尚德、曰复礼、曰守约、曰慎独、曰养浩。有书库，有祭器，门廊庖湢，纤悉毕备。"

学生膏火，有取之田租者，

《杜洲书院记》(全祖望)："有田租以资学者。"

有取之官费者。

《措置潭州岳麓书院牒》(朱熹)："游学之士，依州学则例，日破米一升四合，钱六十文。其排备斋舍几案床榻之属，并帖钱粮官于本州赡学料次钱及书院学粮内，通融支给。"

讲学之法，或官吏延师，或主者自教，或别请大儒，

《宋元学案》："陆象山至白鹿洞书院，朱子率僚友请其讲义，以警学者。象山为讲'君子喻于义，小人喻于利'一章。"

或代以高等弟子，

《宋元学案》："陆象山在应天山精舍，学者坐以齿，傅子云居末席。象山令设一席于旁，时令代讲，或疑之，象山曰：'子云天下英才也。'及出荆门，尽以书院事付之。"

盖亦无一定之规则也。

元代书院视宋尤盛。书院山长，亦为定员。

《元史·选举志》："至元二十八年，令江南诸路学及各县学内，设立小学。选老成之士教之，或自愿招师，或自受家学于父兄者，亦从其便。其他先儒过化之地，名贤经行之所，与好事之家，出钱粟赡学者，并立为书院。凡师儒之命于朝廷者，曰教授，路府上中州置之。命于礼部及行省及宣慰司者，曰学正、山长、学录、教谕，路州县及书院置之。路设教授、学正、学录各一员，散府上中州设教授一员，下州设学正一员，县设教谕一员，书院设山长一员。"

书院之著者，不下百数。

> 《续通考》："自太宗八年，行中书省事杨惟中，从皇子库春伐宋，收集伊、洛诸书，送燕京，立宋儒周敦颐祠，建太极书院，延儒士赵复、王粹等讲授其间。此元建书院之始。其后昌平有谏议书院，河间有毛公书院，景州有董子书院，京兆有鲁斋书院，开州有崇义书院，宣府有景贤书院，苏州有甫里书院、文正书院、文学书院，松江有石洞书院，常州有龟山书院，池州有齐山书院，婺源有明经书院，太原有冠山书院，济南有闵子书院，曲阜有洙泗书院、尼山书院，东阿有野斋书院，凤翔有岐阳书院，郿县有横渠书院，湖州有安定书院、东湖书院，慈溪有慈湖书院，宁波有鄮山书院，处州有美化书院，台州有上蔡书院，南昌有宗濂书院，丰城有贞文书院，馀干有南溪书院，安仁有锦江书院，永丰有阳丰书院，武昌有南湖书院、龙川书院，长沙有东冈书院、乔冈书院，益阳有庆州书院，常德有沅阳书院，福州有勉斋书院，同安有大同书院，琼州有东坡书院，凡此盖约略举之，不能尽载也。"

观其书院之多，足知元虽以蒙古入主中国，而教育之权，仍操之吾族儒者之手。而宋儒讲学之风，虽易代不衰，亦可见矣。

宋、元之世，自有国学及府县之学，而此外又有书院者，盖学校多近于科举，不足以餍学者之望，师弟子不能自由讲学，故必于学校之外，别辟一种讲学机关。其官立者，虽有按年积分之制，而私家所设，或地方官吏自以其意延师讲授者，初无此等拘束，故淡于荣利，志在讲求修身治人之法者，多乐趋于书院。此实当时学校与书院之大区别也。宋时州县学校，皆有田产，以赡学者。然以属于官吏，亦可为强权所夺。

> 《续通考》："至元二十三年，诏江南学校旧有学田，复给之以养士。""时江南行省理财方急，卖所在学田，以价输官，利用监彻尔奉使至，见之，谓曰：'学有田，所以供祭祀、育人才也，安可鬻?'遽止之。还朝以闻，帝嘉纳焉。至二十九年正月，诏江南州

县学田，其岁入听其自掌。春秋释奠外，以廪给师生及士之无告者。贡士庄田，则令核数入官。”

若书院之创自私人者，其田产当然属于书院，不至为政府没收。第须规制完善，经理得人，其事反视官立学校为可恃。故当时定令，各地虽皆有学校，而士大夫仍于学校之外，增设书院，不以并行为病，是亦书院与学校异趣者也。呜呼，讲学自由，经济独立，非今日学者所渴望者乎？稽之史策，固有前规，凡今人之所虞，何莫非昔人所见及者乎！

第二十三章　宋元间之文物

历史进化之迹，随在可见，而民族之能力，亦不必随国运之盛衰为消长。两宋之时，汉族对外之力固甚薄弱，至于元世，则全体受制于蒙古，益似无发展之余地矣。然详考其时之文物，则仍继续进步，缅缅不休。文学、工艺、美术、制造，无不各有所新创。综其全体论之，宋代民族审美之风，实又进于唐代。任就何事观察，皆可见其高尚优美之概，不得谓宋人讲理学，偏于迂腐鄙朴，而薄文艺不屑为也。

宋、元之诗文家极夥。稽其数量，倍蓰于唐。

> 《旧唐书·经籍志》集部凡八百九十二部，一万二千二十八卷。[①]《宋史·艺文志》凡集类二千三百六十九部，三万四千九百六十五卷。[②]《补辽金元艺文志》凡集部六百六家，七千二百三十一卷。[③]

而其作品又多别开户牖，能发唐人之所未发。宋之散文大家，三倍于唐之大家[④]，诗与四六又皆有特造之境，而经义之别为一体者，无论矣。(经义始于宋，宋《艺文志》不别为类，《补辽金元艺文志》则有制举类七家，三十二卷。)其他诗话文评，尤多作者。论其性质，则近世所谓修辞学也。

宋、元文学之特产，尤有三焉：曰词，曰曲，曰小说。词起于唐，

> 《全唐诗注》："唐人乐府，原用律绝等诗杂和声歌之，其并和

---

① 连前代总计。

② 据此，是有宋一代集部，较之战国至唐之集部，增加二倍有奇也。

③ 辽、金集部不多，大宗皆元代之作。《旧唐书》记唐代仅一百一十二家，则元代较之约多五倍矣。

④ 世称唐宋八大家，欧、曾、王、苏占八分之六。

声作实字，长短其句以就曲折者，为填词。开元、天宝肇其端，元和、太和衍其流，大中、咸通以后，迄于南唐、二蜀，尤家工户习以尽其变。凡有五音二十八调，各有分属，今皆失传。”

渐盛于五代。论者谓南唐二主之词，等于书家之羲、献，其时代皆在宋初，故谓二主词亦宋词可也。北宋之工词者，有晏殊、欧阳修、柳永、张先、苏轼、秦观、周邦彦等；南宋之工词者，有辛弃疾、陈亮、陆游、姜夔、吴文英等，前掩唐而后无元明，盖倚声极盛之时也。词之妙，在声韵，至于有井水处，皆能歌之。

《避暑录话》（叶梦得）：“尝见一西夏归朝官云：凡有井水饮处，即能歌柳词。”《藏一话腴》（陈郁）：“周美成乐府独步，贵人学士、市侩妓女皆知其词可爱。”

盖词尚协律，便于弦歌。由诗而进于词，其体愈美，而其用愈普，是亦可征人事之进化也。

小说家著于《汉志》，后世艺文志鲜及之。而小说之作，实亦日新不已。宋李昉等所集《太平广记》，大都采自唐以前及唐人之小说。

《太平广记跋》（谈恺）：“宋太平兴国间，既得诸国图籍，而降王诸臣，皆海内名士，或宣怨言，尽收用之，置之馆阁，厚其廪饩，使修群书。以《修文御览》、《艺文类聚》、《文思博要》、经史子集一千六百九十余种，编成一千卷，赐名《太平御览》。又以野史、传记、小说诸家编成五百卷，分五十五部，赐名《太平广记》。”

宋时小说，尤为发达。有演述史事者，

《事物纪原》（高承）：“宋仁宗时，市人有能谈三国事者，或采其说，加缘饰，作影人。”①

① 此即后世《三国演义》之始。

有直陈时事者，

> 《七修类稿》（郎瑛）："小说起宋仁宗时，国家闲暇，日欲进一奇怪之事以娱之，故小说'得胜头回'之后，即曰'话说赵宋某年'云云。"

其书以说为主，故多用当时语言，与文章家用古文法纪事者有别。

> 《梦粱录》（吴自牧）"小说讲经史"一则云："说话者谓之舌辩，虽有四家数，各有门庭。""谈经者谓演说佛书，说参请者谓宾主参禅悟道等事，有宝庵、管庵、喜然和尚等，又有说诨经者戴忻庵。讲史书者谓讲说《通鉴》、汉、唐历代史书文传兴废争战之事，有戴书生、周进士、张小娘子、宋小娘子、邱机山、徐宣教。又有王六大夫，原系御前供话，为幕士请给，讲诸史俱通。于咸淳年间，敷演复华篇及中兴名将传，听者纷纷，盖讲得字真不俗，记问渊源甚广耳。"

又其述说不限时日，故必多分章回，以便使人听而忘倦。今世所传《宣和遗事》，即章回小说之最古者也。

合词与小说而为戏曲，亦始于宋时。然宋时杂剧，今多不传。传于世者，惟元人之传奇。传奇之体，皆代当时之人立言，或用俗语演述，或用韵文申叙，其韵文则谓之曲。

> 《宋元戏曲史》（王国维）："唐代仅有歌舞剧及滑稽剧，至宋、金二代始有纯粹演故事之剧，故谓真正之戏剧起于宋代，无不可也。然宋、金演剧之结构，虽略如上述，而其本则无一存。故当日已有代言体之戏曲否，已不可知。而论真正之戏曲，不能不从元杂剧始。"

曲出于词而较长，各按宫商而为调，元时又有南曲、北曲之分。

> 《元曲选序》（臧晋叔）："世称宋词元曲，夫词在唐李白、陈后主皆已优为之，何必称宋？惟曲自元始，有南北各十七宫调。"

北曲字多而声调缓，南曲字少而声调繁，盖因南北习尚，而各为风气者也。元剧至多，今传于世者，尚有百十六种。

《宋元戏曲史》："今日确存之元剧，为吾辈所能见者，实得一百十六种。"

其著名之作者，有关汉卿、马致远、白朴、郑光祖、王实甫等。其词多杂俚语，而表情述事，真挚秀杰，实可称为白话文学。推其所以特盛之故，则由出于考试。

《元曲选序》："或谓元取士有填词科，若今帖括然，取给风檐寸晷之下。故一时名士，虽马致远、乔孟符辈，至第四折，往往强弩之末矣。或又谓主司所定题目外，止曲名及韵耳，其宾白，则演剧时伶人自为之，故多鄙俚蹈袭之语。"

而蒙古以野蛮之族，初通中土语文，故亦不克讲求典雅。近世英、法诸国，翻译元典，殆不下二三十种①，盖其文与西洋文学性质相近也。

宋之书家，多由唐人变化而出，未足为一代之特色，而法帖则以宋为盛。集古今名人书札，摹勒上石，名曰法帖，始于南唐。

《辍耕录》（陶宗仪）："江南李后主命徐铉以所藏古今法帖入石，名《升元帖》者，则在淳化之前，当为法帖之祖。"

至宋太宗时，命侍书王著以枣木仿刻，仍题曰勒石。

《辍耕录》："宋太宗留意翰墨。淳化中，出御府所藏，命侍书王著临拓，以枣木镂刻，厘为一十卷。于每卷末篆题云'淳化三年壬辰岁十一月六日奉圣旨模勒上石'。"

仁宗时，又诏僧希白刻石于秘阁，

《辍耕录》："仁宗尝诏僧希白刻石于秘阁，前有目录，卷尾无

① 见《宋元戏曲史》。

篆书题字。”

徽宗时，又刻《续法帖》及《大观帖》。

《辍耕录》：“徽宗建中靖国间，出内府续所收书，令刻石，即今《续法帖》也。大观中，又奉旨摹拓历代真迹，刻石于太清楼，字行稍高，而先后之次，与淳化则少异。其间数帖，多寡不同，各卷末题云‘大观三年正月一日奉圣旨摹勒上石’者，蔡京书也。而以《建中靖国续帖》十卷，易去岁月名衔以为后帖。又刻孙过庭《书谱》及《贞观十七帖》，总为二十二卷，谓之《大观太清楼帖》。”

自是学书者多取法于帖，而法帖亦孳乳浸多，有《绛帖》、《潭帖》诸本。

《辍耕录》：“《绛帖》者，尚书郎潘师旦以官帖摹刻于家为石本，而传写字多讹舛，世称为《潘驸马帖》，二十卷。其次序卷帖虽与淳化官帖不同，而实则祖之，特有所增益耳。单炳文曰：淳化官本《法帖》，今不复多见，其次《绛帖》最佳，而旧本亦已艰得。”“《潭帖》者，庆历中，刘丞相帅潭日，以《淳化官帖》命慧照大师希白模刻于石，置之郡斋，增入《伤寒》、《十七日》、王濛、颜真卿诸帖，而字行颇高，与淳化阁本差不同。”

考证批评，亦因以盛，是固一时之风气也。

《文献通考》：“《法帖释文》十卷，晁氏曰：《淳化法帖》既以焚板，元祐中，有刘次庄者，模刻之石，复取帖中草书所病读者为释文，行于世。”“《法帖刊误》二卷，陈氏曰：黄伯思长睿撰。《淳化帖》出于待诏王著，去取时秘府墨迹，真赝杂居，著不能辨也，但欲备晋、宋间名迹，遂至以江南人一手伪帖，窜入其间，鄙恶之甚。米南宫辨之，十已得七八，至长睿益精详矣。”“《绛帖评》二十卷，陈氏曰：鄱阳姜夔尧章撰，山谷黄氏跋：绛本法帖，心能转腕，手能转笔，书字便如人意，古人工书无他异，但能用笔耳。”

又自唐代推崇王羲之所书《兰亭序》，至于宋季，遂有一百一十七刻，

《辍耕录》（陶宗仪）：“兰亭一百十七刻，装褫作十册。乃宋理宗内府所藏，每版有内府图书钤缝玉池上，后归贾平章。”

至于偏旁点画，亦一一有所考证，识者讥为玩物丧志。盖审美之极，辨析毫芒，遂至是耳。

《文献通考》：“《兰亭博议》十五卷，淮海桑世昌撰。”“此书累十余卷，不过为晋人一遗帖作，自是无益，玩物丧志。”

唐代绘事已甚发达，至宋、元而尤为进步。黄筌之花卉，李公麟之人物，米芾及子友仁之山水，皆卓绝于世。徽宗嗜书画，尝设书画学及书艺画图等局，

《宋史·徽宗本纪》：“建中靖国三年六月壬子，置书画算学。”“大观四年三月庚子，诏医学生并入太医局，算入太史局，书入翰林书艺局，画入翰林画图局，学官等并罢。”

有书画学博士，

《宋史·米芾传》：“召为书画学博士。”

故绘事几成专家之学。据《宣和画谱》录画凡十门，

《四库全书总目》：“《宣和画谱》二十卷，所载共二百三十一人，计六千三百九十六轴。分为十门：一道释，二人物，三宫室，四蕃族，五龙鱼，六山水，七鸟兽，八花木，九墨竹，十蔬果。”

皆御前书画所诸名家所审定。

《铁围山丛谈》（蔡絛）：“崇宁初，命宋乔年值御前书画所。乔年后罢去，继以米芾辈，迨至末年，上方所藏，率至千计。”

提倡美术，殆莫盛于宣和。降及南渡，仍仿宣和故事，置御前画院。当

时待诏，有四大家之称，

《四库全书总目》："南宋仿宣和故事，置御前画院。有待诏、祗候诸官品，其所作即名为院画。当时如李唐、刘松年、马远、夏珪等，有四大家之称。"

其余知名者，殆不下百数。

《南宋院画录》（厉鹗）："南宋画家凡九十六人。"《辍耕录》（陶宗仪）："自高宗建炎初至幼主德祐乙亥，能画者一百五十一人。"

所谓上有好者，下必有甚焉者也。元承宋绪，画手益多，九十年间，著名者至二百余人。

《辍耕录》："夏文彦品藻名迹，自至元丙子至今，九十余年间二百余人。"

盖元文宗能画，

《辍耕录》："文宗居金陵潜邸时，命臣房大年画京都万岁山，大年辞以未尝至其地。上索纸为运笔，布画位置，令按稿图上。"

当时有鉴画博士，

《四库全书总目》："柯九思在元文宗时，为鉴画博士。"

故画学蝉嫣不衰。《辍耕录》称画家有十三科，

《辍耕录》：画学十三科：佛菩萨相，玉帝君王道相，金刚鬼神罗汉圣僧，风云龙虎，宿世人物，全境山水，花竹翎毛，野骡走兽，人间动物，界画楼台，一切傍生，耕种机织，雕青嵌绿。

其分目视《宣和画谱》为多。如宣和只有道释一门，而元则分佛、道、鬼神等三类，虽其性质相近，知必各有专精矣。近人论画者，谓宋画集古之大成，为西十五世纪前大地万国之最。

《万木草堂画目》（康有为）："画至于五代，有唐之朴厚而新，开精深华妙之体。至宋人出而集其成，无体不备，无美不臻。且其时院体争奇竞新，甚且以之试士。此则虽欧、美之重物质，尚未之及。吾遍游欧、美各国，频观于其画院，考其十五世纪前之画，皆为神画，无少变化。若印度、突厥、波斯之画，尤板滞无味，自桧以下矣。故论大地万国之画，当西十五世纪前，无有我中国若。即吾中国动尊张、陆、王、吴，大概亦出于尊古过甚。鄙意以为中国之画，亦到宋而后变化至极，非六朝、唐所能及，如周之文监二代而郁郁，非夏、殷所能比也。故敢谓宋人画为西十五纪前大地万国之最，后有知者，当能证明之。"

又谓欧人油画，出于吾国。

《万木草堂画目》："易元吉《寒梅雀兔图》立轴绢本，油画逼真，奕奕有神。""宋澥山水册幅一绢本，油画。与欧画全同，乃知油画出自吾中国。吾意马哥波罗得中国油画，传至欧洲，而后基多（Giotto）、琏腻（Leonardo da Vinci）、拉非尔（Raphael）乃发之。观欧人画院之画，十五世纪前无油画可据。此吾创论，后人当可证明之。""赵永年《雪犬》册幅一绢本，油画奕奕如生。""龚吉兔册幅一绢本，油画。""陈公储画龙册幅一绢本，油画。公储固以龙名，而此为油画，尤足资考证。"

其说之然否，尚待考订。惟谓中国画学之衰，始于元四家，则实为评画至论。

《万木草堂画目》："中国自宋前画皆象形，虽贵气韵生动，而未尝不极尚逼真。院画称界画，实为必然，无可议者，今欧人尤尚之。自东坡谬发高论，以禅品画，谓作画必须似，'见与儿童邻'，则画马必须在牝牡骊黄之外，于是元四家大痴、云林、叔明、仲圭出，以其高士逸笔，大发写意之论。而攻院体，尤攻界画，远祖荆、关、董、巨，近取营丘、华原，尽扫汉、晋、六朝、唐、宋之画，而以写胸中丘壑为尚，于是明、清从之。……惟是模山范水梅兰竹菊萧条之数笔，则大号曰名家。……盖中国画学之衰，至今为极矣，则不能不追源作俑以归罪于元四家也。”

画必形神兼至，徒得神而遗形，已失画之本意矣。

美术与工艺至有关系。宋代绘画极精，故其工艺亦冠绝古今。世所传李诫《营造法式》，详载当时宫殿、户牖、柱阶、檐井建筑雕刻彩画涂塈之法。

《江宁图书馆书目》：“《营造法式》，三十六卷，宋李诫奉敕撰。”《影印营造法式跋》（俞纪琦）：“宋李诫《营造法式》三十六卷，内分总例、释例二卷，制度十二卷，工限十卷，料例并工作等三卷，图样六卷。”

至今犹诧为精绝。若僧怀丙、詹成等绝技，世虽不传，要必由普通工艺之精，然后有特殊之人物也。

《宋史·方技传》：“僧怀丙，真定人。巧思出天性。真定构木为浮图十三级，势尤孤绝，既久而中级大柱坏，欲西北倾，他匠莫能为。怀丙度短长，别作柱，命众工维而上。已而却众工，以一介自从，闭户良久，易柱下，不闻斧凿声。”《辍耕录》：“詹成者，宋高宗朝匠人，雕刻精妙无比。尝见所造鸟笼，四面花版，皆于竹片上刻成宫室、人物、山水、花木、禽鸟，纤悉俱备。其细若缕，而且玲珑活动，求之二百余年来，无复此一人矣。”

元代亦重工艺，《经世大典》工典凡列二十二目，

《经世大典序录》：工典总叙：一曰宫苑，二曰官府，三曰仓库，四曰城郭，五曰桥梁，六曰河渠，七曰郊庙，八曰僧寺，九曰道宫，十曰庐帐，十一曰兵器，十二曰卤簿，十三曰玉工，十四曰金工，十五曰木工，十六曰抟埴之工，十七曰石工，十八曰丝枲之

工，十九曰皮工，二十曰毡罽之工，二十一曰画塑之工，二十二曰诸匠。

诸匠之中，画塑尤精。绘塑佛像，特设专官提举。

《元史·职官志·工部》："梵像提举司，董绘画佛像及土木刻削之工。"

画塑之像，并可以丝织之。

《元代画塑记》："成宗大德十一年十一月二十七日，敕丞相脱脱、平章秃坚帖木儿等：成宗皇帝、贞慈静懿皇后御影，依大天寿万宁寺内御容织之；南木罕太子及妃、晋王及妃，依帐殿内所画小影织之。"

塑像之艺之精者曰阿尔尼格。

《元史》："阿尔尼格，尼博啰国人也。……同学有为绘画妆塑业者，读《尺寸经》，阿尔尼格一闻即记，长善画塑及铸金为像。……从帝师帕克斯巴入朝，帝命取明堂针灸铜像示之，曰：'此安抚王檝使宋时所进，岁久阙坏，无能修完之者，汝能新之乎？'对曰：'臣虽未尝为此，请试之。'至元二年，新像成，关鬲脉络皆备，金工叹其天巧，莫不愧服。凡两京寺观之像，多出其手。为七宝镔铁法轮，车驾行幸，用以前导，原庙列圣御容，织锦为之，图画弗及也。"《元代画塑记》："大德三年，命阿你哥塑三清殿神像。八年，又令阿你哥塑城隍庙三清神像。"①

其弟子曰刘元，亦称绝艺。

《元史》："有刘元者，尝从阿尔尼格学西天梵相，亦称绝艺。……至元中，凡两都名刹塑土范金抟换为佛像出元手者，神思

① 阿你哥即阿尔尼格之异译。

> 妙合，天下称之。”“抟换者，漫帛土偶上而髹之，已而去其土，髹帛俨然成像云。”

至今燕京寺刹尚有刘元所塑像，此元代之特色也。

宋人之精于天算者，以沈括、苏颂为最。括有浑仪、浮漏、景表三议，见《宋史·天文志》，其《景表议》尤为世所称。

> 《畴人传》（阮元）：“沈括于步算之学，深造自得。所上三议，并得要领，其景表一议，尤有特见，所谓烟气尘氛，出浊入浊之节，日日不同，即西人蒙气差所自出也。”

颂于元祐间，与韩公廉创制仪象，著《新仪象法要》三卷，史称其所制仪象，吻合躔度，最为奇巧。

> 《宋史·天文志》：“苏颂更作仪象，上置浑仪，中设浑象。旁设昏晓更筹，激水以运之，三器一机，吻合躔度，最为奇巧。”

而秦九韶著《数学九章》，发明立天元一法，尤为有功于算术。

> 《畴人传》：“秦九韶字道古，秦、凤间人也。寓居湖州，少为县尉。淳祐四年，以通直郎通判建康府，著《数学九章》九卷。”《四库全书总目》：“《数学九章》十八卷，宋秦九韶撰。是书分为九类：一曰大衍，以奇零求总数，为九类之纲；二曰天时，以步气朔晷影及五星伏见；三曰田域，以推方圆幂积；四曰测望，以推高深广远；五曰赋役，以均租税力役；六曰钱谷，以权轻重出入；七曰营建，以度土功；八曰军旅，以定行阵；九曰市易，以治交易。虽以九章为名，而与古《九章》门目迥别。盖古法设其术，九韶则别其用耳。……此书大衍术中所载立天元一法，能举立法之意而言之。其用虽仅一端，而以零数推总数，足以尽奇偶和较之变，至为精妙。苟得其意而用之，凡诸法所不能得者，皆随所用而无不通。后元郭守敬用之于弧矢，李冶用之于勾股方圆，欧逻巴新法易其名曰借根方，用之于九章八线，其源实开自九韶，亦可谓有功于算术者矣。”

盖宋重算学，设校教士，故古算书多出于是时。学者因之研究精微，以故名家辈出也。

《畴人传》："杨辉著《续古摘奇算法》，言古今算书。元丰七年，刊入秘书省，又刻于汀州学校者十书，曰《黄帝九章》、《周髀算经》、《五经算法》、《海岛算经》、《孙子算法》、《张丘建算法》、《五曹算法》、《缉古算法》、《夏侯算法》、《算术记遗》。元丰、绍兴、淳熙以来刊刻者，有《议古根源》、《益古算法》、《证古算法》、《明古算法》、《辨古算法》、《明源算法》、《金科算法》、《指南算法》、《应用算法》、《曹康算法》、《贾宪九章》、《通征集》、《通机集》、《盘珠集》、《走盘集》①、《三元化零歌》、《钤经》、《钤释》十八种。嘉定、咸淳、德祐等年所刊。……辉所称算书十书而外，今无一存者。"

元之李冶著《测圆海镜》、《益古演段》二书，演绎立天元法益精。

《畴人传》："李冶字仁卿，号敬斋，真定栾城人，晚家元氏，登金进士第。至元二年，召为翰林学士，知制诰，同修国史，著《测圆海镜》十二卷、《益古演段》三卷。"《四库全书总目》："《测圆海镜》十二卷，元李冶撰。……其书以勾股容圆为题，自圆心圆外，纵横取之，得大小十五形，皆无奇零。次列识别杂记数百条，以穷其理。次设问一百七十则，以尽其用。探赜索隐，参伍错综，虽习其法者，不能骤解，而其草则多言立天元一。按立天元一法见于宋秦九韶《九章》大衍数中，厥后《授时草》及《四元玉鉴》等书皆屡见之，而此书言之独详，其关乎数学者甚大。……欧逻巴人始以借根方进呈圣祖仁皇帝，授蒙养斋诸臣习之，梅珏成乃悟即古立天元一法，于《赤水遗珍》中详解之。且载西名阿尔热巴拉(Algebra）即华言东来法，知即冶之遗书，流入西域，又转而还入

① 据此知珠算作于宋时。

中原也。”

而郭守敬之学，尤为集古今天算之大成。

《元史·郭守敬传》：“守敬字若思，顺德邢台人……巧思绝人。……至元十三年，帝以守敬与王恂率南北日官，分掌测验。……守敬首言历之本，在于测验，而测验之器，莫先仪表。今司天浑仪，宋皇祐中汴京所造，不与此处天度相符，比量南北二极，约差四度；表石年深，亦复欹侧。守敬乃尽考其失而移置之。既又别图高爽地，以木为重棚，创作简仪、高表，用相比覆。又以为天枢附极而动，昔人尝展管望之，未得其的，作候极仪。极辰既位，天体斯正，作浑天象。象虽形似，莫适所用，作玲珑仪。以表之矩方，测天之正圜，莫若以圜求圜，作仰仪。古有经纬，结而不动，守敬易之，作立运仪。日有中道，月有九行，守敬一之，作证理仪。表高景虚，罔象非真，作景符。月虽有明，察景则难，作阙几。历法之验，在于交会，作日月食仪。天有赤道，轮以当之，两极低昂，标以指之，作星晷定时仪。又作正方案、九表、悬正仪、座正仪，为四方行测者所用。又作《仰规复矩图》、《异方浑盖图》、《日出入永短图》，与上诸仪互相参考。[①] ……守敬因奏：‘唐一行开元间令南宫说天下测景，书中见者凡十三处。今疆宇比唐尤大，若不远方测验，日月交食分数时刻不同，昼夜长短不同，日月星辰去天高下不同，即目测验人少，可先南北立表，取直测景。’帝可其奏。遂设监候官一十四员，分道而出，东至高丽，西极滇池，南逾朱崖，北尽铁勒，四海测验，凡二十七所。[②] 十七年，新历告成，守敬与诸臣同上奏曰：‘汉造《三统历》……姚舜辅造《纪元历》……计千一

---

① 《元史·天文志》详载守敬所制简仪、仰仪、正方案、圭表、景符、阙几诸器制度。

② 《元史·天文志》载四海测验处，曰南海、衡岳、岳台、和林、铁勒、北海、大都、上都、益都、高丽、太原、兴元、凉州、大名、河南府、鄂州、雷州、北京、登州、西京、安西府、成都、东平、南京、扬州、吉州、琼州。

百八十二年，历经七十改，其创法者十有三家。……臣等用创造简仪、高表，凭其测实数，所考正者凡七事。……'"《畴人传 • 郭守敬传》："论推步之要，测与算二者而已。简仪、仰仪、景符、阙几之制，前此言测候者未之及也。垛叠、招差、勾股、弧矢之法，前此言算造者弗能用也。先之以精测，继之以密算，上考下求，若应准绳。施行于世，垂四百年，可谓集古法之大成，为将来之典要者矣。自三统以来，为术者七十余家，莫之伦比也。"

其时回回之法东来，仪器算书，皆可补中土所未备。

《元史 • 天文志 • 西域仪象》："世祖至元四年，札马鲁丁造西域仪象。""咱秃哈剌吉，汉言浑天仪也。""咱秃朔八台，汉言测验周天星曜之器也。""鲁哈麻亦渺凹只，汉言春秋分晷影堂。""鲁哈麻亦木思塔余，汉言冬夏至晷影堂。""苦来亦撒麻，汉言浑天图。""苦来亦阿儿子，汉言地理志也。"①"兀速都儿剌不定，汉言昼夜时刻之器。"《元秘书监志》（王士点、商企翁）："至元十年十月，北司天台申本台合用文书。""兀忽列的四擘算法段数十五部。""罕里速窟允解算法段目三部。""撒唯那罕答昔牙诸般算法段目并仪式十七部。""麦者思的造司天仪式十五部。""海牙剔穷历法段数七部。""呵些必牙诸般算法八部。""积尺诸家历四十八部。""速瓦里可瓦乞必星纂四部。""撒那的阿剌忒造浑仪香漏八部。""撒非那设般法度纂要十二部。""黑牙里造香漏并诸般机巧二部。""兀速剌八个窟勒小浑天图。""阿剌的杀密剌测太阳晷影一个。""牙秃鲁小浑仪一个。""拍儿可儿潭定方圆尺一个。"

疑守敬所制，必有参取回回之法，而又加以新意者，惜其器之不尽

① 案志称其制以木为圆球，七分为水，其色绿；三分为土地，其色白。画江河湖海，脉络贯串，于其中画作小方井，以计幅员之广袤，道里之远近。是即今日地球仪，非地理志书也。

传也。

宋代地志极夥，今所传者，如《太平寰宇记》、《元丰九域志》、《舆地广记》等，固为总志之要书，

《四库全书总目》："《太平寰宇记》，一百九十三卷，宋乐史撰。……""史《进书序》讥贾耽、李吉甫为漏阙，故其书采摭繁富，惟取赅博，于列朝人物，一一并登。至于题咏古迹，若张祜《金山诗》之类，亦皆并录。后来方志必列人物、艺文者，其体皆始于史。盖地理之书，记载至是书而始详，体例亦自是而大变。""《元丰九域志》，十卷，宋王存等撰。""《舆地广记》，三十八卷，宋欧阳忞撰。"

而郡邑地志，赓续修葺，冠以年号，前后相踵。若《乾道临安志》、《咸淳临安志》之类，亦始于宋。

《四库全书总目》："《乾道临安志》，三卷，宋周宗撰。乾道五年，以右文殿修撰知临安府创为此志……于南宋地志中为最古之本。考武林掌故者，必以是书为称首。""《咸淳临安志》九十三卷，元潜说友撰。"

后世志乘之广，远轶前代，以备史料，以觇文化，信而有征，不得谓非宋人启之也。宋人志地者，既多附图，或曰图经，或曰图志[①]，而各种地图著于史籍者尤夥。（《宋史·艺文志》载地理图一卷者二，皆不知作者。又有《南北对镜图》、《混一图》、《指掌图》、《西南蛮夷朝贡图》、《契丹疆宇图》、《契丹地理图》、《交广图》、《福建地理》、《益州地理图》等。）以今所传《契丹国志》之图观之，道里准望，殊未正确，不足称重。然齐刘豫时所刻《禹迹》、《华夷》二图，迄今犹为中外人所称道。

① 如朱长文《吴郡图经》、王招《芜湖图志》之类。

《金石萃编》（王昶）："《禹迹图》，高广各三尺四寸二分，在西安府。……图刘豫时刻，考豫以宋绍兴元年为金所立，则是年当丁巳，亦金天会之十五年也。每折地方百里，所载山川，多与古合，唐、宋以来，地图之存，惟此而已。"[①] "《华夷图》，高广各三尺四寸二分，在西安府。""有《华夷图》，不著刻人名氏，题云'阜昌七年十月朔岐学上石'，盖刘豫时所刻。其年十一月，豫为金人所废，阜昌之号，终于此矣。唐贞元中，贾耽图《海内华夷》，广三丈，纵三丈三尺，以寸为百里。斯图盖仿其制，而方幅缩其什之九，京府州军之名，皆用宋制。"[②]《语石》（叶昌炽）："齐阜昌之《禹迹图》、《华夷图》，开方记里虽简，实舆图之鼻祖也。山西稷山县有摹本，在保真观，石横二尺五寸，为方七十一，竖三尺，为方八十一，共方五千七百五十一。每方折地百里，志《禹贡》山川古今州郡山水地名极精。阜昌图方广各三尺余，此石旁溯，非得墨本，不能别其同异。"

英伦皇家地理学会《地理月刊》称西元十一二世纪顷，中国测绘之术，有卓越之进步。其地图现存于西安府之石碑者，精致远过于西洋后出之图，即指阜昌《禹迹》、《华夷》二图而言。则宋人在地理上之成绩，亦非无历史上之价值也。元有《元大一统志》，

《补辽金元艺文志》："《元大一统志》，一千卷。集贤大学士孛兰肸、昭文馆大学士岳铉等进本。"《四库全书总目》："舆志之书，出自官撰者，自唐《元和郡县志》、宋《元丰九域志》外，惟元岳璘等所修《元大一统志》最称繁博。国史《经籍志》载其目共为一千卷，今已散佚无传。虽《永乐大典》中各韵中颇见其文，而割裂丛碎，又多漏脱，不复能排比成帙。惟浙江汪氏所献书内尚存原刊

---

① 《关中金石记》。

② 《潜研堂金石文跋尾》。

本二卷，颇可以考见其体制。明代修《一统志》，其义例一仍《元志》之旧，故书名亦沿用之。”

其纂修原委，具见于《元秘书志》。

《元秘书志》卷四：“至元乙酉，欲实著作之职，乃命大集万方图志而一之，以表皇元疆理无外之大。诏大臣近侍提其纲，聘鸿生硕士，立局置属庀其事，凡九年而成书。续得云南、辽阳等书，又纂修九年而始就。今秘府所藏《大一统志》是也。”

其中有中国各地之图，兼有回回等地图，

《元秘书志》：“至元二十三年，秘书监札马剌丁奏过下项事理：一奏在先汉儿田地些小有来，那地理的文字册子四五十册有来。如今日头出来处，日头没处，都是咱每的。有的图子有也者，那远的他每怎生般理会。回回图子我根底有，都总做一个图子呵，怎生么道奏呵，那般者么道圣旨了也。”

每路卷首，必有地理小图，

《元秘书志》：“至元三十一年八月，本监移准中书兵部关编写《至元大一统志》，每路卷首，必用地理小图。”

各地至上都、大都里数，一一详载，

《元秘书志》：元贞二年十一月初二日，著作郎呈粘连到《大一统志凡例》：（一）某路，所辖几州开，本路亲管几县开。（一）建置沿革，《禹贡》州域、天象分野、历代废置，周、秦、汉、后汉、晋、南北朝、隋、唐、五代、宋、金、大元。（一）各州县建置沿革，依上开。（一）本路亲管坊郭乡镇，依上开。（一）本路至上都、大都并里至。（一）各县至上都、大都并里至。（一）名山大川。（一）土山。（一）风俗形势。（一）古迹。（一）寺观祠庙。（一）宦迹。（一）人物。

其书凡六百册，一千三百卷。

《元秘书监志》："大德七年五月初二日，集贤大学士卜兰禧、照文馆大学士秘书监岳铉等奏，秘书监修撰《大一统志》。元领奉世祖皇帝圣旨编集，始自至元二十三年，至今才方成书，以是缮写，总计六百册，一千三百卷。"

实地志之巨观，惜乎其不存也。

宋代有一最著之美术工艺，为历朝所不及者，曰磁器。江西景德镇之磁器，虽源于唐，而大著宋真宗之世。

《景德镇陶录》（蓝浦）："景德窑，宋景德年间烧造。土白壤而埴，质薄腻，色滋润。真宗命进御瓷器，底书'景德年制'四字。其器尤光致茂美，当时则效，著行海内。于是天下咸称景德镇瓷器，而南昌之名遂微。"

然宋代陶瓷之美者，尚不数景镇，而以定、汝、官、哥为最有名。

《景德镇陶录》："定窑，宋时所烧。出直隶定州，有南定器、北定器，土脉细腻，质薄，有光素凸花、画花、印花、绣花诸种。多牡丹、萱草、飞凤花式，以白色而滋润为正，白骨而加以泑水有如泪痕者佳，俗呼'粉定'，又称'白定'。其质粗而微黄者低，俗呼'土定'。东坡《试院煎茶》诗云：'定州花瓷琢红玉。'蒋记云：'景德镇陶器有饶玉之称，视真定红瓷，足相竞。'则定器又有红者。间造紫黑定，然惟红白二种，当时尚之。《唐氏肆考》云：古定器以政和、宣和间窑为最好。色有竹丝刷纹，其出南渡后者，为南定，北贵于南。汝窑，汝亦汴京所辖。宋以定州白器有芒，不堪用，遂命汝州建青器窑，土细润如铜，体有厚薄，色近雨过天青，汁水莹厚若堆脂，有铜骨无纹、铜骨釉子纹二种。官窑，宋大观、政和间，汴京自置窑烧造，命曰官窑。土脉细润，体薄色青，带粉红，浓淡不一，有蟹爪纹，紫口铁足。大观中，釉尚月白、粉青、大绿三种。政和以后，惟青分浓淡耳。龙泉窑，宋初处州府龙泉县琉田市所烧。土细墡，质颇粗厚，色甚葱翠，亦分浅深，无纹片。哥窑，宋代所烧。本龙泉琉田窑，处州人章姓兄弟分造，兄名生一，当时别其所陶曰哥窑。土脉细紫，质颇薄，色青，浓淡不一。有紫口铁足，多断纹，隐裂如鱼子釉。惟米色、粉青二种汁纯粹者贵。章龙泉窑，即生一之弟章生二所陶者，仍龙泉之旧，又号章窑，或曰处器青器。土脉细腻，质薄，亦有粉青色、翠青色，深浅不一，足亦铁色，但少纹片。”

外此复有吉州、均州、磁州诸窑，及象窑、东窑、建窑、湘湖窑、碎器窑等，盖自唐以来，陶瓷之业，日见发达。五代时，柴窑已为古来诸窑之冠。

《陶录》：“柴窑，五代周显德所烧。出北地河南之郑州，其地本宜于陶，以世宗姓柴，故名。然当时亦称御窑，入宋始以柴窑别之。其瓷青如天，明如镜，薄如纸，声如磬，滋润细媚，有细纹，制精色异，为古来诸窑之冠，但足多粗黄土耳。”《唐氏肆考》云：“柴窑起于汴，相传当日请器式，世宗批其状曰：‘雨过天青云破处，者般颜色作将来。’”

至于北宋诸帝，皆精研美术，士大夫复提倡品茶绘画诸事，故陶瓷工艺，因之尽美极妍。世称宋代为陶业完成而大放光彩之时代，非虚誉也。

《支那陶磁全书》（大西林五郎）：“霍布孙氏（R. L. Hobson，著 *Chinese Pottery and Porcelain*）目宋代为支那陶业之成功时代。盖通计支那古今陶瓷隆盛之时代，惟宋、明二代。就中宋承唐代勃兴之机运，集其大成，更加一段之创意与发明，有华有实，可为陶磁史上特笔大书之时代。”“又唐代陶工者之品位，已渐增高。出其佳品良作，受王室及贵绅之待遇，然尚未达于十全之域。及入宋代，陶业咸受王室之保护，彼之定、汝、官、哥诸窑，皆在敕命之下而经营者，于是陶工遂占享受世人崇敬之地步。此宋代陶磁业发达之因由也。”

元有浮梁磁局[①]，专掌景德镇磁器，世称为枢府窑。而民间所造者，则有宣州、临州、南丰诸窑[②]，然其成绩不能超过两宋也。

西人之知有火器，始于一三五四年。[③] 相传其法得自东方，盖吾国久有火药，

《格致镜原》（清陈元龙）引《物源》云：“轩辕作炮，吕望作铳，魏马钧制爆仗，隋炀帝益以火药杂戏。”[④]

至宋而以火药制炮为战具，

《海鳝船赋序》（杨万里）：“绍兴辛巳，逆亮至江北，掠民船欲济。虞允文伏舟七宝山后，舟中发一霹雳炮，盖以纸为之，而实以石灰硫黄，炮自空而下，坠水中。硫黄得水，而火自跳出，其声如雷，纸裂而石灰散为烟雾，眯其人马之目，遂压虏舟，人马皆溺，大败之。”《陔余丛考》（赵翼）：“宋史虞允文采石之战，发霹雳炮，以纸为之，实以石灰硫磺，投水中，而火自水跳出，纸裂而石灰散为烟雾，眯其人马，遂败之。又魏胜创炮车，施火石，可二百步。其火药用硝石、硫磺、柳炭为之，此近代用火具之始。”[⑤]

蒙古得回回人制造大炮，其法益精。

---

① 见《元史·职官志》。

② 均见《景德镇陶录》。

③ 元顺帝至正十四年。

④ 按古所谓炮，仅用机发石，非后世之火炮。所谓马钧制爆仗，隋炀帝益以火药，殆尚可信。

⑤ 按允文之炮，不过今日爆竹之类。魏胜之炮车，则枪炮之始。胜字彦成，宿迁人。其炮车之制尝上于朝。孝宗诏诸军遵其式制造。孝宗当西历十一世纪，距西人之制火药，殆一百三十余年矣。

《元史・工艺传》："阿喇卜丹，回回氏，西域茂萨里人也。至元八年，世祖遣使征炮匠于宗王额呼布格，王以阿喇卜丹、伊斯玛音应诏。二人举家驰驿至京师，给以官舍，首造大炮，竖于五门前。帝命试之，赐衣段。十一年，国兵渡江，平章阿尔哈雅遣使求炮手匠，命阿喇卜丹往，破潭州、静江等郡，悉赖其力。十五年，授宣武将军、管军总管。二十二年，改元帅府为回回炮手军匠上万户府，以阿喇卜丹为副万户。""伊斯玛音，回回氏，西域实喇人也，善造炮。至元八年，与阿喇卜丹至京师。十年，从国兵攻襄阳未下，伊斯玛音相地势，置炮于城东南隅，重一百五十斤。机发，声震天地，所击无不摧陷，入地七尺。宋安抚吕文焕惧，以城降。……十一年，以疾卒。子本布袭职，时国兵渡江，宋兵陈于南岸，拥舟师迎战。本布于北岸竖炮以击之，舟悉沉没，后每战用之，皆有功。"

元代与欧洲常通使命，故其法流传彼土，而开后来世界火器大兴之局。故论利用炮火以为战争利器者，不得不首推吾国也。

西人之制航海磁针盘，始于一三〇二年①，其法尤后于我国。我国历史相传，自古已有指南车。

《宋书・礼志》："指南车，其始周公所作，以送荒外远使。地域平漫，迷于东西，造立此车，使常知南北。《鬼谷子》云：郑人取玉，必载司南，为其不惑也。至于秦、汉，其制无闻，后汉张衡始复制造。汉末丧乱，其器不存。魏高堂隆、秦朗皆博闻之士，争论于朝，云无指南车，记者虚说。明帝青龙中，令博士马钧更造之。而车成，晋乱，复亡。石虎使解飞、姚兴使令狐生又造焉。安帝义熙十三年，宋武帝平长安，始得此车。其制如鼓车，设木人于车上，举手指南。车虽回转，所指不移，大驾卤簿，最先启行。范

① 元成宗大德六年。

阳人祖冲之有巧思，常谓宜更构造。宋顺帝升明末，齐王为相，命造之焉。车成，使抚军丹阳尹王僧虔、御史中丞刘休试之，其制甚精。百屈千回，未尝移变。晋代又有指南舟，索虏拓跋焘使工人郭善明造指南车，弥年不就。扶风人马岳又造，垂成，善明酖杀之。"①

其用磁针与否，虽未能定，惟宋人著述，恒称磁石指南之事。

《梦溪笔谈》（沈括）："方家以磁石磨针锋则能指南，然常微偏东，不全南也。水浮多荡摇，指爪及碗唇上皆可为之，运转尤速。但坚滑易坠，不若缕悬为最善。其法取新纩中独茧缕，以芥子许蜡缀于针腰，无风处悬之，则针常指南。其中有磨而指北者，予家指南北者皆有之，磁石之指南，犹柏之指西，莫可原其理。"

其时海商多用指南针以定方向，

《萍洲可谈》（朱彧）："海舶大者数百人，小者百余人，以巨商为纲首杂事，市舶司给朱记，许用笞治其徒，有死亡者，籍其财。舶船去以十一月、十二月就北风，来以五月、六月就南风，船方正，若一木斛，非风不能动。其樯直立，而帆侧挂，以一头就樯柱，如门扇，谓之加突，方言也。海中不惟使顺风，开岸就岸风皆可使，惟风逆则倒退，须用碇石使不行。舟师识地理，夜则观星，昼则观日，阴晦观指南针。② 或以十丈绳，钩取海底泥嗅之，便知所至。海中无雨，凡有雨则近山矣。"③

固自早于欧人也。夏德《支那古代史》考我国用指南针之事甚详，谓中国之知有磁针，固在最古时代；其用以航海，则由阿剌伯商人之发见。

---

① 《宋史 • 舆服志》亦载指南车为仁宗天圣五年工部郎中燕肃造。

② 此即宋时海商用磁针盘之确证。

③ 宋时舟师具知天文地理，其航海之术，不专恃磁针，惟阴晦始观磁针。而西人以发明指南针为一大事，其智岂不出宋代舟师之下哉。

然其所举例证，第以沈括为杭州人推之。

《支那古代史》（夏德）："沈括，杭州人。杭州为当时阿剌伯及波斯之商贾盛行通商之处，其人不惟知悉磁针，且当时一般之方士，为卜方角，恒使用之。故支那人由此而得其制法，进而应用于航海。"

括之祖籍在杭州，然括固常居镇江，未可以此为断也。

宋元之间，工商发达，而以木棉织布，亦以其时始盛行于各地。

《大学衍义补》（邱濬）："汉、唐之世，木棉虽入贡，中国未有其种，民未以为服。宋、元间传其种，关、陕、闽、广首得其利，盖闽、广海船通商，关、陕接壤西域故也。"

元代特设专官，提举木棉。

《元史・世祖纪》："至元二十六年，置浙东、江东、江西、湖广、福建木棉提举司，责民岁输木棉十万匹，以都提举司总之。"

观其地域，当以浙东、江东、江西、湖广、福建为产棉最多之区，或其地初未有棉，惟以气燠宜种，故设官以教民耳。《辍耕录》载黄道婆自崖州来松江，始教民以纺织。知元初江苏各地织棉之业，尚未大盛矣。

《辍耕录》："松江乌泥泾，土田硗瘠，谋食不给，乃觅木棉种于闽、广。初无踏车椎弓之制，率用手去其子，线弦竹弧振掉而成，其功甚艰。有黄道婆自崖州来，教以纺织，人遂大获其利。未几道婆卒，乃立祠祀之。三十年祠毁，乡人赵愚轩重立云。"

唐人之创飞钱，虽为纸币之权舆，而其性质，尚非完全之纸币也，完全之纸币，实始于宋初蜀中之交子。

《宋会要》："蜀人以铁钱重，始为券，谓之交子，以便贸易。诸豪富以时聚首，同用一色纸印造，印文用屋木人物，铺户押字，各自隐密题号，朱墨间错，以为私记。填贯不限多少，收入人户见钱便给交子，无远近行用，动及万百贯。其后富人资稍衰，不能偿所负，争讼数起。寇瑊守蜀，乞禁之。转运使薛田议废交子则贸易不便，请官为置务，禁民造。诏从其请，置交子务于益州。”

其后又有钱引、会子、关子等名，皆纸币也。

《文献通考》（马端临）：“大观元年，改四川交子为钱引。”“绍兴十三年，户部侍郎钱端礼被旨造会子，椿见钱于城内外流转，其合发官钱，并许兑会子，赴左藏库送纳。”“会子初止行于两浙，后又诏通行于淮浙、湖北、京西。除亭户盐本并用见钱外，其不通水路去处，上供等钱，许尽用会子解发。其沿流州军钱会中半，民间典卖田宅牛畜车船等如之，或全用会子者听。”“隆兴元年，诏官印会子，以隆兴尚书户部官印会子之印为文，更造五百文会，又造二百、三百文会。”“绍兴二十九年，印给公据关子，赴三路总领所，淮西、湖广各关子八十万缗，淮东公据四十万缗，自十千至百千凡五等。内关子作三年行使，公据二年，许钱银中半入纳。”

金入宋后，置局于汴京，造官会，谓之交钞，与钱并行。

《续文献通考》：“海陵贞元二年五月，始置交钞库。”“户部尚书蔡松年请行钞引法，遂设印造钞引库及交钞库，印一贯、二贯、三贯、五贯、十贯五等，谓之大钞；一百、二百、三百、五百、七百五等，谓之小钞，与钱并行，以七年为限。”

章宗时，铸造银锭，而以生银造为元宝之制以兴。

《续文献通考》：“章宗承安二年十一月，铸承安宝货。”“尚书省议，官俸军需，皆以银钞兼给。旧例，银每锭五十两，其直百贯。民间或有截凿之者，其价亦随低昂，遂改铸银，名承安宝货，一两至十两，分五等。每两折钱二贯，公私同见钱用。”（按元宝每锭五十两之数，始见于此。其名则元初所命也。）

降及元代，遂银钞并用。

《续文献通考》："至元三年，始铸元宝。"《辍耕录》："银锭上字号扬州元宝，乃至元十三年平宋回至扬州，丞相巴延令搜检将士行李，所得撒花银子，销铸作锭，每重五十两，归朝献纳。世祖宴会，从而颁赐，或用货卖，所以民间有此锭也。后朝廷亦自铸，至元十四年者，重四十九两，十五年者，重四十八两。辽阳元宝，乃至元二十三四年征辽东所得银子铸者。"《元史》："世祖中统元年，始造交钞，以丝为本。每银五十两，易丝钞一千两。诸物之直，并从丝例。是年十月，又造中统元宝钞，其文以十计者四：曰一十文、二十文、三十文、五十文。以百计者三：曰一百文、二百文、五百文。以贯计者二：曰一贯文、二贯文。每一贯同交钞一两，两贯同白银一两。又至元十二年添造厘钞，其例有三：曰二文、三文、五文。""初钞印用木为板，十三年铸铜易之。""二十四年，改造至元钞，自二贯至五文，凡十有一等，与中统钞通行，每一贯当中统钞五贯文。""至大二年，武宗复以物重钞轻，改造至大银钞，自二两至二厘，定为一十三等。每一两准至元钞五贯，白银一两，赤金一钱。元之钞法，至是盖三变也。"

然钞法不善，价值与所定者恒不相合，故其时仍多用银。观《元史》所载用银之多，几可称之为专用生银时代。

《元史・世祖本纪》："中统元年七月，以史天泽扈从先帝有功，赐银万五千两。""十二月，赐亲王穆哥银二千五百两。诸王按只带、忽剌忽儿、令丹忽剌、出胜纳合儿，银各千两。"（以后逐年均有赐银，不备载。）

盖宋、元之人，只知钞可代钱，而不知储积准备及操纵维持之法，故屡用纸币，而屡致失败。虽别定价值，改立名目，行之不久，其法即敝，仍不得不用现货也。中国各地，习用钱钞，而元代云南尚用贝为钱，不识钞法。

《续文献通考》："至元十三年正月，云南行交会贝八子。""云南民以贝代钱。时初行钞法，民不便之。行省赛音谔德齐言'云南不谙钞法，莫若以交会贝八子公私通行为便。'从之。至十九年九月，定云南税赋，用金为则，以贝子折纳。每金一钱，直贝子二十索。""王圻曰：云南贝八以一为庄，四庄为手，四手为苗，四苗为索。"

降及明代犹然。

《涌幢小品》（朱国祯）："南人用贝一枚曰庄，四庄曰手，四手曰苗，五苗曰索。贝之为索，犹钱之为缗也。"

是则最古之风之流行于近世者矣。

宋代风俗，具见于吴自牧《梦粱录》。如社会、

《梦粱录》："文士有西湖诗社，此乃行都搢绅之士及四方流寓儒人，寄兴适情赋咏，脍炙人口，流传四方，非其他社集之比。武士有射弓踏弩社，皆能攀弓射弩。武艺精熟，射放娴习，方可入此社耳。更有蹴鞠、打球、射水弩社，则非仕宦者为之，盖一等富室郎君、风流子弟与闲人所习也。奉道者有灵宝会。""诸寨建立圣殿者，俱有社会，诸行亦有献供之社。""诸行市户俱有社会，迎献不一。如府第内官以马为社，七宝行献七宝玩具为社，又有锦绣社、台阁社、穷富赌钱社、遏云社、女童清音社、苏家巷傀儡社、青果行献时果社、东西马塍献异松怪桧奇花社，鱼儿活行以异样龟鱼呈献豪富子弟及绯绿清音社、十间等社。""奉佛者，有上天竺寺光明会。""又有善女人，皆府室宅舍内司之府第娘子夫人等，建庚申会，诵《圆觉经》，俱带珠翠珍宝首饰赴会，人呼曰斗宝会。更有城东、城北善友道者，建茶汤会，遇诸山寺院建会设斋，又神圣诞日，助缘设茶汤供众。"①

① 按《宋史·程颢传》，乡民为社会，为立条旌别善恶，使有劝有耻。知北宋时已有各种社会，今人称地方团体为社会，盖本于此。

团行等。

《梦粱录》："市肆谓之团行者，盖因官府回买而立此名。不以物之大小，皆置为团行。虽医卜工役，亦有差使，则与当行同也。其中亦有不当行者，如酒行、食饭行而借此名；有名为团者，如城西花团、泥路青菜团、后市街柑子团、浑水闸鲞团；又有名为行者，如官巷方梳行、销金行、冠子行、城北鱼行、城东蟹行、姜行、菱行、北猪行、候潮门外南猪行、南上北土门菜行、坝子桥鲜鱼行、横河头布行、鸡鹅行；更有名为市者，如炭桥药市、官巷花市、融和市、南坊珠子市、修义坊肉市、城北米市。""或名为作分者，如碾玉作、钻卷作、篦刀作、腰带作、金银打钑作、裹贴作、铺翠作、裱褙作、装銮作、油作、木作、砖瓦作、泥水作、石作、竹作、漆作、钉铰作、箍桶作、裁缝作、修香浇烛作、打纸作、冥器作等分；又有异名行者，如买卖七宝者谓之骨董行，钻珠子者名曰散儿行，做靴鞋者名双线行，开浴室者名曰香水行。"

皆可考见其时士农工商集合团体共同生活之状况。其慈善事业，如米场、柴场、药局及慈幼局、养济院之类，亦详记其施行之法：

《梦粱录》："或年岁荒歉，米价顿穷，官司置立米场，以官米赈济，或量收价钱，务在实惠及民。更因荧惑为灾，延烧民屋，官司差官吏于火场上具抄被灾之家，各家老小，随口数分大小，给散钱米。官置柴场，城内外共设二十一场，许百司官厅及百姓从便收买，价钱官司量收，与市价大有饶润。民有疾病，州府置施药局于戒子桥西，委官监督，依方修制丸散㕮咀。来者诊视，详其病源，给药医治。朝家拨钱一十万贯下局，令帅府多方措置，行以赏罚，课督医员。月以其数上于州家，备申朝省。或民以病状投局，则畀之药，必奏更生之效。局侧有局名慈幼，官给钱典顾乳妇，养在局中。如陋巷贫穷之家，或男女幼而失母，或无力抚养，抛弃于街坊，官收归局养之。月给钱米绢布，使饱暖，养育成人，听其自便生理，官无所拘。若民间之人愿收养者听，官仍月给钱一贯、米三斗，以三年住支。更有老疾孤寡贫乏不能自存及丐者等人，州县陈请于朝，即委钱塘、仁和县官，以病坊改作养济院，籍家姓名，每名官给钱米赡之。”

盖北宋时，已有安济坊、居养院等，以济贫病无告之人。

《续通鉴》：“崇宁元年八月辛未，置安济坊，养民之贫病者，仍令诸州县并置。”“九月戊子，京师置居养院以处鳏寡孤独，仍以户绝财产给养。”

至南宋又推广之，后世相承，自政府及平民，靡不认慈善事业为公共事业之最要者，其风实自宋启之。是亦宜著之史策，以明吾国人非徒致重于贵族之文艺美术，其于救济社会、扶助贫弱之法，亦远有渊源也。

第二十四章　河流漕运及水利

吾国各地河流，自《禹贡》以来多有迁徙，而黄河之溃决迁徙为最剧。自周、汉以迄元、明，黄河决溢之事，无虑百数。

> 《全河备考》（叶方恒）："周定王五年，河徙砱砾，始失故道。汉文帝时，决酸枣，东溃金堤。（在河南延津、荥阳诸县至大名、清丰一带，延亘千里。）武帝时溢平原（属德州），徙顿丘（今清丰县），又决濮阳（瓠子口开州界），注钜野（即大野，属济宁州），通淮泗，盖河始与淮通，尚未入淮也。元帝时，决馆陶。（属临清，汉灵鸣犊口，今高唐州。）成帝时，决东郡金堤，决平原，溢渤海、清河、高唐州一带。唐玄宗时，决博州（今东昌），溢魏州（今大名）、冀州。五代时，决郓州（今郓城县）、博之杨刘（今东平之东阿县杨刘镇）、滑之鱼池。宋太祖时，决东平之竹村，开封之阳武，大名之灵河、澶渊。太宗时，决温县、荥泽、顿丘，泛于澶、濮、曹、济诸州，东南流至彭城界（即今徐州），入于淮，自此为河入淮之始。真宗时，决郓及武定州，寻溢滑、澶、濮、曹、郓诸州邑，浮于徐、济而东入淮。仁宗时，决开州、馆陶。神宗时，决冀州、枣强、大名州邑，一合南清河以入淮，一合北清河以入海。南渡后，河上流诸郡为金所据，独受河患。其亡也，始自开封北卫州决而入涡河，南直寿、亳、蒙城、怀远之间。元初，决卫辉之新乡、开封之阳武、杞县之蒲口、荥泽之塔海庄（归德、封丘诸界）。其时专议疏塞而已。自至元二十六年，开会通河以通运道，而河遂与运相终始。"

要其大者，周定王五年一徙，王莽始建国三年再徙，宋仁宗庆历八年三徙，金章宗明昌五年四徙，元世祖至元二十六年五徙。自宋以前其患疏，自宋以降其患数。

《禹贡锥指》（胡渭）："周定王五年，河徙。初，大禹导河，自积石、孟津、过洛、汭，及至大伾，乃酾二渠。北过降水，至于大陆，又北播为九河，同为逆河入于海。帝尧八十载，告厥成功。至是凡一千六百七十六年，河始决宿胥口，东徙漯川，径长寿津，与漯别行；东北至成平，复合于禹故河。此黄河大徙之始。""自定王五年己未，下逮王莽始建国三年辛未，而北渎遂空，凡六百七十二岁。自王莽始建国三年辛未，河徙由千乘入海，后五十九岁，为后汉明帝永平十三年庚午，王景治河功成。下逮宋仁宗景祐元年甲戌，有横陇之决。又十四岁，为庆历八年戊子，复决于商胡，而汉、唐之河遂废，凡九百七十七岁。""自仁宗庆历八年戊子，逮金章宗明昌五年甲寅，实宋光宗之绍熙五年，而河决阳武，出胙城南，南北分流入海，凡一百四十六岁。""自金明昌甲寅之徙，河水大半入淮，而北清河之流犹未绝也。下逮元世祖至元二十六年己丑，会通河成，于是始以一淮受全河之水，凡九十五岁。"

降及明代，全河注于一淮。

《禹贡锥指》："元末河复北徙，自东明曹濮下及济宁，而运道坏。明洪武初，命徐达自曹州东引河自鱼台入泗，以通运。永乐九年，又命宋礼自黄疏河经濮州东北入会通河，是北流犹未绝也。迨迁都之后，仰给于会通者重，始畏河之北，北即塞之。弘治中，两决金龙口，直冲张秋，议者为漕计，遂筑断黄陵冈支渠，而北流于是永绝，始以清口一线，受万里长河之水。"

而河、淮间之工程，几为全国之一大事，治河之法，惟以堰闸为务。

《禹贡锥指》："黄淮既合，则惟以堰闸为务。堰者高家堰，闸者淮南诸湖闸口也。堰闸以时修固，则淮不南分，助河冲刷黄沙，使海口无壅。"

东南之人，受其害者数百年。至清咸丰五年，河决铜瓦厢[①]，由大清河入海，东南始无河患。

宋都大梁，恃汴河为运道，以黄河、惠民河、广济河辅之。

《宋史·食货志》："宋都大梁，有四河以通漕运：曰汴河，曰黄河，曰惠民河，曰广济河，而汴河所漕为多。"

靖康以后，南北分立，河、淮之间，墟为战场，故无取其交通也。元、明都燕，以北方控制东南，聚南方之金帛粟米，供给北方之政府，而漕运乃为国之大事。至元二十六年，开会通河，

《元史纪事本末》(陈邦瞻)："至元二十六年，开会通河。从寿张县尹韩仲晖等言，开河以通运道，起须城县安山渠西南，由寿张西北至东昌，又西北至临清，引汶水以达御河，长二百五十余里，中建闸三十有一，以时蓄泄。河成，渠官张礼孙等言：'开魏博之渠，通江、淮之运，古所未闻。'诏赐名会通河。"

二十九年，开通惠河。而江淮之粟，直达燕都。

《元史纪事本末》："至元二十九年，开通惠河。以郭守敬领都水监事……导昌平县白浮村神山泉过双塔榆河，引一亩、玉泉诸水入京城，汇于积水潭，逾年毕工。……自是免都民陆挽之劳，公私便之。"

明代复修会通河，运道益便。

《大学衍义补》(丘濬)："会通河初开，岸狭水浅，不能负重。每岁之运，不过数十万石。洪武二十四年，河决原武，漫过安山湖，而会通河遂淤，往来者悉由陆以至德州下河。永乐初，运粮由江入淮，由淮入黄河，运至阳武，发山西、河南二处丁夫由陆运至卫辉下御河，水运至北京。厥后济宁州同知潘叔正因州夫递运之

① 兰仪县。

难，请开会通旧河。朝廷命工部尚书宋礼发丁夫十余万疏凿，以复故道，又命刑部侍郎金纯自汴城北金龙口开黄河故道，分水下达鱼台县塌场口，以益漕河。十年，宋尚书请从会通河通运。十三年，始罢海运，而专事河运。明年，平江伯陈瑄又请复淮安、庄闸一带沙河，自淮以北，沿河立浅铺，筑牵路，树柳木，穿井泉，自是漕法通便。”

盖自隋炀开通济、永济二渠，虽已使南北之舟可以直达，然其运道迂远，自修武至馆陶，皆偏于西方，而临清、东昌以南之路未通也。自元、明开此一途，而南北之运河始联络而成一线。论者徒谓隋炀开掘运河，盖未详其始末也。

漕运之道，即通商之路。运河开通，商业自因之发达。观元代商贾多造大船以运货物，即可推见其概。

《元史纪事本末》：“仁宗延祐二年二月，省臣言：江南行省起运诸物，由会通河以达于都，多逾期不至。诘其故，皆言始开河时，止许行百五十料船，近来权势之人，并富商大贾贪嗜货利，造三四百料或五百料船于此河行驾，以致阻滞往来舟楫。今宜于沽头、临清二处，各置小石闸一，禁约二百料以上之船不许入河，违者罪之。”

由明迄清，运漕之卒，又多带货物，以供给南北人之需要。

《明史·食货志》：“自英宗后，漕政日弛，军以耗米易私物，道售稽程。比至，反买仓米补纳，多不足数。”《田漕弊议》（清姚文）：“从前运道深通，督漕诸臣，只求重运如期到通，一切并不苛察。各丁于开运时，多带南物，至通售卖，复易北货，沿途销售，即水手人等携带梨枣、蔬菜之类，亦为归邦时糊口之用。”“又如以前商力充裕，军船回空，过淮时，往往私带盐斤。众意以每年不过一次，不甚穷搜。”

盖商业兴而关征重，商民所运之货，必有因捐税而增加价值者。而漕卒则夹带私货，无捐税之累，其价廉而利厚，执政者亦姑息而不问，故始则以为私弊者，继则公然承认之矣。

《明史·食货志》："宣德四年设钞关，税商船，于是有漷县、济宁、徐州、淮安、扬州、上新河、浒墅、九江、金沙洲、临清、北新诸钞关，量舟大小修广而差其额，谓之船料，不税其货。惟临清、北新则兼收货税，各差御史及户部主事监收。自南京至通州，经淮安、济宁、徐州、临清，每船百料，纳钞百贯。"①

吾国东南滨海，故自陆路交通外，多有海上往来者。

《日知录》(顾炎武)："海道用师，古人盖屡行之矣。吴徐承率舟师自海入齐，此苏州下海至山东之路；越王勾践命范蠡、舌庸率师沿海溯淮以绝吴路，此浙东下海至淮上之路；唐太宗遣强伟于剑南伐木造舟舰，自巫峡抵江扬趋莱州，此广陵下海至山东之路；汉武帝遣楼船将军杨仆从齐浮渤海击朝鲜，魏明帝遣汝南太守田豫督青州诸军自海道讨公孙渊，秦苻坚遣石越率骑一万，自东莱出右径袭和龙，唐太宗伐高丽，命张亮率舟师自东莱渡海趋平壤，薛万彻率甲士三万自东莱渡海入鸭绿水，此山东下海至辽东之路；汉武帝遣中大夫严助发会稽兵浮海救东瓯，横海将军韩说自句章浮海击东越，此浙江下海至福建之路；刘裕遣孙处、沈田子自海道袭番禺，此京口下海至广东之路；隋伐陈，吴州刺史萧瓛遣燕荣以舟师自东海至吴，此又淮北下海至苏州也；公孙度越海攻东莱诸县，侯希逸自平卢浮海据青州，此又辽东下海而至山东也；宋李宝自江阴率舟师败金兵于胶西之石臼岛，此又江南下海而至山东也。"

战时藉海道以运兵，平时亦资海舟以转饷。

---

① 淮安、临清等处，皆因运河开通，商旅幅辏，故设关也。

《日知录》："唐时海运之事，不详于史。盖柳城陷没之后，至开元之初，新立治所，乃转东南之粟以饷之耳。及其树艺已成，则不复资于转运，非若元时以此为恒制也。""《旧唐书·懿宗纪》，咸通三年，南蛮陷交趾，征诸道兵赴岭南。时湘、漓溯运，功役艰难，军屯广州乏食，润州人陈磻石诣阙上书，言江西、湖南溯流运粮，不济军师，士卒食尽则散，此宜深虑，臣有奇计，以馈南军。天子召见，磻石因奏臣弟听思曾任雷州刺史，家人随海船至福建，往来大船一只，可致千石，自福建装船，不一月至广州。得船数十艘，便可致三万石至广府，又引刘裕海路破卢循故事。执政是之，以磻石为盐铁巡官，往扬子院专督海运，于是康承训之军皆不阙供。"

然其事不恒，至元始以海运为常事。

《元史纪事本末》："（至元）十九年十二月，始海运。初，朝廷粮运仰给江南者，或自浙西涉江入淮，由黄河逆流至中滦，陆运至淇门，入御河，以至京师。又或自利津河，或由胶莱河入海，劳费无成。初，宋季有海盗朱清者，尝为富家佣，杀人亡命入海岛，与其徒张瑄乘舟抄掠海上，备知海道曲折，寻就招为防海义民。伯颜平宋时，遣清等载宋库藏等物，从海道入京师，授金符千户。二人遂言海运可通。乃命总管罗璧暨瑄等造平底船六十艘，运粮四万六千余石，由海道入京。然创行海洋，沿山求岙，风信失时，逾年始至。朝廷未知其利，仍旧通运，立京畿、江淮都漕运二司，各置分司，以督纲运。二十年，复事海运。……二十四年，始立行泉府司，专掌海运。……（成宗大德）八年，增海运米为百四十五万石。"

其岁运粮数，详载《元史》及《大元海运记》。其漕运水程，亦具见《海运记》中：

《大元海运记》："至元十九年，创开海运，每岁粮船于平江路、刘家港等处聚䑸，经由扬州路通州海门县、黄连沙头万里长滩开洋，沿山捉屿，使于淮安路盐城县历西海州、海宁府东海县、密州、胶州界，放云山洋，投东北，取成山路，多有浅沙。行月余才抵成山，罗璧、朱清、张瑄讲究水程，自上海等处开洋，至扬村马头下御处，经过地名山川经直多少迂回，计一万三千三百五十里。"

此在今日视之，固至平常之事，然元时则诧为盛举，固前此历代之所无也。明初犹行海运，至会通河通利始罢，

《大学衍义补》（丘濬）："洪武三十年，海运粮七十万石，给辽东军饷。永乐初，海运七十万石至北京。至十三年，会通河通利，始罢海运。"

隆庆中复试行之。

《野获编》（沈德符）："隆庆五年，山东巡抚梁梦龙等上海运议曰：'今漕河多故，言者争献开胶河之说，此非臣等所敢任。第考海道南自淮安至胶州，北自天津至海仓，各有商贩往来，中间自胶州海仓一带，亦有岛人商贾出入其间。臣等因遣官自淮安运米二千石，自胶州运麦一千五百石，各入海，出天津，以试海道，无不利。此其淮安至天津以道计三千三百里，风便两旬可达，况舟皆由近洋，洋中岛屿联络，遇风可依，非如横海而渡，风波难测。'事下部复，海运法废已久，难以尽复。乞敕漕司量拨漕粮十二万自淮入海，工部即发节省银万五千两，雇募海舟，淮扬局税亦许暂支万五千两，充备召水手。诏从之。"

然明清运道，专主于河，虽知海运之利，终惮行之。至清道光中，始复用海运。（详见魏源《道光丙戌海运记》）初用帆船，至通商后，乃改轮运焉。

三代之时，田有沟洫，无所谓水利。战国以降，沟洫之制度废，则

视地方官吏治水之善否，以为农业兴废之征。观胡渭论关中土质，即知昔之膏腴复为瘠土之故。

《禹贡锥指》（胡渭）："或问：'《汉书》云：自郑渠成，溉舄卤之地四万余顷，关中始为沃野，无凶年。'然则前此未有渠时，渭北之地皆舄卤也，雍田何以称上上乎！曰此地之为舄卤，以沟洫废也。沟洫之制废，则水泉泻去，其地为咸卤，五谷不殖，秦人患之，此郑国之策所以行也。然渠成之后，舄卤仍不少，兒宽所谓郑国旁高卬之田，严熊所谓重泉以东故恶地，是也。故又有辅渠、白渠、龙首渠之役，及后汉都雒，诸渠渐废。杜佑云，秦、汉时郑渠溉田四万顷，白渠溉田四千五百余顷。唐永徽中，所溉惟万许顷。洎大历初，又减至六千顷。则两渠之利，至唐而益微矣。宋人以郑渠久废，不可复兴，惟修三白渠。其所溉者，泾阳、富平等六县田三千八百余顷而已。熙宁中，于仲山旁更穿丰利渠，溉田二万五千余顷。元至正初，以新渠堰坏，乃复治旧渠口，溉田四万五千余顷，其数不减于汉，然未几亦废。"

大抵宋以前，西北各地，农田水利尚多修举，故富力不偏于南方。

《日知录》："欧阳永叔作《唐书·地理志》，凡一渠之开，一堰之立，无不记之其县之下，实兼河渠一志，亦可谓详而有体矣。盖唐时为令者，犹得以用一方之财，兴期月之役。而《志》之所书，大抵在天宝以前者，居什之七。""至于河朔用兵之后，则以催科为急，而农工水道，有不暇讲求者欤！"

自宋以降，西北水利不修；而南方圩田大兴，于是南北之饶瘠迥殊。

《宋史·食货志》："大抵南渡后，水田之利，富于中原，故水利大兴。"《文献通考》（马端临）："江东水乡，堤河两涯，田其中，谓之圩。农家云圩者围也，内以围田，外以围水。盖河高而田在水下，沿田通斗门，每门疏港以溉田，故有丰年而无水患。"

论者虽谓围湖为田，易致水旱，

《文献通考》："圩田、湖田多起于政和以来，其在浙间者，隶应奉局；其在江东者，蔡京、秦桧相继得之。大概今之田，昔之湖，徒知湖中之水可涸以垦田，而不知湖外之田将胥而为水也。"

然其利究过于害，此研究宋、元以来经济变迁者所当知也。

自宋熙宁中遣使察农田水利，议兴修塘堰圩堤。

《文献通考》："神宗熙宁元年，遣使察农田水利，程颢等八人充使。王明言保州塘泺以西，可筑堤植木，凡十九里。堤内可引水处即种稻，水不及处，并为方田。又因出土作沟，以限戎马。从之。中书言诸州县古迹陂塘，异时皆蓄水溉田，民利数倍，近岁多所湮废。诏诸路监司访寻州县可兴复水利，如能设法劝诱兴修塘堰圩堤，功利有实，当议旌宠。"

元亦置都水庸田使司，掌种植稻田之事。

《元史·百官志》："都水庸田使司，至元二年置。""至正十二年，因海运不通，诏河南洼下水泊之地，置屯田八处，于汴梁添立都水庸田使司，正三品，掌种植稻田之事。"

明初复广遣国子生集吏民修治水利。

《日知录》："洪武末，遣国子生人才分诣天下郡县，集吏民乘农隙修治水利。二十八年，奏开天下郡县塘堰几四万九百八十七处，河四千一百六十二处，陂渠堤岸五千四十八处。"

似历代政府皆注意于水利，各地之水利，宜皆随时修举而无所歧异矣。然观明周用《理河事宜疏》，则山东、河南之困于水旱，殊非他省之比。

《理河事宜疏》："臣窃见河南府州县，密迩黄河地方，历年亲被冲决之患。民间地决裂破坏，不成陇亩，畊者不得种，种者不得收，徒费工力，无裨饥饿，加以额办税粮，催科如故，中土之民，困于河患，实不聊生。至于运河以东，山东济南、东昌、兖州三府州县地方，虽有汶、沂、洸、泗等河，然与民间田地支节脉络，不相贯通。每年泰山、徂徕诸山水发之时，漫为巨浸，溃决城郭，漂没庐舍，耕种失业，亦与河南河患相同。或不幸而值旱暵，又并无自来修缮陂塘渠堰蓄水以待雨泽，遂致齐、鲁之间，一望赤地。于时蝗蝻四起，草谷俱尽，东南西北，横亘千里。天灾流行，往往有之。"

盖黄河之患，至宋而剧；绵历元、明，不时溃决。民无久计，官无经图，故其现象若此也。其后徐贞明著《潞水客谈》，亦曰西北之地，旱则赤地千里，潦则洪流万顷，惟雨旸时若，庶乐岁无饥。则明季西北诸省水利亦均不修，不独河南、山东为然矣。

《明史·徐贞明传》："贞明为给事中，上水利议，谓：'神京雄据上游，兵食宜取之畿甸，今皆仰给东南，岂西北古称富强地，不足以实廪而练卒乎？夫赋税所括，括民脂膏，而军船夫役之费，常以数石致一石，东南之力竭矣。又河流多变，运道多梗，窃有隐忧，闻陕西、河南故渠废堰，在在有之。山东诸泉，引之率可成田，而畿辅诸郡，或支河所经，或涧泉自出，皆足以资灌溉。北人未习水利，惟苦水害，不知水害未除，正由水利未兴也。……元虞集欲于京东滨海地筑塘捍水以成稻田，若仿集意，招徕南人，俾之耕艺。北起辽海，南滨青齐，皆良田也。'""贞明被谪至潞河，著《潞水客谈》，以毕其说。其略曰：西北之地旱则赤地千里，潦则洪流万顷，惟雨旸时若，庶乐岁无饥，此可常恃哉？惟水利兴而后旱潦有备。""谭纶见而美之曰：'我历塞上久，知其必可行也。'"

贞明小试其说，而未竟其功。

《明史·徐贞明传》："户部尚书毕锵等力赞之，因采贞明疏议为六事：请郡县有司以垦田勤惰为殿最，听贞明举劾；地宜稻者，以渐劝率，宜黍宜粟者如故，不遽责其成；召募南人，给衣食农具，俾以一教十，能垦田百亩以上者，即为世业，子弟得寄籍入学；其卓有明效者，仿古孝弟力田科，量授乡遂都鄙之长；垦荒无力者，贷以谷，秋成还官，旱潦则免；郡县民壮，役止三月，使疏河芟草，而垦田则募专工。帝悉从之。……贞明领垦田使，已垦至三万九千余亩。……御史王之栋，畿辅人也。言水田必不可行，帝乃谕令停役。……贞明识敏才练，慨然有经世志。京东水田实百世利，事初兴，即为浮议所挠，论者惜之。”

清雍正中，设营田水利府，经营京畿水田，亦仅成数千顷而罢①，迄今河、淮以北之水利，仍不及江南之修备焉。

① 详《清通考・田赋考》。

第二十五章　明儒之学

宋儒学派最多，元承其绪，光焰渐衰。许衡、刘因、吴澄诸儒之学，不能出南宋朱、陆之范围。故论学术者，以元儒附于宋儒学案，明其仅为宋之余波而已。有明一代，或谓理学极盛，

> 《明儒学案·发凡》（黄宗羲）："尝谓有明文章事功，皆不及前代，独于理学，前代之所不及也。牛毛茧丝，无不辨晰，真能发先儒之所未发。程、朱之辟释氏，其说虽繁，总是只在迹上，其弥近理而乱真者，总是指他不出。明儒于毫厘之际，使无遁影。"

或谓儒术式微。

> 《明史·儒林传序》："有明诸儒，衍伊、雒之绪言，探性命之奥旨，锱铢或爽，遂启岐趋，袭谬承讹，指归弥远。至专门经训，授受源流，则二百七十余年，未闻以此名家者。经学非汉、唐之精专，性理袭宋、元之糟粕，论者谓科举盛而儒术微，殆其然乎！"

平心论之，明儒风气，亦自成为一派。固与汉、唐不同，亦与宋、元有别，盖合唐、宋以来禅学、理学而别开一种心性之学，分茅设蕝，与国相终，此论史者所宜注意者也。

明人之崇心性之学，始于帝王之提倡及科举之统一。盖自宋儒尊崇《四书》，代有阐释，然于学术尚未能统一也。自元仁宗皇庆中定制，专以宋儒《四书》注及《经》注试士，

> 《元史·选举志》："仁宗皇庆三年，考试程式，蒙古、色目人第一场经问五条，《大学》、《论语》、《孟子》、《中庸》内设问，用朱氏章句集注，其义理精明、文辞典雅者为中选。汉人、南人第一场明经、经疑二问，《大学》、《论语》、《孟子》、《中庸》内出题，

并用朱氏章句集注，复以己意结之，限三百字以上。经义一道，各治一经。《诗》以朱氏为主；《尚书》以蔡氏为主；《周易》以程氏、朱氏为主，已上三经兼用古注疏。《春秋》许用三《传》及胡氏《传》，《礼记》用古注疏，限五百字以上，不拘格律。”

宋儒之说，始夺汉、唐诸儒之席而代之。明以制义试士，亦专主宋儒之书。

《明史·选举志》：“科目者，沿唐宋之旧，而稍变其试士之法，专取四子书及《易》、《书》、《诗》、《春秋》、《礼记》五经命题试士，盖太祖与刘基所定。其文略仿宋经义，然代古人语气为之，体用排偶，谓之八股，通谓之制义。”“科举定式，初场试《四书》义三道，经义四道。《四书》主朱子《集注》，《易》主程《传》、朱子《本义》，《书》主蔡氏《传》及古注疏，《诗》主朱子《集传》，《春秋》主《左氏》、《公羊》、《穀梁》三传及胡安国、张洽《传》，《礼记》主古注疏。永乐间，颁《五经四书大全》，废注疏不用。其后《春秋》亦不用张洽《传》，《礼记》止用陈澔《集说》。”

而永乐所定之“三《大全》”尤为造成一代学术思想之根柢。

《四库全书总目》：“《周易大全》二十四卷，明胡广等奉敕撰。考《明成祖实录》，永乐十二年十一月甲寅，命行在翰林院学士胡广、侍讲杨荣、金幼孜修《五经四书大全》。十三年九月，告成。成祖亲制序，弁之卷首，命礼部刊赐天下，赐胡广等钞币有差，仍赐宴于礼部。同时预纂修者，自广、荣、幼孜外，尚有翰林编修叶时中等三十九人，此其《五经》之首也。朱彝尊《经义考》谓广等就前儒成编，杂为抄录，而去其姓名。”“二百余年以此取士，一代之令甲在焉。录存其书，见有明儒者之经学，其初之不敢放轶者，由于此；其后之不免固陋者，亦由于此。郑晓《今言》曰：洪武开科，《五经》皆主古注疏，及宋儒《易》程、朱，《书》蔡，《诗》

朱，《春秋》《左》、《公羊》、《穀梁》程、胡、张，《礼记》陈，后乃尽弃注疏，不知始于何时。或曰始于颁《五经大全》时，以为诸家说优者采入故耳。”“《四书大全》三十六卷，明永乐十三年，翰林学士胡广等奉敕撰。成祖御制序文，颁行天下。二百余年尊为取士之制者也。……初与《五经大全》并颁，然当时程式以《四书》义为重，故《五经》率皆庋阁，所研究者惟《四书》，所辨订者亦惟《四书》。后来《四书》讲章浩如烟海，皆是编为之滥觞。盖由汉至宋之经术，于是始尽变矣。特录存之，以著有明一代士大夫学问根柢具在于斯，亦足以资考镜焉。”“《性理大全》七十卷，明胡广等奉敕撰。是书与《五经四书大全》同以永乐十三年九月告成奏进，故成祖御制序文，称二百二十九卷，统七部而计之也。”“广等所采宋儒之说凡一百二十家，其中自为卷帙者，为周子《太极图说》一卷、《通书》二卷，张子《西铭》一卷、《正蒙》二卷，邵子《皇极经世书》七卷，朱子《易学启蒙》四卷、《家礼》四卷，蔡元定《律吕新书》二卷，蔡沈《洪范皇极内篇》二卷，共二十六卷。自二十七卷以下，摭拾群言，分为十三目：曰理气，曰鬼神，曰性理，曰道统，曰圣贤，曰诸儒，曰学，曰诸子，曰历代，曰君道，曰治道，曰诗，曰文。”

以帝王之尊崇，及科举之需要，故凡向风慕化者，无不濡染浸渍于身心性命之说。而其蔚然成为儒宗者，则由科举之学，进而表示人格，创造学说，而超出于八股之生活者也。

然而以帝王科举之力，造成一世之风气，固亦绝大之关系，而人心之演进，常无一成不变之局，故其趋势绝不为最初提倡者所囿。明儒之学之墨守程、朱之传者，固出于科举及“三《大全》”之影响，而其后学派一变，有显与朱子背驰者，则非科举及“三《大全》”所预必也。

《明史 • 儒林传序》：“原夫明初诸儒，皆朱子门人之支流余裔，师承有自，矩矱秩然。曹端、胡居仁笃践履，谨绳墨，守儒先之正传，无敢改错。学术之分，则自陈献章、王守仁始。宗献章者曰江门之学，孤行独诣，其传不远；宗守仁者曰姚江之学，别立宗旨，显与朱子背驰，门徒遍天下，流传逾百年，其教大行，其弊滋甚。嘉、隆以后，笃信程、朱不迁异说者，无复几人矣。”

明儒之谨守程、朱学派者，以吴与弼、薛瑄为最。

《明儒学案》：“吴与弼字子传，号康斋，抚州之崇仁人，从洗马杨溥学。读《伊洛渊源录》，慨然有志于道。……身体力验，只在走趋语默之间，出作入息，刻刻不忘，久之自成片段，所谓敬义夹持，诚明两进者也。一切玄远之言，绝口不道，学者依之，真有途辙可循。”“薛瑄字德温，号敬轩，山西河津人。……讲习濂、洛诸书，叹曰：‘此问学正路也。’前辈论一代理学之儒，惟先生无间言。……阅先生《读书录》，多兢兢检点言行间，所谓学贵践履，意盖如此。”

黄宗羲特标之为《崇仁河东学案》，而于其他谨守笃信之儒，则汇立为《诸儒学案》，明其不足独成一派也。与弼传娄谅，谅传王守仁，而开阳明学派。陈献章亦受业于与弼，而别开白沙学派。湛若水受业于献章，而别开甘泉学派。三派之学，皆与吴氏不同，而以阳明之派为最广。

《明儒学案》：“娄谅字克贞，别号一斋，广信上饶人，少有志于圣学，闻康斋在临川，乃往从之。……凡康斋不以语门人者，于先生无所不尽。”“王守仁字伯安，学者称为阳明先生，馀姚人也。十八岁过广信，谒娄一斋，慨然以圣人可学而至。登弘治己未进士第，授刑部主事，改兵部。刘瑾矫旨逮南京科道官，先生抗疏救之，下诏狱，廷杖四十，谪贵州龙场驿丞。瑾诛，知庐陵县，历吏部主事、员外郎、郎中，升南京太仆寺少卿、鸿胪寺卿，以左佥都御史巡抚南赣，平漳南、横水、桶冈、大帽俐头诸寇。闻宸濠反，遂还吉安，起兵讨之。遇于樵舍，三战俘濠，升南京兵部尚书，封新建伯。嘉靖丁亥征思田，以归师袭八寨断藤峡，破之，卒年五十七。”“陈献章字公甫，新会之白沙里人。……至崇仁受学于康斋先生，归即绝意科举，筑春阳台，静坐其中，屡荐不起。”“湛若水字元明，号甘泉，广东增城人，从学于白沙。”

语其派别，则有浙中之王学，

《明儒学案》：“姚江之教，自近而远。其最初学者，不过郡邑之士耳。龙场而后，四方弟子始益进焉，郡邑之以学鸣者，亦仅仅绪山①、龙溪②，此外则椎轮积水耳。然一时之盛，吾越尚讲诵，习礼乐，弦歌之音不绝。”

有江右之王学，

《明儒学案》：“姚江之学，惟江右为得其传，东廓、念庵、两峰、双江，其选也。再传而为塘南思默，皆能推原阳明未尽之旨。是时越中流弊错出，挟师说以杜学者之口，而江右独能破之。阳明之道，赖以不坠。盖阳明一生精神，俱在江右，亦其感应之理宜也。”

有南中之王学，

《明儒学案》：“南中之名王氏学者，阳明在时，王心斋、黄五岳、朱得之、戚南玄、周道通、冯南江，其著也。阳明没后，绪山、龙溪所在讲学，于是泾县有水西会，宁国有同善会，江阴有君山会，贵池有光岳会，太平有九龙会，广德有复初会，江北有南谯精舍，新安有程氏世庙会，泰州复有心斋讲堂，几乎比户可封矣。”

有楚中之王学，

《明儒学案》：“楚学之盛，惟耿天台一派，自泰州流入。”

---

① 钱德洪号。
② 王畿别号。

有北方之王学，

《明儒学案》："北方之为王学者独少。……张后觉字志仁，号弘山，山东茌平人。早岁受业颜中溪、徐波石，深思力践，洞朗无碍。犹以取友未广，南结会于香山，西结会于丁块，北结会于大云，东结会于王遇，齐、鲁间遂多学者。"

有粤、闽之王学，

《明儒学案》："岭海之士，学于文成者，自方西樵始，及文成开府赣州，从学者甚众。文成言潮在南海之涯，一郡耳；一郡之中，有薛氏之兄弟子侄，既足盛矣。而又有杨氏之昆季，其余聪明特达、毅然任道之器以数十。"

其别出者，又有李材、王艮诸派，

《明儒学案》："李材字孟诚，别号见罗，丰城人，初学致良知之学，已稍变其说。"　"王艮字汝止，号心斋，泰州之安丰场人。……闻阳明讲学江西，以古服进见，阳明出迎于门外，始入。先生据上坐，辨难久之，稍心折，移其坐于侧。论毕，乃叹曰：'简易直截，艮不及也。'下拜自称弟子。……阳明卒于师，先生迎哭至桐庐，经纪其家而后反。开门授徒，远近皆至，同门会讲者，必请先生主席。"

最后之东林、蕺山，亦皆出于王学，而求济其末流之弊。

《明儒学案》："有东林、蕺山二学案。东林者，顾宪成、高攀龙等讲学之书院；蕺山者，刘宗周讲学之书院也。"

故明儒之学，一王阳明之学而已。

宋、元诸儒，多务阐明经子，不专提倡数字以为讲学宗旨。明儒则一家有一家之宗旨，各标数字以为的。白沙之宗旨曰"静中养出端倪"，

《明史·陈献章传》："献章之学，以静为主。其教学者，但令

端坐澄心，于静中养出端倪。”

甘泉之宗旨曰“随处体验天理”，

《明史 · 湛若水传》：“若水初与守仁同讲学，后各立宗旨。守仁以致良知为宗，若水以随处体验天理为宗。守仁言若水之学为求之于外，若水亦谓守仁格知之说不可信者四。又曰阳明与吾之心不同，阳明所谓心，指方寸而言；吾之所谓心者，体万物而不遗者也，故以吾之说为非。一时学者，遂分王、湛之学。”

阳明之宗旨曰“致良知”，

《明儒学案》：“阳明先生之学，始泛滥于词章，继而遍读考亭之书，循序格物，顾物理吾心终判为二，无所得入，于是出入于佛老者久之。及至居夷处困，动心忍性，因念圣人处此，更有何道，忽悟格物致知之旨。圣人之道，吾性自足，不假外求，其学凡三变而始得其门。自此以后，尽去枝叶，一意本原，以默坐澄心为学的。……江右以后，专提‘致良知’三字，默不假坐，心不待明，不习不虑，出之自有天则。”

又曰“知行合一”。

《明儒学案》：“先生以圣人之学，心学也，心即理也，故于致知格物之训，不得不言致吾心良知之天理于事事物物，则事事物物皆得其理。夫以知识为知，则轻浮而不实，故必以力行为功。夫良知感应神速，无有等待，本心之明，即知不欺。本心之明，即行也，不得不言知行合一。此其立言之大旨，不出于是。”

其后邹守益主“戒惧慎独”，

《明史 · 邹守益传》：“穆孔晖自名王氏学，浸淫入于释氏，而守益于戒惧慎独，盖兢兢焉。”《明儒学案》：“东廓以独知为良知，以戒惧慎独为致良知之功，此是师门本旨。”

罗洪先主“静无欲”，

《明儒学案》：“王门惟心斋氏盛传其说，从不学不虑之旨，转而标之曰自然，曰学乐，末流衍蔓，浸为小人之无忌惮。罗先生复起，有忧之，特拈‘收摄保聚’四字为致良知符诀。故其学专求之未发一机，以主静无欲为宗旨。”

李材主“止修”，

《明儒学案》：“文成而后，李先生又自出手眼，谆谆以‘止修’二字，压倒良知。”

王畿、周汝登主“无善无恶”，

《明儒学案》：“王畿《天泉证道记》谓师门教法，每提四句：无善无恶心之体，有善有恶意之动，知善知恶是良知，为善去恶是格物。”《明史·许孚远传》：“官南京，与尚宝司卿周汝登并主讲席。汝登以无善无恶为宗，孚远作‘九谛’以难之。”

高攀龙主“静坐”，

《明史》：“高攀龙与顾宪成同讲学东林书院，以静为主。”（《明儒学案》载高攀龙说静坐之语甚多。）

刘宗周主“慎独”。

《明儒学案》：“蕺山先生以慎独为宗，儒者人人言慎独，惟先生始得其真。”

纷然如禅宗之传授衣钵、标举宗风者然。谓为由宋、元以来，讲求理学，渐从由书册直指人心，可；谓为堕入禅学，遁于虚无，亦可。要之明儒之学，与宋、元之学，固大不同也。

阳明之学之最有益于世道者，即在主张知行合一之一语。自宋以来，书册日多，著述日富，讲求讨论，虽进于前，而人之立身行事，反与书册所言分而为二。充其弊必有学术日昌、人心日坏之象。阳明着眼此点，故劝人即知即行，使知不但徒腾口说无益，即冥心妙悟而不验之实事亦无益。此正当时科举中人口孔、孟而心跖、蹻之对证妙药，抑亦吾国从古以来圣哲真传。盖吾国自古相传之法，惟注重于实行，苟不实行，即读书万卷，著作等身，亦不过贩卖衒鬻之徒，于己于人，毫无实益，即不得谓之学问。使后之学者，咸准阳明之说而行，无知愚贤不肖，行事一本良心，则举世可以无一坏人，而政治风俗，亦无一不可以臻于尽善尽美之域。无如人心痼蔽，惟喜求知而惮实行，谈玄说妙者，务出新说以相胜，安于卑近者，转执其流弊以相訾謷，甚至在为人行己之外，别求一种学问以为能，研究此等文字者，方足为学，而其他皆空谈，是岂阳明所及料哉！

《传习录》："古人所以既说一个知，又说一个行者，只为世间有一种人，懵懵懂懂的任意去做，全不解思惟省察，也只是个冥行妄作。所以必说个知，方才行得是。又有一种人茫茫荡荡悬空去思索，全不肯着实躬行，也只是个揣摸影响。所以必说一个行，方才知得真。此是古人不得已补偏救弊的说话，若见得这个意时，即一言为足。今人却就将知行分作两件去做，以为必先知了，然后能行，我如今且去讲习讨论做知的功夫，待知得真了，方去做行的功夫，故遂终身不行，亦遂终身不知。此不是小病痛，其来已非一日矣。某今说个知行合一，正是对病的药，又不是某凿空杜撰。知行本体，原是如此，今若知得宗旨时，即说两个亦不妨，亦只是一个；若不会宗旨，便说一个，亦济得甚事，只是闲说话。"

第二十六章　明之文物

历代史书，所志艺文、经籍，大抵兼举前代及当时所有之书籍，惟《明史》不志前代之书，第述有明一代之著作。

《明史·艺文志》："四部之目，昉自荀勖，晋、宋以来因之。前史兼录古今载籍，以为皆其时柱下之所有也。明万历中，修撰焦竑修国史，辑《经籍志》，号称详博，然延阁广内之藏，竑亦无从遍览，则前代陈编，何凭记录？""今第就二百七十年各家著述，稍为厘次，勒成一志。凡卷数莫考、疑信未定者，宁阙而不详云。"

其都数为十万零五千九百七十四卷。观其一朝之人著作之富，则其当时之文化，可以推想。史称北京文渊阁贮书近百万卷，

《明史·艺文志》："明太祖定元都，大将军收图籍致之南京，复诏求四方遗书，设秘书监丞，寻改翰林典籍以掌之。永乐四年，帝御便殿阅书史，问文渊藏书。解缙对以尚多阙略，帝曰：'士庶家稍有余资，尚欲积书，况朝廷乎！'遂命礼部尚书郑赐遣使访购，惟其所欲与之，勿较值。北京既建，诏修撰陈循取文渊阁书一部至百部，各择其一，得百柜，运致北京。宣宗尝临视文渊阁，亲披阅经史，与少傅杨士奇等讨论。……是时秘阁贮书约二万余部，近百万卷，刻本十三，抄本十七。"

盖宋、辽、金、元之书，悉萃其中，故卷数之富，为历代馆阁所未有也。秘阁之外，行人司藏书亦富，

《识小录》（王夫之）："翰林名读中秘书而实无一书之可读，惟行人司每一员出使，则先索书目以行，购书目中所无者，多至数册，少亦必一册，纳之司署，专设司吏一人，收贮简晒，故行人司

藏书最富。”

盖古者太史采风陈诗之遗也。其他贵族缙绅儒流士庶藏书之家，尤指不胜屈。若朱睦㮮、

《明史·诸王传》：“镇国中尉睦㮮字灌甫，镇平王诸孙，被服儒素，覃精经学。”《万卷堂书目跋》（睦㮮）：“余宅西游息之所，建堂五楹，以所储书环列其中。仿唐人法，分经、史、子、集，用各色牙签识别。经类凡十一：《易》、《诗》、《书》、《春秋》、《礼》、《乐》、《孝经》、《论语》、《孟子》、经解、小学，凡六百八十部，六千一百二十卷；史类凡十二：正史、编年、杂史、制书、传记、职官、仪注、刑法、谱牒、目录、地志、杂志，凡九百三十部，一万八千卷；子类凡十：儒、道、释、农、兵、医、卜、艺、小说、五行家，凡一千二百部，六千零七十卷；集类凡三：楚词、别集、总集，凡一千五百部，一万二千五百六十卷。编为四部。”

叶盛、

《乾隆苏州府志》（习嶲）：“昆山叶文庄公盛宅，在东城桥西。公生平嗜书，手自雠录，至数万卷。”《静志居诗话》（朱彝尊）：“文庄储藏之目为卷止二万余，然奇秘者多，亚于册府。”

杨循吉、

《澹生堂藏书训》（祁承㸁）：“杨仪部君谦[①]，性最嗜书，家本素封，以购书故，晚岁赤贫，所藏十余万卷。”

何良俊、

《列朝诗传》：“何良俊字元朗，少而笃学。……每喟然叹曰：吾有清森阁在东海上，藏书四万卷。”

① 名循吉，吴人。

王世贞、

《少室山房笔丛》（胡应麟）："王长公[①]，小酉馆在弇州园凉风堂后，凡三万卷，二典不与，构藏经阁贮焉。"

胡应麟、

《澹生堂藏书训》："婺州胡元瑞以一孝廉，集书至四万二千三百八十四卷。"

黄虞稷、

《黄氏千顷斋藏书记》（钱谦益）："虞稷之先人，少好读书，老而弥笃，自为举子，以迄学官，脩脯所入，衣食所余，未尝不以市书也。藏书千顷斋中，约六万余卷。余小子[②]裒聚而附益之，又不下数千卷。"

徐𤊹、

《红雨楼家藏书目序》（徐𤊹）："合先君子、先伯兄所储，可盈五万三千余卷。"

毛晋、

《同治苏州府志》："毛晋世居迎春门外七星桥，少为诸生，性嗜卷轴。湖州书舶云集于门，邑中为之谚曰：'三百六十行生意，不如鬻书于毛氏。'前后积至八万四千册，构汲古阁、目耕楼以庋之。"

谢兆申等，

《笔精》（徐𤊹）："邵武谢兆申好书，尽罄家资而买坟籍，藏蓄几盈五六万卷。"

---

① 即世贞，太仓人。

② 此据虞稷自称。

皆收藏至二三万卷以上。其范氏之天一阁，

《茶余客话》（阮葵生）："范钦号东明，喜购旧本，两浙藏书以天一阁为第一。"

钱氏之绛云楼，

《绛云楼书目题词》（曹溶）："虞山宗伯所积，几埒内府，视叶文庄、吴文定及西亭王孙或过之。……晚岁居红豆山庄，出所藏书，重加缮治，区分类聚，栖绛云楼上，大椟七十有三。"

尤为目录家所艳称。士大夫咸以嗜书殖学为务，故能上绍唐、宋，而下开有清之文治焉。

官书之风，以明为盛。

《书隐丛说》（袁栝）："官书之风，至明极盛。内而南北两京，外而道学两署，无不盛行雕造。官司至任，数卷新书与土仪并充馈品，称为书帕本。""孙毓修曰：明时官司衙署刊本，周弘祖《古今书刻》略载之。明祖分封诸王，各赐宋板书帖，诸王亦能于养尊处优之余，校刊古籍，模印精审，至今见称。如沈、唐、潞、晋、徽、益诸藩，皆有传刻。"

南北两监，藏板至夥，历代正史，一再雕印。

《南雍志》（黄佐）："梓刻本末《金陵新志》所载集庆路儒学史书梓数，正与今同。则本监所藏诸梓，多自旧国子学而来。① 自后四方多以书板送入。洪武、永乐时，两经修补，板既丛乱，旋补旋亡。成化初，祭酒王㒜会计亡数，已逾二万篇。弘治初，始作库供储藏。嘉靖七年，锦衣卫闲住千户沈麟奏准校刊史书，礼部议以祭酒张邦奇、司业江汝璧学博才裕，使将原板刊补。其广东原刻《宋

① 按元代刻史，多分路雕刻。若建昌路刊《南北史》，瑞州路刊《隋书》之类，不能举十七史而同在一处刊刻。至明汇集其板，始有汇刻全史之举。

史》差取付监，《辽》、《金》二史原无板者，购求善本翻刻，以成全史。”“后邦奇、汝璧迁去，祭酒林文俊、司业张星继之，方克进呈。”《善本书室藏书志》（丁丙）：“北监二十一史，奉敕重修者，祭酒吴士元、司业黄锦也。自万历二十四年开雕，阅十有一载，至三十四年竣事，皆从南监本缮写刊刻。”

书坊之多，以燕京、江、浙为盛。

《经籍会通》（胡应麟）：“今海内书凡聚之地有四：燕市也，金陵也，阊阖也，临安也。闽、楚、滇、黔则余间得其梓，秦、晋、川、洛则余时友其人，辇下所雕者，每一当浙中三，纸贵故也。越中刻本亦希，而其地适当东南之会，文献之衷，三吴七闽，典籍萃焉。吴会、金陵，擅名文献，刻本至多，巨册类书，咸会萃焉。自本方所梓外，他省至者绝寡。燕中书肆，多在大明门之右，及礼部门之外，及拱宸门之西。武林书肆，多在镇海楼之外，及涌金门之内，及弼教坊、清和坊，皆四达衢也。金陵书肆，多在三山街及太学前。姑苏书肆，多在阊门内外及吴县前，书多精整，率其地梓。……凡刻之地有三：吴也，越也，闽也。蜀宋本称最善，近世甚希。燕、粤、秦、楚今皆有刻，类自可观，而不若三方之盛。其精，吴为最，其多，闽为最，越皆次之；其直重，吴为最，其直轻，闽为最，越皆次之。”

工匠刻书，价值亦廉。

《茶香室续抄》（俞樾）：“明刘若愚《酌中志》云：刻字匠徐承惠供：本犯与刻字工银每字一百，时价四分。因本犯要承惠僻静处刻，勿令人见，每百字加银五厘，约工银三钱四分。今算妖书八百余字，与工银费相同。按此知明时刻书价值至廉，今日奚翅倍之也。”

然如《永乐大典》之巨书，当国家财力全盛之时，亦未能付诸雕板，是亦至可惜之事也。

明代儒臣奉敕编辑之书至夥，而卷册最富者，无过于《永乐大典》。

《明史·艺文志·类书类》："《永乐大典》二万二千九百卷。原注：永乐初，解缙等奉敕编《文献大成》既竣，帝以为未备，复敕姚广孝等重修，四历寒暑而成，更定是名。成祖制序，复以卷帙太繁，不及刊布。嘉靖中，复加缮写。"

其书以韵为纲，而以古书字句排列于下，以便检寻。而体例不一，至有举全部大书悉纳于一韵之一字中者，与前此类书割裂原文以事相次者有别。故元以前佚文秘典所不传者，转赖其全部全篇收入，得以复见于世。

《四库全书总目》："《明实录》载成祖谕解缙等：尝观《韵府》、《回溪》二书，事虽有统，而采摘不广，纪载太略。尔等其如朕意，凡书契以来经、史、子、集百家之书，至于天文、地志、阴阳、医卜、僧道、技艺之言，备辑为一书，无厌浩繁云云。故此书以《洪武正韵》为纲，全如《韵府》之体。其每字之下，详列各种书体，亦用颜真卿《韵海镜原》之例。惟其书割裂庞杂，漫无条理，或以一字一句分韵，或析取一篇以篇名分韵，或全录一书，以书名分韵，与卷首凡例多不相应，殊乖编纂之体。……然元以前佚文秘典世所不传者，转赖其全部全篇收入，得以排纂校订，复见于世。"

当明之世，南北二京，仅有写本三部。

《四库全书总目》："《永乐大典》：二万二千八百七十七卷，目录六十卷。……明永乐元年七月奉敕撰，二年十一月奏进，赐名《文献大成》。总其事者，为翰林院学士兼右春坊大学士解缙，与其事者，凡一百四十七人。既而以所纂尚多未备，复命太子少保姚广孝、刑部侍郎刘季篪，与缙同监修。与其事者，凡二千一百六十九人，于永乐五年十一月奏进，改赐名曰《永乐大典》。[①] 并命复写一部，锓诸梓，以永乐七年十月讫工。[②] 后以工费浩繁而罢。[③] 定都北京以后，移贮文楼。[④] 嘉靖四十一年，选礼部儒士程道南等一百人，重录正副二本，命高拱、张居正校理。[⑤] 至隆庆初告成，仍归原本于南京。[⑥] 其正本贮文渊阁，副本别贮皇史宬。[⑦] 明祚既倾，南京原本与皇史宬副本并毁。今贮翰林院库者，即文渊阁正本，仅残阙二千四百二十二卷。顾炎武《日知录》以为全部皆佚，盖传闻不确之说。书及目录共二万二千九百三十七卷，与原序原表并合。《明实录》作二万二千二百一十一卷，《明史 · 艺文志》作二万二千九百卷，亦字画之误也。"

议者虽请镌印，颁发国学，讫未实行。

《野获编》(沈德符)："甲午春，南祭酒陆可教有刻书一疏，谓文皇帝所修《永乐大典》，人间未见，宜分颁巡方御史各任一种校刊汇成，分贮两雍，以成一代盛事。上即允行，至今未闻颁发也。按此书至二万余卷，即大内止写本一部。至世宗重录，以备不虞，亦至穆宗朝始告竣。效劳诸臣，俱叙功优升，若付梨枣，更岂易言。"

至清仅存残本一部，修《四库全书》时，曾就其中辑录古书数百种。

《四库全书总目》："今裒辑成编者，凡经部六十六种。史部四十一种，子部一百三种，集部一百七十五种，共四千九百四十六卷。"

---

① 以上俱见《明实录》。
② 事见明赵友同《存轩集》。
③ 见《旧京词林志》。
④ 文楼即今之宏义阁。
⑤ 事见《明实录》。
⑥ 见《旧京词林志》。
⑦ 事见《春明梦余录》。

然其可采者尚多，翰林之嗜古者，往往从而钞辑。至庚子之乱，毁于兵燹，今只存六十四册。

> 《京师图书馆善本书目》："《永乐大典》六十册[①]，明解缙等撰，嘉靖重录正本，存二支、九真、十八阳、十九庚、二十尤、六姥、四霁、五御、一屋、二质等韵。""此书尚有四册，留教育部。"

尚有零册散入外国，颇为外人珍视，美之图书馆曾以珂罗版影印一册焉。（京师图书馆藏有美国图书馆长勃特兰博士所赠珂罗版印《永乐大典》一册，自一万九千七百八十五卷至一万九千七百八十六卷，仅一服字韵中，绘衣服图甚多。）

明代取士，专重科举，试以制义，至清犹沿其法，此世所诟病也。

> 《明史·选举志》："科目者，沿唐、宋之旧，而稍变其试士之法，专取四子书及《易》、《诗》、《书》、《春秋》、《礼记》五经命题试士。……三年大比，以诸生试之直省，曰乡试。中式者曰举人。次年以举人试之京师，曰会试。中式者，天子亲策于廷，曰廷试，亦曰殿试。分一、二、三甲以为名第之次。一甲止三人：曰状元、榜眼、探花，赐进士及第；二甲若干人，赐进士出身；三甲若干人，赐同进士出身。状元、榜眼、探花之名，制所定也，而士大夫又通以乡试第一为解元，会试第一为会元，二、三甲第一为传胪云。子、午、卯、酉年乡试，辰、戌、丑、未年会试。乡试以八月，会试以二月，皆初九日为第一场，又三日为第二场，又三日为第三场。初设科举时，初场试经义二道，《四书》义一道；二场，论一道；三场，策一道。中式后十日复以骑、射、书、算、律五事试之。后颁科举定式，初场试《四书》义三道，经义四道。二场试论一道，判五道，诏、诰、表、内科一道。三场试经、史、时务策五道。廷试，以三月朔。乡试，直隶于京府，各省于布政司。会

① 清翰林院书。

试，于礼部。主考，乡、会试俱二人，同考，乡试四人，会试八人。提调一人，在内京官，在外布政司官。会试，礼部官监试二人，在内御史，在外按察司官。会试，御史供给收掌试卷；弥封、誊录、对读、受卷及巡绰监门，搜检怀挟，俱有定员，各执其事。举子，则国子生及府、州、县学生员之学成者，儒士之未仕者，官之未入流者，皆由有司申举性资敦厚、文行可称者应之。其学校训导专教生，及罢闲官吏，倡优之家，与居父母丧者，俱不许入试。试卷之首，书三代姓名，及其籍贯、年甲、所习本经、所司印记。试日入场，讲问、代冒者有禁。晚未纳卷，给烛三支。文字中回避御名、庙号及不许自序门地。弥缝编号，作三合字。考试者用墨，谓之墨卷。誊录用硃，谓之硃卷。试士之所，谓之贡院。诸生席舍，谓之号房。人一军守之，谓之号军。试官入院，辄封钥内外门户。在外提调、监试等谓之外帘官；在内主考、同考谓之内帘官。廷试用翰林及朝臣文学之优者为读卷官。共阅对策，拟定名次，候临轩。或如所拟，或有所更定，传制唱第。状元授修撰，榜眼、探花授编修，二、三甲考选庶吉士者，皆为翰林官。其他或授给事、御史、主事、中书、行人、评事、太常、国子博士，或授府推官、知州、知县等官。举人、贡生不第，入监而选者，或授小京职，或授府佐及州县正官，或授教职。此明一代取士之大略也。”

然明初立法，实非专尚时文。

《日知录》（顾炎武）：“《太祖实录》：洪武三年八月，京师及各行省开乡试，初场《四书》疑问本经义及《四书》义各一道[1]，第二场论一道，第三场策一道。中式者后十日复以五事试之，曰骑、射、书、算、律。骑，观其驰驱便捷；射，观其中之多寡；书，通

[1] 原注：洪武三年开科，以《大学》“古之欲明明德于天下者”二节，《孟子》“道在迩而求诸远”一节，合为一题，问二书所言平天下大指同异，此即宋时之法。

于六义；算，通于九法；律，观其决断。……此真所谓求实用之士者矣。至十七年，命礼部颁行科举成式。……文辞增而实事废。盖与初诏求贤之法稍有不同，而行之二百余年，非所以善述祖宗之意也。”

其后展转流变，士益不务实学，至有“八股盛而六经微，十八房兴而廿一史废”之叹。

《日知录》：“十八房之刻，自万历壬辰《钩玄录》始。旁有批点，自王房仲选程墨始。至乙卯以后，而坊刻有四种：曰程墨，则三场主司及士子之文；曰房稿，则十八房进士之作；曰行卷，则举人之作；曰社稿，则诸生会课之作。至一科房稿之刻，有数百部，皆出于苏杭。而中原北方之贾人，市买以去，天下之人，惟知此物可以取科名，享富贵，此之谓学问，此之谓士人，而他书一切不观。昔丘文庄当天顺、成化之盛，去宋元未远，已谓士子有登名前列，不知史册名目、朝代先后、字书偏旁者，举天下而惟十八房之读，读之三五年，而一幸登第，则无知之童子，俨然与公卿相揖让。而文武之道，弃如弁髦。嗟乎！八股盛而六经微，十八房兴而廿一史废。昔闵子马以原伯鲁之不说学而卜周之衰。余少时见有一二好学者，欲通旁经而涉古书，则父师相交谯呵，以为必不得颛业于帖括，而将为坎坷不利之人，岂非所谓大人患失而惑者欤！”

盖人心嗜利苟得，有可以简陋而得虚荣者，则相率从之，而目务实用者为迂远。虽有善法，不时时为之改良，其归宿亦犹是耳。

明初最重学校，以学校为科举之本；而出身学校者，可不必由科举。

《明史·选举志》：“科举必由学校，而学校起家可不由科举。”

观明初国学之制及国子生之盛，殆远轶于唐、宋。

《明史·选举志》："国子学之设，自明初乙巳始。洪武元年，令品官子弟及民俊秀通文义者并充学生。……""天下既定，诏择府、州、县学诸生入国子学。……""初，改应天府学为国子学，后改建于鸡鸣山下。既而改学为监，设祭酒、司业及监丞、博士、助教、学正、学录、典籍、掌馔、典簿等官。分六堂以馆诸生：曰率性、修道、诚心、正义、崇志、广业。学旁以宿诸生，谓之号房。厚给廪饩，岁时赐布帛文绮袭衣巾靴。正旦、元宵诸令节俱赏节钱。孝慈皇后积粮监中，置红仓二十余舍，养诸生之妻子。历事生未娶者赐钱婚聘，及女衣二袭，米月二石。诸生在京师岁久，父母存，或父母亡而大父母、伯叔父母存，皆遣归省，人赐衣一袭，钞五锭，为道里费，其优恤之如此。而其教之之法，每旦，祭酒、司业坐堂上，属官自监丞以下，首领则典簿，以次序立。诸生揖毕，质问经史，拱立听命。惟朔望给假，余日升堂会馔，乃会讲、复讲、背书、轮课以为常。所习自四子本经外，兼及刘向《说苑》及律令、书、数、《御制大诰》。每月试经、书义各一道，诏、诰、表、策论、判、内科二道。每日习书二百余字，以二王、智永、欧、虞、颜、柳诸帖为法。每班选一人充斋长，督诸生工课。衣冠、步履、饮食，必严饬中节，夜必宿监，有故而出，必告本班教官，令斋长帅之以白祭酒。监丞置集愆簿。有不遵者书之，再三犯者决责，四犯者至发遣安置。其学规条目，屡次更定，宽严得其中。堂宇、宿舍、饮馔、澡浴俱有禁例。司教之官，必选耆宿。"

各地土官，及日本、琉球、暹罗诸国，皆有官生入监读书。

《明史·选举志》："直省诸士子云集辇下。云南、四川皆有土官生，日本、琉球、暹罗诸国亦皆有官生入监读书，辄加厚赐，并给其从人。永、宣间，先后络绎。至成化、正德时，琉球生犹有至者。"《续文献通考·学校考》："洪武三年，高丽遣其国金涛等四人来学，次年涛成进士归。自是日本、琉球、暹罗诸国皆有官生入监读书，朝廷辄加厚赐，并给其从人。云南、四川等土官时遣子弟民生入监者甚众，给赐与日本诸国同，监前别造房百间居之。”《长安客话》（蒋一葵）曰：“国初高丽遣金涛等入太学，其后各国及土官亦皆遣子入监。监前别造房居之，名王子书房。今太学前有交趾号舍，盖成祖设北监以来，所以处交趾官生者。”

其学生最盛之时，几及万人。

《南雍志·储养考》（黄佐）：“永乐十八年，监生九千五百五十二人。”“十九年，九千八百八十四人。”“二十年，九千九百七十二人。”“二十一年，九千八百六十一人。”“二十二年，九千五百三十三人。”

而整理田赋，清查黄册，兴修水利等事，皆命监生为之。

《南雍志》：“洪武二十年春二月戊子，鱼鳞图册成。先是上命户部核实天下土田，而苏松富民畏避徭役，以土产诡寄亲邻佃仆，相习成风，奸弊百出。于是富者愈富，贫者愈贫。上闻之，遣国子生武淳等往，随粮多寡，定为几区。每区设粮长四人，使集里甲耆民，躬履田亩，以量度之。量其方圆，次其字号，悉书主名及丈尺四至，编类为册。绘状若鱼鳞然，故名。至是浙江布政使司及直隶、苏州等府县册成进呈，上喜，赐淳等钞锭有差。”“二十四年八月乙卯朔，初令监生往后湖清查黄册。”“户部所贮天下黄册，俱送后湖收架，委监察御史二员、户科给事中一员、监生一千二百名，以旧册比对清查。如有户口田粮埋没差错等项，造册径奏。其官员监生合用饮馔器皿等项并膳夫，俱于国子监取用。如不敷，于都税司并上元、江宁县等衙门支拨。其后奏准本监惟供给监生，凡官员监生吏卒人匠等，每五日一次，过湖晒晾。”“二十七年八月乙亥，遣监生及人材分诣天下郡县，督吏民修治水利，给道里费而行。”

或缮写书籍，或学习翻译，

《南雍志》：“永乐二年十月丁巳，翰林院进所纂录韵书，赐名《文献大成》。上以其未备，遂命重修，以祭酒胡俨兼翰林院侍讲及学士王景等为总裁，开馆于文渊阁，礼部简能书监生缮写。”“五年三月癸酉，命礼部选监生胡敬、蒋礼等三十八人隶翰林院习译书。人月给米一石，遇开科令就试，仍译所作文字，合格准出身。置馆于长安右门之外处之，以四夷字学，分为四斋，命都指挥李贤以锦衣卫军守门，务令成业。”

或以特事遣使，或以巡狩从行。

《南雍志》：“永乐元年四月，颁敕二万道，令监生马宗诚等赍之，赐道里费。”“二年正月丁未，遣监生刘源等三十三人分行郡县，访求高皇帝御制诗文。”“七年二月壬午，巡狩北京，车驾发京师，择吏部历事监生四十人，译写四夷文字监生十三人以从。”

而分部历事，

《南雍志》：“洪武二十九年六月壬寅，初令监生年长者分拨诸司，历练政事……建文二年十月，定监生历事考核法。历事各衙门者，一年为满，从本衙门考核，分上中下三等引奏。上等不拘选用，中等、下等仍历一年再考。上等者依上等用；中等者不拘品级，随材任用；下等者回监读书。”

随时任官，尤为重视。

《续通考》：“洪武二十六年十月，擢监生六十四人为布政使等官。先是天下初定，北方丧乱之余，人鲜知学，尝遣国子生林伯云等三百六十六人分教各郡，既而推及他省。择其壮岁能文者，为教谕等官，至是乃尽擢刘政、龙铎等六十四人为行省布政、按察两使及参政、参议、副使、佥事等官，李扩等自文华、武英擢御史。[①]扩寻改给事中兼齐相府录事。盖台谏之选，亦出于太学，其常调者乃为府、州、县六品以下官。时虽复行科举，而监生与荐举人才参用者居多。故其时布列中外者，太学生最盛。”

盖明之国学，第为储才之地，并无毕业之期。以师儒督其学，以世务练其才，随时选任，不拘资限，斯实从古以来惟一重用学校人才之时代。世徒以明祖定八股试士之制，遂谓其欲使天下英雄腐心于无用之空文，岂知当时事实，并不如是。第其后偏重科举，而学校又有纳粟之例，流品日杂，学生始不为天下所重耳。

《续通考》：“宣宗以后，进士日益重，荐举浸废，举贡日益轻，迨开纳粟之例，流品渐淆，且庶民亦得援生员之例入监，谓之民生，亦谓之俊秀，而监生益轻。”

明代国学，有南北两监，

《续通考》：“成祖永乐元年二月，设北京国子监。……在城东北隅，即元国学遗址。明初为北京府学，至是改焉。十八年迁都，乃以京师国子监为南京国子监，而太学生有南北之分矣。”

此外府、州、县、卫无不有学，教养之法甚备。

《明史·选举志》：“郡县之学，与太学相维，创立自唐始。宋置诸路州学官，元颇因之，其法皆未具。迄明，天下府、州、县、卫所，皆建儒学，教官四千二百余员，弟子无算，教养之法备矣。洪武二年，太祖初建国学，谕中书省臣曰：‘学校之教，至元其弊极矣。上下之间，波颓风靡，学校虽设，名存实亡。兵变以来，人

---

① 按《明史·选举志》：“洪武初，择年少举人赵惟一等及贡生董杲等人学读书，赐以衣帐。命于诸司先习吏事，谓之历事监生。取其中尤英敏者李扩等入文华、武英堂说书，谓之小秀才。其才学优赡、聪明俊伟之士，使之博极群书，讲明道德经济之学，以期大用，谓之老秀才。”故《续考》举李扩等为言。

习战争，惟知干戈，莫识俎豆。朕惟治国以教化为先，教化以学校为本。京师虽有太学，而天下学校未兴。宜令郡县皆立学校，延师儒，授生徒，讲论圣道，使人日渐月化，以复先王之旧。'于是大建学校，府设教授，州设学正，县设教谕，各一，俱设训导，府四、州三、县二。生员之数，府学四十人，州、县以次减十。师生月廪食米，人六斗，有司给以鱼肉。学官月俸有差。生员专治一经，以礼、乐、射、御、书、数设科分教。务求实才，顽不率者黜之。"

学有额田，

《续通考》："洪武十五年四月，赐学粮，增师生廪膳。""初制，师生月廪食米，人六斗，有司给以鱼肉，学官月俸有差。至是命凡府、州、县田租入官者，悉归于学，俾供祭祀及师生廪膳。仍定为三等，府学一千石，州学八百石，县学六百石，应天府学一千六百石。各设吏一人以司出纳，学生月给廪膳米一石。"

教有规定，

《续通考》："洪武二十五年，定礼、射、书、数之法。（一）颁行经、史、律、诰、礼仪等书，生员皆须熟读精通，以备科贡考试。（一）朔望习射。于学校外置射位，初三十步，加至九十步，每耦二人，各挟四矢，以次相继。长官莅射。射毕，中的饮三爵，中鹄饮二爵。（一）习书，依名人法帖，日五百字。（一）数学，务精通《九章》之法。"《颜氏学记》（戴望）："祁州学碑刻洪武八年颁学校格式，六艺以律易御，礼、律、书为一科，训导二员教之。乐、射、算为一科，训导二员教之。守令每月考试，三月学不进，训导罚俸半月。监察御史、按察司巡历考试，府生员十二名，州八名，县六名。学不进者，守令、教授、训导罚俸有差，甚多则教官革职，守令笞四十。三代后无此学政，亦无此严法，谁实坏之？……王源曰：三代以后，开创帝王可与言三代治道者，明太祖一人而已。”

学生名额，复迭有增加。

《明史·选举志》：“生员虽定数于国初，未几即命增广，不拘额数。宣德中，定增广之额：京府学六十人，在外府学四十人，州、县以次减十。成化中，定卫学之例：四卫以上军生八十人，三卫以上军生六十人，二卫、一卫军生四十人，有司儒学军生二十人；士官子弟，许入附近儒学，无定额。增广既多，于是初设食廪者谓之廪膳生员，增广者谓之增广生员。及其既久，人才愈多，又于额外增取，附于诸生之末，谓之附学生员。……士子未入学者，通谓之童生。”

惜其后学生仅务考试，而埋首于时文，明初善制，以渐而废。提学者亦只分诸生等第，不复问六艺之科目耳。

《明史·选举志》：“提学官在任三岁，两试诸生。先以六等试诸生优劣，谓之岁考。一等前列者，视廪膳生有缺，依次充补，其次补增广生。一、二等皆给赏，三等如常，四等挞责，五等则廪、增递降一等，附生降为青衣，六等黜革。继取一、二等为科举生员，俾应乡试，谓之科考。其充补廪、增给赏，悉如岁试。其等第仍分为六，而大抵多置三等。三等不得应乡试，挞黜者仅百一，亦可绝无也。”

府、州、县学之外，又有社学。

《续通考》：“洪武八年正月，诏天下立社学。……诏曰：‘今京师及郡县皆有学，而乡社之民未睹教化，有司其更置社学，延师儒以教民间子弟，导民善俗，称朕意焉。’于是乡社皆置学，令民间子弟兼读御制大诰及本朝律令。”“二十年，令社学子弟读诰律者赴京，礼部较其所诵多寡，次第给赏。”“英宗正统元年，诏有俊秀向学者，许补儒学生员。”“弘治十七年，令各府、州、县访保明师，民间幼童年十五以下者，送社读书，讲习冠、婚、丧、祭之法。”

官吏之留心民事者，恒以兴举社学为务。

《王文成全书·兴举社学牌》：“看得赣州社学乡馆教读，贤否尚多淆杂，是以诗礼之教久已施行，而淳厚之俗未见兴起。为此牌仰岭北道督同府县官吏，即将各馆教读，通行访择，务使学术明正、行止端方者，乃与兹选。官府仍籍记姓名，量行支给薪米，以资勤苦；优其礼待，以示崇劝。其各童生之家，亦各通饬行戒，务在隆师重道，教训子弟。毋得因仍旧染，习为偷薄，自取愆咎。”

社会教读，且与有地方风化之责。

《王文成全书·颁行社学教条》：“先该本院据岭北道选送教读刘伯颂等，颇已得人。但多系客寓，日给为难，今欲望以开导训诲，亦须量资勤苦，已经案仰该道通加礼貌优待，给以薪米纸笔之资。各官仍要不时劝励敦勉，令各教读务遵本院原定教条，尽心训导，视童蒙如己子，以启迪为家事；不但训饬其子弟，亦复化喻其父兄；不但勤劳于诗礼章句之间，尤在致力于德行心术之本。务使礼让日新，风俗日美，庶不负有司作兴之意，与士民趋向之心。”

观王文成《训蒙大意》，亦可见当时教读督责幼儿之法，及儒者研究教育之学说焉。

《王文成年谱·训蒙大意》（钱德洪）示教读刘伯颂等曰：“今教童子者，当以孝弟、忠信、礼义、廉耻为专务，其培植涵养之方，则宜诱之歌《诗》，以发其志意；导之习《礼》，以肃其威仪；讽之读《书》，以开其知觉。今人往往以歌《诗》、习《礼》为不切时务，此皆末俗庸鄙之见，乌足以知古人立教之意哉！大抵童子之情，乐嬉戏而惮拘检，如草木之始萌芽，舒畅之则条达，摧挠之则衰痿。故凡诱之歌《诗》者，非但发其志意而已，亦所以泄其跳号呼啸于咏歌，宣其幽抑结滞于音节也。导之习《礼》者，非但肃其威仪而已，亦所以周旋揖让而动荡其血脉，拜起屈伸而固束其筋骸也。讽之读《书》者，非但开其知觉而已，亦所以沉潜反复而存其心，抑扬讽颂以宣其志也。若责其检束而不知导之以礼，求其聪明而不知养之以善，彼视学舍如囹狱而不肯入，视师长如寇仇而不欲见矣，求其为善也得乎？”

宋、元之间，书院最盛，至明而浸衰。盖国学网罗人才，士之散处书院者，皆聚之于两雍，虽有书院，其风不盛。

《续通考》：“初太祖因元之旧，洪武元年立洙泗、尼山二书院，各设山长一人。宪宗成化十二年，命江西贵溪县重建象山书院。孝宗弘治元年，以吏部郎中周本言，修江南常熟县学道书院。武宗正德元年，江西按察司副使邵宝奏修德化县濂溪书院，其时各省皆有书院，弗禁也。”

其后国学之制渐隳，科举之弊孔炽，士大夫复倡讲学之法，而书院又因之以兴。王阳明讲学之所，若龙岗书院，

《王文成年谱》：“正德三年在龙场……夷人日来亲狎，以所居湫湿，乃伐木构龙岗书院以居之。”

若贵阳书院，

《王文成年谱》：“正德四年在贵阳……提学副使席书聘主贵阳书院。”

若濂溪书院，

《王文成年谱》：“正德十三年在赣……九月修濂溪书院……四方学者辐辏，始寓射圃，至不能容，乃修濂溪书院居之。”

若稽山书院，

《王文成年谱》：“嘉靖三年，在越……辟稽山书院，聚八邑彦

士，身率讲习以督之。于是萧璆、杨汝荣、杨绍芳等来自湖广，杨仕鸣、薛宗礼、黄梦星等来自广东，王艮、孟源、周衔等来自直隶，何秦、黄弘纲等来自南赣，刘邦来、刘文敏等来自安福，魏良政、魏良器等来自新建，曾忭来自泰和。宫刹卑隘，至不能容，盖环坐而听者三百余人。”

若敷文书院，

《王文成年谱》：“嘉靖七年，巡抚两广……兴南宁学校……委原任监察御史降揭阳县主簿季本主教敷文书院。”

既皆随处经营，隐然以复古学校为己任。而同时如邹守益之筑复古书院，

《王文成年谱》：“邹守益谪判广德州，筑复古书院以集生徒，刻《谕俗礼要》以风民俗。”

湛若水之建白沙书院，

《明史·湛若水传》：“若水生平所至，必建书院以祀献章。”

又与阳明相应和。比阳明殁而建书院以祀之者尤夥，

《王文成年谱》：“嘉靖四年十月，立阳明书院于越城。……门人为之也。在越城西郭门内光相桥之东。后十二年丁酉，巡按御史门人周汝贞建祠于楼前，匾曰‘阳明先生祠’。”“嘉靖九年，门人薛侃建精舍于天真山，祀先生。”“十三年，邹守益建复古书院于安福，祀先生。”①“十六年，佥事沈谧建书院于文湖，祀先生。”“十九年，周桐、应典等建书院于寿岩，祀先生。”“二十一年，范引年建混元书院于青田，祀先生。”“二十三年，徐珊建虎溪精舍于辰州，祀先生。”“二十七年，万安同志建云兴书院，祀先生。”“陈大

① 按复古书院之建已见前，此时特祀之耳。

> 伦建明经书院于韶，祀先生。”“二十九年，史际建嘉义书院于溧阳，祀先生。”“三十三年，刘起宗建水西书院，祀先生。”“三十五年，赵镗修复初书院，祀先生。沈宠建仰止祠于崇正书院，祀先生。”“四十二年，耿定、罗汝芳建志学书院于宣城，祀先生。”

学校性质几变而为宗教性质，世宗因言者请毁书院而严禁之，殆以此故。

> 《续通考》：“世宗嘉靖十七年四月，吏部尚书许谱请毁书院，从之。……十六年二月，御史游居敬疏斥南京吏部尚书湛若水倡其邪学，广收无赖，私创书院，乞戒谕以正人心。帝慰留若水，而令所司毁其书院。至是谱复言抚按司府多建书院，聚生徒，供亿科扰，亟宜撤毁，诏从其言。”

然一方面撤毁，而一方面依旧建设[①]，是其时社会势力，固不下于政府也。万历间，张居正当国，再申严禁，亦未尽革。迄居正败，其事复兴。

> 《野获编》（沈德符）：“书院之设，昉于宋之泰山、徂徕及白鹿洞，本朝旧无额设明例。自武宗朝，王新建以良知之学，行江浙、两广间，而罗念庵、唐荆川诸公继之，于是东南景附，书院顿盛。虽世宗力禁，而终不能止。嘉靖末年，徐华亭以首揆为主盟，一时趋骛者，人人自托吾道。凡抚台莅镇，必立书院，以鸠集生徒，冀当略见知。其后间有他故，驻节其中，于时三吴间竟呼书院为中丞行台矣。今上初政，江陵公痛恨讲学，立意剪抑。适常州知州施观民以造书院科敛见纠，遂遍行天下拆毁，其威令之行，峻于世庙。江陵败，而建白者力攻，亦以此为权相大罪之一，请尽行修复，当事者以祖制所无折之，其议不果行。近年理学再盛，争以皋比相

① 如混元、云兴等书院，皆建于嘉靖十七年以后。

高，书院聿兴，不减往日。李见罗在郧阳，遂拆参将衙门改造，几为武夫所杀，于是人稍有戒心矣。至于林下诸君子相与切磋讲明，各立塾舍名书院者，又不入此例也。”

明末书院之著者，曰首善，曰东林。以讲学者忤魏阉，遂并天下书院毁之。

《续通考》：“神宗万历十年，阁臣张居正以言官之请，概行京省查革，然不能尽撤。后复稍稍建，其最著者，京师曰首善书院，江南曰东林书院。”《燕都游览志》：“首善书院在宣武门内左方，天启初，都御史邹元标、副都御史冯从吾为都人士讲学之所。大学士叶向高撰碑志，礼部尚书董其昌书。党祸起，魏忠贤矫旨毁天下书院，搥碎碑，嗣即其地开局修历。”《春明梦余录》（孙承泽）：“东林，无锡书院名也。宋儒杨时建，后废为僧寺。万历中，吏部考功郎顾宪成罢归，即其地建龟山祠，同志者为构精舍居焉。乃与行人高攀龙等开讲其中，及攀龙起为总宪，疏发御史崔呈秀之赃，呈秀遂父事魏忠贤，日嗾忠贤曰：‘东林欲杀我父子。’既而杨涟、左光斗交章劾忠贤，益信呈秀之言不虚也。于是遂首毁京师书院，而天下之书院俱毁矣。”

魏阉败，儒者复立书院讲学。刘宗周之证人书院，其尤著者也。

《明史・刘宗周传》：“宗周始受业于许孚远，已入东林书院，与高攀龙辈讲习。冯从吾首善书院之会，宗周亦与焉。越中自王守仁后，一传为王畿，再传为周汝登、陶望龄，三传为陶奭龄，皆杂于禅。奭龄讲学白马山，为因果说，去守仁益远。宗周忧之，筑证人书院，集同志讲肄。且死，谓门人曰：学之要，诚而已，主敬其功也。”

明儒讲学之所，自书院之外，复有寺观祠宇之集会，月有定期，以相砥砺。

《王文成年谱》："嘉靖四年，先生归姚江，定会于龙泉寺之中天阁，每月以朔、望、初八、廿三为期。书壁以勉诸生曰：虽有天下易生之物，一日暴之，十日寒之，未有能生者也。承诸君之不鄙，每予来归，咸集于此，问学为事，甚盛意也。然不能旬日之留，而旬日之间，又不过三四会，一别之后，辄复离群索居，不相见者，动经年岁，然则岂惟十日之寒而已乎？若是而求萌櫱之畅茂条达，不可得矣。故予切望诸君勿以予之去留为聚散，或五六日，或八九日，虽有俗事相妨，亦须破冗一会于此，务在诱掖奖励，砥砺切磋，使道德仁义之习，日亲日近。则势利纷华之染，亦日远日疏，所谓相观为善，百工居肆，以成其事者也。相会之时，尤须虚心逊志，相亲相敬。大抵朋友之交，以相下为益，或议论未合，要在从容涵育，相感以成。不得动气求胜，长傲遂非；务在默而成之，不言而信。"

阳明门人，集会尤盛。

《王文成年谱》："嘉靖十一年正月，门人方献夫合同志会于京师。……欧阳德、方献夫等四十余人始定日会之期，聚于庆寿山房。""十二年，门人欧阳德合同志会于南畿。……远方志士四集，类萃群趋。或讲于城南诸刹，或讲于国子鸡鸣，倡和相稽，疑辩相绎。"

徐阶灵济宫之会，听者至数千人。

《明史·罗汝芳传》："汝芳为太湖知县，召诸生论学，公事多决于讲座。迁刑部主事，历宁国知府。民兄弟争产，汝芳对之泣，民亦泣，讼乃已。创开元会，罪囚亦令听讲。入觐，劝徐阶聚四方计吏讲学，阶遂大会于灵济宫，听者数千人。"《明儒学案·徐阶传》（黄宗羲）："先生受业聂双江，故得名王氏学。及在政府，为讲会于灵济宫，使南野、双江、松溪分主之，学徒云集至千人。其

> 时癸丑甲寅，为自来未有之盛。丙辰以后，诸公或殁或去，讲坛为之一空。戊午何吉阳自南京来，复推先生为主盟，仍为灵济之会，然不能及前矣。”

当时讲学之巨子，所至集会开讲，至老不衰。

> 《明史·钱德洪传》：“德洪既废，遂周游四方，讲良知学。时士大夫率务讲学为名高，而德洪、王畿以守仁高第弟子，尤为人所宗。”《陈时芳传》：“年八十余，犹徒步赴五峰讲会。”《王畿传》：“畿既废，益务讲学，足迹遍东南，吴、楚、闽、越皆有讲舍。年八十余，不肯已，善谈说，能动人。所至听者云集，每讲杂以禅机，亦不自讳也。”

随时举示，亦无定法。

> 《明儒学案·耿定理传》：“京师大会，举中义相质，在会各呈所见，先生默不语。忽从座中崛起拱立曰：‘请诸君观中。’因叹曰：‘舍当下言中，沾沾于书本上觅中，终身罔矣。’在会中因有省者。其机锋迅利如此。”

樵夫、陶匠、农工、商贾，无人不可听讲，无人不可讲学。

> 《明儒学案》：“樵夫朱恕，泰州草堰场人，听王心斋讲，浸浸有味，每樵必造阶下听之。饥则向都养乞浆，解裹饭以食，听毕则浩歌负薪而去。”“陶匠韩乐吾，兴化人，以陶瓦为业。慕朱樵而从之学，久之，觉有所得，遂以化俗为任，随机指点。农工商贾从之游者千余，秋成农隙，则聚徒谈学。一村既毕，又之一村，前歌后答，弦诵之声，洋洋然也。”

斯实前世之所未有也。

明人之集会讲学，盖本于文士之以诗文结社。自元季以来，东南士夫盛联诗社，

《明史·张简传》："当元季，浙东西士大夫以文墨相尚，每岁必联诗社，聘一二文章巨公主之。四方名士毕至，谳赏穷日夜。诗胜者辄有厚赠。"

至明而其风不衰。

《明史·林鸿传》："闽中善诗者称十才子，鸿为之冠，闽人言诗者悉本于鸿。……无锡浦源，慕鸿名，逾岭访之。造其门，鸿弟子周元、王元请诵所作，曰：'吾家诗也。'鸿延之入社。"《谢榛传》："李攀龙、王世贞辈结诗社，榛为长，攀龙次之。"《李攀龙传》："攀龙之始官刑曹也，与濮州李先芳、临清谢榛、孝丰吴维岳辈倡诗社。王世贞初释褐，先芳引入社，遂与攀龙定交，明年先芳出为外吏。又二年，宗臣、梁有誉入，是为五子。未几，徐中行、吴国伦亦至，乃改称七子。诸人多少年，才高气锐，互相标榜，视当世无人。七才子之名播天下。"《王世贞传》："世贞好为诗古文，官京师，入王宗沐、李先芳、吴维岳等诗社。"《明史·袁宏道传》："宏道年十六，为诸生，即结社城南，为之长。"

达官为之倡，而山人名士附之。

《野获编》（沈德符）："山人之名本重，如李邺侯仅得此称。不意数十年来，出游无籍辈，以诗卷遍贽达官，亦谓之山人。始于嘉靖初年，盛于今上之近岁，吴中人遂有作山人歌曲者，而情状著矣。"《明史·王稚登传》："嘉隆、万历间，布衣、山人以诗名者十数，俞见文、王叔承、沈明臣辈，尤为世所称。然声华烜赫，稚登为最。"

始则标榜风雅，交通声气，继则联结党朋，干预政事，至其季世之复社，且以嗣东林则帜。故文人之社与儒者之会，实有相互之关系焉。

《明史·张溥传》："溥集郡中名士相与复古学，名其文社曰复社。……四方啖名者争走其门，尽名为复社。溥亦倾身结纳，交游日广，声气通朝右。所品题甲乙，颇能为荣辱，诸奔走附丽者辄自矜曰：吾以嗣东林也。执政大僚由此恶之。里人陆文声者，输赀为监生，求入社，不许。文声诣阙言，风俗之弊，皆原于士子，溥、采为盟主，倡复社乱天下。”①

明代诗文字画，均有名家，然无特创之体。其特创者，惟八股文，以王鏊、唐顺之、归有光、胡友信为最。

《明史·归有光传》：“有光制举义，湛湛经术，卓然成大家。后德清胡友信与齐名，世并称归、胡。”“明代举子业最擅名者，前则王鏊、唐顺之，后则震川、思泉。思泉，友信别号也。”

顺之、有光皆能为古文，然其古文亦有八股文气息。八股文既盛行，于是有汇选评点之本，而学者之治古书，往往亦用此法，故明代批评经史子集之书最多，是亦一时之风气也。

《经史百家简编序》（曾国藩）：“自六籍燔于秦火，汉世掇拾残遗，征诸儒能通其读者，支分节解，于是有章句之学。刘向父子勘书秘阁，刊正脱误，稽合同异，于是有校雠之学。梁世刘勰、钟嵘之徒，品藻诗文，褒贬前哲，其后或以丹黄识别高下，于是有评点之学。三者皆文人所有事也。前明以《四书》经义取士，我朝因之，科场有句股点句之例，盖犹古者章句之遗意。试官评定甲乙，用朱墨旌别其旁，名曰圈点，后人不察，辄仿其法，以涂抹古书，大圈密点，狼藉行间。故章句者，古人治经之盛业也，而今专以施之时文。圈点者，科场时文之陋习也，而今反以施之古书。末流之迁变，何可胜道。”②

---

① 张采，溥同里人，号娄东二张。

② 按宋吕祖谦选《文章关键》、谢枋得选《文章轨范》，始创评点选本，然于古人全书未有评点者。明代选本之加评点者不可胜记，而古书如《尚书》、《左传》、《史记》、《庄子》等皆有详圈密点之本。归有光、钟惺等皆可称评文家。

时文之外，小说、戏曲颇有创制。今世所传《三国演义》、《水浒传》、《西游记》、《金瓶梅》等，皆明人所著。(《交翠轩笔记》称《三国演义》为明人作，《郎潜纪闻》称《三国志》为罗贯中所作。《水浒传》相传为元施耐庵著，而《七修类稿》谓系罗贯中作，《茶香室续钞》亦称《水浒传》为洪武初越人罗贯中作。《冷庐杂识》称《西游记》为嘉靖中淮安吴承恩作。《金瓶梅》则相传为王世贞作，以毒唐顺之者也。）今人以小说为纯文学，则明代小说之盛，当轶于古文之价值矣。元代传奇以质朴胜，即最有名之《西厢》、《琵琶》诸记，亦多质过于文。至明之汤显祖、阮大铖等所编传奇，则综各种文体，皆入于词曲中，尤可见文艺之进化。至魏良辅等以昆曲著，则又因传奇之盛兴，而自制新调也。

《琵琶行》(吴伟业)："百余年来操南风，《竹枝》《水调》讴吴侬。里人度曲魏良辅，高士填词梁伯龙。"注引陈僖《客窗偶笔》："昆有魏良辅者，造曲律，世所谓昆腔者自良辅始。"《静志居诗话》(朱彝尊)："梁辰鱼字伯龙，昆山人，雅善词曲，所撰《江东白苎》，妙绝时人。时邑人魏良辅能喉啭音声，始变弋阳、海盐故调为昆腔，伯龙填《浣纱记》付之。"

明太祖以僧为帝，其立国极重释教，明之诸儒讲心学者，又多出入于释氏。然禅门如沩仰、云门、法眼三宗，俱已失传，惟临济、曹洞蝉联不绝，

《答汪魏美问济洞两宗争端书》(黄宗羲)："今沩仰、云门、法眼三宗俱绝，存者惟曹洞、临济耳。"

而隋、唐诸宗更无论矣。明僧之著者，仅万历间紫柏、雪浪、莲池、憨山诸僧，

《列朝诗集·闰集》(钱谦益)有憨山大师德清、紫柏大师真可、莲池大师袾宏、雪浪法师洪恩等传。

大抵以禅宗参净土，未能特创一宗也。明之佛教，较之历代，当以刻经

之多，为其时之特色。考佛藏虽自北宋以来，已有官私诸本，

《大藏经雕印考》（常磐大定）："藏经种类：（一）宋朝官板蜀本；（二）宋朝私板福州本；（三）南宋私板思溪本；（四）元代私版普宁寺本；（五）元代官本。"

而明代所刻最多，官刻者既有南北两藏及石藏，

《续释氏稽古略》（幻轮）："永乐十八年，旨刻大藏经，板二副，南京一藏，六行十七字；北京一藏，五行十五字。"① "旨石刻一藏，安置大石洞。圣旨：向后木的坏了，有石的正。"

又有武林、径山二本。

《大藏经雕印考》："南北二藏刊刻之后，浙之武林，仰承德风，更造方册，历岁既久，其刻遂湮。……《缘山目录》称法珍尼为欲刻宏通简便的方册本，决意自断其臂，激发四方。由是海内感动，或破产鬻子以应之。至三十余年始告成功，此则方册之创制也。"② "《缘山目录》称万历十四年，有密藏禅师者，追悼珍尼藏板之归于乌有，欲继兴方册藏板，化缘时熟，经五六十年，藏板方成。……《缩藏目录序》称，比时缁素，如响之应，紫柏、憨山等等硕德羽翼之，陆光祖、袁了凡、冯开之等赞成之，始刻于五台山。未几藏师没，幻余禅师代之，亦迁化。其初与藏师共事者四十人，至万历二十九年存没各半，其半之继续刊刻者，不知告终于何年。其辛苦勤劳，可谓至矣。尔来海内缁素，得以翻阅大藏，皆密藏师之赐也。"

径山改梵夹为方册，于嘉兴楞严寺发售，无论僧俗，皆可按价购买，其功尤盛于从前之刻藏。

---

① 据常磐大定《大藏经雕印考》，南藏为太祖时所刻。

② 旧刻藏经皆梵夹本，故方册本为创制。

《大藏经雕印考》："宋、元诸藏，与明本所异者，实在根本目的。宋、元之刻藏，以藏经为法宝，欲藏之于名山大刹而崇拜之，明本则以普及于天下为事。"

明末诸儒，多通内典，即缘佛藏流通之影响也。

世讥明人之学多空疏，实亦不可概论。明之研究诗文心学者，固亦多博洽之士，他如李时珍之著《本草纲目》，

《明史·方技传》："李时珍字东璧，蕲州人，好读医书。医家《本草》，自神农所传，止三百六十五种，梁陶弘景所增亦如之。唐苏恭增一百一十四种，宋刘翰又增一百二十种，至掌禹锡、唐慎微辈先后增补，合一千五百五十八种，时称大备。然品类既繁，名称多杂，或一物而析为二三，或二物而混为一品。时珍病之，乃穷搜博采，芟烦补阙，历三十年，阅书八百余家，稿三易而成书，曰《本草纲目》。增药三百七十四种，厘为一十六部，合成五十二卷。首标正名为纲，余各附释为目，次以集解详其出产形色，又次以气味、主治附方。书成，将上之朝，时珍遽卒。未几，神宗诏修国史，购四方书籍。其子建元以父遗表及是书来献，天子嘉之，命刊行天下，自是士大夫家有其书。"

宋应星之著《天工开物》，

《重印天工开物记》（丁文江）："宋应星，字长庚，江西奉新县北乡人，万历四十三年乙卯举人。崇祯七年，任分宜教谕，著《天工开物》。十年，刊行。书计十八卷九册，凡食物、被服、用器以及冶金、制器、丹青、珠玉之原料工作，无不具备。说明之外，各附以图。三百年前，言工业天产之书，如此其详且明者，世界之中，无与比伦。"

方以智之著《物理小识》，

《明末理学阐微》（钱嘉淦）："当有明末造，爱新觉罗氏兴于满

洲，国家运命，危在旦夕。山林隐逸者流，抱残守缺，从事著述，而理学亦起于此时。至崇祯十六年，即西历千六百四十三年，适彼理学界之双明星，意人卡利利（Galileo）逝，而英人奈端（Newton）生之翌年，有密山愚者方以智著《物理小识》六卷，公诸世。大别为十六门，即天、历、风雷雨旸、地、占候、人身、医药、饮食、衣服、金石、器用、草木、鸟兽、神鬼方术、异事，搜罗綦广，时有精义。今中国若后于现世界文明数世纪，而当奈氏之前，已有此著，诚可引以自豪者矣。”

今之讲博物及物理者，多盛称其书，正不得以“空疏”二字该明之一切学者也。又明之儒者多究心于武事，如王守仁、唐顺之等兼资文武，既见于史传，

《王文成年谱》：“先生留情武事，凡兵家秘书，莫不精究。”《明史 • 唐顺之传》：“顺之于学无所不窥，自天文、乐律、地理、兵法、弧矢、句股、壬奇、禽乙，莫不究极原委。”

至其末年，尚有陈元赟者，以拳术开日本之柔道。

《陈元赟与柔道始祖》（下川潮）：“陈元赟字义都，明之虎林人，宽永十五年（崇祯十年）避乱来我国，以支那之拳法，传福野七郎右卫门等。”

此明之风气与清不同者也。

明代工艺之盛，有轶于前代者数事。一曰陶器，江西景德镇之磁器，莫盛于明，以诸帝之年号名其窑，而一朝有一朝之特色。

《南村随笔》：“景德镇所造，永乐尚厚，成化尚薄，宣德青尚淡，嘉靖青尚浓。成青未若宣青，宣彩未若成彩。”“宣德祭红以西红宝石末入泑，凸起莹厚如堆脂。”《陶说》（朱琰）：“宣德窑选料制样，画器填款，无一不精。此明窑极盛时也。”

宜兴陶器亦始于明，

《阳羡名陶录》（吴骞）："今吴中较茶者，壶必言宜兴瓷，云始万历间大朝山[1]寺僧，传供春。供春者，吴氏小史也。至时大彬以盛。"

雅淡质素，与景德磁以浓彩胜者不同。盖明人讲求服用，务极风雅，故工艺因之以兴也。一曰漆器，亦多古所未有。

《物理小识》："漆器永乐果园厂制最精，有剔红、填漆、戗金、倭漆、螺钿诸种。近徽吴氏漆绢胎鹿角灰磨者，螺钿用金银粒杂蚌片成花者，皆绝，古未有此。"

一曰铜器，宣德中以铜铸鼎、彝、炉、鬲等，是为宣德炉，其材料多选各国各地绝精之物为之。（如暹罗国风磨铜、天方国硇砂、三佛齐国紫石、渤泥国胭脂石、琉球国安澜砂及辰州珠砂、云南棋子等。）每铜一斤，炼十二次，仅存铜精四两，光色焕发。又以赤金、水银等物涂而熏之，故与寻常铜器迥异。（详见《宣德鼎彝谱》。）是皆明代工艺美术之特色也。至若南京报恩寺塔，九级八面，咸覆以五色琉璃瓦，建筑经二十九年始成[2]，为中外人士所艳称。

《陶庵梦忆》（张岱）："中国之大古董，永乐之大窑器，则报恩塔是也。报恩塔成于永乐初年[3]，非成祖开国之精神、开国之物力、开国之功令，其胆智才略足以吞吐此塔者，不能成焉。塔上下金刚佛像千百亿金身，一金身，琉璃砖十数块凑成之。其衣摺不爽分，其面目不爽毫，其须眉不爽忽，斗笋合缝，信属鬼工。闻烧成时，具三塔相，成其一，埋其二，编号识之。今塔上损砖一块，以字号报工部，发一砖补之，如生成焉。夜必灯，岁费油若干斛。天日高霁，霏霏霭霭，摇摇曳曳，有光怪出其上，如香烟缭绕，半日方

---

① 当是金沙寺。

② 自永乐十年至宣德六年。

③ 此说误，据《江宁府志》，永乐十年敕工部造九级琉璃塔，至宣德六年，凡二十九年始成。

散。永乐时，海外夷蛮重译至者，百有余国，见报恩塔必顶礼赞叹而去，谓四大部洲所无也。”

北京宫殿及曲阜孔、颜诸庙，雕刻石柱，咸精深华美，至今犹存，可以推见明之注重工艺矣。

元以蒙古人入主中夏，其冠服车舆杂用宋、金之制，并存其族之旧俗，故天子有冕服，儒士有唐巾，皆沿中夏之法。惟常服之质孙，则为胡服。

《元史・舆服志》："质孙，汉言一色服也。天子质孙，冬服十有一等，夏服十有五等。百官质孙，冬服九等，夏服十四等。""按其制有暖帽、钹笠、比肩等。暖帽、钹笠大致如满清之暖帽、凉帽，比肩则今所谓背心也。"

明祖崛起濠上，驱逐胡人，爰诏衣冠悉如唐制。

《明史・太祖本纪》："洪武元年二月壬子，诏衣冠如唐制。"

此实汉族战胜异族之标识，而《明史・舆服志》仅称其车服尚质，酌古通今，合乎礼意，

《明史・舆服志》："太祖甫有天下，考定邦礼，车服尚质。酌古通今，合乎礼意。"

不言其取别胡元之意，盖讳之也。明之服制，虽与古礼亦不尽同，然上自衮冕，下至深衣，大抵皆周、汉以来相承之式。自满清入关，辫发胡服，而明人多抵死不从者，实亦文野之教殊也。

明代阶级之制甚严，宫室服用，均有等差。

《明史・舆服志》："明初，禁官民房屋，不许雕刻古帝后、圣贤人物及日月、龙凤、狻猊、麒麟、犀象之形。凡官员任满致仕，与见任同。其父祖有官，身殁，子孙许居父祖房舍。洪武二十六年定制……公侯，前厅七间，两厦，九架。中堂七间，九架。后堂七

间，七架。门三间，五架，用金漆及兽面锡环。家庙三间，五架，覆以黑板瓦，脊用花样瓦兽，梁、栋、斗栱、檐桷彩绘饰。门窗、枋柱金漆饰。廊、庑、庖、库从屋，不得过五间，七架。一品、二品，厅堂五间，九架，屋脊用瓦兽，梁、栋、斗栱、檐桷青碧绘饰。门三间，五架，绿油，兽面锡环。三品至五品，厅堂五间，七架，屋脊用瓦兽，梁、栋、檐桷青碧绘饰。门三间，三架，黑油，锡环。六品至九品，厅堂三间，七架，梁、栋饰以土黄。门一间，三架，黑门，铁环。品官房舍，门窗、户牖不得用丹漆。功臣宅舍之后，留空地十丈，左右皆五丈。不许那移军民居止，更不许于宅前后左右多占地，构亭馆，开池塘，以资游眺。""庶民庐舍，洪武二十六年定制，不过三间，五架，不许用斗栱，饰彩色。三十五年，复申禁饬，不许造九五间数，房屋虽至一二十所，随其物力，但不许过三间。正统十二年，令稍变通之，庶民房屋架多而间少者，不在禁限。""器用之禁：洪武二十六年定，公侯、一品、二品，酒注、酒盏金，余用银。三品至五品，酒注银，酒盏金。六品至九品，酒注、酒盏银，余皆瓷、漆。木器不许用朱红及抹金、描金、雕琢龙凤文。庶民，酒注锡，酒盏银，余用瓷、漆。百官，床面、屏风、槅子，杂色漆饰，不许雕刻龙文，并金饰朱漆。""建文四年，申饬官民：不许僭用金酒爵，其椅棹木器亦不许朱红金饰。正德十六年定，一品、二品，器皿不用玉，止许用金。商贾、技艺家器皿不许用银。余与庶民同。""明初，庶人婚，许假用九品服。洪武三年，庶人初戴四带巾，改四方平定巾，杂色盘领衣，不许用黄。又令男女衣服，不得僭用金锈、锦绮、纻丝、绫罗，止许紬、绢、素纱，其靴不得裁制花样、金线装饰。首饰、钗、镯不许用金玉、珠翠，止用银。六年，令庶人巾环不得用金玉、玛瑙、珊瑚、琥珀。未入流品者同。庶人帽，不得用顶，帽珠止许水晶、香木。十四年，令农衣紬、纱、绢、布，商贾止衣绢、布。农家有一人为商贾者，亦不得衣紬、纱。”“二十三年，令耆民衣制，袖长过手，复回不及肘三寸；庶人衣长，去地五寸，袖长过手六寸，袖椿广一尺，袖口五寸。……正德元年，禁商贩、仆役、倡优、下贱不许服用貂裘。”

即平居相见，官民亦有分别。

《明史・礼志》：“洪武五年令，凡乡党序齿，民间士农工商人等平居相见，及岁时宴会谒拜之礼，幼者先施。坐次之列，长者居上。十二年令，内外官致仕居乡，惟于宗族及外祖妻家序尊卑如家人礼。若筵宴，则设别席，不许坐于无官者之下。与同致仕官会，则序爵；爵同序齿。其与异姓无官者相见，不须答礼。庶民则以官礼谒见。凌侮者论如律。凡民间子孙弟侄甥婿见尊长，生徒见其师，奴婢见家长，久别行四拜礼，近别行揖礼。其余亲戚长幼悉依等第，久别行两拜礼，近别行揖礼，平交同。”

然明初甚重耆民，其粮长至京者，得朝见。其老人得听断乡间狱讼，

《日知录》：“明初以大户为粮长，掌其乡之赋税，或多至十余万石。运粮至京，得朝见天子。洪武中或以人材授官。”“洪熙元年，巡按四川监察御史何文渊言：太祖令天下州县设立老人，必选年高有德、众所信服者，使劝民为善，乡间争讼，亦使理断。”“《太祖实录》载洪武二十七年四月壬午，命有司择民间年高老人公正可任事者，理其乡之词讼。若户婚田宅斗殴者，则会里胥决之。事涉重者，始白于官。若不由里老处分，而径诉县官谓之越诉。”

其儒者莅官，亦有以乡约辅官治者。

《王文成全书・南赣乡约》：“同约中推年高有德为众所敬服者一人为约长，二人为约副。又推公直果断者四人为约正，通达明察者四人为约史，精健廉干者四人为知约，礼仪习熟者二人为约赞。置文簿三扇，其一扇备写同约姓名，及日逐出入所为，知约司之；

> 其二扇一书彰善，一书纠过，约长司之。”“同约之人，每一会，人出银三分，送知约，具饮食。”“会期以月之望，立约所于道里平均之处，择寺观宽大者为之。彰善者其辞显而决，纠过者其辞隐而婉。不能改者，纠而书之。又不能改，然后白之官。又不能改，同约之人执送之官，明正其罪。势不能执，戮力协谋官府请兵灭之。”“通约之人，凡有危疑难处之事，皆须约长会同约之人，与人裁处区画，必当于理、济于事而后已。不得坐视推托，陷人于恶，罪坐约长约正诸人。”“亲族乡里，一应斗殴不平之事，鸣之约长等，公论是非。”

盖虽官治极盛之时，亦时时思以民治为基本，第未能一切决于民治，而使之荡然平等耳。

第三编　近世文化史

第一章　元明时海上之交通

中国近世之历史与上世、中世之区别有三：（一）则东方之文化无特殊之进步，仅能维持继续为保守之事业，而西方之宗教、学术、物质、思想逐渐输入，别开一新局面也；（二）则从前之国家，虽与四裔交往频繁，而中国常屹立于诸国之上，其历史虽兼及各国，纯为一国家之历史。自元、明以来，始与西方诸国有对等之交际，而中国历史亦植身于世界各国之列也；（三）则因前二种之关系，而大陆之历史变而为海洋之历史也。三者之中，以海洋之交通为最大之关键，故欲知晚明以降西方宗教、学术输入之渐，当先观察元、明时海上之交通焉。

海上交通，为东西两方之共业，而其性质又分为君主与群众之两动机。当元世祖时，专务远略，已屡遣使招谕海外诸番。

> 《元史·马八儿等国传》："世祖至元间，行中书省左丞索多等，奉玺书十通，招谕诸番。""十六年，遣广东招讨司达噜噶齐、杨庭璧招俱蓝。""二十三年，海外诸番国以杨庭璧奉诏招谕，皆来降。诸国凡十：曰马八儿，曰须门那，曰僧急里，曰南无力，曰马阑丹，曰那旺，曰丁呵儿，曰来来，曰急兰亦解，曰苏木都剌。"①

马哥孛罗奉库噶丁公主至印度，遂经黑海，赴君士但丁，而返威尼斯。

> 《马哥孛罗游记》卷首："大可汗遣库噶丁（Kogatin）公主嫁印度藩王阿尔贡（Arghun），派马哥父子等三人为驾驶使，造楼船十四艘，贮二年之粮，行三阅月，至爪哇。又经十八月之久，始抵

---

① 丁谦《元史外夷传考证》：马八儿在今南印度马都剌部地，俱蓝在其北卖索尔国境，须门那即苏门答腊，僧急里即丁机宜，南无力即《明史》之南渤利，马兰丹乃婆洲西北海中小岛，丁呵儿即丁噶奴，来来地未详。急兰亦解即吉兰丹，苏木都剌亦即苏门答腊。

阿尔贡王之境。尼古罗等闻大可汗薨逝，从此绝东返之念，先至达拉布松（Trebizond）[①]，由此再赴君士但丁，经希腊而至威尼斯，时一二九五年也。”[②]

其时航海虽未能直至欧洲，然航行之利，已为时人所公认矣。

《马哥孛罗游记》卷首：“印使偕公主入面大可汗，备陈舟行之利，费用既省，历时尤迅。”

明初恒遣使海外，

《明史·外国传》：“洪武二年，遣官谕占城。”“三年，遣使臣郭徵等谕真腊。”“吕宗俊等谕暹罗。”“行人赵述谕三佛齐。”“御史张敬之、福建行省都事沈秩使渤泥。”“永乐元年，中官尹庆谕古里及柯枝。”

郑和奉使，尤传为盛事。

《明史·宦官传》：“郑和，云南人，世所谓三保太监者也。……（成祖）欲耀兵异域，示中国富强。永乐三年六月，命和及其侪王景弘等，通使西洋。将士卒二万七千八百余人，多赍金币。造大舶，修四十四丈、广十八丈者六十二。自苏州刘家河泛海至福建，复自福建五虎门扬帆，首达占城，以次遍历诸番国，宣天子诏，因给赐其君长，不服则以武慑之。……和经事三朝，先后七奉使，所历占城、爪哇、真腊、旧港、暹罗、古里[③]、满剌加、渤泥、苏门答剌、阿鲁[④]、柯枝[⑤]、大葛兰、小葛兰[⑥]、西洋琐里、琐

① 在黑海之滨。
② 元成宗元贞元年。
③ 印度之古耶拉大省。
④ 满剌加西北海峡亚罗亚群岛。
⑤ 孟买科坎傍海一带地。
⑥ 卞力咳至可陈等地。

里[1]、加异勒、阿拨、把丹[2]、南巫里[3]、甘把里[4]、锡兰山、喃勃利、彭亨、急兰丹、忽鲁谟斯[5]、比剌、溜山、孙剌[6]、木骨都束[7]、麻林[8]、剌撒[9]、祖法儿[10]、沙里湾泥[11]、竹步[12]、榜葛剌[13]、天方、黎伐那孤儿[14]，凡三十余国。所取无名宝物，不可胜计……自和后，凡将命海表者，莫不盛称和以夸外番，故俗传三保太监下西洋，为明初盛事云。”

东南海岛，几无在无明人之足迹焉。

宋代置市舶司于广、杭、明、泉诸州，

《宋史·食货志》：“开宝四年，置市舶司于广州，后又于杭、明州置司。凡大食、古逻、阇婆、占城、勃尼、麻逸、三佛齐诸蕃，并通贸易，以金、银、缗钱、铅、锡、杂色帛、瓷器，市香药、犀象、珊瑚、琥珀、珠琲、镔铁、鼊皮、瑇瑁、玛瑙、车渠、水精、蕃布、乌樠、苏木等物。”

而禁人民私与蕃人贸易。

《宋史·食货志》：“太平兴国初，私与蕃国人贸易者，计直满百钱以上，论罪。”“元丰中，禁人私贩，然不能绝。”

---

① 苏门达剌中间锡里部地。
② 未详。
③ 南渤利。
④ 未详。
⑤ 波斯南境小岛。
⑥ 溜山即民大威群岛，在苏门答剌西南，比剌、孙剌皆相近岛名。
⑦ 非洲东北海滨。
⑧ 非洲东索马拉部南界海滨。
⑨ 阿剌伯东北。
⑩ 阿剌伯哈达拉毛部之萨法尔城。
⑪ 未详。
⑫ 锡兰西南商埠。
⑬ 即孟加拉。
⑭ 未详。

元、明因之，官置市舶，

《元史·食货志》："至元十四年，立市舶司一于泉州，令孟古岱领之。立市舶司三于庆元、上海、澉浦，令福建安抚司杨发督之。每岁招集舶商于蕃邦博易珠翠香货等物，及次年回帆，依例抽解，然后听其货卖。"《明史·食货志》："太祖洪武初，设市舶司于太仓、黄渡，寻罢之。设市舶司于宁波、泉州、广州。宁波通日本，泉州通琉球，广州通占城、暹罗、西洋诸国。"

中虽数有废置，要皆官营商业也。而闽、广各省，人稠地狭，田园不足于耕，以海洋为谋生之所，

《论南洋事宜书》（清蓝鼎元）："闽、广人稠地狭，田园不足于耕，望海谋生，十居五六。内地贱菲无足重轻之物，载至蕃境，皆同珍贝。"

时时有冒禁下海者。

《东西洋考》："万历二十一年，倭寇朝鲜，闽以震邻，禁止通贩。海上人辄违禁私下海，或假借县给买谷捕鱼之引，竟走远夷。"

良者则为海商，黠者则为海寇。

《东西洋考》："海滨一带，田尽斥卤，耕者无所望岁，只有视渊若陵，久成习惯。富家征货，固得稇载归来；贫者为佣，亦博升米自给。一旦戒严，不得下水，断其生活，若辈悉健有力，势不肯搏手困穷，于是所在结为乱，溃裂以出。其久潜纵于外者，既触网不敢归，又连结远夷，向导以入。"

《明史》所载林道乾、梁道明、陈祖义、张琏等，皆国人之富于冒险性、为群众开拓海上航业商业者也。（林、梁等事迹见《明史·外国传》。）使其时西人不垂涎东亚，相继远航，吾华民族亦必日趋于海上生活，而与欧人接触。适会是时，西人忽起寻觅新地之欲，而东西之接触，乃若

电气之相引矣。

欧人之至中国行踪可考者，当首推马哥孛罗家三人。

《马哥孛罗游记序》："当达达尔诸王之治亚细亚内地也，各君其土，而受节制于蒙古大帝。故威令行而道路不梗，商旅称便。欧洲客商，联袂而往，或谋什百之利，或图仕禄于诸王之朝。意大利威尼斯人马非倭（Maffeo）、尼古罗（Nicolo）兄弟，因购珍宝，渡黑海，达巴尔喀（Barka），朝之都。居一载，获利甚厚，展转至布哈尔（Bokhara），适巴尔喀之从兄弟呼拉古（Hulagu）遣使赴忽必烈，道经布哈尔，与马非倭兄弟遇，与之谈甚欢，约共朝忽必烈。历一年而达帝都，可汗廷见马非倭兄弟，命偕蒙古大员一人，往使罗马，见教皇。马非倭等于是西行，比抵威尼斯，则尼古罗之妻已亡，遗一子名马哥（Marco）。马非倭遂偕弟及侄赴阿克尔（Acre），阿克尔之教皇格里各烈十世（Gregoryx）授之敕书，馈赠蒙古帝以珍物。马非倭等既取道东北，经由大亚米尼阿、波斯属之伊拉克、库拉桑、巴尔克、巴达克商等处，入唐古特境。经沙州、肃州而至于山西之太原，马非倭等见蒙古帝，呈教皇敕书。帝甚嘉其忠信，见尼古罗旁侍一少年，问知为尼古罗之子，命留侍左右，派为皇室职员。马哥自居宫禁以后，习学东方礼节语文，更得帝之优遇，常遣之查办事件。一日江南道副使出缺，帝即命马哥署理。在任凡三载，马哥之父及叔，亦同邀恩遇。初到时，尼古罗等建议，能造战时利器，便于射远。蒙帝试之而佳，即命监工制造。后此蒙兵攻克襄阳城，即利用此火器也。孛罗氏父子兄弟至中国十七年，方请于帝，护送公主归国。"

然其来也，遵陆而行，仅归时由海道至印度、波斯耳。欧、亚之直接通航，始于葡萄牙人华斯哥德噶马；东西之周回通航，始于葡萄牙人马基伦。自此两航路开辟，而亚洲若重造一新天地焉。

有明初年，葡萄牙王子亨利及约翰二世，富于野心，奖励航海术，

《东邦近世史》："一四一五年[①]，葡萄牙王子亨利攻回教徒于摩洛哥北岸，时俘囚中有通阿非利加之地理，盛说印度之殷富者。王子闻之，雄心勃起，乃毅然欲探险阿非利加之地。遂设商船学校，建测候所，刻意研究星学数学，以全力奖励航海术。一四六〇年[②]，亨利死时，综计新发见之海岸，共一千八百哩。旧传亨利在当时有'舟子'之号，信不诬也。……葡王约翰二世，绍舟子亨利之遗志，派遣远征队。一四八六年[③]，巴沙洛矛地阿治（Bartholomew Diaz）遂至阿非利加南端，名其地曰荒崎（Cada Tormentoso）。约翰二世嫌其名不雅驯，改曰喜望峰（Cado Dabod Eaperany）。无几，哥伦布复发见西方新世界，欧洲诸国咸属耳目焉。及约翰二世殂，马诺耶尔（Manoel）继之，华斯哥德噶马（Vasco da Gama）遂发见印度航路。"

而南欧之人，以商业之关系，尤热心于开辟新航路。

《东邦近世史》："西一四五三年[④]，回教信徒土耳其人种攻陷东罗马首府君士但丁堡，黑海地方之东洋贸易顿至萎靡不振。其欲发见达于东亚之航路，实南欧有志者之一大宗旨也。"

弘治十一年[⑤]，华斯哥德噶马至印度之加尔各答，葡人因之殖民于印度，以卧亚为根据地。

《西力东渐史》："华斯哥德噶马于一四九七年七月八日，发国都利斯本，巡航非洲南端，至一四九八年五月二十日，达印度马拉巴海岸之加尔各答，是实东西洋海路交通之始，东西交通史中当大书特书者也。哥伦布之发见美洲，前乎此者仅六年，故西大陆之发

---

① 明永乐十三年。
② 明天顺四年。
③ 明成化二十二年。
④ 明景泰四年。
⑤ 西一四九八年。

见，东洋航路之开始，同为十五世纪末十年间之大纪念也。……葡萄牙人虽发见马拉巴海岸，尚难以为贸易之地，盖不徒土人所在排斥葡人，埃及人亦恐葡人废其旧路，而与威斯尼人共援印度土人以抗葡师。及达尔麦达率大军来印度，一五〇九年[①]大破埃及海军于堤湖，葡人在东洋之势力乃稍定。后塔尔波噶尔喀（D' Albuquerque）为总督，日图侵略土地。一五一〇年[②]取卧亚，翌年取麻剌甲，一五一五年[③]取忽鲁谟斯，自是而后，葡人势力益臻隆盛。西自阿剌伯海岸，东至麻剌甲，俱有其贸易地。余若锡兰、苏门答剌、爪哇、麻剌甲诸岛，亦无不有葡人之车辙马迹。"

正德十六年[④]，马基伦至菲律宾群岛，西班牙人因之殖民于菲律宾，以吕宋为根据地。

《西洋通史》（章起渭编译）："一五一九年[⑤]，葡人马基伦（Magellan）受西班牙国之命，率船五只，发航大西洋，从巴他哥尼亚之沿岸南进，通航于南亚美利加最南之海峡，出外洋，见海上波静风稳，命名为太平洋。进航西北，凡数月，遂于一五二一年发见菲律宾群岛。马基伦不幸为土人所杀害，然其所率之船，更横行印度洋，迂回阿非利加，而归航于本国。"《东邦近世史》："一五七〇年[⑥]，西班牙将列加斯秘（Legaspi）入马尼拉，以该市为群岛首府。"

万历三十年[⑦]，荷兰创立东印度公司，通商于爪哇、苏门答腊诸岛，以巴达维亚（Batavia）为根据地。

---

① 明正德四年。
② 正德五年。
③ 正德十年。
④ 西一五二一年。
⑤ 正德十四年。
⑥ 明隆庆四年。
⑦ 西一六〇二年。

《西力东渐史》："荷兰人华恩食斯考敦（Jan Huigen Van Linsikoten），尝为卧亚大僧正，久居印度。归国后，公其记录于世，俾国人周知东洋诸国之情事。又有考纳辽斯霍脱曼（Cornelius Houtman）者，结船队，从事远征，力抗葡人于海上，视察苏门答腊、爪哇诸岛而归，于是荷人竞派远征船队至东洋，从事探险。一六〇二年二月二十日，设立荷兰东印度公司，合二千一百五十三股而成，握喜望峰与马基伦海峡间之贸易权。一六二一年[①]，建巴达维亚府于噶罗巴。"

英、法诸国，亦相继设立东印度公司。

《东邦近世史》："一五九九年[②]，伦敦商人会议，组织公司与印度贸易。女王伊利沙白亦遣使至莫卧儿帝之朝，求许特权于英国公司。千六百年[③]年十二月三十一日，英国东印度公司遂得王室之准凭组织公司，通商东印度。一六一四年[④]，设居留地于苏拉特。"同上："一六〇四年[⑤]，法国亨利四世即位，始下许可设立东印度公司之谕。其中屡经停办，一六四二年[⑥]，第四次设立东印度公司。翌年，遂设居留地于麻打拉萨。"

侵寻及于中国，而租地通商之事起矣。

葡萄牙人之至中国，当明武宗时。

《东邦近世史》："满剌加占领后五年，有葡人拉斐尔・伯斯德罗（Raffael Perestrello）者，乘篷船至中国，时在一五一六年。[⑦]船舶之揭有欧洲国旗而至中国者，以是为嚆矢。翌年，费尔诺比勒

① 明天启元年。
② 明万历二十七年。
③ 万历二十八年。
④ 万历四十二年。
⑤ 万历三十二年。
⑥ 明崇祯十五年。
⑦ 正德十一年。

司又以葡船四艘、马来船四艘至广东，为地方官所欢迎。得许可，碇泊三灶岛。未几，葡人之航中国者岁益众，渐至宁波，设商会于其地，又与厦门通商。”《明史・外国传》：“佛郎机[①]，近满剌加。正德中，据满剌加地，逐其王。十三年，遣使臣加必丹末等贡方物，请封，始知其名。诏给方物之直，遣还。其人久留不去，剽劫行旅，至掠小儿为食。已而夤缘镇守中贵，许入京。武宗南巡，其使火者亚三因江彬侍帝左右。帝时学其语以为戏。……亚三侍帝骄甚。从驾入都，居会同馆。见提督主事梁焯，不屈膝。焯怒，挞之。……明年，武宗崩，亚三下吏。自言本华人，为番人所使，乃伏法。绝其朝贡。”

至嘉靖中，遂租壕镜为居留地。

《明史・外国传》：“壕镜在香山县南虎跳门外。先是暹罗、占城、爪哇、琉球、渤泥诸国互市，俱在广州，设市舶司领之。正德时，移于高州之电白县。嘉靖十四年，指挥使黄庆纳贿，请于上官，移之壕镜，岁输课二万金，佛郎机遂得混入。高栋飞甍，栉比相望，闽、粤商人趋之若鹜。久之，其来益众。诸国人畏而避之，遂专为所据。……其人长身高鼻，猫睛鹰嘴，拳发赤须，好经商，恃强陵轹诸国，无所不往。后又称干系腊国，所产多犀象珠贝，衣服华洁，贵者冠，贱者笠，见尊长辄去之。初奉佛教，后奉天主教。市易但伸指示数，虽累千金，不立约契。有事指天为誓，不相负。”《东邦近世史》：“一五三七年[②]，广东附近有葡人居留三所，即三灶岛、电白县及玛港是也。玛港据《澳门纪略》所载，则谓嘉靖十四年[③]有都指挥黄庆者，受葡人巨贿，代请上官，以澳门为通

① 即葡萄牙，修《明史》者不知其名，误以为佛郎机。
② 明嘉靖十六年。
③ 西一五三五年。

商地，使年贡地租二万金，至一五五三年①葡船遭风，水渍贡物，乞与暴之之地，海道副使汪柏许之。由是来者益众，而考诸池哈尔之《中国史》，则言嘉靖海贼张希洛据澳门，地方官藉欧人之援讨灭之，因以是地酬欧洲人云。”

荷兰人涎其利，亦欲市于澳，澳人拒之，遂去而据澎湖、台湾。

《明史·外国传》：“荷兰又名红毛番……其人深目长鼻，发眉须皆赤，足长尺二寸，颀伟倍常。万历中，福建商人岁给引往贩大泥、吕宋及咬𠺕吧者，荷兰人就诸国转贩，未敢窥中国也。自佛郎机市香山，据吕宋，荷兰人闻而慕之。二十九年，驾大舰……薄香山澳。澳中人数诘问，言欲通贡市，不敢为寇，当事难之。税使李道即召其酋入城，游处一月，不敢闻于朝，乃遣还。澳中人虑其登陆，谨防御，始引去。海澄人李锦及奸商潘秀、郭震，久居大泥，与荷兰人习。语及中国事，锦曰：‘若欲通贡市，无若漳州者。漳南有澎湖屿，去海远，诚夺而守之，贡市不难成也。’酋……即驾二大舰，直抵澎湖，时三十二年之七月。汛兵已撤，如入无人之墟，遂伐木筑舍，为久居计。……当事屡遣使谕之……严禁奸民下海，犯者必诛，由是接济路穷，番人无所得食。十月末，扬帆去。……后又侵夺台湾地，筑室耕田，久留不去。”

斯时西人之市于吾国海疆，与华人之市于满剌加、吕宋及南洋诸岛者，已可为东西文化之媒介矣。然商人徒知贸迁，未足以语文化，至利玛窦等远来传教，而天文、历算、地理、格致诸学乃大兴焉。

① 嘉靖三十二年。

第二章 西教之东来

西教之入中国也久矣。在唐为景教，

《大秦景教流行中国碑》（唐僧景净）：“三一妙身、无元真主、阿罗诃，判十字以定四方，鼓元风而生二气。”“神天宣庆，室女诞圣于大秦；景宿告祥，波斯睹耀以来贡。”“大秦国有上德曰阿罗本，贞观九祀，至于长安。帝使宰臣房玄龄宾迎入内，翻经书殿，问道禁闱，深知正真，特令传授。贞观十有二年秋七月，诏曰：大秦国大德阿罗本，远将经像，来献上京，详其教旨，玄妙无为，济物利人，宜行天下。所司即于京义宁坊造大秦寺一所，度僧二十一人。”“高宗大帝，于诸州各置景寺，仍崇阿罗本为镇国大法主。”“玄宗天宝三载，大秦国有僧佶和，瞻星向化，望日朝尊。诏僧罗含、僧普论等一七人，与佶和于兴庆宫修功德。”“肃宗皇帝于灵武等郡重立景寺。大唐建中二年，岁在作噩太蔟月七日大耀森文日建立。……时法主僧宁恕，知东方之景众也。”《金石录补》（叶奕苞）：“右碑下及东西三面，皆列彼国字式。字皆左转，弗能译也。此即天主教始入中国。自唐迄今，其教遍天下矣。”《来斋金石志》（林侗）：“明崇祯间，西安守晋陵邹静长，卜葬幼子于长安崇仁寺之南，掘数尺，得一石，乃景教流行碑也。今在西安城西金胜寺内。”①《景教考》（钱大昕）：“万历间，长安民锄地，得唐建中二年景教碑。士大夫习西学者，相矜谓有唐之世，其教已流行中国。”

在宋为一赐乐业教，

---

① 按此碑今已移至西安城中文庙碑林内，颇漫灭。

《开封重建清真寺记》："夫一赐乐业立教祖师阿无罗汉，乃盘古阿耽十九代孙也。……教道相传授受有自来矣。出自天竺，奉命而来，有李、俺、艾、高、穆、赵、金、周、张、石、黄、李、聂、金、张、左、白七十二姓等，进贡西洋布于宋。帝曰：'归我中夏，遵守祖风，留遗汴梁。'宋孝宗隆兴元年癸未，列辙五思达领掌其教，俺都剌始建寺焉。元至元十六年己卯，五思达重建古刹清真寺。……大明太祖以是寺不可无典守者，惟李诚、李实、俺平徒、艾端、李贵、李节、李升、李纲、艾敬、周安、李荣、李良、李智、张浩等，正经晓熟，劝人为善，呼为满喇。……弘治二年，清真后人宁夏金瑛、祥符金礼并立。"《开封一赐乐业教考》（陈垣）："赐乐业，或翻以色列（Israel），犹太民族也。清真寺与回教寺同名，乃犹太教而非回教。道经，《摩西五经》也。……七十姓，或疑为十七姓之讹，因碑中所列适十七姓。而教众之知名者，又无在十七姓之外也。……咸丰初，有教士购得开封犹太人谱牒一本，中有希伯来名，亦有汉名。弘治碑谓李、俺、艾等姓进西洋布于宋，俺都剌始建寺者，必谱牒所传，故能言之凿凿。当其始至，尚沿犹太民族，历元迄明，乃改汉姓。"

在元为也里可温教，

《元史・世祖纪》："至元七年九月，敕僧道也里可温有家室不持戒律者，占籍为民。"《泰定纪》："泰定元年二月，宣谕也里可温各如其教具戒。"同上《世祖纪》："至元十九年九月，杨庭璧招抚海外南番，寓俱蓝国。也里可温主兀咱儿撒里马，亦遣使奉表，进七宝项牌一、药物二瓶。"《至顺镇江志》："大兴国寺在夹道巷，至元十八年，本路副达鲁化赤薛里吉思建，儒学教授梁相记其略曰：薛迷思贤在中原西北十万余里，乃也里可温行教之地，愚问其所教者，云天地有十字寺十二，内一寺佛殿四柱高四十尺，皆巨木，一柱悬空尺余。祖师麻儿也里牙灵迹千五百余岁，今马薛里吉思是其徒也，教以礼东方为主，与天竺寂灭之教不同。”《至顺镇江志校勘记》（刘文淇）：“此志述侨寓之户口，所谓也里可温者，西洋人也。卷九‘大兴国寺’条，载梁相记云云。据此则薛迷思贤乃西洋之地面也，而也里可温即天主教矣。”《元史译文证补·元世各教名考》（洪钧）曰：“也里可温之为天主教，有镇江北固山下残碑可证。自唐时景教入中国，支裔流传，历久未绝，也里可温当即景教之遗绪。”①

是皆在中国书籍碑版，信而可征者。外史载元代耶教人之入中国者尤多，

《正教奉褒》（黄伯禄）：“定宗时，宗室廷臣多有奉教者，定宗之母昭慈太后信教甚诚，殿前建有圣堂，每值教中礼期，昭慈太后暨奉教王公大臣，诣堂瞻礼。教士柏朗嘉宾②回西朝觐教宗，太后赐狐皮缎袍以壮行色。宪宗六年③，法兰西国王类思，遣教士罗柏鲁④奉国书东来通问，赍赠锦幬一顶，幬上彩绣教中圣像。罗柏鲁驻京敷教，释氏群起攻讦。帝令僧徒与教士各述其过，互相辩驳，派大臣监之，僧理穷辞遁。……世祖至元八年⑤，遣使臣赍礼物，遄往西国觐教宗，请派教士东来传教。伟立尔、莫尼各老等，奉派同使臣来华，构堂传教。至元十三年⑥，复遣大臣赴西国谒觐教宗。至元二十七年，若望高未诺⑦等奉派来华，抵京，帝礼之加厚。京内有大堂三座，一与宫殿毗连。……成宗朝，西国教士踵至。大德

① 陈垣曰：唐景教为聂斯托尔派（Nestorian），非罗马派，近今东西学者久有定评。也里可温者，元时基督教之通称也，其所以混称之由，则因教派大致相同。其不同者，或在学说之微，或在仪文之末，均为教外人所不辨。

② 日尔曼国人。

③ 宋理宗宝祐四年。

④ 法兰西国人。

⑤ 宋度宗咸淳七年。

⑥ 宋端宗景炎元年。

⑦ 意大利国人。

十一年，教宗敕授若望高未诺为北京大主教，隶属各省主教七员，士庶感化入教者三万余人。”《清朝全史》（稻叶君山）：“十三世纪末，佛兰结司哥会（Franciscan）教士伊大利人若望高未诺，受罗马教皇尼古拉司第四之命，经印度来支那，得世祖忽必烈许可，建加特力克（Catholic）教堂四所于北京。受洗者达六千人，学希腊、罗马语者达百五十人。”

然其教在中国无大关系，仅如摩尼、袄教等，得一部分之信从耳。景教经文传入中国，虽有译本，亦未传播，

《敦煌石室秘宝》载大秦景教《三威蒙度赞》一卷，末附诸经名曰：《敬礼常明皇乐经》、《宣元至本经》、《志元安乐经》、《天宝藏经》、《多惠圣王经》、《阿思瞿利容经》、《浑元经》、《通真经》、《宝明经》、《传化经》、《罄遗经》、《原灵经》、《述略经》、《三际经》、《征诘经》、《宁思经》、《宣义经》、《师利海经》、《宝路法王经》、《删河律经》、《艺利月思经》、《宁耶颈经》、《仪则律经》、《毗遏启经》、《三威赞经》、《牟世法王经》、《伊利耶经》、《遏弗林经》、《报信法王经》、《弥施诃自在天地经》、《四门经》、《启真经》、《摩萨吉斯经》、《慈利波经》、《乌沙那经》。跋曰：“谨案诸经目录，《大秦本教经》都五百三十部，并是贝叶梵音。唐太宗皇帝贞观九年，西域大德僧阿罗本届于中夏，并奏上本音，房玄龄、魏徵宣译奏言。复召本教大德僧景净译得已上三十部卷，余大数具在贝皮夹，犹未翻译。”①

一赐乐业教经仅藏于寺，其数更不逭景教之多，教外之人初不受其影响。其存者，惟可供考古者之研索耳。

---

① 罗振玉曰：景教古经，传世绝少。数年前，上海徐家汇天主教堂于开封回民家得犹太教羊皮古经，乃如德亚文，已寄罗马教皇许。今此赞首尾完好，复附景教经目三十种，足资彼教之考证。

《开封一赐乐业教考》："弘治碑言正经一部五十三卷，当是《摩西五经》。五经者，《创世记》、《出埃及记》、《利未记》、《民数记》、《申命记》也。明天顺以前，开封本寺，只得道经一部。天顺间，石斌、李荣、高鉴、张瑄往宁波取经一部，宁波赵应又赍来一部。正德间，维扬金溥又请来一部。正德以后，其教浸盛，百年之间，道经由四部增至一十三部。据贝教士所见，有一卷字大而清晰，其字体半似比国安怀士城之希伯来文圣经，半似一五三一年[①]在波兰韦敦堡所印之希伯来、迦勒底语辞典。其字下端无点，上端则有多点，今已有十部为欧美人所购去。……康熙碑称寺中有方经、散经数十册，大别言之，则教律、教规礼仪祈祷文书，及犹太年表日历节令，开封犹太民族谱牒之属。正经、散经均用羊革书写，为上古式，两端有轴，上下有柄，以便卷舒。方经则用厚纸编订，如今书本式。"

中国耶教之盛，实由于欧洲之改革宗教，

《东邦近世史》："西一五一七年[②]，德国神学教习马丁路德，草其意见九十五条，张于威敦堡教堂。嗣后欧洲各国反抗罗马教皇，至酿改革宗教之大乱。教皇权势日衰，西班牙人路拉（Loyala）蹶起，欲自内部改良旧教，而组织耶稣会。西一五四〇年[③]受教皇认可，益大事运动，不惟侵略新教盛行之北欧诸国，且传基督教于五十年前所发见之各地。而其传教东洋也，以西一五四一年为嚆矢。其徒赛维儿（Xavier）自里斯本起程，翌年五月六日至印度卧亚，专尽力于振兴东洋耶稣会之事业。一五七七年[④]，卧亚遂为大僧正之任地。"

由印度满剌加而渐及于中国。

---

① 明嘉靖十年。
② 明正德十二年。
③ 嘉靖十九年。
④ 明万历五年。

《东邦近世史》："赛维儿以一五五二年[①]自卧亚赴支那，既抵满剌加，使节被留，乃单身赴支那，死于澳门西南三十里之三灶岛。"

自利玛窦等来华，而文士信从者众。

《明史·外国传》："大都欧罗巴诸国，悉奉天主耶稣教。耶稣生于如德亚（Judea），其国在亚细亚洲之中，西行教于欧罗巴。其始生在汉哀帝元寿二年庚申，阅一千五百八十一年，至万历九年，利玛窦始泛海九万里，抵广州之香山澳，其教遂沾染中土。至二十九年入京师，中官马堂以其方物进献，自称大西洋人。……帝嘉其远来，假馆授粲，给赐优厚。公卿以下，重其人，咸与晋接。利玛窦安之，遂留居不去，以三十八年四月卒于京，赐葬西郊外。……自玛窦入中国后，其徒来益众。有王丰肃者，居南京，专以天主教惑众，士大夫暨里巷小民，间为所诱。……其国人东来者，大都聪明特达之士，意专行教，不求禄利。其所著书，多华人所未道，故一时好异者咸尚之。而士大夫如徐光启、李之藻辈，首好其说，且为润色其文词，故其教骤兴。时著声中土者，更有龙华民、毕方济、艾如略、邓玉函诸人。华民、方济、如略及熊三拔，皆意大利亚国人；玉函，热而玛尼国人；庞迪我，依西把尼亚国人；阳玛诺，波而都瓦尔国人，皆欧罗巴洲之国也。"

至明之季年，奉教者达数千人。

《正教奉褒》："统计明季奉教者，有数千人。其中宗室百有十四人，内官四十，显宦四，贡士十，举子十一，秀士三百有奇。其文定公徐光启、少京兆杨廷筠、太仆卿李之藻、大学士叶益藩、左参议瞿汝说、忠宣公瞿式耜，为奉教中尤著者。"

---

① 嘉靖三十一年。

比明之亡，永历太妃且致书罗马教皇及耶稣会总统，祈保其国中兴，

《永历太妃致耶稣会总统书》：“大明宁圣慈肃皇太后烈纳，敕谕耶稣会大尊总师神父：予处宫中，远闻天主之教，倾心既久，幸遇尊会之士瞿纱微领圣洗，使皇太后玛利亚、中宫皇后亚纳及皇太子当定，并入圣教，领圣水阅三年矣。今祈尊师神父，并尊会之友，在天主前，祈保我国中兴太平，俾我大明第十八帝太祖十二世孙主臣等悉知敬真主耶稣，更求尊会相通功劳之分，再多送老师来我国中行教。待太平之后，即著钦差官来到圣祖总师意纳爵座前致仪行礼。今有尊会士卜弥格，尽知我国情事，即使回国代传其意，谅能备悉，可谕予怀，钦哉特敕。永历四年十月十一日。”《永历太妃遣使于罗马教皇考》（高劳）：“顺治五年，即桂王由榔称号永历之二年，提督李成栋以广东附于桂王由榔，由榔由桂林移居肇庆。其太监庞天寿，以天主教理陈说于太妃。[①] 太妃王氏，湖广人，故明桂王常瀛之继室，由榔之嫡母也。太妃既奉天主教，今由榔生母马氏及妃王氏皆入教，受洗礼于司铎瞿纱微。由榔亦于祭台前行跪叩礼，以多蓄姬妾，不能受洗。是年由榔生子慈烜，亦受洗。太妃乃遣使至澳门，求司铎行弥撒大祭。太妃以大蟠龙银香炉二对、镂花银瓶二对、镂花银烛奴二对，献于祭台上，另赠三银瓶于耶稣会三会长。遂于阳历十月三十一日，举大礼弥撒。礼毕，澳门葡总督设盛筵款使者，并赠火枪百枝以佐其行。顺治七年，即永历四年，清兵克韶州，由榔奔梧州，太妃欲遣使至罗马见教皇，为明祈福。司礼太监庞天寿愿奉使，以其年老任重，不许。天寿遂荐神父卜弥格充使，赍书二通，一为太妃肃教皇笺，一为太妃致耶稣会总统书。卜弥格至澳门，以事留一年，始西渡。至印度卧亚上陆，西行，经波斯、西里亚等国，入地中海。二年后始至意大利之威尼

① 太妃之称，本《通鉴辑览》。

斯，及至罗马，适新教皇亚立山第七即位，验明使节，乃蒙召见。复书，即由卜弥格携回。到中国时，约在顺治十二三年之间。然卜弥格奉使后，未数月，而由榔已由梧州奔南宁，太妃亦于次年卒于田州。复书达否，不可知矣。卜弥格所赍太妃肃教皇笺、致耶稣会总统书及庞天寿奉教皇书，今均存罗马耶稣会藏书楼内。”①

而清廷亦尊崇教士，至予以汉人之封职。

《清朝全史》：“睿亲王之占领北京也，欲举城而充满、蒙八旗之住宅，限三日内，汉民一律退出。汤若望呈书于睿亲王，宣武门内之圣堂邸第，及阜城门外之茔域，得以保存。顺治帝赏汤若望以钦崇天道之匾额。顺治三年，加以太常寺少卿衔。八年，叙通议大夫，父、祖父则追封通奉大夫，母、祖母则追封二品夫人。十五年，更有恩命，晋叙光禄大夫，祖先三代则追赐一品封典。相传世祖对彼之隆遇，逾于恒格。召对不呼其名，用玛法②之满语代之，得随意出入内廷。盖满人与西人皆以夷种见薄于中国，遂鉴于汉人之偏见，力持公平之态度，夺汉人之官爵，加于西夷之首，而汤若望等亦藉此以为正教发达之捷径焉。”

康熙中，各省信耶教者，至达十数万人焉。

《清朝全史》：“十七世纪之末，教士所到之各省，信徒大增。当其最盛之时，属于教会之教堂，广东有七所，江南有百余所。一六六三年③十二省信徒达十二万人，六省信徒其数未详，然亦决非少数。一六九六年④在北京受洗者六百三十人。”

教士之入中国也，习华言，易华服，读儒书，从儒教，以博中国人

① 见《东方杂志》第八卷第五号。
② 贵叟之意。
③ 清康熙二年。
④ 康熙三十五年。

之信用，其教始能推行。

《上明神宗疏》（利玛窦）："臣本国极远，从来贡献所不通，逖闻天朝声教文物，窃欲沾被其余，终身为氓，庶不虚生。用是辞离本国，航海而来，时历三年，路经八万余里，始达广东。缘音译未通，有同喑哑，僦居学习语言文字，淹留肇庆、韶州二府十五年，颇知中国古先圣人之学，于凡经籍亦略诵记，粗得其旨。"《大西利先生行迹》（艾儒略）："其居端州十载，初时言语文字未达，苦心学习，按图画人物，倩人指点，渐晓语言，旁通文字。至于六经、子、史等编，无不尽畅其意义。""姑苏瞿太素，闻利子名，因访焉。谈论间，深相契合，遂愿从游，劝利子服儒服。""利子尝将中国《四书》译以西文，寄回本国之人读之。知中国古书，能识真原，不迷于主奴者，皆利子之力也。""汝南李公素以道学称，崇奉释氏，多有从之者，一日与诸公论道，多扬释氏，抑孔、孟。时刘公斗墟在座，瞿然曰：吾子素学孔、孟也，今以佞佛故，驾孔、孟之上，何也？不如大西利子奉天主真教，航海东来，其言多与孔、孟合。"《清朝全史》："明末清初时代，宣教师不独富于殉教之精神，且审察支那之风俗习惯。自将支那所嘲笑为蛮夷风之洋装，易而为中国士人之服装，起居饮食，全与支那人同，向支那人并自称为支那人。[①] 且恐社会攻击基督教，思有以辩护之，遂自受支那士人之教育，肄习其言语文字。对于下等社会，则以浅易演说，讲明基督教之福音，对于士人社会，则用流畅醇雅之汉文，从科学上立论，渐次说及基督教之精神，使之自然感化。此等方法，盖彼等特所注意者也。""当时之宣教师，除直接反背教旨、违逆圣训外，务为保全支那人固有之信仰习惯，其信徒亦能得崇拜祖先之许可。然当未许可以前，几经踌躇，几经学者士人上下议论，卒以支那人之

---

① 此殆指若辈改姓名而言。

拜孔子，在尊仰其人格，非因祈福佑聪明利禄而然。祭祀祖先，则出于亲爱之义、孝思之念，所谓报本反始之礼，而非以求福佑。谓立祖先牌，非谓祖先之魂在上，不过子孙追远，稍抒如在之怀。至于郊天之典礼，非祀苍苍有形之天，乃敬天地万物之原，此孔子所谓郊祀之礼，以事上帝也。因此宣教师等知支那人之祖先崇拜，无论如何形式，亦非迷信之教义，故遂予以许可也。"

其所译述之经籍，虽未能如释氏之学之深博，而历算、格致之学，实足以开近世之风气。（其详见后。）他所著书，如《七克》等，词旨渊粹，颇似儒家之言。（庞迪我著《七克》，分伏傲、解贪、坊淫、熄忿、释饕、平妬、策怠七篇。）非若后世之教士，凶犷粗鄙，与中国文教大相径庭也。故自万历以来，虽迭经排斥，

《明史·外国传·意大利亚》："礼部郎中徐如珂恶之，与侍郎沈潅、给事中晏文辉等合疏，斥其邪说惑众，乞急行驱逐。礼科给事中余懋孳亦言，天主教煽惑群众，夜聚晓散，一如白莲、无为诸教。且往来壕镜，与澳中诸番通谋，而所司不为遣斥，国家禁令安在？帝纳其言，令俱遣赴广东，听还本国。"

而为之辩护者，且谓其独合于儒家。

《正教奉褒》："万历四十四年七月，徐光启奏：彼国教人，皆务修身，以事天主，闻中国圣贤之教，亦皆修身事天，理相符合，是以辛苦艰难，来相印证，欲使人人为善，以称上天爱人之意。其说以昭事上帝为宗本，以保救身灵为切要，以忠孝慈爱为工夫，以迁善改恶为入门，以忏悔涤除为进修，以先天真福为作善之荣赏。""诸陪臣之言，与儒家相合，与释老相左。僧道之流，咸共愤嫉，是以谤害中伤，乞命诸陪臣与有名僧道互相辨驳，推勘穷尽，务求归一。仍令儒学之臣，共论定之。"

其后罗马教皇严禁基督教徒，不得行祖先崇拜之仪式，始与中国礼教抵

触，而遭清廷之禁止焉。

《清朝全史》："一七〇四年[①]，罗马教皇克列门第十，使安吉阿其何教长次鲁囊为代表，至北京，予以教书，谓对于基督教之神，不许用天之称号，对于支那之基督教信徒，严禁祖先崇拜之仪式。康熙帝为详细说明支那崇拜祖先之趣意，次鲁囊讫未发表教皇之教书，仅以己之名义摘要公布，排斥帝对于神学之意见，凡不从教皇教令者即行退去。于是帝命捕之，遣送于澳门，使葡萄牙人监视之。次鲁囊遂于一七一〇年[②]死于狱中。一七四二年[③]教皇伯纳其克特第十四，发表教书，不从教皇教书之宣教师，处以破门之罚。由是支那之基督教徒，不得行祖先崇拜之仪式。于是后之宣教师问题遂生非常之影响。清国以罗马教皇擅干涉国内事，以其命令行于国内，则为侵害国家之独立，故于一七〇七年[④]，清政府定一限制，非有内务部印票之宣教师，概令退去澳门；各地方之天主教堂，概行禁止。一七一七年[⑤]，依广东碣石镇总兵陈昂之奏，禁止一切外人留住内地，违者决不得归本国云。此后百数十年间，清廷政府对于基督教徒之态度，非无宽严之别，然卒未撤回其禁止之命令也。"

① 康熙四十三年。
② 康熙四十九年。
③ 乾隆七年。
④ 康熙四十六年。
⑤ 康熙五十六年。

第三章　明季之腐败及满清之勃兴

朱明之亡，亡于流贼及满清，此尽人所知也。然流贼及满清所以能亡明者，实由于明室朝野上下之腐败，不此之责，第归咎于流贼及满清，无当也。当明之中叶，士气已坏，观宗臣《报刘一丈书》，即可知其时士大夫之无耻：

《报刘一丈书》："今之所谓孚者，何哉？日夕策马候权者之门，门者故不入，则甘言媚词，作妇人状，袖金以私之。即门者将刺入，而主人又不即出见，立厩中仆马之间，恶气袭衣袖，即饥寒毒热不可忍，不去也。抵暮，则前所受赠金者出，报客曰：相公倦矣，谢客矣，客请明日来。即明日，又不敢不来，夜披衣坐，闻鸡鸣即起，盥栉，走马抵门，门者怒曰：为谁？则曰：昨日之客来。则又怒曰：何客之勤也，岂有相公此时出见客乎？客心耻之，强忍而与言曰：亡奈何矣。姑容我入。门者又得所赠金，则起而入之，又立向所立厩中。幸主者出，南面召见，即惊走，匍匐阶下。主者曰进，则再拜，故迟不起，起则上所寿金。主者故不受，则固请，主者故固不受，则又固请，然后命吏纳之，则又再拜，又故迟不起，起则五六揖，始出。出揖门者曰：官人幸顾我，他日来，幸无阻我也。门者答揖，大喜，奔出，马上遇所交识，即扬鞭语曰：'适自相公家来，相公厚我，厚我。'且虚言状。即所交识，亦心畏相公厚之矣。"

至其末造，腐败益甚。官府坏于吏胥，

《明夷待访录》（黄宗羲）："吏胥之害天下不可枚举，而大要有四：其一，今之吏胥，以徒隶为之，所谓皇皇求利者，而当可以为利之处，则亦何所不至。创为文网，以济其私，凡今之所设施之科条，皆出于吏，是以天下有吏之法，无朝廷之法。其二，天下吏既为无赖子所据，而佐贰又为吏之出身，士人目为异途，羞与为伍也。其三，各衙门之佐贰，不自其长辟召，一一铨之吏部，即其名姓且不能遍知，况其人之贤不肖乎！故铨部化为签部，贻笑千古。其四，京师权要之吏，顶首皆数千金。父传之子，兄传之弟，其一人丽于法，后而继一人焉，则其子若弟也。不然，则其传衣钵者也。是以今天下无封建之国，有封建之吏。”

地方坏于乡绅。

明代绅权最重，赵翼《廿二史劄记》“明乡官虐民之害”一则，已详言之。观《虞阳说苑》载张汉儒攻讦钱谦益、瞿式耜之疏，可见晚明风气一斑。其略曰：“谦益以卖举人钱千秋事露，廷鞫问杖回籍矣。式耜以受贿滥荐胡平表冒功升荫，奉旨削夺为民矣。无奈两人性同虎狼，行若禽兽，平日暗布私书，潜托神棍，久住京师，探听朝廷举动，不时飞报，钻谋起废。及至居乡，俨然以原官自待，倚恃抚按有司，或门生，或故旧，或同年，或相知，每遇岁科两考，说入学科举遗才帮补数十余名，不得四五千金不止。遇有富豪假命，不诈三四千金不厌。更有同类缙绅，或势衰，或物故，毋论宗党，毋论姻亲，乘机挟诈，不得万余金不止。一遇抚按复命，挥金贿属，呈县呈学，巧砌艳语，朦胧引荐。”又：“钱谦益、瞿式耜两人，主使腹仆腹干如邹日升、安如磐、周宪昌、刘时升、张永祚等，充粮吏库吏，出放在手，侵没惟命。一遇派兑，先将官户名下积勺成合，积合成升，通计合县四十八万之仓粮一笔勾销矣。至于解放钱粮，则又贪婪加二加三之解头，嘱托县官，先将应缓钱粮放出，而京边金花兵饷积侵至崇祯七八九年数万余两，不顾也。甚至一班奸胥，狐朋狗党，包妇买娼，昼夜呼卢，或假印，或假牌，或以千计，或以万计，起批挂号，瓜分浪用。现今侵欺事露，拼贿赂主，虽经宪提宪捉，究竟免责免比。”

兵不教练而肆抢掠，

《寄园寄所寄》（赵吉士）引《忆记》云：“永乐既都北京，令山东、河南、江北诸郡卫所各军，春秋两班赴京部科点验。发京营一体操练，以习军士之劳，省征调之烦，壮京师之卫，备边隘之防，法甚善也。其后分发近边筑工，折其半纳班价矣。又其后皇亲驸马侯伯有坟工，辄乞恩请班军以数千计，皆折价入橐矣。领班官岁敛军士金钱入京，募人应点，本军遂不赴京，大失祖宗之意。”“御史王孙蕃疏曰：臣闻贼破张秋，止住二日。刘元斌兵住三十七日，掘地拆墙，细细搜掠，凡民间埋藏之物，尽数获之。东省有‘贼如梳，兵如篦’之谣。一家有银钱，即掳杀一家，一村有富室，则掳杀一村。玉石俱焚，惨烈于贼。”

将无学术而务欺诈，

《明夷待访录》：“毅宗专任大帅，不使文臣节制，不二三年，武臣拥众，与贼相望，同事卤略。李贼入京师，三辅至于青、齐，诸镇栉比而营，天子封公侯，结其欢心，终莫肯以一矢入援。……是故与毅宗从死者，皆文臣也……建义于郡县者，皆文臣及儒生也。……彼武人之为大帅者，方且飙浮云起……以其众幸富贵矣。”同上：“万历以来之将，掩败饰功，所以欺其君父者，何所不至……乃只能施之君父，不能施之寇敌。”

贪鄙奢淫者相望于社会。

《日知录》（顾炎武）：“自万历季年，搢绅之士，不知以礼饬躬，而声气及于宵人，诗字颁于舆皂。至于公卿上寿，宰执称儿，而神州陆沉，中原涂炭，夫有以致之矣。”同上：“今日士大夫，才任一官，即以教戏唱曲为事，官方民隐，置之不讲，国安得不亡，身安得不败？”《廿二史劄记》：“嘉、隆以后，吏部考察之法，徒为具文。而人皆不自顾惜，抚按之权太重，举劾惟贿是亲，而人皆贪墨以奉上司，于是吏治日偷，民生日蹙，而国亦以亡矣。”①

而所谓清流名士者，亦惟是树党相攻，各立门户，至国亡而不已。

《明史·吕大器等传赞》：“明自神宗而后，浸微浸灭，不可复振。揆厥所由，国是纷呶，朝端水火，宁坐视社稷之沦胥，而不能破除门户之角立。故至桂林播越，旦夕不支，而吴、楚之树党相倾，犹仍南都翻案之故态也。”《廿二史劄记》：“万历末年，廷臣务为危言激论，以自标异。于是部党角立，另成一门户攻击之局。……高攀龙、顾宪成讲学东林书院，士大夫多附之。既而梃击、红丸、移宫三案，纷如聚讼。与东林忤者，众共指为邪党，天启初，赵南星等柄政，废斥殆尽。及魏忠贤势盛，被斥者咸欲倚之以倾东林，于是如蛾赴火，如蚁集膻，而科道转为其鹰犬。周宗建谓汪直、刘瑾时，言路清明，故不久即败，今则权珰反藉言官为报复，言官又藉权珰为声势，此言路之又一变，而风斯下矣。崇祯帝登极，阉党虽尽除，而各立门户、互攻争胜之习，则已牢不可破。是非蜂起，叫呶噂沓，以至于亡。”

此毫无文化之满洲人，所由乘其隙而入主中国也。

满洲之兴，固无所谓盛德大业，徒以部落褊小，上下一心，事多公开，不得欺隐。

《清开国方略》：“太祖以议政王大臣参决机密，以理事十大臣分任庶务，国人有诉讼，先由理事大臣听断，仍告之议政大臣，复加审问，然后言于诸贝勒。众议既定，犹恐或有冤抑，令讼者跪上前，更详问之，明核是非。故臣下不敢欺隐，民情皆得上达。国内大治，奸宄不生。遗物于道，无或隐匿，必归其主。求其主不得，

① 此是约举《明史·循吏传》序语，而文与史序不同。

则悬之公署，俾识而取之。刈获既毕，始纵牧群于山野，毋敢窃害者。每行军，队伍整肃，节制严明，克城破敌之后，察核将士功罪，当罚者虽亲不贷，当赏者虽疏不遗。是以将士效命奋勇，所向无敌。”同上：“太祖谕贝勒大臣曰：凡事不可一人独断，如一人独断，必致生乱。国人有事，当诉于公所，毋得诉于诸臣之家。前以大臣额亦都有私诉于家者不执送，已论罚。兹播告国中：自贝勒大臣以下，有罪，当静听公断；执拗不服者，加等治罪。凡事俱五日一听断于公所，其私诉于家者，即当执送；不执送而私断者，治罪弗贷。”

无明人之腐败气习，故能乘明之弊，力征经营，不三十年，遂窃神器。观其初兴之时，尚无文字，第藉蒙古字以创满文。

《清开国方略》：“己亥年①，创制国书，时国中文移往来，皆习蒙古字，译蒙古语。太祖命巴克什额尔德尼、噶盖以蒙古字改制国书。二臣辞曰：‘蒙古字，臣等习而知之，相传久矣，未能改制也。’太祖曰：‘汉人读汉文，凡习汉字与未习汉字者皆知之；蒙古人读蒙古文，虽未习蒙古字者亦知之；今我国之语，必译为蒙古语读之，则未习蒙古语者不能知也。如何以我国之语制字为难，反以习他国之语为易耶?’二臣对曰：‘以我国语制字最善，但臣等未明其法，故难耳。’太祖曰：‘无难也，但以蒙古字合我国之语音，联缀成句，即可因文见义矣。’太祖遂以蒙古字合之国语，创立满文，颁行国中。”

虽经达海之增益，亦未能造成一国之学术，仅可藉以翻译汉籍，

《盛京通志》：“达海，姓觉尔察，隶正蓝旗满洲。九岁即通满、汉文义②，弱冠，赐居内院，司文翰，正订国书。更为对音，切字谐声，文义周密，译《明会典》、《素书》、《三略》诸书，莫不称

① 明万历二十七年。

② 按达海以天聪六年卒，年三十八岁。则其九岁为明万历三十一年，时满字甫造成四年也。

善。天聪四年，译书成，授三等轻车都尉世职，命曰‘巴克什’。六年，详定国书字体，酌加圈点。六月，病卒。”《清通志》：“太宗命达海巴克什等翻译书籍，库尔禅等记注政事，谕达海增加圈点。”《四库提要》：“太祖命巴克什额尔德尼以蒙古字联缀国语成句，尚未别为书体。太宗始命巴克什库尔禅创造国书，以十二字头贯一切音，因音而立字，合字而成语。今内阁所贮旧籍，即其初体。厥后增加圈点，音义益详。”①

其人之鄙塞可知。凭藉运会，及得汉人之指导，始知所谓官制朝仪。

《清开国方略》：“天聪五年七月，始设六部。② 六年，集分掌六部贝勒谕曰：国家初设六部承政、参政等官，即定有班次。近见朝会之时，坐立无序，尊卑紊越，将何以肃礼统？尔等宜传令满、汉、蒙古诸臣，按次就班，各加整饬。”同上：“天聪六年正月，行新定朝仪。”“自太宗即位以来，凡朝会行礼，大贝勒代善、三贝勒莽古尔泰并随上南面坐受，诸贝勒率大臣朝见，不论旗分，惟以年齿为序。五年十二月，礼部参政李伯龙奏：朝贺时，每有逾越班次，不辨官职大小，随意排列者，请酌定仪制。诸贝勒因言莽古尔泰不当与上并坐。太宗曰：‘曩与并坐，今不与坐，恐他国闻之，不知彼过，反疑前后互异。以可否仍令并坐及李伯龙所奏，命大贝勒代善与众共议。大贝勒代善曰：‘我等并奉上居大位，又与上并列而坐，甚非此心所安。自今以后，上南面中坐，我与莽古尔泰侍坐于侧，外国诸蒙古坐于我等之下，方为允协。”③

入关以后，惟以兵力、刑力劫制汉人使不得逞，他无所建设也。

---

① 按二书所言不同。据康熙八年圣祖谕达海巴克什通满汉文字，于满书加圈点，俾得分明。又照汉字增造字样，于今赖之。是造字体加圈点者皆达海，非库尔禅也。

② 时吏部有李廷庚，户部有吴守进，礼部有金玉和，兵部有金砺，刑部有高鸿中、孟乔芳，工部有祝世荫等，均为汉承政。

③ 据此知满洲初兴，并无所谓君臣上下。一切礼制，皆由汉人指导而后仿行耳。

清代官制，满、汉之人并用，汉官率无实权，满官又无知识，故其立国，仍沿用明弊而任胥吏。观清季陈壁《请除各衙门积弊疏》，可知胥吏之弊，自明至清，未之革除。

《光绪政要》载陈璧请除各衙门积弊事宜疏[①]云：国家定制，以六曹总理庶务，若网在纲，天下大政，咸受成于是。法非不尽善，然行之既久而百弊丛生者，何也？官不亲其事，而吏乃攘臂纵横而出于其间也。夫所谓大政者，铨选也，处分也，财赋也，典礼也，人命也，讼狱也，工程也。以吏为之，铨选可疾可滞，处分可轻可重，财赋可侵可蚀，典礼可举可废，人命可出可入，讼狱可上可下，工程可增可减。使费既赢，则援案以准之；求贷不遂，则援案以驳之，人人愤怨，而不能指其非。天下之乱，恒必由之。然而公卿大夫不惟不能摈除，且倚若左右手，而听其指挥者，何也？官非不欲亲其事，而例案太繁，不肖者与吏分肥，任其弄法舞文，无所不至。二百余年以来，名臣魁儒，慷慨忧时之士，痛心扼腕，大声疾呼，以求去其积弊而不能胜。

凡清之政治，皆胥吏之政治也。至于兵制，则以猜忌汉人故，列置满、蒙之兵，以守各地，名曰驻防。

《清会典·兵部》："驻防则受治于将军、都统、副都统、城守尉、防守尉，而以达于部。皆专城，各统其同城驻防官，以饬旗务。凡将军十有三人[②]，都统二人[③]，副都统三十有三人[④]，城守尉

① 光绪二十七年。

② 盛京、吉林、黑龙江、绥远城、江宁、福州、杭州、荆州、西安、宁夏、伊犁、成都、广州。

③ 张家口、热河。

④ 副都统专城者：密云、山海关、兴京、金州、锦州、宁古塔、伯都讷阿、勒楚喀、珲春、三姓、墨尔根城、黑龙江城、呼兰城、青州、京口、凉州，各一人；其与将军同城者：盛京、吉林、齐齐哈尔、江宁、福州、杭州、乍浦、成都、宁夏，各一人；荆州、西安、伊犁、广州，各二人。

十有六人，协领一百五十有六人，防守尉十有八人，佐领七百五十有五人，防御六百二十有五人，骁骑校九百一十有二人。”

而汉人之兵，别为绿营，任其窳败，以免叛乱。

《石渠余记》（王庆云）：“康熙四十二年，以各省营员藉亲丁食粮之名，任意虚冒，多寡不等，令廷臣集议，提督以下，千把以上，各定亲丁名粮数目，以为养育家口仆从之需。五十一年，左都御史赵申乔奏《虚名冒饷疏》言册上有兵，伍内无兵；纸上有饷，军中无饷，其咎固在于侵饷之官，其弊总起于顶名之兵。盖自召募悉用旧名，于是新收开除无从稽核，凡入侵饷之囊者，虽查点摘发，亦不可究诘矣。”

当其盛时，征伐四裔，率恃旗兵；及其衰也，旗、绿俱敝，无以御侮，乃恃所谓团练勇丁焉。故清代兵将之腐败，自驻防练勇外，亦无异于明也。

清之所异于明者，在摧挫士气，抑制绅权。自明之亡，学士大夫起兵死义者，相望于东南，经数十年始定。故清之治术，一面诱以名位利禄，一面胁以刑罚杀戮，而后各地帖伏，无复明代绅士嚣张之势矣。清之入关，既以圈地、剃发等事肆毒，

《石渠余记·纪圈地》：“顺治元年，谕户部：凡近京各州县无主荒田，尔部清厘，分给东来诸王勋臣兵丁人等。于是巡按御史柳寅东，条上满、汉分居五便。二年，令民地为旗人指圈者，速以他处补给，美恶务令均平。十年，停止圈拨，然旗下退出荒地，与游牧投来人丁，皆复行圈补，又有因圈补而并圈接壤民地者。”《东华录》：“顺治元年五月庚寅，摄政睿亲王谕兵部：各处城堡，著遣人持檄招抚。檄文到日，剃发归顺者，地方官各升一级，军民免其迁徙。有虽称归顺而不剃发者，定行问罪。”“戊戌，谕故明官员军民人等，谕到俱即剃发，改行安业，毋怙前非。倘有故违，即行诛

> 剃。”“辛亥，谕兵部：前因归顺之民无所分别，故令其剃发，以别顺逆。今闻甚拂民愿，自兹以后，天下臣民照旧蓄发。”“二年六月丙辰，谕豫亲王多铎等：各郡邑投诚官员，俱开明履历，分别注册。各处文武军民，尽令剃发，倘有不从，以军法从事。”“丙寅，谕礼部：向来剃发之制不即画一，姑听自便者，欲俟天下大定，始行此制耳。今中外一家，岂可违异，若不画一，终属二心。自今布告之后，京城内外，限旬日；直隶各省地方，自部文到日亦限旬日，尽令剃发。遵依者为我国之民，迟疑者同逆民之寇，必置重罪。若规避惜发，巧辞争辩，决不轻贷。该地方文武各官皆当严行察验，若有复为此事渎进章奏，欲将已定地方人民仍存明制，不随本朝制度者，杀无赦。其衣帽装束，许从容更易，悉从本朝制度，不得违异。该部即行传谕京城内外并直隶各省、府、县、卫所、城堡等处，俾文武衙门官吏师生，一应军民人等，一体遵行。”

而惩治绅士尤严，

> 《东华录》：“顺治三年四月壬寅，谕户部：运属鼎新，法当革故。前朝宗姓，已比齐民，旧日乡绅，岂容冒滥。闻直隶及各省地方在籍文武，未经本朝录用者，仍以向来品级名色，擅用新颁帽顶束带，交结官府，武断乡曲，冒免徭赋，累害小民，甚至赀郎粟监，动以见朝赴监为名，妄言复用，藐玩有司，不当差役。且有闽、广、蜀、滇等处地方见任伪官，阻兵抗顺，而父子兄弟仍依恃绅衿，肆行无忌，种种不法，蠹国殃民，深为可恨。自今谕示之后，将前代乡宦监生名色尽行革去，一应地丁钱粮杂汛差役，与民一体均当，蒙混冒免者治以重罪。”

如江南奏销之祸，

> 《三冈识略》（董含）：“江南赋役百倍他省，而苏、松尤重。迩来役外之征，有兑役、里役、该年、催办、捆头等名，杂派有钻

夫、水夫、牛税、马荳、马草、大树、钉麻、油铁、箭竹、铅弹、火药、造仓等项，又有黄册人丁、三捆军田、壮丁逃兵等册，大约旧账未清，新饷已近，积逋常数十万。时司农告匮，始十年并征，民力已竭，而逋欠如故。巡抚朱国治强愎自用，造册达部，悉列江南绅衿一万三千余人，号曰抗粮。既而尽行褫革，发本处枷责，鞭扑纷纭，衣冠扫地。如某探花欠一钱，亦被黜，民间有'探花不值一文钱'之谣。"《研堂见闻杂记》："吴下钱粮拖欠，莫如练川。一青衿寄籍其间，即终身无半镪入县官者，至甲科孝廉之属，其所饱更不可胜计，以故数郡之内，闻风猬至。大僚以及诸生，纷纷寄冒，正供之欠数十万。天子震怒，特差满官一员，至练川勘实，取其名籍，造册以报，奉旨按籍追擒。凡欠百金以上者一百七十余人，绅衿俱在其中；其百金以下者，则千计。"

以及各省科场之状，

《心史丛刊》(孟森)："明一代迷信八股、迷信科举，至亡国时为极盛，余毒所蕴，假清代而尽泄之。盖满人旁观极清，笼络中国之秀民，莫妙于中其所迷信。始入关，则连岁开科，以慰蹭蹬者之心；继而严刑峻法，俾忮求之士称快。丁酉之狱，主司房考及中式之士子，诛戮及遣戍者无数。其时发难者汉人，受祸者亦汉人，陷溺于科举，至深且酷。不惜假满人屠戮同胞，以泄多数侥幸未遂之人年年被摈之忿。此所谓'天下英雄入我彀中'者也。丁酉狱蔓延几及全国，以顺天、江南两省为巨，次则河南，又次则山东、山西，共五闱。明时江南与顺天俱有国子监，俱为全国士子所萃，非一省之关系而已也。清兵下江南，虽已改应天府为江宁，废去南雍，然士子耳目，尚以顺天、江南为观瞻所系。是年科场大狱，即以此两闱为最惨。同时并举，以耸动迷信科举之汉儿，用意至为明显。"《研堂见闻杂记》："科场之事，明季即有以关节进者。每科五六月之间，分房就聘之期，则先为道地，或伏谒，或为之行金，购于诸上台，使得棘闱之聘后，分房验取，如握券而得也。每榜发不下数十人，至本朝而益甚。顺治丁酉壬子间，营求者猬集，各分房之所许，两座师之心约，以及京中贵人之所密属，如麻如粟，已及千百人，闱中无以为计，各开张姓名，择其必不可已者登之，而间取一二孤贫，以塞人口，然晨星稀点而已。至北闱尤甚，北闱分房诸公及两座主，大率皆辇下贵人，未入场已得按图挨次，知某人必入，故营求者先期定券，万不失一。不若各省分房必司理邑宰，茫然不可知，暗中摸索也。甲午一榜，无不以关节得幸，于是阴躁者走北如骛，各入成均，若倾江南而去之矣。至丁酉，辇金载宝，辐辏都下，而若京堂三品以上子弟，则不名一钱，无不获也。若善为声名游公卿者，亦然。惟富人子，或以金不及额，或以价忽骤溢，逊去，盖榜发无此中人矣。于是蜚语上闻，天子赫怒，逮系诸房官举子，株及者亦皆严刑榜掠，三木囊头。南闱发榜后，众大哗，于是连逮十八房官及两主司，凡南北举子，皆另复试。兵番杂沓以旁逻之，如是者三试而后已。是役也，师生牵连就逮，或立就械，或于数千里外锒铛提锁，家业化为灰尘，妻子流难，更波及二三大臣，皆居间者，血肉狼藉，长流万里。”

皆明之积弊，至清而始发者。虽以惩创贪猾，抑制豪强，而士气熸然矣。清之学者，有谨守卧碑之语。卧碑者，顺治朝所颁，以诰诫学校生员者也。

《清会典》：“明伦堂之左，刊立世祖章皇帝钦定卧碑，晓示生员。其文曰：朝廷建立学校，选取生员，免其丁粮，厚以廪膳，设学院、学道、学官以教之，各衙门官以礼相待，全要养成贤才，以供朝廷之用。诸生皆当上报国恩，下立人品。所有教条，开列于后：（一）生员之家，父母贤智者，子当受教；父母愚鲁，或有非为者，子既读书明理，当再三恳告，使父母不陷于危亡。（一）生员立志，当学为忠臣清官，书史所载忠清事迹，务须互相讲究；凡利国爱民之事，更宜留心。（一）生员居心忠厚正直，读书方有实用。出仕必作良吏，若心行邪刻，读书必无成就，为官必取祸患。行害人之事者，往往自杀其身，常宜思省。（一）生员不可干求官长，交结势要，希图进身。若果心善德全，上天知之，必加以福。（一）生员当爱身忍性，凡有官司衙门，不可轻入，即有切己之事，止许家人代告，不许干与他人词讼，亦不许牵连生员作证。（一）为学当尊敬先生，若讲说皆须诚心听受，如有未明，从容再问，毋妄行辨难；为师者亦当尽心教训，勿致怠惰。（一）军民一切利病，不许生员上书陈言；如有一言建白，以违制论，黜革治罪。（一）生员不许纠党多人，立盟结社，把持官府，武断乡曲；所作文字，不许妄行刊刻，违者听提调官治罪。”①

盖明季学校中人，结社立盟，其权势往往足以劫制官吏。清初以卧碑禁止，而后官权日尊，惟所欲为，为士者一言建白，即以违制论，无知小民，更不敢自陈其利病矣。故吾国国无民治，自清始；清之摧挫民治，自士始。今日束身自好之士，漠视地方利病不敢一谋公益之事者，其风皆卧碑养成。论者不察，动以学者不知社会国家之事，归咎于古代之圣贤，岂知言哉！

---

① 卧碑之制，始于明。《明史・选举志》：“洪武十五年，颁禁例十二条于天下，镌立卧碑，置明伦堂之左。其不遵者，以违制论。正统以后，教官之黜降，生员之充发，皆废格不行，即卧碑亦具文矣。”《续通考》：“洪武十五年五月，颁禁例于天下学校，镌勒卧碑，置明伦堂左，不遵者，以违制论。卧碑禁例：（一）府州县生员，有大事干己者，许父兄弟陈诉，非大事毋轻出门。（一）生员父母欲行非为，必再三恳告，不陷父母于危亡。（一）一切军民利病，农工商贾皆可言之；惟生员不许建言。（一）生员学优才赡，年及三十，愿出仕者，提调正官奏闻，考试录用。（一）生员听师讲说，毋恃己长，妄行辩难，或置之不问。（一）师长当竭诚训导愚蒙，毋致懈惰。（一）提调正官务常加考校，敦厚勤敏者进之，懈怠顽诈者斥之。（一）在野贤人，有练达治礼，敷陈王道者，许所在有司给引赴京陈奏，不许在家实封入递。”观其条文，并不禁止立盟结社，此明、清之别也。

第四章　西方学术之输入

利玛窦等之来也，一以传西方之宗教，一以传西方之学术。既贡地志、时钟，兼自述其制器观象之能，明其不徒恃传教为生也。

《上神宗疏》（利玛窦）："谨以原携本国土物，所有天主图像一幅、天主母图像二幅、天主经一本、珍珠镶嵌十字架一座、报时自鸣钟二架、《万国图志》一册、西琴一张等物，敬献御前。"同上："臣于本国，忝与科名，已叨禄位。天地图及度数，深测其秘，制器观象，考验日晷，并与中国古法吻合。倘蒙不弃疏微，令臣得尽其愚，披露于至尊之前，斯又区区之大愿。"《清朝全史》（稻叶君山）："利玛窦入北京后，不四五年，信徒至二百余。观李之藻、杨廷筠、徐光启等名士之归依，则加特力克教之成功，可概见矣。然彼等名士之入教，非绝对信仰教宗，要皆利玛窦诱引法，与中国固有思想不甚背驰，当时士人对于西洋科学需要颇急，致使然也。利玛窦既译几何学①，又著多种科学书，公布于世。"

然利氏译书教学，初未大用，洎明季因历法之舛，召用其徒，而历算之学始兴。

《明史·历志》："黄帝迄秦，历凡六改，汉凡四改，魏迄隋十五改，唐迄五代十五改，宋十七改，金迄元五改。惟明之《大统历》，实即元之《授时》，承用二百七十余年，未尝改宪。成化以后，交食往往不验，议改历者纷纷。……崇祯中，议用西洋新法，命阁臣徐光启、光禄卿李天经，先后董其事，成历书一百三十余

① 即《几何原本》。

卷，多发古人所未发。时布衣魏文魁上疏排之，诏立两局推验。累年校测，新法独密，然亦未及颁行。”同上：“（万历）三十八年，（钦天）监推十一月壬寅朔日食分秒及亏圆之候，职方郎范守己疏驳其误。礼官因请博求知历学者，令与监官昼夜推测，庶几历法靡差。于是五官正周子愚言：‘大西洋归化远臣庞迪峨、熊三拔等，携有彼国历法，多中国典籍所未备者。乞视洪武中译西域历法例，取知历儒臣率同监官，将诸书尽译，以补典籍之缺。’先是，大西洋人利玛窦进贡土物，而迪峨、三拔及龙华民、邓玉函、汤若望等先后至，俱精究天文历法。礼部因奏：‘精通历法，如邢云路、范守已为时所推，请改授京卿，共理历事。翰林院检讨徐光启、南京工部员外郎李之藻，亦皆精心历理，可与迪峨、三拔等同译西洋法，俾云路等参订修改。然历法疏密，莫显于交食，欲议修历，必重测验。乞敕所司修治仪器，以便从事。’疏入，留中。未几云路、之藻皆召至京，参预历事。云路据其所学，之藻则以西法为宗。四十一年，之藻已改衔南京太仆少卿，奏上西洋历法，略言台监推算日月交食时刻亏分之谬。而力荐迪峨、三拔及华民、阳玛诺等，言：其所论天文历数，有中国昔贤所未及者，不徒论其度数，又能明其所以然之理。其所制窥天、窥日之器，种种精绝。……乞敕礼部开局，取其历法，译出成书。礼科姚永济亦以为言。时庶务因循，未暇开局也。……崇祯二年五月乙酉朔日食，礼部侍郎徐光启依西法预推顺天府见食二分有奇，琼州食既，大宁以北不食。《大统》、《回回》所推顺天食分时刻，与光启互异。已而光启法验，余皆疏。帝切责监官。……于是礼部奏开局修改，乃以光启督修历法。光启……举南京太仆少卿李之藻、西洋人龙华民、邓玉函，报可。九月癸卯，开历局。三年，玉函卒，又征西洋人汤若望、罗雅谷译书演算。光启进本部尚书，仍督修历法。……四年正月，光启进历书二十四卷。……又进历书二十一卷。……是年，又进历书三十卷。明年冬十月，光启以病辞历务，以山东参政李天经代之。不逾月而光启卒。七年……天经缮进历书，凡二十九卷，并星屏一具，俱故辅光启督率西人所造也。……天经又进历书三十二卷，并日晷、星晷、窥筩诸仪器。八年四月，又上乙亥丙子七政行度历及参订历法条议二十六则。……是时新法书器俱完，屡测交食凌犯，俱密合，但魏文魁等多方阻挠，内官实左右之。以故帝意不能决。……十一年正月……进天经光禄寺卿，仍管历务。……十六年八月，诏西法果密，即改为《大统历法》，通行天下。未几国变，竟未施行。"

满清因之，遂用新法所制之历，曰《时宪历》。

《东华录》："顺治元年六月，修正历法西洋人汤若望启言：'臣于明崇祯二年来京，曾用西洋新法厘正旧历，制有测量日月星晷定时考验诸器，尽进内廷，以推测屡屡密合。近闻诸器尽遭贼毁，臣拟另制进呈。今先将本年八月初一日日食，照西洋新法推步京师所有日食限分秒并起复方法图像，与各省所见日食多寡先后不同诸数，开列呈览，乞敕该部届期公同测验。'摄政睿亲王谕：'旧历岁久差讹，西洋新法屡屡密合，知道了。此本内日食分秒时刻起复方位，并值省见食有多寡先后不同，具见推算详审，俟先期二日来说，以便遣官公同测验。其窥测诸器，速造进览。'"“七月丁亥，礼部启言，定鼎燕京，应颁宝历。据钦天监咨称新法推注已成，请易新名，伏候钦定，以便颁行。摄政睿亲王谕：治历明时，帝王首重，今用新法正历，以迓天休，诚为大典，宜名为《时宪历》，用称朝廷宪天乂民至意。自明岁顺治二年为始，即用新历，颁行天下。"

而汤若望、南怀仁等均授官掌历，

《畴人传》（阮元）："汤若望，字道未，明崇祯二年入中国。次年五月，征若望供事历局。顺治二年十一月，以若望掌钦天监事，管钦天监印信，累加太仆太常寺卿，敕赐通微教师，康熙五年卒。”同上：“南怀仁，字勋卿，一字敦伯，康熙初年入中国。九年为钦天监副，十二年擢监正。”①

虽经吴明烜、杨光先等攻讦，尝罢西法，仍用《大统历》，然其推测至精，中法及回回法均所不及，故其后仍用《时宪历》，一依西法行之，迄于清末焉。

《畴人传》：“顺治十四年四月，回回科秋官正吴明烜疏言若望舛谬三事。命大臣等公同测验，议明烜诈妄之罪。康熙四年，徽州新安卫官生杨光先上言若望新法十谬及选择不用正五行之误。下王大臣等集议，若望及所属各员，俱罢黜治罪。于是废西法，仍用《大统历》。至康熙九年，复用新法。”同上：“康熙初年，吴明烜、杨光先等以旧法点窜新历，以致天道不协。康熙七年十二月，命大臣召南怀仁与监官质辨。越明年丁酉正月，诸大臣同赴观象台测验立春、雨水、太阴、火星、木星，怀仁预推度数与所测皆符，明烜所指不实，大臣等请将康熙九年《时宪书》交南怀仁推算，从之，遂以怀仁为监副。”

测候天象，必资仪器。明代钦天监所用仪器，多沿元旧，

《江宁府志》：“观象台，元至正元年建，明改为钦天台。刘树声云：幼时犹见有小方铜架，中插方柱近丈，为量世尺；又有大方铜架，悬浑球，又有矮铜架，锁断足铜龙。”《南京天文台记》：“一二八〇年十一月，元世祖诏修正历法，钦天监诸臣具奏：开封府先朝遗留天文仪器甚多，然无一足裨实用。帝于是重造浑天仪、日规及其他仪器②，并命每器一式制十三分，分赐各行省。南京天文台

① 南怀仁后官至通政使，加工部侍郎衔，赐谥勤敏。传未载。

② 按《元史·天文志》，宋自靖康之乱，仪象之器盖归于金。元兴，定鼎于燕，其初袭用金旧，而规环不协，难复施用。于是太史郭守敬者，出其所创简仪仰仪及诸仪表，皆臻于精妙。即此文所称重造浑天仪之事也。

之建筑，盖即规画于是时。其地发现之仪器，亦即此十三分之一。……使南京官书之纪载为可信，则南京天文台之建筑，动议虽在于一二八〇年世祖之朝，而实施则直在百年之后，即一三八一年也。[①] 台之遗址，在山巅之平原，地形长方，广约二十五粎至三十粎，长稍过之。其间有平房一所，门南向，为占星者居室，又有稍高之台，形四方，则所以陈列仪器，其器皆置于露天之台上。……仪器凡四事，利玛窦及其弟子辈，尝考察此四仪器，有所传述，颇足为后人所利赖。……第一仪器为一铜制球，径长约一粎又二分之一。球面止刻子午线及平行线，无他标记；其下安一铜制之立方体。立方体之顶，有一圆穴，球半陷其中。其旁有一小门，人得入其内，以旋转球。……第二仪器为浑天仪，其质及直径，皆与第一仪器同。上有纬线及极线，纬线凡三百六十五度又若干分；下支一金属之管，形如枪，可以自由拨动，以示星之高距。……第三仪器为日规，约高三粎，安于一长方大理石之南端。石之四周，围以沟，所以验水平也。石上亦刻有分数。……第四仪器最大且最备，亦测量之器，有三大环，制以铜，直径各长一粎又五十粉，所以象赤道、黄道、子午线；又有一环可活动，附一管，盖用以示星之位置。器之安放，在一平面大理石桌上，四周亦绕以沟。……据利氏所述，此种仪器，制作皆极精妙，所用材料皆甚耐久。利氏见此器时，在一六〇〇年，距制作之时，已二百五十年，而其器犹焕然若新，其作工之巧可以想见。惟在科学上之价值则殊逊，其所分三百六十五度又若干分，无论于天象不相干，即其所分亦殊不平均。是足以见当日天文家智识之陋矣。”

徐光启修历，首请造器。

《正教奉褒》（黄伯禄）：“崇祯二年，徐光启奏请造象限仪六，

① 明洪武十四年。

纪限仪三，平悬浑仪三，交食仪一，列宿经纬天球一，万国经纬地球一，平面日晷三，转盘星球三，候时钟三，望远镜三。报允。”

汤若望续成之，旋毁于流贼。

《正教奉褒》：“崇祯七年，汤若望进呈历书星屏，其时日晷、星晷、窥筩诸仪器，俱已制成。奏闻，上命太监卢维宁、魏国徵至局验试用法，旋令若望将仪器亲赍进呈，督工筑台，陈设宫廷。”①

清初，复命南怀仁制之。

《清通考》：“康熙八年六月，令改造观象台仪器。先是七年七月，钦天监副吴明烜言，挂历以黄道为验，黄道以浑仪为准，今观象台浑仪损坏，亟宜修整。下礼部议，寻以取到元郭守敬仪器于江南②，不果行，至是南怀仁为监副，疏请改造，从之。”“十三年正月，掌钦天监事南怀仁，以新制天体仪、黄道经纬仪、赤道经纬仪、地平经仪、纪限仪告成，将制法用法绘图列说，名《新制灵台仪象志》，疏呈御览。得旨：仪象告成，制造精密，南怀仁勤劳可嘉，下部优叙。”

清之制历，所以测验精密而分秒无差，恃此也。其后又制有仪器多种。

《清通考》：“康熙二十年二月，制简平仪、地平半圆日晷仪。”“三十二年四月，制三辰简平地平合璧仪。”“五十二年二月，命监臣纪利安制地平经纬仪。”“五十三年二月，制星晷仪，制四游表半圆仪，制方矩象限仪。”“乾隆九年二月，制三辰公晷仪，制看朔望入交仪，制六合验时仪，制方月晷仪。”“十九年，三辰公晷仪成，命名玑衡抚辰仪。”

盖清代诸帝，饫闻西人之学说，亦究心于历算天文之学，故奕世制作，

① 贼毁之事见前。

② 即南京观象台之仪器，移至北京。

不厌求详。其为德国掠取而复送回者，即观象台所陈、南怀仁等所制诸器也。[①]

元与西域交通，已知所谓地球。

《元史·天文志》："世祖至元四年，扎马鲁丁造西域仪象。""苦来亦阿儿子，汉言地理志也，其制以木为圆球，七分为水，其色绿；三分为土地，其色白。画江河湖海脉络贯串于其中，画作小方井，以计幅员之广袤，道里之远近。"

而元、明间人，犹未究心于地理，至利玛窦等来，而后知有五大洲，

《明史·外国传》："意大利亚居大西洋中，自古不通中国。万历时，其国人利玛窦至京师，为《万国全图》，言天下有五大洲：第一曰亚细亚洲，中凡百余国，而中国居其一；第二曰欧罗巴洲，中凡七十余国，而意大里亚居其一；第三曰利未亚洲，亦百余国；第四曰亚墨利加洲，地更大，以境土相连，分为南北二洲；最后得墨瓦腊泥加洲为第五，而域中大地尽矣。"

及地球居于天中之说。

《畴人传》："利玛窦著《乾坤体义》三卷，言地与海合为一球，居天球之中，其度与天相应。但天甚大，其度广；地甚小，其度狭，差异耳。直行北方者，每二百五十里，北极高一度，南极低一度；直行南方者，每二百五十里，北极低一度，南极高一度。每一度广二百五十里，则地之东西南北各一周，有九万里。厚二万八千六百二十六里零三十六丈，上下四旁皆生齿所居。予自太西浮海入中国，至昼夜平线，已见南北二极皆在平地，略无高低。道转而南，过大浪峰，已见南极出地三十六度，则大浪峰与中国上下相为

① 光绪庚子年，八国联军入京。德国掠取浑天仪二具、天象球一具、纪限仪一、昼夜仪一。及《巴黎和约》议将所得之仪器交还中国，始复归于北京。报载其装载此项仪器共五十六箱，重三万六千启罗格兰姆。

对待，故谓地形圆而周围皆生齿者，信然矣。”

艾儒略著《职方外纪》，绘图立说，是为吾国之有五洲万国地志之始。

《职方外纪序》（艾儒略）：“昔神皇盛际，圣化翔洽，无远弗宾。吾友利氏赍进《万国图志》，已而吾友庞氏又奉翻译西刻地图之命，据所闻见，译为图说以献，都人士多乐道之者，但未经刻本以传。迨至今上御极，儒略不敏，幸厕观光，慨慕前庥，诚不忍其久而湮灭也。偶从蠹简，得睹所遗旧稿，乃更窃取西来所携手辑方域梗概，为增补以成一编，名曰《职方外纪》。”《四库全书提要·职方外纪》：“五卷，明西洋人艾儒略撰。其书成于天启癸亥，盖因利玛窦、庞迪我旧本润色之，不尽儒略自作也。所纪皆绝域风土，为自古舆图所不载。……分天下为五大洲，一曰亚西亚洲……二曰欧逻巴洲……三曰利未亚洲……四曰亚墨利加……五曰墨瓦蜡尼加。前冠以万国全图，后附以四海总说。”

而清康熙中，各教士测绘全国舆图，尤有功于吾国焉。

《正教奉褒》：“康熙四十七年，谕传教士分赴蒙古各部、中国各省，遍览山水城郭，用西学量法，绘画地图。是年派日尔曼人白进、费隐，法兰西人雷孝思、杜德美等，往蒙古及直隶。四十九年，费隐等往黑龙江。五十年，雷孝思等往山东，费隐等往山西、陕西、甘肃。五十一年，法兰西人冯秉正、德玛诺等，往河南、江南、浙江、福建。五十二年，法兰西人汤尚贤、葡萄牙人麦大成等，往江西、广东、广西。费隐、潘如①往四川。五十四年，雷孝思等往云南、贵州、湖南、湖北测图。五十六年，各省地图绘毕。白进等汇成总图一幅，并分图进呈。”（圣祖命名《皇舆全览图》，即世所称《康熙内府舆图》也。）

---

①　法人。

明季西教士携至中国书籍至多，所译述亦至夥。邓玉函所述《奇器图说》，则力艺学之权舆也。

《远西奇器图说录最》（王徵）："《奇器图说》，乃远西诸儒携来。彼中图书，此其七千余部中之一支。就一支中，此特其百之什一耳。"《四库全书提要》："《诸器图说》，三卷，明西洋人邓玉函撰。《诸器图说》，明王徵撰。徵，泾阳人，天启壬戌进士，官扬州府推官。尝询西洋奇器之法于玉函。玉函因以其国所传文字口授徵，译为是书。其术能以小力运大，故名曰重，又谓之力艺。大旨谓天地生物，有数有度有重，数为算法，度为测量，重则即此力艺之学，皆相资而成。故先论重之本体，以明立法之所以然，凡六十一条；次论各色器具之法，凡九十二条；次起重引重等图……图皆有说，而于农器水法尤为详备。""《诸器图说》，凡图十一，各为之说，而附以铭赞，乃徵所作，亦具有思致。"

徐光启尝欲因其法以兴农田水利，

《四库全书提要》："《农政全书》六十卷，明徐光启撰，总括农家诸书，裒为一集……备录南北形势，兼及灌溉器用诸图谱，后六卷则为《泰西水法》。"同上："《泰西水法》六卷，明万历壬子，西洋熊三拔撰。是书皆记取水蓄水之法，一卷曰龙尾车，用挈江河之水；二卷曰玉衡车，附以专筩车；曰恒升车，附以双升车，用挈井泉之水；三卷曰水库记，用蓄雨雪之水；四卷曰水法附余，皆寻泉作井之法，而附以疗病之水；五卷曰水法或问，备言水性；六卷则诸器之图式也。西洋之学，以测量步算为第一，而奇器次之。奇器之中，水法尤切于民用，视他器之徒矜工巧、为耳目之玩者又殊。固讲水利者所必资也。"

丁世之乱，亦无人推演其绪以利民生，惟制造火器一事，小试于明，后遂为满清屠杀汉人之具，亦可慨矣。明初得交趾炮法，始创神机营。

《明史·兵志》："明成祖平交趾，得神机枪炮法，特置神机营肄习。"

比葡、荷二国人东来，遂有所谓佛郎机、红夷等。

《明史·兵志》："嘉靖八年，始从右都御史汪鋐言，造佛郎机炮，谓之大将军，发诸边镇。佛朗机者，国名也。正德末，其国舶至广东白沙，巡检何儒得其制，以铜为之，长五六尺，大者重千余斤，小者百五十斤，巨腹长颈，腹有修孔，以子铳五枚，贮药置腹中，发及百余丈，最利水战，驾以蜈蚣船，所击辄糜碎。""其后大西洋船至，复得巨炮曰红夷，长二丈余，重者至三千斤，能洞裂石城，震数十里。天启中，锡以大将军号，遣官祀之。"

启、祯间，屡命教士制造铳炮，

《正教奉褒》："天启二年，上依部议，敕罗如望、阳玛诺、龙华民等，制造铳炮，以资戎行。""崇祯三年，先是天启元年，部臣议招寓居澳门精明火炮之西洋人来内地，协助攻御。至是龙华民、毕方济奉旨前往，招劝殷商等集资捐助火炮。教士陆若汉、绅士公沙的西劳率领本国人多名，携带铳炮前来，效力宁远、涿州等处，屡次退敌。后登莱之役，公沙的西劳及同伴多人阵亡，陆若汉亦受伤。""九年，兵部疏称罗雅各等指授开放铳炮诸法，颇为得力，降旨优给田房。""十三年，兵部传旨：著汤若望指样监造战炮。若望先铸钢炮二十位，帝派大臣验放，验得精坚利用，奏闻。诏再铸五百位。"

而用之不得其人，转以资敌。

《明史·兵志》："崇祯时，大学士徐光启请令西洋人制造大炮，发各镇。然将帅多不得人，城守不固，有委而去之者。及流寇犯阙，三大营兵不战而溃，枪炮皆为贼有，反用以攻城。城上亦发炮击贼，时中官已多异志，皆空器贮药，取声震而已。”

清之兴也，以炮之力，其制法盖传自明人。

《清通考》：“太宗天聪五年红衣大炮成[①]，钦定名镌曰天佑助威大将军。天聪五年孟春吉日造，督造总兵官额驸佟养性，监造官游击丁启明，备御祝世隆，铸匠王天相、窦守位，铁匠刘计平，先是未备火器，造炮自此始。其年征明，久围大凌河而功以成，用大将军力也。自后师行必携之。”

及康熙中，迭命南怀仁制造大炮，遂平各地。

《清通考》：“康熙十三年，谕兵部，大军进剿，须用火器。著治理历法南怀仁制造大炮，轻利以便涉。”《正教奉褒》：“康熙十九年十一月初四日，南怀仁奉旨铸造战炮三百二十位。二十年八月十一日，炮位告成。上释御服貂裘，赐南怀仁，并奖慰曰：尔向年制造各炮，陕西、湖广、江西等省已有功效，今之新炮较为更好。”同上：“南怀仁自康熙十三年迄十五年，共制大小炮一百二十位。至二十一年四月，吏部题称工部疏称钦天监治理历法加通政使司通政使南怀仁先铸炮一百三十二位，又神威炮二百四十位，指样制造精坚，应交吏部议叙等语。查南怀仁指样制造炮位精坚，应加工部右侍郎职衔。”

以敬天信道之人，而专造利器，以助满人之兵力，亦可谓不善用其学矣。其后清人专以算数制造为西人之特长，遣学译书，首重此事，而不知仿行其学，以谋民利，亦清初之历史有以囿其思想也。呜呼！

明末清初在中国之耶稣会士及著书一览表。（录稻叶君山《清朝全史》。原表有遗漏及失误处，今为增改。编者识）。

① 按“红衣”当即《明史》之“红夷”，清人讳“夷”，故称“红衣”。

原名	汉名	本国	到中国年代、命终年代及地点	所著书
Aleni (Giulio)	艾儒略	意大利	西纪 1613（万历四十一年） 西纪 1649 年 8 月 3 日（顺治六年）福州	《弥撒祭义》《天主降生言行纪略》《出像经解》《耶稣言行纪略》《性灵篇》《景教碑颂》《圣体祷文》《坤舆图说》《十五端图像》《熙朝崇正集》《杨淇园行略》《张弥克遗迹》《万物真源》《涤罪正规》《三山论学记》《圣体要理》《圣梦歌》《圣教四字教文》《悔罪要旨》《几何要法》《口铎日钞》《五十言余西方答文》《西学凡》《职方外纪》《性学粗述》《天主降生引义》《大西利西泰子传》《大西利西泰先生行迹》《艾先生行述》《思及先生行迹》《泰西思及艾先生行述》《西海艾先生行略》《泰西思及先生语录》
Benevente (Alvare)	白亚维	西班牙	西纪 1680（康熙十九年）未详	《要经略解》
Bouvet (Jaochin)	白　晋	法兰西	西纪 1687（康熙二十六年） 西纪 1730（雍正八年）北京	《天学本义》《古今敬天鉴》
Brancati (Francesco)	潘国光	意大利	西纪 1637（崇祯十年） 西纪 1671 年 4 月 25 日（康熙十年）上海	《十诫劝谕》《圣体规仪》《圣教四规》《圣安德助宗徒瞻礼》《天阶》《瞻礼口铎》《天神规课》《天神会课》

续前表

原名	汉名	本国	到中国年代、命终年代及地点	所著书
Brollo (Basillio)	叶宗贤		西纪 1684（康熙二十三年） 西纪 1704 年 7 月 16 日（康熙四十三年）西安	《宗元直指》
Buglio (Luigi)	利类思	意大利	西纪 1637（崇祯十年） 西纪 1684 年 10 月 7 日（康熙二十三年）北京	《天主正教约征》《主教要旨》《超性学要》《狮子说》《司铎要典》《性灵说》《不得已辨》《御览西方要纪》（与南怀仁安文思合撰）《圣母小日课》《已亡者日课经》《圣教简要》《善终瘗茔礼典》《弥撒经典》《日课概要》《圣事礼典》《安先生行述》《天主圣体》《三位一体》《万物原始》《天神形物之造》《灵魂》《首人受造》《昭祀经典》《进呈鹰论》《圣事体典》
Castner (Gaspar)	庞嘉宾	日耳曼	西纪 1679（康熙十八年） 西纪 1709 年 2 月 9 日（康熙四十八年）北京	
Cattaneo (Lazzane)	郭居静	瑞　士	西纪 1594（万历二十二年） 西纪 1640（崇祯十三年）杭州	《性灵诣主》
Chavagnac (Emeric de)	沙守真		西纪 1700（康熙三十九年） 西纪 1717 年 9 月 14 日（康熙五十六年）饶州（未确）	《真道自证》

续前表

原名	汉名	本国	到中国年代、命终年代及地点	所著书
Costa (Iguacio da)	郭纳爵	葡萄牙	西纪 1634（崇祯七年） 西纪 1666（康熙五年）广东	《原染亏益》《身后编》《老人妙处教要》
Couplet (Philippe)	柏应理	比利时	西纪 1659（顺治十六年） 西纪 1693 年 5 月 16 日（康熙三十二年）卧亚	《天主圣教永瞻礼单》《天主圣教》《百问答》《四末真论》《圣坡而日亚行实》《圣若瑟祷文》《周岁圣人行略》
Cunha (Simon da)	瞿西满	葡萄牙	西纪 1629（崇祯二年） 西纪 1662 年 9 月（康熙元年）澳门	《经要直指》
Dentrechlles (Francois-Zavier)	殷宏绪	法兰西	西纪 1698（康熙三十七年） 西纪 1741（乾隆六年）	《主经体味》《逆耳忠言》《莫居凶恶劝》《训慰神编》
Diaz (Emmanuel Jeune)	阳玛诺	葡萄牙	西纪 1610（万历三十八年） 西纪 1659 年 3 月 4 日（顺治十六年）杭州	《圣若瑟行实》《天问略》《十诫真诠》《圣经真解》《天学举要》《唐景教碑颂》《正诠》《代疑论》《袖珍日课》《经世全书》《经世全书句解》《避罪指南》《天神祷文》
Duarte (Jean)	聂若望	葡萄牙	西纪 1700（康熙三十九年） 馀未详	《八天避静神书》
Ferran (Andre)	郎安德	葡萄牙	西纪 1658（顺治十五年） 西纪 1661（顺治十八年）福州	

续前表

原名	汉名	本国	到中国年代、命终年代及地点	所著书
Ferreira (Gaspar)	费奇规	葡萄牙	西纪 1604（万历三十二年） 西纪 1649（顺治六年）	《振心诸经》《周年主保圣人单》《玫瑰经十五编》
Figueredo (Roderic de)	费乐德	西班牙	西纪 1622（天启二年） 西纪 1642 年 10 月 9 日（崇祯十五年）开封	《念经总牍》《圣教源流》《念经劝》
Fraes (Joas)	伏若望	葡萄牙	西纪 1624（天启四年） 西纪 1638 年 7 月 2 日（崇祯十一年）杭州	《五伤经礼规程》《善终助功》《苦难祷文》
Furtado (Francisco)	傅汎际	葡萄牙	西纪 1621（天启元年） 西纪 1653 年 2 月 1 日（顺治十年）澳门	《名理探》《寰有诠》
Gouvea (Antonio de)	何大化	葡萄牙	西纪 1636（崇祯九年） 西纪 1677 年 2 月 14 日（康熙十六年）福州	《蒙引要览》
Gravina (Gerommo de)	贾宜陆	意大利	西纪 1637（崇祯十年） 西纪 1662 年 9 月 4 日（康熙元年）漳州	《提正编》《辨惑论》
Greslon (Addrien)	聂仲迁	法兰西	西纪 1675（康熙十四年） 西纪 1697 年 3 月（康熙三十六年）赣州	《古圣行实》

续前表

原名	汉名	本国	到中国年代、命终年代及地点	所著书
Hinderer (Romain)	德玛诺	法兰西	西纪 1707（康熙四十六年） 西纪 1744 年 8 月 4 日（乾隆九年）南京	《与弥撒功程》
Intorcetta (Prospero)	殷铎泽	意大利	西纪 1659（顺治十六年） 西纪 1696 年 10 月 3 日（康熙三十五年）杭州	《耶稣会例》《西文四书直解》《泰西殷觉斯先生行述》
Kogler (Ignace)	戴进贤	日耳曼	西纪 1716（康熙五十五年） 西纪 1746 年 3 月 29 日（乾隆十一年）北京	《历象考成后编》《仪象考成》《玑衡抚辰仪记》
Lobelli (Giovani-Andrea)	陆安德		西纪 1659（顺治十六年） 西纪 1683（康熙二十二年）澳门	《圣教略说》《真福直指》《善生福终正路》《圣教问答》《圣教撮言》《圣教要理》《默想大全》《默想规矩》《万民四末图》
Longobardi (Nicolao)	龙华民	意大利	西纪 1597（万历二十五年） 西纪 1654 年 9 月 1 日（顺治十一年）北京	《死说》《念默想规程》《灵魂道体说》《圣教日课》《圣若撒法行实》《地震解》《急事宜救》《圣人祷文》
Magarhaens (Gabriel de)	安文思	葡萄牙	西纪 1640（崇祯十三年） 西纪 1677 年 5 月 6 日（康熙十六年）北京	《复活论》

续前表

原名	汉名	本国	到中国年代、命终年代及地点	所著书
Mailla (Joseph Marie Anne de Moyria de)	冯秉正	法兰西	西纪 1703（康熙四十二年） 西纪 1748 年 6 月 28 日（乾隆十三年）北京	《明来集说》《圣心规程》《圣体仁爱经规条》《圣经广益》《盛世刍荛》《圣年广益》《避静汇钞》
Martini (Martino)	卫匡国	匈牙利	西纪 1643（崇祯十六年） 西纪 1661（顺治十八年）杭州	《真主灵性理证》《述反篇》
Mendez (Manoel)	孟由义	葡萄牙	西纪 1684（康熙二十三年） 西纪 1743 年 12 月（乾隆八年）澳门	
Monteiro (Joao)	孟儒望	葡萄牙	西纪 1637（崇祯十年） 西纪 1648（顺治五年）印度	《天学略义》《天学辨敬录》《炤迷镜》
Motel (Jacques)	穆迪我	荷　兰	西纪 1657（顺治十四年） 西纪 1692 年 6 月 2 日（康熙三十一年）武昌	《圣洗规仪》
Noel (Francois)	卫方济	比利时	西纪 1687（康熙二十六年） 西纪 1729 年 9 月 17 日（雍正七年）Lille	《人罪至重》
Ortiz (Hortis)	白多玛	西班牙	西纪 1695（康熙三十四年） 馀未详	《圣教功要》《四络略意》

续前表

原名	汉名	本国	到中国年代、命终年代及地点	所著书
Pantoja (Didacus de)	庞迪我	西班牙	西纪1599（万历二十七年） 西纪1618年1月1日（万历四十六年）澳门	《耶稣苦难祷文》《未来辩论》《天主实义续编》《庞子遗诠》《七克大全》《天神魔魂说》《人类原始》《受难始末》《辩揭》《奏疏》
Parrenin (Domimque)	巴多明	法兰西	西纪1689（康熙二十八年） 西纪1741年9月2日（乾隆六年）北京	《济美篇》《德行谱》
Pereyra (Thomaz)	徐日昇	西班牙	西纪1673（康熙十二年） 西纪1708年12月24日（康熙四十七年）北京	《南先生行述》《律吕正义续篇》
Pinuela (Pedoro)	宾纽拉	墨西哥	西纪1676（康熙十五年） 西纪1704年7月30日（康熙四十三年）漳州	《初会问答》《永暂定衡》《大赦解略》《默想神功》《哀矜炼灵略说》
Premare (Joseph Marie de)	马若瑟	葡萄牙	西纪1698（康熙三十七年） 西纪1738年9月17日（乾隆三年）澳门	《圣若瑟传》《杨淇园行迹》
Rho (Giacomo)	罗雅各	意大利	西纪1624（天启四年） 西纪1638年9月17日（崇祯十一年）澳门	《圣若瑟传》《杨淇园行迹》《天主经解》《天主圣教启蒙》《斋克》《哀矜行诠》《求说》《圣记百言》《圣母经解》《周岁警言》《测量全义》《比例规解》《五纬表》《五纬历指》《月离历指》《月离表》《月躔历指》《日躔表》《赤黄正球筹算》《历引》《日躔考》《昼夜刻分》

续前表

原名	汉名	本国	到中国年代、命终年代及地点	所著书
Ricci (Matteo)	利玛窦	意大利	西纪 1583（万历十一年） 西纪 1610 年 5 月 2 日（万历三十八年）北京	《天主实义》《几何原本》《交友论》《同文算指通篇》《西国记法》《勾股义》《二十五言》《圜容较义》《畸人十篇》《徐光启行略》《辨学遗牍》《乾坤体义》《经天该》《奏疏》《斋旨》《测量法义》《西字奇迹》《浑盖通宪图说》《万国舆图》《西琴曲意》
Rocha (Joannes de)	罗如望	葡萄牙	西纪 1598（万历二十六年） 西纪 1623 年 3 月（天启三年）杭州	《天主圣教启蒙》《启蒙》《天主圣像略说》
Rougemont (Francois)	卢日满	荷　兰	西纪 1659（顺治十六年） 西纪 1676 年 2 月 4 日（康熙十五年）漳州	《要理六端》《天主圣教要理》《问世编》
Rudomina (Andre)	卢安德	利查尼	西纪 1626（天启六年） 西纪 1632 年 9 月 5 日（崇祯五年）福州	
Ruggieri (Michaele)	罗明坚	意大利	西纪 1581（万历九年） 西纪 1607 年 5 月 2 日（万历三十五年）	《天主圣教实录》
Sambiaso (Francesco)	毕方济	意大利	西纪 1614（万历四十二年） 西纪 1649（顺治六年）广东	《画答》《睡画二答》《灵言蠡勺》《奏折》《皇帝御制诗》

续前表

原名	汉名	本国	到中国年代、命终年代及地点	所著书
San Juan Bautista (Manuel de)	利安宁	西班牙	西纪 1685（康熙二十四年） 西纪 1710 年 3 月 10 日（康熙四十九年）北京	《破迷集》《圣文都竦圣母日课》
San Poscual (Augustin de)	利安定	西班牙	西纪 1670（康熙九年） 西纪 1695（康熙三十四年） 未详何地	《永福天衢》《天成人要集》
Santa Maria (Antonio de)	利奥图	西班牙	西纪 1633（崇祯六年） 西纪 1669 年 5 月 13 日（康熙八年）广东	《正学镠石》
Sande (Eduardus da)	孟三德	葡萄牙	西纪 1585（万历十三年） 西纪 1600 年 6 月 22 日（万历二十八年）澳门	《崇祯历书》（预修）《长历补注解惑》《主制群征》《主教缘起》《进呈图像》《浑天仪说》
Schall von Bell (Johannes Adam)	汤若望	日耳曼	西纪 1629（崇祯二年） 西纪 1666 年 8 月 15 日（康熙五年）北京	《真福训诠》《古今交日考》《西洋测日历》《星图》《交食历指》《交食表》《恒星历测》《恒星表》《共译各图》《八线表》《恒星出没》《学历小辨》《测食略》《测天略说》《大测》《奏疏》《新历晓惑》《新法历引》《历法》《西传》《新法表异》《敕谕祷文》《远镜说》《火攻揭要》

续前表

原名	汉名	本国	到中国年代、命终年代及地点	所著书
Semedo (Alvaro)	鲁德照	葡萄牙	西纪 1613(万历四十一年) 西纪 1658 年 5 月 6 日(顺治十五年)澳门	《字考》
Silva (Antonio de)	林安多	葡萄牙	西纪 1695(康熙三十四年) 馀未详	《崇修精蕴》
Soerio (Joao)	苏如汉	葡萄牙	西纪 1595(万历二十三年) 西纪 1607 年 8 月(万历三十五年)澳门	《圣教约言》
Tellez (Monoel)	德玛诺	葡萄牙	西纪 1704(康熙四十三年) 西纪 1723(雍正元年)饶州	《显像十五端玫瑰经》
Terenz (Jean)	邓玉函	日耳曼	西纪 1621(天启元年) 西纪 1630(崇祯三年)北京	《远西奇器图说》《人身说概》《测天约说》《黄赤距度表》《正球升度表》《大测》
Trigault (Nicolas)	金尼阁	法兰西	西纪 1616(万历四十四年) 西纪 1628 年 2 月 14 日(崇祯元年)杭州	《宗徒祷文》《西儒耳目资》《况义》(伊索寓言选集)《意拾谕言》(同上)《推历年瞻礼法》
Tudeschini (Augustin)	杜奥定	日　奴	西纪 1598(万历二十六年) 西纪 1643(崇祯十六年)福州	《渡海苦迹记》《杜奥定先生东来渡海苦迹》
Ursis (Sabatthinus de)	熊三拔	意大利	西纪 1606(万历三十四年) 西纪 1620 年 5 月 3 日(泰昌元年)澳门	《泰西水法》《表度说》《简平仪说》

续前表

原名	汉名	本国	到中国年代、命终年代及地点	所著书
Vagnoni (P. Alphonsue)	高一志 王丰肃	意大利	西纪1605（万历三十三年） 西纪1640年4月19日（崇祯十三年）漳州	《则圣十篇》《西学齐家》《天主圣教》《圣人行实》《达道纪言》《四末论》《修身西学》《譬学》《励学古言》《圣教解略》《寰宇始末》《圣母行实》《神鬼真纪》《十慰》《童幼教育》《空际格致》《西学治平》《斐录汇答》《推验正道论》
Varo (Francisco)	万济谷		西纪1654（顺治十一年） 馀未详	《圣教明证》
Verbiest (Ferdinand)	南怀仁	比利时	西纪1659（顺治十六年） 西纪1688年1月29日（康熙二十七年）北京	《妄推吉凶辩》《熙朝定案》《验气图说》《坤舆图说》《告解原义》《善恶报略说》《教要序论》《不得已辩》《灵台仪象志》《仪象图》《康熙永年表》《测念记略》《坤舆全图》《简平规总星图》《赤道南北星图》《妄占辩》《预推纪验》《形性理推》《光向异验理推》《理辨之引咎》《目司总图》《理推各国说》《御览简平新仪式用法》《坤舆外纪》《七奇图说》《进呈穷理学》《盛京推算表》《神武图说》
Xavier (Saint Francois de)	方济各	西班牙	未详 西纪1552年3月2日（嘉靖三十一年）上川岛	

第五章　清代之开拓

元代疆域最广，然其藩部与治理中国之法迥殊。《元史·地理志》仅载中书省及行中书省所属之路、府、州、县，西北诸藩则附录其地名，不能详其建置道里也。（《元史·西北地附录》，笃来帖木儿、月祖伯、不赛因三藩所辖之地，及吉利吉思、撼合纳、谦州、益兰州等处，清代考求《元史》者，据《经世大典图》，推究其方位，证以今地，十九可信。学者须读洪钧《元史译文证补》、屠寄《蒙兀儿史记》、丁谦《经世大典图考》等书。）

明之疆域，殆仅得元之半，为直隶者二，为布政司者十三。西北各地，仍为蒙古所有，交趾布政司，立而复废，故亦无足称述。惟元、明两朝，开辟云、贵等省及置川、广等土司，于中国本部亦有开拓之功。欲知清代之开拓者，不可不考其由来也。

> 《读史方舆纪要》（顾祖禹）："自开元之季，南诏渐强。天宝九载，遂有云南之地，僭国号曰大蒙。贞元十年，改国号曰南诏。大中十三年，改称大礼。光化四年，国乱，改称大长和。后唐天成三年，国号大天兴。明年，称大义宁。石晋天福二年，属于大理，宋初因之。自熙宁八年以后，段氏衰。元祐元年，高氏代立，号大中国。元符二年，段氏复兴，号后理国。淳祐十二年[①]，蒙古忽必烈灭大理[②]。元至元十三年，立云南等处行中书省。元亡，其梁王把匝剌瓦尔密及段明分据其地。洪武十五年，讨平之，始置云南等处承宣布政使司。"同上："贵州，《禹贡》荆、梁二州荒裔，自春秋

① 蒙古宪宗蒙哥二年。

② 前后凡二十二传，历三百五十年。段氏虽灭，元人复设大理路军民总管府，以段氏子孙世守其职。

以来，皆为蛮夷地。汉时亦为牂柯南境。三国时，相传诸葛武侯封牂柯蛮酋济火为罗甸王，国于此。唐时，罗罗鬼主居之。宋时，为罗施鬼国地。元于此置八番、顺元等处军民宣慰使司都元帅府，隶四川行省。至元二十八年，改隶湖广行省。明初，以其地分隶四川、湖广、云南三布政司。洪武十五年，设贵州都指挥使司。永乐十一年，始建贵州等处承宣布政使司。"《明史·土司列传》："西南诸蛮，有虞氏之苗，商之鬼方，西南之夜郎，靡莫、卬、莋、僰、爨之属，皆是也。自巴、夔以东，及湖湘岭峤，盘踞数千里，种类殊别。历代以来，自相君长。……追明踵元故事，大为恢拓，分别司郡州县，额以赋役，听我驱调，而法始备。……洪武初，西南夷来归者，即用原官授之。其土官衔号，曰宣慰司，曰宣抚司，曰招讨司，曰安抚司，曰长官司，以劳绩之多寡，分尊卑之等差。而府州县之名，亦往往有之。"

清起满洲，抚有东胡及内蒙诸部。入关后，奄有明代两直隶十三布政司之地。[①] 康熙二十二年，收台湾。三十六年，平外蒙古。乾隆二十二年，平准部，二十四年，平回部，遂合为新疆省。而青海、蒙古、西藏喇嘛，亦于康、雍间，先后用兵平之。其幅员之辽廓，远非宋、明所及，故清代诸帝恒以此自诩。然属地既多，治理匪易，或以宗教之异，或因种族之殊，虽同属一主权，而文化之相去甚远，虽及今日，亦尚未能齐一焉。

清之十八省，号曰中国本部。以大致言之，固可谓为汉族世居之地，其文化远过于各属部。然即此十八省中，人种错杂，文言歧异，殆亦不可胜举。西南各省之种人，曰苗，曰瑶，曰蛮，曰倮㑩，曰仡佬，曰夷，曰土人，每种复分数种至数十种，而其单种如黎人、侗人之类，复有数十种。语言文字，往往与汉人殊，风俗习惯，亦都截然不同，是固不可以一概论也。

---

① 康熙元年设安徽巡抚，六年设江苏、安徽两布政使司，始分明之南直隶为江苏、安徽两省，又分明之湖广为湖北、湖南两省，各设布政使司治之。陕西、甘肃亦于康熙元年分治。

《地理讲义》（姚明烨）："我国南境居民，华夏而外，种类纷繁，色目众多，不胜缕述。近人括之以苗族，古人号之曰南蛮。今由滇、蜀而东，历黔、楚、两粤，迤及闽、浙山谷中最盛。或袭土职，或已归流，或守旧习，或同华化。总计苗之种二十有八，瑶之种十有一，蛮之种十有四，倮㑩之种十有八，仡佬之种五，夷之种三，土人之种三；而单种则如僰人，如白人，如蒲人，如沙人，如莽人，如侗人，如黎人，如皿人，如佒人，如伶人，如伢人，如佷人，如僮人，如依人，如仲人，如俅人，如怒人，如蛮人，如木佬，如仡兜，如土僚，如么些，如八番，如六额子；其他则如俅、佯、伶、侗、瑶、僮。此皆《皇清职贡图》所载，而尚有《职贡图》所不载者也。"

元征大理，而顺宁、腾越之地以通；明讨思南，而石阡、黎平诸府以辟。有清一代，开拓土司，改为汉官者尤多。而至清季，犹存土司五百六十有奇①，其未开化者多矣。

省	府	州县	某年置	原为某土司
湖北	宜昌	鹤峰	雍正十三年	容美土司
湖北	宜昌	长乐	雍正十三年	五峰石宝土司
湖北	施南	宣恩	雍正十三年	施南土司
湖北	施南	来凤	雍正十三年	散毛土司
湖北	施南	咸丰	雍正十三年	大田土司
湖北	施南	利川	雍正十三年	施南土司
湖南	辰州	乾州	康熙四十三年	箪边红苗
湖南	辰州	凤凰	康熙四十三年	箪边红苗
湖南	辰州	永绥	雍正八年	六里红苗
湖南	永顺	永顺	雍正七年	永顺土司

① 据《清会典》，甘肃土司二十四，青海三十九，四川二百六十九，西藏三十九，广西四十六，云南五十，贵州八十一，共计五百六十六土司。

续前表

省	府	州县	某年置	原为某土司
湖南	永顺	龙山	雍正七年	白崖洞土司
湖南	永顺	保靖	雍正七年	保靖土司
湖南	永顺	桑植	雍正七年	桑植土司
四川	叙州	雷波	雍正六年	雷波土司
四川	雅州	天全	雍正八年	天全土司
四川	雅州	清溪	雍正八年	黎州土司
四川	雅州	懋功	乾隆四十年	金川土司
四川	酉阳	秀山	乾隆元年	酉阳土司
广西	庆远	东兰	雍正七年	那地土司
广西	太平	宁明	康熙五十八年	思明土司
广西	镇安	归顺	雍正七年	思恩土司
广西	泗城	西隆	雍正五年	思恩土司
云南	广南	宝宁	顺治十六年	广南土司
云南	开化	文山	康熙六年	教化三部土司
云南	东川	会泽	康熙三十八年	东川土司
云南	昭通	恩安	雍正六年	乌蒙土司
云南	昭通	永善	雍正六年	乌蒙土司
云南	昭通	镇雄	雍正六年	镇雄土司
云南	普洱	宁洱	雍正七年	车里土司
云南	普洱	思茅	雍正七年	车里土司
云南	楚雄	姚州	清初	姚安土司
云南	顺宁	缅宁	乾隆十二年	宣猛土司
云南	元江	新平	顺治六年	元江土司
云南	镇沅	恩乐	雍正五年	镇沅土司
云南	镇沅	蒙化	康熙四年	蒙化土司
云南	镇沅	景东	康熙四年	景东土司
云南	镇沅	威远	雍正三年	威远土司
贵州	贵阳	长寨	雍正四年	仲苗

续前表

省	府	州县	某年置	原为某土司
贵州	黎平	古州	雍正七年	生苗
贵州	铜仁	松桃	雍正八年	红苗
贵州	镇远	台拱	雍正十一年	九股苗
贵州	都匀	八寨	雍正六年	天坝土司
贵州	都匀	丹江	雍正六年	生苗
贵州	都匀	都江	雍正六年	生苗
贵州	安顺	郎岱	康熙五年	郎岱土司
贵州	安顺	归化	雍正十二年	康佐土司
贵州	南笼	永丰	雍正五年	安笼土司
贵州	南笼	普安	顺治十八年	马乃夷地
贵州	大定	平远	康熙三年	水西土司
贵州	大定	黔西	康熙三年	水西土司
贵州	大定	威宁	康熙三年	水西土司
贵州	大定	水城	康熙三年	水西土司
川边	巴安	巴安	光绪三十一年	巴塘土司
川边	巴安	盐井	光绪三十一年	巴塘土司
川边	巴安	三坝	光绪三十二年	巴塘土司
川边	康定	里化	光绪三十二年	里塘土司
川边	巴安	定乡	光绪三十二年	里塘土司
川边	康定	稻成	光绪三十二年	里塘土司
川边	康定	贡觉	光绪三十二年	里塘土司
川边	康定	河口	光绪三十二年	里塘土司
川边	康定	康定	光绪三十四年	明正土司兼通土司
川边	登科	邓柯	宣统元年	德格土司春科土司
				高日土司灵葱土司
川边	登科	德化	宣统元年	德格土司
川边	登科	同普	宣统元年	德格土司
川边	登科	石渠	宣统元年	德格土司
川边	昌都	乍丫	宣统三年	乍丫呼图克图
川边	登科	白玉	宣统元年	德格土司
川边	昌都	昌都	宣统三年	察木多

《清季经营西康始末记》："西康委员有得荣[①]、江卞[②]、贡觉[③]、桑昂[④]、杂瑜[⑤]、三岩[⑥]、甘孜[⑦]、章谷[⑧]、道坞[⑨]、瞻对[⑩]、炉定桥[⑪]等委员，皆未设县治，姑先设征粮委员者，其奏设流官之时，均在宣统中。"

各地种人，虽与汉人迥殊，然渐摩礼俗，间亦与汉人同化，清代诸书多有纪述之者。

《黔记》（李宗昉）："宋家苗，在贵阳安顺二属，多读书者。""水仡佬，在施秉、余庆等属，俱循汉礼，知法畏官。""休佬苗，在清平都匀者，衣服与汉人同，遵师教，多有入泮者。""紫姜苗，在平越州者，读书应试，见之者多不识为苗。""侗家苗，在荔波县，虽通汉语，不识文字，以木刻为信。"《古州杂记》（林溥）："苗人素不识字，无文券。即货卖田产，惟锯一木刻，各执其半，以为符信。今则附郭苗民悉敦弦诵，入郡庠者接踵而起。"[⑫]《粤滇杂记》（赵翼）："仲家苗，已有读书发科第者。而妇女犹不著袴，某作吏，致书其妻，谓到任须袴而入。妻以素所未服，宁不赴任。"《说蛮》（檀萃）："诸苗中惟仲家聪慧，能读书，颇有仕宦官词臣者。姓字衣饰多与汉同，不尽用苗饰也。""宋家苗，通汉语，识文字，勤耕织。""侗人衣冠如汉俗者久，子弟多读书，补诸生。""连

① 巴塘。
② 康地。
③ 康地。
④ 康地。
⑤ 康地。
⑥ 番地。
⑦ 麻书、孔撒两土司地。
⑧ 章谷土司。
⑨ 麻书、孔撒两土司及丹东、鱼科、明正、倬斯等土司与下罗科番地。
⑩ 瞻对土司。
⑪ 俄里、沈边、冷边三土司。
⑫ 此书成于嘉庆中。

山八排瑶最犷悍，臀微有肉尾，脚皮厚寸。太平日久，其人向化深，新兴瑶童亦能文字。”《苗疆风俗考》（严如煜）：“苗民不知文字，父子递传，以鼠牛虎马记年月，暗与历书合。有所控告，必倩士人代书。性善记，惧有遗忘，则结于绳。为契券，刻木以为信。近设苗学[①]，间亦有知命童子入学，日负杂粮数升，就师传授句读，默记而归。中亦有甚聪俊者。”“仡佬中童子聪秀者，读书识字，略解文义，书状能自作。”

上皆记乾、嘉间各种人开化之状也。而陈鼎《滇黔土司婚礼记》谓龙氏为礼乐之乡：

《滇黔土司婚礼记》（陈鼎）：“滇之东，土司称文物者，以龙氏为最。盖其先于周汉上诸姬也。其族通汉书、汉语者十九，而一秉周制，翩然风雅，骎骎乎礼乐之乡。”

则土司之中，亦有文化高于清代者。盖中国圣贤之裔，沦为荒徼，不可以他地未开化之人例之也。

清初东北疆域辽廓，东有库页岛，北逾兴安岭，南有俄之沿海州，顾以地广而荒，不甚爱惜。自康熙迄光绪，迭为俄人、日人所侵占，遂至仅以黑龙江、乌苏里江、图们江、鸭绿江为界，然一考其内部之开化，则清之忽视东三省，殆不止于损失边地也。盖辽东之地久属中国，而自辽、金以降，其文化转日晦塞，清之入关，务保守其旧俗，凡东三省悉以将军、都统治之，与内地政体迥异。至光绪末年，始仿内地行省之例，设立道、府、州、县，文化之不进，实由于此。又清初禁例极严，出入山海关，必凭文票。

《柳边纪略》（杨宾）：“凡出关者，旗人须本旗固山额真送牌子至兵部起满文票，汉人则呈请兵部或印官衙门起汉文票。至关，旗

① 严书亦当嘉庆中。

人赴和敦大北衙记档验放，汉人赴通判南衙记档验放。进关者如出时记有档案，搜检参貂之后，查销放进。否则汉人赴附关衙门起票从南衙验进，旗人赴北衙记档即进。”

故汉人多不乐至其地，惟谪戍者居焉。其地之荒陋，有极可笑者。

《柳边纪略》：“陈敬尹于顺治十二年流宁古塔，尚无汉人。满洲富者，缉麻为寒衣，捣麻为絮，贫者衣麑鹿皮，不知有布帛。有拨什库某，得一白布缝衣，元旦服之，见者羡焉。”《绝域纪略》（方拱乾）：“宁古塔无陶器，有一瓷碗，如重宝然。凡器皆木为之，大率出土人手。有饼饵，无定名，但可入口，即曰佳也。”《龙沙纪略》（方式济）：“东北诸部落，未隶版图以前，无釜甑罂瓿之属。熟物刳木贮水，灼小石淬水中数十次，瀹而食之。商贾初通时，以貂易釜，实令满，一釜常数十貂，后渐以貂蒙釜口易之。”《黑龙江外纪》（西清）：“黑龙江满洲汉军，有在奉天入学之例。乡试届期，京师必行文给咨取生监，不过奉行故事，其实曾应童试者无。”“土人习汉书者，《三字经》、《千字文》外，例读《百家姓》、《名贤集》。然于《论》、《孟》、《学》、《庸》略能上口即止。间有治一经，诵古文数首者，又皆从事占毕，不求甚解，是以通者绝少。第能句读部檄，得其大旨，则群起而指目为不凡。”“汉军知习汉书，然能执笔为文者绝少。流人通文者，例以教书自给。土人无知医者，医多来自内地。”

此皆东三省鄙陋之实状也。夫宁古塔等地，为清朝发祥之所，清既奄有天下，当先开化其祖宗故地，顾转放弃不问，且惟恐汉人私赴其地，深闭固拒，任其自为风气。虽其后之渐次进化，亦由汉人流徙者渐多使然，然清代诸帝固不欲其同化于汉人也。

清于蒙古，亦取闭塞主义，因其游牧之俗，而以喇嘛教愚之。[①] 蒙、汉市易，钤制綦严。

《清会典》："理藩院。凡互市商，给以院票，所至令将军若大臣若札萨克稽察之，颁其商禁。"注曰："票商定限一年，催回，不准潜留各部落娶妻立产，止准支搭帐房，不准苫盖房屋，不准取蒙古名字，无票者即属私商，查出照例治罪，逐回，货物一半入官。科布多所属，除土尔扈特、和硕特，向不与商民交易；杜尔伯特、明阿特、额鲁特、扎哈沁，准与商民交易外，其乌梁海一部，止准来科布多城交易，不准商民私赴乌里雅苏台。北边九站，不准商民通市。"

故蒙古虽属清二百数十年，而实未开化。

《喀尔喀风土记》（李德）："少贩于蒙古诸爱玛克，尝至外喀尔喀，其人骑兽，似鹿而非，有语言，无文字，无机械，如游循蜚因提之世。"《蒙古考略》（龚柴）："蒙古地虽辽阔，半系沙砾不毛，户口稀若晨星，五谷不植，草莱不辟，旷野无垠。北鄙华民，徙居其地，从事稼穑，始渐有振兴气象。"《蒙古及蒙古人》（俄婆资德奈夜夫）："由那彦乌拉稍北，为准莫多之荒地，有中国人之广漠耕田。此地农业之发达，近十年内事耳。"[②]

盖清以蒙古为屏藩，既欲其愚昧无知，受中朝之笼络，又惧汉人煽诱，谋为不轨，以图报复。故任其地广人稀，绝不轻议开放。至其季年，始弛禁例，而补救已迟。虽有汉人入蒙古，从事于农商者，亦未能大著功效也。

---

① 蒙古诸部虽久奉喇嘛教，初未统属于喇嘛也。清初喀尔喀众议投俄罗斯时，喇嘛呼图克图劝之事清，故清人德之，特封为大喇嘛，使掌黄教。雍正五年，发帑金十万两，建庆宁寺于库伦，以居活佛，使如达赖喇嘛治西藏故事。于是喇嘛之权始盛。其详见松筠《绥服纪略图诗注》及高宗《庆宁寺碑记》。

② 此书著于一八九二年。

清于青海、西藏，亦皆以旧俗羁縻。惟开拓新疆，以郡县之法统治之，自乾隆中叶迄光绪末，虽渐蹙地千余里，而天山南北两路，实日渐开化。

《新疆纪略》："乌鲁木齐，亦准噶尔故地，及平定伊犁，额鲁特人种皆剿绝，千里空虚，渺无人烟。""迩来甘省民户，移驻数千家，及内地发遣人犯数千，皆散处于昌吉、玛纳斯等处开垦，草莱充斥。其地为四达之区。以故字号店铺鳞次栉比，市冲宽敞，人民杂辏。茶寮酒肆、优伶歌童、工艺伎巧之人，无一不备。繁华富庶，甲于关外。""迪化州属阜康、昌吉两县，建立黉宫及文武二庙。州学、县学岁取诸生十余名，彬彬乎玉帛鼓钟，覃敷其地矣。"同上："叶尔羌，回疆一大城也。中国商贾，山、陕、江、浙之人，不辞险远，货贩其地。而外藩之人，如安集延、克什米尔等处，皆来贸易。每当会期，货若云屯，人如蜂聚，奇珍异宝，往往有之。"《新疆建置志》(王树楠)："迪化府，西北部一大都会也。华戎商贾良细，挟资斧往来，聚族列阛而错居以万数。而学士大夫之遣戍者，往往出于其间。军兴以来，湘、楚人为多。庚子后，津、沽商旅挈累重者踵系，大都楚人多仕宦，津人多大贾，秦人多负贩。""镇西厅及迪化府有学额，黉校生徒数十人。""镇西之民，皆来自秦陇，厚重多君子，黉序之士，祁祁如也。"

盖新疆不禁汉人移殖，视东三省、蒙古之为禁地者不同，故其结果亦异。以此知开拓新地，惟汉族擅有推广文化之力，满人无所知也。

清代土地，为前代所未开辟者，曰台湾。而台湾亦汉人所辟也。郑氏据台湾，设府县，立学校，兴种谷、制糖、煮盐、炼瓦之业。清之郡县台湾，因郑氏之制耳。然防禁綦严，渡台者至不许携眷口。

《台湾志》："康熙六十年，有朱一贵之乱，禁官吏携眷渡台。雍正十二年，定例：官吏四十无子者，始准携眷往台湾。乾隆十年，许渡台民携家。二十年，再禁之。二十五年，始开禁。"

其教化番社者，仍多汉人之功。

> 《六十七番社采风图考》："台湾番社，不知所自昉。考四明沈文开《笔记》，言自海船飘来，及宋零丁洋师败遁此。南北诸社熟番，于雍正十二年，始立社师，择汉人之通文理者教之。其后岁科试童子，亦知文理，有背诵《诗》、《易》经无讹字者，作字亦有楷法，冠履衣帛如汉人。"

嘉庆中，姚莹官台湾同知，始开辟噶玛兰。[①] 光绪中，刘铭传为巡抚，始改为行省，开辟利源，骎骎为国之外府。

> 《东方兵事纪略》："光绪乙酉，中法和议成，建台湾行省，经营铁路、商轮、屯垦，开煤矿，岁入三百万。"

而不十年，弃之于日本，惜哉！

---

① 后为宜兰县。

第六章　满清之制度

清之制度，一切皆沿朱明之旧，其异者，特因事立制，久而相沿，随时补敝救偏，无大规模之建设也。就中特异之点，莫甚于杂用满、蒙之人而定其额。

> 《清会典》："内阁大学士，满洲二人、汉二人；六部尚书，满洲一人、汉一人；左右侍郎，均满洲一人、汉一人。"同上："凡内外官之缺，有宗室缺，有满洲缺，有蒙古缺，有汉军缺，有内务府包衣缺，有汉缺。凡宗室京堂而上，得用满洲缺，蒙古亦如之，内务府包衣亦如之。汉军司官而上，得用汉缺；京堂而上，兼得用满洲缺。凡外官，蒙古得用满洲缺，满洲、蒙古、汉军包衣，皆得用汉缺。满洲、蒙古无微员，宗室无外任。"

其不定额者，亦时时用满人为之。其人多不学无术，骄奢淫佚，又时与汉官争权，其能延国祚至数百年，亦云幸矣。乾隆时，尝欲尽用旗人为知县，赖刘文正一言而止，否则民事之受满人荼毒者更不知若何焉。

> 《清先正事略・刘统勋传》（李元度）："户部奏天下州县府库多空阙，高宗震怒，欲尽罢州县之不职者，而以笔帖式等官代之。召公对，谕以此事，且曰：'朕思之三日矣，汝意云何？'公默然不言，上变色诘责。公徐曰：'圣聪思至三日，臣昏耄，诚不敢据对，容退而熟审之。'异日入对，顿首言曰：'州、县，治百姓者也，当使身为百姓者为之。'语未竟，上霁颜，事遂寝。"

清沿明制，以大学士掌国政。明制之不善，已为学者所訾。

> 《明史・职官志》："太祖承前制，设中书省，置左、右丞相。……（洪武）十三年正月，诛丞相胡惟庸，遂罢中书省。……

二十八年，敕谕群臣：‘国家罢丞相，设府、部、院、寺以分理庶务，立法至为详善。以后嗣君，其毋得议置丞相。臣下有奏请设立者，论以极刑。’当是时，以翰林、春坊详看诸司奏启，兼司平驳。大学士特侍左右，备顾问而已。建文中，改大学士为学士。成祖即位，特简解缙、胡广、杨荣等直文渊阁，参预机务。阁臣之预务自此始。……仁宗以杨士奇为礼部侍郎兼华盖殿大学士，杨荣为太常卿兼谨身殿大学士，阁职渐崇。……景泰中，王文始以左都御史进吏部尚书，入内阁。自后……六部承奉意旨，靡所不领，而阁权益重。”《明夷待访录》（黄宗羲）：“有明之无善治，自高帝罢丞相始也。”“古者君之待臣也，臣拜，君必答拜。秦汉以后，废而不讲。然丞相进，天子御座为起，在舆为下，宰相既罢，天子更无与为礼者矣。遂谓百官之设，所以事我，能事我者，我贤之；不能事我者，我否之。设官之意既讹，尚能得作君之意乎？”“入阁办事者，职在批答，犹开府之书记也。其事既轻，而批答之意又必自内授之，而后拟之，可谓有其实乎？”

清自雍正后，又移内阁之权于军机处，而大政皆出于军机。

《簷曝杂记》（赵翼）：“军机处，本内阁之分局，国初，承前明旧制，机务出纳，悉关内阁，其军事付议政王大臣议奏。雍正年间，用兵西北两路，以内阁在太和门外，儤直者多，虑漏泄事机，始设军需房于隆宗门内，后名军机处。地近宫廷，便于宣召，为军机大臣者，皆亲臣重臣。于是承旨出政，皆出于是矣。”

观其职掌，凡非军机者亦皆属焉。

《清会典》：“军机大臣，掌书谕旨，综军国之要，以赞上治机务。凡谕旨明降者，既述，则下于内阁；谕军机大臣行者，既述，则封寄焉。凡有旨存记者，皆书于册而藏之。届时，则提奏，议大政，谳大狱，得旨则与；军旅则考其山川、道里与兵马钱粮之数，以备顾问。”

一国之政皆曰军机，是可知满人之治吾国，惟以军事为重，不知有所谓国政也。

明代地方之官，以布政使为主。

《明史·职官志》：“布政使掌一省之政……凡僚属满秩，廉其称职不称职，上下其考，报抚按以达于吏部、都察院。三年，率其府州县正官，朝觐京师，以听察典。十年，会户版以登民数、田数。宾兴，贡省合之士而提调之。宗室、官吏、师生、军伍，以时班其禄俸、廪粮。祀典神祇，谨其时祀。民鳏寡孤独者养之；孝弟贞烈者表扬之；水旱疾疫灾祲，则请于上蠲赈之。凡贡赋役，视府州县土地人民丰瘠多寡而均其数。凡有大兴革及诸政务，会都按议，经画定而请于抚、按若总督。”

其巡按、总督、巡抚等诸官，皆属朝官之出使者，非为地方之长官也。

《明史·职官志》：“巡抚之名，起于懿文太子巡抚陕西。永乐十九年，遣尚书蹇义等二十六人巡行天下，安抚军民。以后不拘尚书、侍郎、都御史、少卿等官，事毕复命，即或停遣。初名巡抚，或名镇守，后以镇守侍郎与巡按御史不相统属，文移窒碍，定为都御史巡抚兼军务者加提督，有总兵地方加赞理或参赞，所辖多事重者加总督。他如整饬、抚治、巡治、总理等项，皆因事特设。其以尚书、侍郎任总督军务者，皆兼都御史，以便行事。”

清以总督、巡抚为地方长官，而名实淆矣。

《清会典》：“吏部，乃颁职于天下，凡京畿、盛京、吉林、黑龙江及十九省之属，皆受治于将军与尹与总督、巡抚，而以达于部。将军与尹分其治于道、府、州、县，总督、巡抚分其治于布政司，于按察司，于分守分巡道。司道分其治于府，于直隶厅，于直隶州。府分其治于厅、州、县，直隶厅、直隶州复分其治于县，而治其吏、户、礼、兵、刑、工之事。”

满族盛时，各省大吏皆其族，汉人仅能至两司而已。

《清稗类钞》（徐珂）：“世祖入关时，初议各省督抚尽用满人，时柏乡魏文毅公裔介方为给事中，独抗疏力争，谓当宏立贤无方之治，不当专用辽左旧人，议遂寝。康熙时，三藩既平，仅议定山西、陕西两抚不用汉人而已。当时汉大臣之为督抚者本多于满人，故议用满人巡方以监察之。雍正一朝，督抚十之七八皆汉军，硃批谕旨，常有斥汉军卑鄙下贱之语。至乾隆朝，则直省督抚，满人为多，汉人仕外官者，能洊至两司，则已为极品矣。及季年，各省督抚凡二十有六缺，汉人仅毕沅、孙士毅、秦承恩三人耳。”

咸、同军兴，汉人始握地方之政柄，然犹常招满人之猜忌，种族之关系甚哉。

《清稗类钞》：“自定鼎以来，至咸丰初，满人为督抚者十之六七。粤寇倡乱，满督抚有殉节者，然无敢与抗。文宗崩，孝贞、孝钦二后垂帘，恭亲王辅政，乃汰满用汉。同治初，官文恭公文总督湖广，自官罢而满人绝迹者三年，仅英翰擢至安徽巡抚耳。当同治己巳、庚午间，各省督抚提镇，湘淮军功臣占其大半。及恭王去位，满人势复盛。光绪甲午后，满督抚又遍各省，遂讫于宣统逊位。”

明有行取之制，在外之推官知县，可以入任科道。

《石渠余记》（王庆云）：“行取之制，始于明。明初，科道用人，其途甚广。厥后定制，在内用主事中行评博，而在外取三年考满之推官知县，谓之行取，惟特荐者不以资限。”

清初犹沿其法，乾隆中，停止之，而内外官之制始严。

《石渠余记》：“康熙元年，令科道专用部员，行取官但升主事。”“乾隆十六年谕，行取知县，此制始于前明。其时专重资格，按俸升转，不得不以部用一途疏通壅滞。今州县升途甚广，才能杰出之员，无不保题擢用，实无壅滞之叹，向来沿袭具文，著永行停止。”

清之六科给事中，虽亦沿明之职掌。

《明史·职官志》：“六科给事中，掌侍从、规谏、补阙、拾遗、稽察六部百司之事。凡制敕宣行，大事复奏，小事署而颁之；有失，封还执奏。凡大事廷议，大臣廷推，大狱廷鞫，六掌科皆预焉。”《清会典》：“六科给事中掌发科钞，稽察在京各衙门之政事，而注销其文卷，皆任以言事。”“朝会，则纠其仪，凡科钞，给事中亲接本于内阁，各分其正钞外钞而下于部，应封驳，则以闻。① 岁终，则汇其本以纳于内阁。”

然雍、乾以来，惟例行之本章，始归内阁，其重要之折奏，出入于军机处。

《簷曝杂记》：“雍正以来，本章归内阁，机务及用兵，皆军机大臣承旨。天子无日不与大臣相见，无论宦寺不得参，即承旨诸大臣，亦只供传述缮撰，而不能稍有赞画。”

故封驳之名虽存，亦无所用之焉。清人盛称清代廷寄之法之善，然独夫专制，而无人能监督之，自清始也。

《簷曝杂记》：“军机处有廷寄谕旨，凡机事虑漏泄不便发抄者，则军机大臣面承后，撰拟进呈；出发，即封入纸函，用办理军机处银印钤之，交兵部加封，发驿驰递。其迟速皆由军机司员判明于函外，曰马上飞递者，不过日行三百里；有紧急，则另判日行里数，

① 部院督抚本章，已经奉旨，如确有未便施行之处，许该科封还执奏。如内阁票签批本错误，及部院督抚本内事理未协，并听驳正。

或四五百里，或六百里，并有六百里加快者。即此一事，已为前代所未有。机事必颁发而后由部行文，则已传播人口，且驿递迟缓，探事者可雇捷足，先驿递而到。自有廷寄之例，始密且速矣。此例自雍正年间始，其格式乃张文和所奏定也。”

帝王威权之重，惟清为甚。如明代朝仪，臣僚四拜或五拜耳。

《明史·礼志》：“大朝仪，赞礼唱鞠躬，大乐作，赞四拜，兴。”“常朝仪，朔望御奉天殿，常朝官一拜三叩头；谢恩见辞官，于奉天门外，五拜三叩头。”

清始有三跪九叩首之制，

《清会典》：“大朝，王公百官行三跪九叩礼，其他朝仪亦如之。”

明代大臣得侍坐，

《明史·礼志》：“早朝行礼毕，四品以上官人侍殿内。”“凡百官于御前侍坐，有官奏事，必起立。奏毕，复坐。”

清则奏对无不跪于地者，盖满人惟恐汉人之不尊之，故因前代帝王之制而益重耳。明代六曹答诏皆称卿。

《野获编》（沈德符）：“从来六尚书与左右都御史一切谢恩乞休之类，旨下皆称卿，以示重，不论南北也。嘉靖之末，以至今上初年①，凡南六卿一切叱名，识者以为非体。万历己亥大计、南六卿自陈，旨下有得称卿者，一时以为荣遇。自后渐复旧制。”

清则率斥为尔，而满、蒙大吏之于折奏，咸自称奴才。以奴才而为大吏，其国之政治可知矣。

清代有一事，为清人所极口称诵者，曰丁赋摊入地粮。自康熙五十

① 此书成于万历时。

年以后，永不加赋是也。

《石渠余记》："我朝初抚方夏，丁徭之法，悉沿明旧。有丁则有赋，时除其逃缺者，以户口消长，定州县吏之殿最。顺治十八年编审，直省人丁二千一百六万有奇。至康熙五十年编审，二千四百六十二万有奇，尝疑圣祖深仁厚泽，休养五十年间，滋生不过十分之二。盖各省未以加增之丁，尽数造报也。先是巡幸所至，询民疾苦，或言户有五六丁，止纳一丁；或言户有九丁十丁，止纳二三丁。于是五十一年，定丁额，谕曰：'海宇承平日久，户口日增，地亩并未加广，应将现今丁数勿增勿减，永为定额。自后所生人丁，不必征收钱粮，编审时，止将实数察明造报。'廷议：五十年以后，谓之盛世滋生人丁，永不加赋，惟五年一编审如故。雍正初，定丁随地起之法，直省丁赋，以次摊入地粮。[①] 于是丁徭口赋，取之田亩，而编审之法愈宽。"

乾隆以降，编审虽停，而户日增。

《石渠余记》："明初因赋定役，丁夫出于田亩，迨黄册成，而役出于丁。凡役三等：曰里甲，曰均徭，曰杂派。其间累经更制，有银差、力差、十段锦、一条鞭之法。厥后工役繁兴，加派无艺，编审轻重无法。里甲之弊，遂与有明一代相终始。国初，革里正加派诸弊，赋役之法，载在全书，悉沿万历条鞭旧制。初定三年一编审，后改为五年[②]，凡里百有十户，推丁多者十人为长；余百户为十甲。届期坊、厢、里长[③]，造册送州县。由是而府而司，达于部，皆有册。凡载籍之丁，六十以上开除，十六以上添注，丁增而赋随

① 康熙末年，广东、四川两省丁随地起，雍正元年以后，通行各省。惟奉天及山西阳曲等十九州县，广西之融县、贵州贵阳等四十三处，仍另编丁银。又山西平定等二十五州县，有编丁之乡。

② 顺治十三年。

③ 城中曰坊，近城曰厢，在乡曰里。

之。有市民、乡民、富民、佃民、客民之分。丁之外，有军匠灶屯站土丁名。凡丁赋，均合徭里甲言之，曰徭里银。凡征丁赋，有分三等九则者，有一条编征者，有丁随丁起者，有丁随地派者，率因其地之旧，不必尽同。都直省徭里银三百余万两，间征米豆，其科则轻自每丁一分数厘，重则山西之丁有四两者，巩昌有八九两者。自康熙五十年，定丁额，于是户部议缺额人丁，以本户新添者抵补。不足，以亲戚丁多者抵补，又不足，以同甲粮多丁顶补。编审时所谓擦除擦补者，大略如此。顾有司于民，非能家至而日见，科则既不可强齐，除补且易滋流弊，于是雍正间以次摊入地粮，为均徭银。自丁归地粮，乾隆五年，遂并停编审，以保甲顶丁额造册。三十七年上谕：'李瀚奏请编审造册，所见甚是。旧例原恐漏户逃差，是以五年编造。今丁既摊入地粮，滋生人丁又不加赋，则编审不过虚文，况各省民谷数，具经督抚年终奏报，更无籍五年查造，嗣后停止。'自是惟有漕卫所军丁四年一编审而已。"同上："乾隆十四年，总计直省人丁一万七千七百四十九万有奇，距定额方三十余年，所增七八倍。盖自丁随地起，无编审之扰，自无减匿之弊。二男三女，皆乐以其数上闻。又是时更定保甲之法，奉行者惟谨，户口之数，大致得其实矣。又三十余岁，为乾隆四十八年，其数二万八千四百有三万有奇。又十岁，五十八年，各省奏报民数三万七百四十六万。又二十岁，嘉庆十七年，会典载各省册报丁口三万六千一百六十九万有奇。而京师满、蒙、汉丁档，掌于八旗俸饷处，外藩札萨克丁档，掌于理藩院者，尚不在此数云。"

是固历代所无之盛事。然无地之人丁不纳国赋，遂不复知人民对于国家之义务，且执永不加赋之说，而国用恒苦不足，遂不得不开捐纳，

《清稗类钞》："捐输，秕政也，开国即行之。顺治己丑，户部奏军旅繁兴，岁入不给，议开监生吏典等援纳，并给僧道度牒，准徒杖折赎。康熙丁巳，侍郎宋德宜奏称，捐输三载，所入二百余

万，知县最多，计五百余人，与吏治有碍，请停。未几，噶尔丹战事起，又开，且加捐免保举各例。御史陈菁奏请删捐免保举一条，增捐应升先用，陆陇其亦以为言，部议不允。乾隆丙辰，下诏停止，又留户部捐监一条。壬辰，川督文绶奏请暂开，奉旨申饬。嘉、道以后，接踵又开，始而军务，甚而河工振务，亦藉口开捐，一若舍此无以生利者。贪官墨吏，投赀一倍而来，挟赀百倍而去，吏治愈不可问矣。”“捐纳一途，至同、光之际，流品益杂。朝入缗钱，暮膺章服，舆台厮养无择也。小康子弟，不事诗、书，则积资捐职，以为将来啖饭计。至若富商巨室，拥有多金者，襁褓中乳臭物，莫不红顶翠翎，捐候选道，加二品顶戴并花翎也。”

征厘金，

《清稗类钞》：“厘金之起，由副都御史雷以諴帮办扬州军务时，江北大营都统琦善为钦差大臣，所支军饷，皆部解省协，雷部分拨甚寡，无计请益，乃立匣捐局，抽收百货，奏明专供本军之用。行数月，较大营支饷为优，运使金安清继之，总理江北筹饷局，为法益密，各省亦起而仿之。然上不在军，下不在民，利归中饱。”“行之既久，官吏待缺者，视为利薮。设局日多，立法日密，胥吏仆役，一局数十人，大者官侵，小者吏蚀，甚至石米束布，搜括无遗。”

又不足，则借洋债，

《清稗类钞》：“光绪初年，新疆用兵，左文襄公倡议借用洋债，此为政府募集外债之始。”

至今为国之大害。而国民犹以加赋为戒，但愿政府间接骗取，而不肯直接任赋役之责，此则清之制度所造成也。自元、明以来，以生银为货币，后虽用铜钱，纳税仍以银计，而银有火耗焉。又自明都燕，岁运东南之粮以漕于京师，而兑运有耗米焉。明之官俸最薄。

《廿二史劄记》："明初，百官之俸，皆取给于江南官田，其后令还田给禄。洪武十三年，已定文官……官禄，正一品月俸米八十七石，从一品至正三递减十三石，从三品二十六石，正四品二十四石，从四品二十一石，正五品十六石，从五品十四石，正六品十石，从六品八石，正七品至从九递减五斗，至五石而止，自后为永制。洪武时，官全给米，间以钱钞兼给。钱一千，钞一贯，抵一石。官高者支米十之四五，卑者支米十之七八，九品以下全支米。后折钞者每米一石给钞十贯。① 又凡折色俸，上半年给钞，下半年给苏木胡椒。成化七年，户部钞少，乃以布估给。布一匹，当钞二百贯。是时钞一贯仅值钱二三文，而米一石折钞十贯，是一石米仅值二三十钱也。布一匹亦仅值二三百钱，而折米二十石，是一石米仅值十四五钱也。《明史 · 食货志》谓自古官俸之薄，未有若此者。"

清代因之，虽兼支钱米，亦不敷生活。

《清会典》："文职官，一品岁支银一百八十两，二品一百五十两，三品一百三十两，四品一百五两，五品八十两，六品六十两，七品四十五两，八品四十两，正九品三十三两有奇，从九品未入流，三十一两有奇。""京员例支双俸，以所列各数为正俸，复照数添给恩俸。又每正俸银一两兼支米一斛，大学士、六部尚书、侍郎俸米复加倍支给。"

故官吏皆须得非分之财，而养成贪污之习。京官则恃外官之馈送，外官则取之于耗羡。自雍正间耗羡归公，而耗羡之外，仍有额外之收，所谓耗羡之外，更添耗羡也。

《清稗类钞》："雍正间，耗羡归公，定直省各官养廉，其端则

① 时以钞贱，故十贯抵一石。

发于山西巡抚诺岷、布政司高成龄。盖先是州县征收火耗，藉资日用，上司所需，取给州县，不无贪吏藉口、上司容隐之弊。雍正甲辰，诺岷请将山西一年所得耗银，提解司库，除抵补无著亏空外，分给各官养廉，而成龄复请仿山西例，通行直省。上以剔除弊窦，必更良法，耗羡必宜归公，养廉须有定额，诏王大臣九卿会议，会各省皆望风奏请，议遂定。”同上：“沈端恪公（近思）尝争耗羡，力言今日正项之外，更添正项，他日必于耗羡之外，更添耗羡。他人或不知，臣起家县令，故知其必不可行。世宗曰：‘汝为令，亦私耗羡乎?’沈曰：‘非私也，非是且无以养妻子。’”

当时不知改革币制，清厘赋法，徒沿积弊，而兴一加赋之方，而官吏之贪墨，初不因之而改也。

第七章　清初诸儒之思想

明、清之交，士习之坏，前已言之。然其间亦未尝无殊尤卓绝之士，不为科举利禄所惑，而以道德经济、气节学术为士倡者。如黄宗羲、顾炎武、王夫之、李颙、颜元等，皆以明之遗民，为清之大儒。其思想议论，皆有影响于后世。而世之论者，或多其反对明儒，或矜其昌明古学，且若其所就不逮乾、嘉诸子之盛者。实则清初诸儒之所诣，远非乾、嘉间人所可及。乾嘉间人仅得其考据之一部分，而于躬行及用世之术，皆远不逮。其风气实截然为二，不可并为一谈也。

诸儒之学，其功夫皆在博学，

> 《梨洲先生神道碑》（全祖望）："忠端之被逮也，谓公曰：'学者不可不通知史事，可读《献征录》。'公遂自明十三朝实录，上溯二十一史，靡不究心，而归宿于诸经。既治经，则旁求之九流百家，于书无所不窥者。……公谓明人讲学，袭《语录》之糟粕，不以《六经》为根柢，束书而从事于游谈，故受业者必先穷经，经术所以经世，方不为迂儒之学，故兼令读史。又谓读书不多，无以证斯理之变化，多而不求于心，则为俗学。故凡受公之教者，不堕讲学之流弊。"《亭林先生神道表》："于书无所不窥……晚益笃志《六经》，谓古今安得别有所谓理学者，经学即理学也，自有舍经学以言理学者，而邪说以起；不知舍经学，则其所谓理学者，禅学也。……凡先生之游，以二马二骡载书自随。所至阨塞，即呼老兵退卒，询其曲折，或以平日所闻不合，则即坊肆中发书而对勘之；或径行平原大野，无足留意，则于鞍上嘿诵诸经注疏，偶有遗忘，则即坊肆中发书而熟复之。"《二曲先生窆石文》："家无书，俱从人借之，其自经史子集，以至二氏之书，无不观。然非以资博览，其所自得，

不滞于训故文义，旷然见其会通。……年四十以前，尝著《十三经纠缪》、《二十一史纠缪》诸书，以及象数之学，无不有述。其学极博，既而以为近于口耳之学，无当于身心，不复示人。”《颜氏学记》（戴望）：“先生幼读书，二三过不忘。年二十余，好陆、王书，未几从事程、朱学，信之甚笃。……帅门弟子行孝弟，存忠信，日习礼习乐习射习书数，究兵农水火诸学，堂上琴竽弓矢筹管森列。……先生自幼学兵法、技击、驰射、阴阳、象纬，无不精。”《王先生夫之传》（余廷灿）：“自明统绝祀，先生著书凡四十年，其学深博无涯涘。”

而学必见之躬行。

《梨洲先生神道碑》：“公晚年益好聚书，所抄自鄞之天一阁范氏、歙之丛桂堂郑氏、禾中倦圃曹氏，最后则吴之传是楼徐氏。然尝戒学者曰：‘当以书明心，无玩物丧志也。’当事之豫于听讲者，即曰：‘诸公爱民尽职，即时习之学也。’”《与友人论学书》（顾炎武）：“愚所谓圣人之道者如之何？曰博学于文，曰行己有耻。自一身以至于天下国家，皆学之事也；自子臣弟友以至出入往来辞受取与之间，皆有耻之事也。耻之于人大矣，不耻恶衣恶食，而耻匹夫匹妇之不被其泽，故曰万物皆备于我矣。反身而诚。呜呼！士而不先言耻，则为无本之人。非好古而多闻，则为空虚之学，以无本之人，而讲空虚之学，吾见其日从事于圣人而去之弥远也。”《二曲先生窆石文》：“其论学曰：天下之大根本，人心而已矣；天下之大肯綮，提醒天下之人心而已矣。是故天下之治乱，由人心之邪正；人心之邪正，由学术之晦明。尝曰：古今名儒倡道者，或以主敬穷理为宗旨，或以先立乎大为宗旨，或以心之精神，或以自然，或以复性，或以致良知，或以随处体认，或以止修，愚则以悔过自新为宗旨。盖下愚之与圣人，本无以异，但气质蔽之，物欲诱之，积而为过，此其道在悔，知悔必改，改之必尽。夫尽，则吾之本原已复，复则圣矣；曷言乎日新，复其本原之谓也！悔过者，不于其身，于其心，则必于其念之动者求之，故《易》曰‘知几其神’。……其论朱、陆二家之学曰：学者当先观象山、慈湖、阳明、白沙之书，阐明心性，直指本初，熟读之，则可以洞斯道之大源。然后取二程、朱子以及康斋、敬轩、泾野、整庵之书玩索，以尽践履之功，收摄保任，由功夫以合本体，下学上达，内外本末，一以贯之。”《颜氏学记》：“先生之学，确守圣门旧章，与后儒新说别者，大致有三：其一，谓古人学习六艺以成其德行，而六艺不外一礼，犹四德之该乎仁。礼必习行而后见，非专恃书册诵读也。孔子不得已而周流，大不得已而删订。著书立说，乃圣贤之大不得已，奈何以章句为儒，举圣人参赞化育经纶天地之实事，一归于章句，而徒以读书纂注为功乎!”《船山遗书·俟解》（王夫之）：“读史亦博文之事，而程子斥谢上蔡为玩物丧志，所恶于丧志者玩也，玩者喜而弄之之谓。如《史记·项羽本纪》及《窦婴灌夫传》之类，淋漓痛快，读者流连不舍，则有代为悲喜，神飞魂荡，而不自恃。于斯时也，其素所志尚者不知何往，此之谓丧志。以其志气横发，无益于身心也。岂独读史为然哉！经也有可玩者，玩之亦有所丧。如玩《七月》之诗，则且沉溺于妇子生计米盐布帛之中；玩《东山》之诗，则且淫泆于室家嚅唲寒温拊摩之内。《春秋传》此类尤众，故必约之以礼，皆以肃然之心临之，一节一目，一字一句，皆引归身心求合于志之大者，则博可弗畔，而礼无不在矣。”

盖诸儒之学虽不必同，而其以读书讲学为立身行已之基则一。其专务读书，不知治身者，且以玩物丧志讥之，不似乾、嘉间人不顾行检但事博涉也。亭林反对明人之空谈最力，

《日知录》：“刘、石乱华，本于清谈之流祸，人人知之，孰知今日之清谈有甚于前代者。昔之清谈谈老庄，今之清谈谈孔孟，未得其精而已遗其粗，未究其本而先辞其末。不习六艺之文，不考百王之典，不综当代之务，举夫子论学、论政之大端一切不问，而曰

一贯，曰无言，以明心见性之空言，代修己治人之实学，股肱惰而万事荒，爪牙亡而四国乱，神州荡覆，宗社丘墟。昔王衍将死，云：'吾曹向若不祖尚浮虚，戮力以匡天下，犹可不至今日。'今之君子，得不有愧乎其言！"

然其言博学于文，必兼行己有耻言之，非谓反对空谈即不讲品节也。观其《与人书》，注重在人心风俗。

《亭林文集·与人书九》："目击世趋，方知治乱之关，必在人心风俗；而所以转移人心，整顿风俗，则教化纲纪为不可阙矣。百年千世养之而不足，一朝一夕败之而有余。"

《日知录》中《世风》一卷，尤反复言之，甚至谓务正人心急于抑洪水，

《日知录》："彼都人士为人说一事、置一物，未有不索其酬者；百官有司受朝廷一职事、一差遣，未有不计其获者。自府史胥徒，上而至于公卿大夫，真可谓之同心同德者矣。苟非返普天率土之人心，使之先义而后利，终不可以致太平。故愚以为今日之务正人心，急于抑洪水也。"

此则清初诸大儒共有之精神，抑亦承宋、明诸儒之教，有见于人之本原，不随流俗为转移者，而不图其以反对空谈，使后之学者但骛于语言文字之末也。

清初汉族诸儒，皆反对清室。不得已而姑认满人居位，亦思立一王之法，以待后世之兴。故船山有《黄书》，亭林有《郡县论》，皆极注意于法制。而梨洲之《明夷待访录》，则并专制之君主亦极力反对，不徒为种族所囿也。

《明夷待访录·原君篇》："有生之初，人各自私也，人各自利也。天下有公利而莫或兴之，有公害而莫或除之。有人者出，不以一己之利为利，而使天下受其利；不以一己之害为害，而使天下释其害。此其人之勤劳，必千万于天下之人。夫以千万倍之勤劳，而

己又不享其利，必非天下之人情所欲居也。故古之人君，去之而不欲入者，许由、务光是也；入而又去之者，尧、舜是也；初不欲入而不得去者，禹是也。岂古之人有所异哉！好逸恶劳，亦犹夫人之情也。后之为人君者不然，以为天下利害之权皆出于我，我以天下之利尽归于己，以天下之害尽归于人，亦无不可；使天下之人不敢自私，不敢自利，以我之大私，为天下之公。始而惭焉，久而安焉，视天下为莫大之产业，传之子孙，受享无穷。汉高帝所谓'某业所就，孰与仲多'者，其逐利之情，不觉溢之于辞矣。此无他，古者以天下为主，君为客，凡君之所毕世而经营者，为天下也。今也以君为主，天下为客，凡天下之无地而得安宁者，为君也。是以其未得之也，屠毒天下之肝脑，离散天下之子女，以博我一人之产业，曾不惨然，曰：'我固为子孙创业也。'其既得之也，敲剥天下之骨髓，离散天下之子女，以奉我一人之淫乐，视为当然，曰：'此我产业之花息也。'然则为天下之大害者，君而已矣。向使无君，人各得自私也，人各得自利也。呜呼，岂设君之道固如是乎？古者，天下之人爱戴其君，比之如父，拟之如天，诚不为过也。今也，天下之人怨恶其君，视之如寇仇，名之为独夫，固其所也。而小儒规规焉以君臣之义无所逃于天地之间，至桀纣之暴，犹谓汤武不当诛之，而妄传伯夷、叔齐无稽之事，乃兆人万姓崩溃之血肉，曾不异夫腐鼠。岂天地之大，于兆人万姓之中，独私其一人一姓乎？是故武王，圣人也；孟子之言，圣人之言也。后世之君，欲以如父如天之空名，禁人之窥伺者，皆不便于其言，至废孟子而不立，非导源于小儒乎！虽然，使后之为君者，果能保此产业，传之无穷，亦无怪乎其私之也。既以产业视之，人之欲得产业，谁不如我？摄缄縢，固扃鐍，一人之智力，不能胜天下欲得之者之众，远者数世，近者及身，其血肉之崩溃，在其子孙矣。昔人愿世世无生帝王家，而毅宗之语公主，亦曰：'若何为生我家？'痛哉斯言！回思创业时，其欲得天下之心，有不废然摧阻者乎？是故明乎为君之职分，则唐、虞之世，人人能让，许由、务光非绝尘也；不明乎为君之职分，则市井之间，人人可欲，许由、务光所以旷后世而不闻也。然君之职分难明，以俄顷淫乐，不易无穷之悲，虽愚者亦明之矣。”

习斋、二曲，皆以用世为的。

《颜氏学记》：“尝曰：必有事焉，学之要也。心有事则存，身有事则修。家之齐，国之治，皆有事也。无事则道与治俱废。故正德利用厚生曰事，不见诸事，非德非用非生也；德行艺曰物，不征诸物，非德非行非艺也。先生之学，以事物为归，而生平未尝以空言立教。”同上：“议书院规模，建正厅三间，曰习讲堂，东第一斋，西向，榜曰文事，课礼、乐、书、数、天文、地理等科；西第一斋，东向，榜曰武备，课黄帝及太公、孙、吴诸子兵法，攻守营阵水陆诸战法并射御技艺等科；东第二斋，西向，曰经史，课十三经、历代史诰制章奏诗文等科；西二斋，东向，曰艺能，课水学、火学、工学、象数等科；门内直东曰理学斋，课主静持敬程朱陆王之学；直西曰帖括斋，课八比举业，皆北向，以应时制，且渐引之也。北空二斋，左处傧介，右宿来学，门外左房六间，榻行宾；右厦六间，容车骑。东为更衣亭，西为步马射圃。堂东北隅为仓库厨灶，西北隅积柴炭。”《二曲集·体用全学》（李颙）：“经世之法，莫难于用兵。俄顷之间，胜败分焉，非可以漫尝试也。今学者无志于当世，固无论矣；即有志当世，往往于兵机多不致意，以为兵非儒者所事。然则武侯之伟略、阳明之武功非耶？学者于此，苟能深讨细究而有得焉，异日当机应变，作用必有可观。”“自《大学衍义》至《历代名臣奏议》等书，皆适用之书也。道不虚谈，学贵实效，学而不足以开物成务，康济时艰，真拥衾之妇女耳，亦可羞已。”“律令最为知今之要，而今之学者，至有终其身未闻者。‘读书万卷不读律，致君尧舜终无术’，夫岂无谓云然乎?”“《农政全书》、《水利全书》、《泰西水法》、《地理备要》等书，咸经济所关，宜一一潜心。然读书易，变通难，赵括能读父书，究竟何补实际？神而明之，存乎其人，夫岂古板书生所能办乎!”《答王天如书》（李颙）：“今时非同古时，今人不比古人。须明古今法度，通之于当今而无不宜，然后为全儒，而可语治平事业，须运用酬酢，如探囊中而不匮，然后为资之深，取之左右逢其原，而真为己物。若惧蹈诵《诗》三百之失，而谓至诚自能动物，体立自然用行，则空疏杜撰，犹无星之戥，无寸之尺，临时应物，又安能中窍中会，动协机宜乎？兹以吕新吾《谕士说》一篇寄览，亦足以知空躯壳饿肚肠，究无补于实用分毫也。”

虽其途术不同，要皆明于学问之非专为学问，必有益于社会国家。徒以清代专任满人及胥吏为治，虽时复征聘诸儒，仅欲以名位羁之，使不己畔，亦无实行其学之志，故其学不昌。惟亭林之讲音韵、考金石，于世道无与，其学派转盛于东南焉。

与黄、顾、颜、李诸儒相望者，有陆世仪、张履祥、孙奇逢、陈瑚、张尔岐、刘献廷等，皆以博学笃志、砥节励俗，为当时所宗仰。

《陆先生世仪传》（全祖望）：“尝谓学者曰：‘世有大儒，决不别立宗旨，譬之大医国手，无科不精，无方不备，无药不用，岂有执一海上方而沾沾语人曰：舍此更无科无方无药也。近之谈宗旨者，皆海上方也。’凡先生《思辨录》所述，上自周、汉诸儒，以迄于今，仰而象纬律历，下而礼乐政事异同，旁及异端，其所疏证剖析，盖数百万言，无不粹且醇。”《张杨园先生事略》（李元度）：“先生尝曰：‘学者舍稼穑，别无治生之道。能稼穑，则无求于人而廉耻立；知稼穑艰难，则不敢妄取于人而礼让兴。廉耻立，礼让兴，而世道可以复古矣。’故其所补农书，皆得之身试者。”《孙征君传》（方苞）：“少倜傥好奇节，而内行笃修，负经世之略，常欲赫然著功烈，而不可强以仕。国朝定鼎，率子弟躬耕，四方来学，愿留者亦授田使耕，所居遂成聚。……人无贤愚，苟问学，必开以性之所近，使自力于庸行。”《陈先生瑚传》（王鋈）：“二十一，补诸生，馆陆桴亭家。两人忧天下多故，乃讲求天文、地理、兵农、礼乐之书，旁及奇门六壬之术。时复弯弓横槊、弄刀舞剑，将以为用世具也。……顺治乙酉，大兵渡江，奉父迁徙无常。丁亥，与诸子讲学，著《莲社约法》，教以人伦，相戒以不妄言、不讦私、不谋利、不作无益。又以端心术、广气类、崇俭素、均劳逸，为蔚村讲规，以孝弟、力田、行善，为蔚村三约。又有《五柳堂学规》，曰德行，曰经学，曰治事，曰文艺。其小学之规曰习礼，曰受书，曰作课，曰讲书，曰歌诗。盖先生知道不行，而随处为世道人心之计，故立教周详如此。”《张处士尔岐墓表》（钱载）：“先生之学，深于汉儒之经而不沿训故，邃于宋儒之理而不袭《语录》。其答论学书云：‘士生今日，欲倡正学于天下，不必多所著述，当以笃志力行为先。’盖闇然君子之自得者也。”《刘处士献廷墓表》（王源）：“尝谓学者曰：‘人苟不能斡旋气运，徒以其知能为一身家之谋，则不得谓之人，何足为天地之心哉！’故处士生平志在利济天下后世，造就人才，而身家非所计。处士于礼乐、象纬、医药、书数、法律、农桑、火攻、器制，旁通博考，浩浩无涯涘。”《刘继庄传》（全祖望）：“继庄之学，主于经世。自象纬、律历以及边塞关要、财赋、军器之属，旁而岐黄者流，以及释道之言，无不留心。深恶雕虫之技。其生平自谓于声音之道，别有所窥，足穷造化之奥，百世而不惑。尝作新韵谱，其悟自华严字母入，而参之以天竺陀罗尼、泰西蜡顶话、小西天梵书暨天方、蒙古、女真等音，囊括浩博，学者骤见而或未能通也。”

而李塨、王源，尤颜学中之铮铮者。

《颜氏学记·恕谷编》（戴望）：“先生年二十余，为诸生。既承习斋教，自治甚严，仿习斋为日谱，记身心言行得失，不为文饰。而于田赋郊社禘祫宗庙诸礼，及诸史志所载经世诸务，与古帝王治绩可为法者，考校甚备，录其语曰《瘳忘编》。……三藩平后，四方名士竞集京师，共为学会，先生与焉。因历及古今升降、民物安危、学术明晦之所以然，以及太极河洛图书之辨，屯田、水利、天官、地理、兵农、礼乐之措置。诸公悚听，相顾谓曰：乾坤赖此不毁也。"同上《或庵编》："先生于侪辈中，独与刘处士献廷善，日讨论天地阴阳之变、伯王大略、兵法文章典制古今兴亡之故。恕谷为极言颜先生明亲之道，遂令恕谷往博野，执贽颜先生门。著《平书》十卷，一曰分民，二曰分土，三曰建官，四曰取士，五曰制田，六曰武备，七曰财用，八曰河淮，九曰刑罚，十曰礼乐。"

虽二人皆为清之举人，非诸儒之为明遗民比，然亦不仕清室。

《颜氏学记》："李塨以康熙三十九年庚午举于乡。""王源中式康熙三十二年举人，或劝更应礼部试，谢曰：吾寄焉，为谋生计，使无诟厉已耳。"

视其他之试鸿博者为不同矣。要之，清代学术与宋、明异者，有一要点，即宋、明诸儒专讲为人之道，而清代诸儒则只讲读书之法。[①] 惟明末清初之学者，则兼讲为人与读书，矫明人之空疏，而济之以实学。凡诸魁杰皆欲以其学大有造于世，故其风气与明异，亦与清异。其后文网日密，士无敢谈法制、经济，惟可讲求古书，尽萃其才力聪明于校勘训诂，虽归本于清初诸儒，实非诸儒之本意也。

① 此指乾嘉学派而言。

第八章　康乾诸帝之于文化

满清之盛，惟康熙、雍正、乾隆三朝；嘉、道而下，国祚衰矣。满人既主中夏，为帝王者，自必习中国之文学。康熙诸帝，尤精力过人而事博涉。

《清先正事略序》（曾国藩）：“圣祖尝自言，年十七八时，读书过劳，至于咯血，而不肯少休；老耄而手不释卷。临摹名家手卷，多至万余；写寺庙匾榜，多至千余。盖虽寒畯不能方其专，而天象、地舆、历算、音乐、考礼、行师、刑律、农政，下至射御、医药、奇门、壬遁、满、蒙、西域、外洋之文书字母，殆无一而不通。”《清朝全史》（稻叶君山）：“乾隆帝甚耽汉人之文化，御制诗至十余万首，所作之多，为陆放翁所不及。又好鉴别书画，尝获宋刻《后汉书》及九家杜注，甚爱惜之，命画苑之供奉画其像于书上。帝于书法酷爱董其昌，与康熙相似，惟帝之异于康熙者，在西洋科学知识之缺乏是也。”

颂美清室者，且谓其家法轶于前代。

《簷曝杂记》（赵翼）：“本朝家法之严，即皇子读书一事，已迥绝千古。余内直时，届早班之期，率以五鼓人，时部院百官未有至者，惟内府苏喇数人往来黑暗中。然已隐隐望见有白纱灯一点入隆宗门，则王子进书房也。天家金玉之体，日日如是。既入书房，作诗文，每日皆有程课，未刻毕，则又有满洲师傅教国书，习国语及骑射等事，薄暮始休。”

然清帝诗文字画，大都南书房翰林代笔，未必尽出己手。圣祖之学，多李光地、梅毂成等承其意而演述之，所谓御纂诸书，率托名耳。

《检论》（章炳麟）："李光地，字晋卿，安溪人。治漳浦黄道周之术，善占卦。会康熙朝尊朱学，故以朱学名，其习业因时转移。闻时贵律历，即为章算几何；贵训诂，即稍稍理故书；贵文言幽眇，即皮傅《周易》与《中庸》篇，为无端厓之辞。然惟算术为通明，卒以是傅会得人主意，称为名相。……自光地在朝，君臣相顾欢甚，累官至文渊阁大学士。玄晔自言通八线诸术，又数假称闽学，而光地能料量雠对，故玄晔命录札记进御。又时时令参订朱熹书，常曰：'知光地者莫如朕，知朕者亦莫光地若也。'"《畴人传》（阮元）："乙酉二月，南巡狩，李光地以抚臣扈从。上问宣城处士梅文鼎者今焉在？光地以在署对。归时，召对御舟中，从容垂问，至于移时，如是者三日。临辞，特赐'绩学参微'四大字。越明年，令其孙瑴成内廷学习。……瑴成肄业蒙养斋，以故数学日进，御制《数理精蕴》、《历象考成》诸书，皆与分纂。"

康、乾间，武英殿雕刻御制钦定之书，凡经类二十六部、史类六十五部、子类三十六部、集类二十部，论者谓历代政府刻书之多，未有若清朝者。然清代纂集之书，以《图书集成》为最巨。其体例盖创自陈梦雷。

《东华录·雍正一》："康熙六十一年十二月癸亥，谕：陈梦雷原系叛附耿精忠之人[①]，皇考宽仁免戮，发往关东。后东巡时，以其平日稍知学问，带回京师，交诚亲王处行走。累年以来，招摇无忌，不法甚多，京师断不可留。著将陈梦雷父子发遣边外，陈梦雷处所存《图书集成》一书，皆皇考指示训诲，钦定条例，费数十年圣心，故能贯穿今古，汇合经史，天文地理，皆有图记，下至山川

① 章炳麟《检论》："耿精忠据福建，李光地诣精忠，不用。时编修陈梦雷亦为精忠迫胁，常托病支吾，以其形势阨塞密示光地，光地遣使间道入京，以蜡丸上封事。光地以功高蒙殊遇，而陈梦雷方以降贼坐斩。光地微白之，得不死。梦雷以光地欲攘己功，令己下狱，发忿作书绝交。天下称光地卖友。"

草木，百工制造，海西秘法，靡不备具，洵为典籍之大观。此书工犹未竣，著九卿公举一二学问渊通之人，令其编纂竣事，原稿内有讹错未当者，即加润色增删。”

经始于康熙中，至雍正三年始成。

《丛书举要》（李之鼎）：“《图书集成》共六汇编，三十二典，六千一百九部，都一万卷，五百七十六函，五千册，又目录二十册。此书初为陈梦雷侍皇三子诚亲王所编，时在康熙三十九年也。四十五年四月，书成，名曰《汇编》。凡为汇编者六，为志三十有二，为部六千有奇。越十年，进呈，赐名《古今图书集成》。命儒臣重加编校，十年未就。世宗复命蒋廷锡督在事诸臣成之，编仍其旧，志易为典。殿本以聚珍铜字，其图镂铜为之者最佳。”

其书虽不逮《永乐大典》之博，卷数亦仅及其半，然《永乐大典》成而未刊，则类书之印行于世者，无过于此书矣。

康、雍两朝，经营《图书集成》，至乾隆朝，则编订《四库全书》。乾隆三十七年，诏求海内遗书，大兴朱筠请将《永乐大典》择取缮写，各自为书。三十八年，遂命诸臣校核《永乐大典》，定名《四库全书》。

《四库全书提要》：“乾隆三十八年二月二十一日，大学士刘统勋等议奏，校办《永乐大典》条例一折。奉旨依议，将来办理成编时，著名《四库全书》。”

至四十七年告竣。计文渊阁著录者，三千四百五十七部、七万九千七十卷；其附于存目者，六千七百六十六部、九万三千五百五十六卷。

《清朝全史》：“自乾隆三十八年，开设四库全书馆，任皇室郡王及大学士为总裁，六部尚书及侍郎为副总裁。然实际任编纂者，乃为总纂官孙士毅、陆锡熊、纪昀三人，而纪昀之力尤多。分任编纂之事者，不少著名学者，如校勘《永乐大典》纂修官，有戴震、邵晋涵；校办各省送到遗书纂修官，有姚鼐、朱筠；篆隶分校官，有王念孙；总目协勘官，有任大椿；副总裁以下，无虑三百余名。该书至乾隆四十七年告竣，总计存书三千四百五十七部、七万九千七十卷，存目六千七百六十六部、九万三千五百五十六卷。所谓存书，乃著录于四库者，存目，乃仅录其书目而已。”

其内容凡分六种。

《清朝全史》：“四库馆编纂之主旨，采六种方法：第一为敕撰本，自清初以至乾隆时，依敕旨所编纂者。第二内府本，乃康熙以来自官廷收藏者，凡经、史、子、集存书，约三百二十六部；存目，凡三百六十七部。第三《永乐大典》本，存书存目，凡五百余种。其著名于当时者，如《旧五代史》、《续资治通鉴长编》、《建炎以来系年要录》、《岭外代答》、《诸藩志》、《宋朝事实》等。第四为各省采进本，命总督巡抚等进献其地方遗书，采书最多者为浙江，最少者为广东，湖北、湖南、山西、陕西次之。据浙江采集遗书总录，总数四千五百二十三种、五万六千九百五十五卷，别分卷者二千九十二册。第五私人进献本，系当时著名之藏书家所进献。知名于清初者，如浙江宁波范氏之天一阁、慈溪郑氏之二老阁、杭州赵氏之小山堂、嘉兴项氏之天籁阁、朱氏之曝书亭、江苏常熟钱氏之述古楼、昆山徐氏之传是楼等。四库馆令此等藏书家之子孙进献之，约以进献之书，誊写后，即付还。因之地方藏书家进献颇多，一人送到五百余种以上者，朝廷各赏《图书集成》一部；百种以上者，赐以初印之《佩文韵府》一部。第六通行本，乃世间流行之书籍。约以上各端，乾隆之编纂《四库全书》，在支那书籍之搜集史上，实为空前之伟观。”

同时缮录七部，分贮于文渊、文源、文溯、文津、文汇、文宗、文澜七阁，渊、源、津、溯，称内廷四阁，汇、宗、澜，称江、浙三阁。嗜奇好学之士，准其赴阁检视抄录。

《清朝全史》："乾隆帝编纂《四库全书》，造文渊阁于北京紫禁城内，造文源阁于圆明园，文溯阁于奉天，文津阁于塞外之热河，为贮藏之所，此称内廷四阁。文渊阁建造式，仿浙江范氏天一阁为之，当全书告成之后，又命起文汇阁于江苏扬州之大观堂，文宗阁于镇江金山寺，文澜阁于浙江杭州圣因寺之行宫，亦各藏《四库全书》一部，此称江、浙三阁，凡七阁。阁既成，帝曰：我国荷承休命，重熙累洽，同轨同文，所谓礼乐百年而后兴，此其时也。又谓朕搜集四库之书，非徒博右文之名，以示其得意焉。内廷四阁，非特别之资格与得许可者不准阅览；江、浙三阁，听学者得阅览抄录。七阁之中，今日尚俨然存者，惟文津、文渊、文溯三阁，他如文宗、文汇二阁，亡于太平之兵乱，圆明园文源阁毁于火，文澜阁亦多有散亡云。"

此则满清高宗对于中国文化之伟业也。

然而清高宗之修《四库全书》，同时有保存文化及摧残文化之两方面。古书之湮佚者，固赖此举而复彰；而名人著述之极有关系者，又因兹举而销毁焉。此世之所以不满于高宗也。

《检论·哀焚书》："满洲乾隆三十九年，既开四库馆，下诏求书，命有触忌讳者毁之。四十一年，江西巡抚海成献应毁禁书八千余通，传旨褒美，督他省摧烧益急，自尔献媚者蜂起。初下诏时，切齿于明季野史，其后四库馆议，虽宋人言辽、金、元，明人言元，其议论偏谬尤甚者，一切拟毁。及明隆庆以后诸将相献臣所著奏议文录，若高拱①、张居正②、申时行③、叶向高④、高攀龙⑤、邹

① 《边略》。

② 《太岳集》。

③ 《纶扉简牍》。

④ 《四夷考》、《蘧编》、《苍霞草》、《苍霞余草》、《苍霞续草》、《苍霞奏草》、《苍霞尺牍》。

⑤ 《高子遗书》。

元标[①]、杨涟[②]、左光斗[③]、缪昌期[④]、熊廷弼[⑤]、孙承宗[⑥]、倪元璐[⑦]、卢象昇[⑧]、孙传庭[⑨]、姚希孟[⑩]、马世奇[⑪]诸家，丝帙寸札，靡不爇爇，虽茅元仪《武备志》不免于火。[⑫] 厥在晚明，当弘光、隆武，则袁继咸[⑬]、黄道周[⑭]、金声[⑮]，当永历及鲁王监国，则钱肃乐[⑯]、张肯堂[⑰]、国维[⑱]、煌言[⑲]。自明之亡，一二大儒，孙氏则《夏峰集》，顾氏则《亭林集》、《日知录》，黄氏则《行朝录》、《南雷文定》，及诸文士侯、魏、邱、彭所撰述，皆以诋触见烬。其后纪昀等作提要，孙、顾诸家稍复入录，而颇去其贬文。或曰：朱、邵数君子实左右之。然隆庆以后，至于晚明将相献臣所著，仅有孑遗矣。其他遗闻轶事，皆前代逋臣所录，非得于口耳传述，而被焚毁者，不可胜数也。由是观之，夷德之戾，虽五胡、金、元，抑犹有可以末减者耶！"《清朝全史》："在编纂《四库全书》谕旨前后，又布一禁书令，甚可注意。禁书者，即明代关于满洲祖先之著述，据帝之谕旨，此等逆书，不合于本朝一统之旨，勿使行于世。盖文

① 《邹忠介奏疏》。

② 《杨忠烈文集》。

③ 《左忠毅集》。

④ 《从野堂存稿》。

⑤ 《安辽疏稿书牍》、《熊芝冈诗稿》。

⑥ 《孙高阳集》。

⑦ 《倪文正遗稿奏牍》。

⑧ 《宣云奏议》。

⑨ 《罪省录》。

⑩ 《清闷全集》、《沆瀣集》、《文远集》、《公槐集》。《公槐集》中有《建夷授官始末》一篇。

⑪ 《澹宁居集》。

⑫ 《武备志》今存者，终以诋斥尚少，故弛之耳。

⑬ 《六柳堂集》。

⑭ 《广百将传注》。

⑮ 《金太史集》。

⑯ 《偶吟》。

⑰ 《寓农初议》。

⑱ 《抚吴疏草》。

⑲ 《北征纪略》。

弱之汉人，被北人驱逐时，藉文学以发抒不平之气，为唯一之武器，其著述之数极多，帝此时不仅欲一扫此种明末之纪录，并思将其正史一切付诸销毁，其处置殊不公允。此种命令，始于乾隆三十九年，至四十三年，再加二年之期限，至四十六年，又展限一年。据兵部报告，当时销毁之次数，二十四回，书五百三十八种，共一万三千八百六十二部云。然犹以为未足，至乾隆五十三年，尚严谕遵行。从大体而言，在北方诸省较完全遵行，其东南各省，未能禁绝。”

当康熙初年，已有庄氏史案。

《清稗类钞》（徐珂）：“明相国乌程朱文恪公国桢，尝作《明史》，举大经大法者笔之，刊行于世，谓之《史概》。未刊者为《列朝诸臣传》。明亡后，朱氏家中落，以稿本质千金于庄廷钺。廷钺家故富，因窜名于中，攘为己作，刻之。补崇祯一朝事，中多指斥本朝语。康熙癸卯，归安知县吴之荣罢官，谋以告讦为功，藉作起复地，白其事于杭州将军松魁。魁咨巡抚朱昌祚，昌祚牒督学胡尚衡，廷钺并纳重赂以免。乃稍易指斥语，重刊之，之荣计不行，特购初刊本，上之法司。事闻，遣刑部侍郎出谳狱，时廷钺已死，戮其尸，诛其弟廷钺。旧礼部侍郎李令皙尝作序，亦伏法，并及其四子。”“序中称旧史朱氏者，指文恪也。之荣素怨南浔富人朱佑明，遂嫁祸，且指其姓名以证，并诛其五子。魁及幕客程维藩械赴京师，魁以八议仅削官，维藩戮于燕市。昌祚、尚衡贿谳狱者，委过于初申复之学官，归安乌程两学官并坐斩，而昌祚、尚衡乃幸免。湖州太守谭希闵，莅官甫半月，事发，与推官李焕，皆以隐匿罪至绞。浒墅关榷货主李希白，闻阊门书坊有是书，遣役购之。适书贾他出，役坐于其邻朱家少待之，及书贾返，朱为判其价。时希白已入京，以购逆书罪立斩。书贾及役斩于杭，邻朱某者，因年逾七十免死，偕其妻发极边。归安茅元锡方为朝邑令，与吴之镛、之铭兄弟尝预参校，悉被戮。时江楚诸名士列名书中者皆死，刻工及鬻书者同日刑。惟海宁查继璜、仁和陆圻，当狱初起时，先首告，谓廷钱慕其名，列之参校中，得脱罪。是狱也，死者七十余人，妇女并给边，或曰死者二百二十一人。”

后又有《南山集》案，

《清稗类钞》：“桐城方孝标，尝以科第起，官至学士。后因族人方猷主顺治丁酉江南试，与之有私，并去官，遣戍。遇赦归，入滇，受吴三桂伪翰林承旨。吴败，孝标先迎降，得免死，因著《钝斋文集》、《滇黔纪闻》。戴名世见而喜之，所著《南山集》中，多采录孝标所纪事，尤云锷、方正玉为之捐赀刊行。云鹗、正玉及同官汪灏、朱书、刘岩、余生、王源皆有序，板藏于方苞家。又其与弟子倪生一书，论修史之例，谓‘本朝当以康熙壬寅为定鼎之始。世祖虽入关十八年，时明祀未绝，若循蜀汉之例，则顺治不得为正统’云。时赵申乔为都谏，奏其事，九卿会鞫，中戴名世大逆法，至寸磔，族皆弃市，未及冠笄者，发边。朱书、王源已故，免议。尤云锷、方正玉、汪灏、刘岩、余生、方苞以谤论罪绞，时孝标已死，以名世之罪罪之，子登峄、云旅，孙世樵，并斩。方氏有服者皆坐死，且剉孝标尸。尚书韩菼、侍郎赵士麟、御史刘灏、淮扬道王英谟、庶吉士汪份等三十二人，并别议降谪。疏奏后，凡议绞者改戍边，灏以曾效力书局，赦出狱，苞编管旗下，云锷、正玉免死，徙其家，方氏族属谪黑龙江。菼以下平日与名世论文牵连者，俱免议。此康熙辛卯壬辰间事也。”

死徙者不必论，即就方苞所记当时狱中状况，已可谓之黯无天日矣。

《望溪集外文 · 狱中杂记》(方苞)：“康熙五十一年三月，余在刑部狱，见死而由窦出者，日三四人。有洪洞令杜君者，作而言曰：此疫作也，今天时顺正，死者尚希，往岁多至日数十人。余叩所以，杜君曰：是疾易传染，遘者虽戚属不敢同卧起，而狱中为老监者四，监五室，禁卒居中央，牖其前以通明，屋极有窗以达气，旁四室则无之，而系囚常二百余，每薄暮，下管键，矢溺皆闭其中，与饮食之气相薄。又隆冬，贫者席地而卧，春气动，鲜不疫矣。狱中成法，质明启钥。方夜中，生人与死者并踵顶而卧，无可旋避，此所以染者众也。又可怪者，大盗积贼，杀人重囚，气杰旺，染此者十不一二，或随有瘳；其骈死，皆轻系及牵连佐证，治所不及者。余曰：京师有京兆狱，有五城御史司坊，何故刑部系囚之多至此？杜君曰：迩年狱讼，情稍重，京兆五城即不敢专决。又九门提督所访缉纠诘，皆归刑部。而十四司正副郎好事者，及书吏狱官禁卒，皆利系者之多，少有连，必多方钩致。苟入狱，不问罪之有无，必械手足，置老监，俾困苦不可忍，然后导以取保，出居于外，量其家之所有以为剂，而官与吏剖分焉。中家以上，皆竭资取保，其次求脱械居监外板屋，费亦数十金。惟极贫者无依，则械系不稍宽，为标准以警其余。或同系情罪重者，反出在外，而轻者无罪者罹其毒，积忧愤，寝食违节，及病，又无医药，故往往至死。……凡死刑，狱上者，先俟于门外，使其党入索财物，名曰斯罗。富者就其戚属，贫则面语之。其极刑，曰顺我即先刺心，否则四肢解尽，心犹不死。其绞缢，曰顺我始缢即气绝，否则三缢加别械，然后得死。惟大辟无可要，然犹质其首，用此富者赂数十百金，贫亦罄衣装，绝无有者，则治之如所言。主缚者亦然。不如所欲，则缚时即先折筋骨。每岁大决，句者十三四，留者十六七，皆缚至西市待命，其伤于缚者，即幸留，病数日乃瘳，或竟成痼疾。……余同逮以木讯者三人，一人予二十金，骨微伤，病间月；一人倍之，伤肤，兼旬愈；一人六倍，即夕行步如常。”

而雍、乾间文字之狱尤夥，若查嗣庭、吕留良、胡中藻、王锡侯、徐述夔等之案，不可胜数。

《清稗类抄》：“雍正丙午，查嗣庭、俞鸿图典江西试，以‘君子不以言举人’二句、‘山径之蹊间’一节命题。其时方行保举，廷旨谓其有意讥刺，三题‘茅塞于心’，廷旨谓其不知何指，其居心不可问，因查其笔札诗草，语多悖逆，遂伏诛，并其兄慎行、嗣瑮，遣戍有差。浙人因之停丁未科会试。或曰：查所出题，为‘维民所止’，忌者谓‘维止’二字，意在去雍正二字之首也。世宗以为大不敬，命搜行箧，中有日记二本，乃按条搜求，谓其捏造怨蜚语难枚举，遂下严旨拿问。”同上：“吕留良，字庄生，又名光纶，字用晦，号晚村，石门人。自以为淮府仪宾之后，追念明代，以发抒种族思想，著为书，誓不仕。郡守以隐逸荐之，乃削发为僧，康熙辛酉卒。雍正时，以曾静文字狱之牵涉，戮尸，著述均毁。……先是湖南人曾静，遣其徒张熙，投书川陕总督岳钟琪，劝以同谋举事，钟琪以闻。诏刑部侍郎杭奕禄、副都统海兰至湖南，会同巡抚王国栋，提曾静质讯。静供称因应试州城，得见留良评选时文，内有‘论夷夏之防’及‘井田封建’等语，又与留良之徒严鸿逵、沈在宽等往来投契等语，于是将静、熙提解来京，并命浙江总督李卫，查留良、鸿逵、在宽家藏书籍。所获日记等书，并案内人犯，一并拿解赴部。命内阁九卿等研讯，世宗以留良之罪尚在静之上，谕九卿科道会议具奏。旋将留良、鸿逵及留良之子葆中，皆剉尸枭示，子孙遣戍，妇女入官。在宽凌迟处死，而静、熙免罪释放。”同上：“湖南学政胡中藻，著《坚磨生诗》，中多谤讪语。经人告发，乾隆乙亥三月十三日，大学士九卿等奉上谕：我朝抚有天下，于今百有余年，凡为臣子，自乃祖乃父，食毛践土，宜其胥识尊亲大义，乃尚有出身科目，名列清华，而鬼蜮为心，于语言吟咏之间，肆其悖逆诋讪怨望，如胡中藻者，实非人类之所应有。其所刻诗，题曰《坚磨生诗抄》，坚磨出自《鲁论》，孔子所称磨涅，乃指佛肸而言。胡中藻以此自号，是诚何心。从前查嗣庭、汪景祺、吕留良等诗文日记，谤讪诪张，大逆不道，蒙皇考申明大义，严加惩创，以正伦纪而维世道，数十年来，以为中外臣民，咸知警惕。而不意尚有此等鸱张狺吠之胡中藻，即检阅查嗣庭等旧案，其悖逆之词，亦未有连篇累牍，至于如此之甚者。……甲寅，大学士等奏称：胡中藻违天叛道，覆载不容，合依大逆凌迟处死。该犯的属男十六岁以上，皆斩立决。谕：胡中藻免其凌迟，著即行处斩，为天下后世炯戒。其案内一应干涉之人，除鄂昌另行审结外，其余一概免其查究。”同上：“乾隆丁酉十一月，新昌王泷南，呈首举人王锡侯删改《康熙字典》，另刻《字贯》。高宗阅其进呈之书，第一本序文，凡例，将圣祖、世宗庙讳及御名字样开列，实为大逆不法，命锁押解京，交刑部审讯。锡侯及其子孙并处重刑，毁其板，且禁售卖。缘坐者，亦分起解京治罪。”“东台举人徐述夔，著《一柱楼诗》，多咏明末时事。乾隆戊戌，东台令上其事，廷旨谓语多悖逆，实为罪大恶极。时述夔已卒，命剖棺戮尸，其子怀祖，以刊刻遗诗，及孙食田等，提解至京。命廷臣集讯，定以大逆不道正法，诗集悉销毁。江苏藩司陶易、扬州府知府谢启昆等，亦悉置重典。”

前代文人受祸之酷，殆未有若清代之甚者，故雍、乾以来，志节之士，荡然无存。有思想才能者，无所发泄，惟寄之于考古，庶不干当时之禁忌。其时所传之诗文，亦惟颂谀献媚，或徜徉山水、消遣时序及寻常应酬之作。稍一不慎，祸且不测，而清之文化可知矣！

第九章　学校教育

清代学校教育，率沿明制。在清季未兴学堂以前，其所谓学校，即科举之初基，固无当于教育，然其学分大、中、小，官有教授、教谕等，亦近世学校名义之所沿也。

《清会典》："凡学皆设学官以课士。府曰教授，州曰学正，县曰教谕，皆以训导副之。""凡生员，有廪膳生，有增广生，有附生，各视其大学中学小学以为额。"① "奉恩诏，则广额，巡幸亦如之。其永广之额，则视其事以为差。""简学政以董教事及按试，严以关防。岁试各别其文之等第，以赏罚而劝惩之，取其童生之优者以入学。""凡试生员，令学官册而送于院。试童生，令地方官册而送于院，乡试，则录科，各申以禁令。三年报满，各列所剔之弊，题而下于部，以考核。""凡教学，必习其礼事，明其经训，示其程式，敦其士习，正其文体。""凡生员食饩久者，各以其岁之额而贡于太学，曰岁贡。有恩诏，则加贡焉，曰恩贡。学官举其生员之优者，三岁，学政会巡抚试而贡之，曰优贡。十有二岁，乃各拔其学之优者而贡之，曰拔贡。"

明惟府教授秩从九品，余俱无官品。

《明史》："儒学。府，教授一人（从九品）、训导四人；州，学正一人、训导三人；县，教谕一人、训导二人。教谕掌教诲所属生员，训导佐之。"

① 顺治四年，定直省儒学，视人文多寡优绌，分大、中、小学，取进童生，大学四十名，中学三十名，小学二十名，直省各学廪膳生、增广生，府学各四十名，州学各三十名，县学各二十名，卫学各十名。直省取进童生，大府二十名，大州县十五名，小县四五名。

清高宗始加其品级，

《清文献通考》："先是直省教职未入流品，雍正十三年九月[①]奉谕，各省教职，乃师儒之官，所以训迪约束，为多士之表率也。若不赏给品秩，则与杂职无异，恐本人遂以冗散自居，不知殚心课士，以尽职任。著加给品级，以示鼓舞责成之意。寻吏部议准，京府教授、四氏学教授、各府卫儒学教授为正七品官，各州学正、各县教谕为正八品官，各府州县卫训导为从八品官。"

然师儒地位本不以官品为尊卑，清之定为职官，似属尊师，亦未得尊之之法也。其国学曰国子监，亦沿前代之制，有师儒之官，

《清会典》："国子监管理监事大臣一人；祭酒，满洲一人、汉一人；司业，满洲一人、蒙古一人、汉一人，掌国学之政令。凡贡生、监生、学生及举人之入监者，皆教焉。""凡贡生之别有六：曰恩贡生，曰拔贡生，曰副贡生，曰岁贡生，曰优贡生，曰例贡生。监生之别四：曰恩监生，曰荫监生，曰优监生，曰例监生。学生之别二：曰八旗官学生，曰算学生。贡生、监生教于堂，学生教于学。凡入贡、入监非以俊秀者，曰正途。""凡教，有月课，有季考，皆第其优劣，岁终则甄别，各视学之成否而咨焉。察其经明事治者以闻，而备用。""六堂：率性堂，助教，汉一人，学正，汉一人；修道堂，助教，汉一人，学正，汉一人；诚心堂，助教，汉一人，学正，汉一人；正义堂，助教，汉一人，学正，汉一人；崇志堂，助教，汉一人，学录，汉一人；广业堂，助教，汉一人，学录，汉一人，掌分教肄业之士。凡肄业，按其内外班之额而分拨焉，各率以班长，南学则董以学官，率以斋长，皆月课以时讲贯其义。""算学，管理大臣，满洲一人，助教，汉一人，教习，汉二人，掌教算法。"

---

① 时高宗初即位。

其监生多援例捐纳者，世多卑视之。

清之学校，最重流品。一切贱籍，不得应试。

《清通考》："定例，娼优隶卒之家，不准考试。其皂隶、马快、小马、禁卒之子孙，有蒙混捐纳者，俱照例斥革。至门子、长随，湖南省有滥行报捐者，均予斥革。惟民壮一班，雍正年间，先后议准与兵丁一律拔补，非贱役可比，不便阻其进身之阶。但各省俱有皂快民壮三班，随时改拨者，应令地方官查明，除未经改拨之民壮子孙，准其报捐应试外，其由民壮改充皂快，及其先曾充当皂快者，仍不准报捐应试，以杜冒滥。"

童生应试，必有保结，

《清会典》："童生考试，以同考五人互结。廪生认保出结，府州县试，令童生亲填年貌籍贯三代，认保姓名，并各结状，黏送府州县。试毕造册，申送学政。"

其有违误，保者连坐，

《清会典》："童生考试，有冒籍、顶替、倩代、匿丧、假捏姓名、身遭刑犯及出身不正，如门子、长随、番役、小马、皂隶、马快、步快、禁卒、仵作、弓兵之子孙，倡优、奴隶、乐户、丐户、蜒户、吹手，凡不应应试者混入，认保派保互结之五童，互相觉察。容隐者五人连坐，廪保黜革治罪。"

而举贡生员并免差徭，视一切平民，显有阶级之别焉。

《清通考》："乾隆元年，命免举贡生员杂色差徭。是时各省有令生员充当总甲图书之役者，奉谕：嗣后举贡生员等，著概行免派杂差，俾得专心肄业。倘于本户之外，别将族人借名滥充，仍将本生按律治罪。"

学校之外，有书院，亦沿宋、明之制，

《清会典》："京师设立金台书院，每年动拨直隶正项银两，以为师生膏火，由布政司详请总督报销。直省省城设立书院，直隶曰莲池，山东曰泺源，山西曰晋阳，河南曰大梁，江苏曰钟山，江西曰豫章，浙江曰敷文，福建曰鳌峰，湖北曰江汉，湖南曰岳麓、曰城南，陕西曰关中，甘肃曰兰山，四川曰锦江，广东曰端溪、曰粤秀，广西曰秀峰、曰宣城，云南曰五华，贵州曰贵山，皆奉旨赐帑，赡给师生膏火。奉天曰沈阳，酌拨每学学田租银为膏火，令有志向上无力就师各生，入院肄业。书院师长，由督抚学臣，不分本省邻省已仕未仕，择经明行修足为多士模范者，以礼聘请。"

而其性质盖有区别。清初，各地方之书院，犹尚讲学，如二曲之于关中，

《二曲集·历年纪略》："康熙十二年，总督鄂善修复关中书院，肃币聘先生讲学。先生登座，公与抚军、藩臬以下，抱关、击柝以上，及德绅名贤进士举贡文学子衿之众，环阶席而侍听者，几千人。先生立有学规会约，约束礼义，整肃身心。三月之内，一再举行，鼓荡摩厉，士习丕变。"

习斋之于漳南，

《颜氏学记》（戴望）："肥南有漳南书院，邑人郝文灿请先生往设教，三聘始往。为立规制甚宏，从游者数十人，远近翕然。"

张、蔡之于鳌峰，

《先正事略》（李元度）："仪封张清恪公伯行，尝建请见书院，与乡人士讲明正学。""所至必修建书院学舍，闽士肖公象，祀于鳌峰。"《蔡公世远墓志铭》（方苞）："仪封张清恪公抚闽，延公父璧，主鳌峰书院，而招公入使院，共订先儒遗书。""公丁父艰归，大府复以鳌峰属公。公尚气节，敦行孝弟，好语经济，而一本于诚信。由是闽士慨然盛兴于正学，而知记诵辞章之为末也。"

沈、史之于姚江，

> 《姚江书院志》："姚江讲学之盛，前称徐、钱，后称沈、史。""沈求如先生国模，字叔则，馀姚人。崇祯末，与念台刘子会讲证人社。刘子死节，哭之恸，自谓后死，作人明道之意益笃，使门人重缮义学，月旦临讲，曰陵谷变迁，惟学庶留人心不死。""史拙修先生孝咸，衣冠言动，一准儒者，醇洁之士多归之。沈先生卒，拙修先生主书院，和平光霁，以名教为宗主。家贫，日食一粥，泊如也。"

皆明代讲学之书院之法也。雍正中，直省皆建书院，

> 《清通考》："雍正十一年，命直省省城设立书院，各赐帑金千两，为营建之费。谕内阁：各省学政之外，地方大吏，每有设立书院，聚集生徒讲诵肄业者，但实有裨益者少，浮慕虚名者多。近见各省大吏，渐知崇尚实政，不事沽名邀誉之为，而读书应举者，亦颇能屏去嚣浮奔竞之习。则建立书院，择一省文行兼优之士，读书其中，使之朝夕讲诵，整躬励行，有所成就，俾远近士子观感奋发，亦兴贤育才之一道也。督抚驻札之所，为省会之地，著该督抚商酌奉行，各赐帑金一千两。将来士子群聚读书，须预为筹画，资其膏火，以垂永久。其不足者，在于存公银内支用。封疆大臣等，并有化导士子之职，各宜殚心奉行，黜浮崇实，以广国家菁莪棫朴之化。则书院之设，于士习文风，有裨益而无流弊，乃朕之所厚望也。"

以屏去浮嚣、杜绝流弊为宗旨。故主之者不复讲学，第以考试帖括，颁布膏火而已。袁枚《书院议》谓上之人，挟区区禀假，以震动黜陟之，谓能教士，实中当时之弊。

> 《书院议》："民之秀者，已升之学矣；民之尤秀者，又升之书院。升之学者，岁有饩；升之书院者，月有饩，此育才者甚盛意

也。然士贫者多，富者少，于是求名赊而谋食殷。上之人探其然也，则又挟区区之禀假，以震动黜陟之，而自谓能教士，嘻，过矣！”

然如鄂尔泰教滇士以读书，亦未始无劝学之用。

《征滇士入书院敕》(鄂尔泰)：“滇旧有书院，使者分为三舍，课其优绌，以高下其廪饩。然使者窃忧之，虑其应上者之鲜实心，而操之无具，故奇才异能之士未尝数数睹也。……使者先已置二十一史诸书于院中，学者尚未及读，至是复取架上十三经及周秦以来之书若干部，各用图书印记，注之简册，贮之书院，掌之学官，传之永久。又将招致四方之善读书而能好古者，以充学舍，厚其廪饩，而以时亲课读之。……读书之法，经为主，史副之。《四书》本经、《孝经》，此童而习之者。外此，则先之以《五经》，其次如《左传》之淹博，《公》、《穀》之精微，《仪礼》之谨严，《周礼》之广大，《尔雅》辨晰毫芒，大至无外而细入无间。此十三经者，阙其一，即如手足之不备，而不可以成人者也。至于史，则先《史记》，次《前汉书》，次《后汉书》。此三史者，亦阙一不可。读本纪，可以知一代兴亡盛衰之由；读年表世家，可以知大臣创业立功之所自；读列传，可以知人臣邪正公私，即以关系国家得失利害之分；读忠孝、节义、隐逸、儒林、文学、方伎等传，可以知各成其德，各精其业，以各造其极，而得其或显当时、或传后世之故；读匈奴、大宛、南夷、西域诸传，可以知安内攘外、柔远绥边、恩威各得之用；读天官、律历、五行诸书志，可以观天，而并可以知天人相感之原；读河渠、地理、沟洫、郡国诸书志，可以察地，而并可以知险要之机；读礼乐、郊祀、仪卫、舆服等书志，可以知典礼掌故之因革，而有所参订；读艺文、经籍等志，可以知七略、九种、四部、六库著作之源流，而有所考稽；读平准、食货诸书志，可以知出入取予、制节谨度之大要，而有所规鉴；读刑法、兵营等志，可以知赏罚、征伐、惩恶、劝善、讨罪、立功之大法，而有所折衷。此读史之大要也。……读《左传》，以《史记》副之；读《公羊》、《穀梁》、《仪礼》、《周官》、《尔雅》，而以前后两《汉》副之。十三经与三史既读，此外如《家语》、《国语》、《国策》、《离骚》、《文选》、《老》、《庄》、《荀》、《列》、《管》、《韩》，以及汉、唐、宋、元人之文集，与《三国志》、《晋书》以下诸史，参读参看，择其尤精粹者读之，其余则分日记览。……如借书院为纳交声气之地，觞酒酬酢，庆贺往还，游荡门外，招摇市中，是尤不肖之甚，贻羞书院，耻笑士林，此使者之所深恶，毋过吾门也。”

其后如阮元之创诂经精舍及学海堂，

《阮文达公传》（刘毓崧）：“所至必以兴学教士为急，在浙江则立诂经精舍，在广东则立学海堂，选诸生知务实学者肄业其中，士习蒸蒸日上，至今官两省者皆奉为矩矱。”《先正事略》：“阮元为浙江巡抚时，立诂经精舍，祀许叔重、郑康成两先生，延王述庵、孙渊如主讲席，选高材生读书其中。课以经史疑义及小学、天文、地理、算法，许各搜讨书传条对，不用扃试糊名法，刻其文尤雅者曰《诂经精舍集》。不十年，上舍士致身通显及撰述成一家言者，不可殚数，东南人才称极盛焉。”“调两广总督，立学海堂，以经古学课士，如在浙江时。”

黄体芳之建南菁书院，

《黄先生以周墓志铭》（缪荃孙）：“黄漱兰侍郎视学江苏，建南菁讲舍，延先生主讲。先生教以博文约礼，实事求是。”“宗湘文观察建辨志精舍于宁波，请先生定其名义规制，而专课经学，著录弟子千余人。”

以及俞樾、刘熙载、朱一新等之掌教各书院，

《俞先生樾行状》（缪荃孙）：“先生历主讲苏州紫阳、上海求

志、德清清溪、归安龙湖等书院，而主杭州诂经精舍至三十一年，为历来所未有。其课诸生，一禀阮文达公成法，王侍郎昶、孙观察星衍两先生之绪，至先生复起而振之。两浙知名之士，承闻训迪、蔚为通材者，不可胜数。"《刘融斋中允别传》（萧穆）："其主讲龙门书院，与诸生讲习，终日不倦。每五日，必一一问其所读何书、所学何事，黜华崇实，祛惑存真，尝午夜周览诸生寝室，其严密如是。"《朱君一新别传》（金武祥）："粤督张香涛尚书，延为肇庆府端溪书院山长，复延入广州，为广雅书院山长。广雅规模宏大，张公所新建者，储书甚富，山长专课诸生以经训性理及史事词章有用之学，两广东西高才生咸请业。"

皆以博习经史词章为主，与专试时文之书院固不同，亦与讲求理学之书院异趣焉。

书院之外，有社学、义学等，则为教育幼童及孤贫者而设。

《清通考》："康熙九年，令各直省置社学社师，凡府、州、县每乡置社学一，选择文艺通晓、行谊谨厚者，考充社师，免其徭役，给饩廪优膳，学政按临日，造姓名册，申报考察。"同上："五十四年，谕直隶巡抚赵宏燮，畿辅之地，乃王化所先，宜于穷乡僻乡皆立义学，延师教读，以勉厉孝弟，可望成人矣。"《清会典》："京师暨各省府、州、县，俱设义学。京师由顺天府尹慎选文行兼优之士，延为馆师。诸生中贫乏无力者，酌给薪水。各生由府、州、县董理，酌给膏火。每年仍将师生姓名，册报学政。直省、府、州、县、大乡、巨堡，各置社学，择学优行端之生员为师，免其差役，由地方官量给廪饩，仍报学政查核。"

其教课不过童蒙识字之书，间授以珠算，取足谋生而已。通常士商之子弟，则多学于家塾，或就师塾聚读。敏异者则授以经书及史鉴之类，愚钝者则学尺牍，习珠算，至年十四五，为商贾之徒弟焉。塾师之教，最重记诵。

《蒿庵闲话》(张尔岐)："邢懋循尝言，其师教之读书，用连号法。初日诵一纸，次日又诵一纸，并初日所诵诵之，三日又并初日、次日所诵诵之。如是渐增引至十一日，乃除去初日所诵，每日皆连诵十号，诵至一周，遂成十周。人即中下，已无不烂熟矣。又拟目若干道，书签上，贮之筒，每日食后，拈十签，讲说思维，令有条贯。逮作文时，遂可不劳余力。"

然亦有注重启发者，观王筠教童子法，虽专为学生作文应试计，而其用心，未尝不与今之教育家言相近焉。

《教童子法》(王筠)："蒙养之时，识字为先，不必遽读书。先取象形、指事之纯体教之，识日、月字，即以天上日、月告之；识上、下字，即以在上、在下之物告之，乃为切实。纯体字既识，乃教以合体字。又须先易讲者，而后及难讲者，讲文不必尽说正义，但须说入童子之耳，不可出之我口便算了事。如弟子钝，则识千余字后乃为之讲。能识二千字，乃可读书；读亦必讲。然所识之二千字，前已能解，则此时合为一句讲之。若尚未解，或并未曾讲，只可逐字讲之。八九岁时，神智渐开，则四声、虚实、韵部、双声、叠韵事事都须教，兼当教之属对，且每日教一典故。才高者，全经及《国语》、《国策》、《文选》尽读之；即才钝，亦《五经》、《周礼》、《左传》全读之，《仪礼》、《公》、《穀》摘抄读之。才高十六岁可以学文，钝者二十岁不晚。初学文，先令读唐、宋古文之浅显者，即全作论，以写书为主，不许说空话，以放为主，越多越好，但于其虚字不顺者少改易之。以圈为主，等他知道文法，而后使读隆、万文，不难成就也。……学生是人，不是猪狗，读书而不讲，是念藏经也，嚼木札也。钝者或俯首受驱使，敏者必不甘心。人皆寻乐，谁肯寻苦，读书虽不如嬉戏乐，然书中得有乐趣，亦相从矣。……凡每日属对，必相其本日所读，有可对者，而后出之，可以验其敏钝。即或忘之，亦教责之而无词也。……小儿无长精神，必须使有空闲，空闲即告以典故。但典故有死有活，死典故日日告之，如十三经何名，某经作注者谁、作疏者谁，二十四史何名、作之者姓名，日告一事，一年即有三百六十事。间三四日，必须告以活典故，如问之曰：两邻争一鸡，尔能知确是某家物否？能知者即大才矣，不能知而后告以《南史》。先问两家饲鸡各用何物，而后剖嗉验之，弟子大喜者，亦有用人也，自心思长进矣。……教弟子如植木，但培养浇灌之，令其参天蔽日。其大本可为栋梁，即其小枝亦可为小器具。今之教者，欲其为几也，即曲折其木以为几，不知器是做成的，不是生成底。迨其生机不遂而夭阏以至枯槁，乃犹执夏楚而命之，曰：是弃材也，非教之罪也。呜呼，其果无罪耶！……沂州张先生，筠之父执李刑原[①]先生师也。尝言从学时，每日早饭后辄曰各自理会去，弟子皆出，各就陇畔畦间。比反，各道其所理者何经何文，有何疑义。张先生即解说之。吾安丘刘川南先生[②]十余岁时，师为之讲书数行，辄请曰：如此则与某章反背。师令退思之，而复讲，如是者每日必有之。半年后，师遂不穷于答问，是谓教学相长。然此等高足那可多得，故为弟子讲授，必时时诘问之，令其善疑，诱以审问，则其作文时，必能标新领异矣。”

① 名映轸。
② 名其旋。

第十章　考证学派

满清中叶，考据之学大兴，当时号为汉学。

《近代汉学变迁论》（刘师培）："古无汉学之名，汉学之名，始于近代。或以笃信好古，该汉学之范围。然治汉学者，未必尽用汉儒之说；即用汉儒之说，亦未必用以治汉儒所治之书。是则所谓汉学者，不过用汉儒之训故以说经，及用汉儒注书之条例以治群书耳。"

江藩著《汉学师承记》，自康、雍至嘉庆间，学者略备。而道、咸以来之学者，其学派亦多演自乾、嘉，迄今犹有盛称汉学者，其渊源不可不考也。刘师培著《近儒学术统系论》，先举清国初之理学，后述雍、乾以降之经学，于各地方之风气，条分缕析，颇简而要。兹分录之，以见清代学术变迁之概。盖清初诸大儒，学行兼崇，固不分所谓汉、宋。

《近儒学术统系论》："明清之交，以浙学为最盛。黄宗羲授学蕺山，而象数之学兼宗漳浦，文献之学远溯金华先哲之传，复兼言礼制，以矫空疏。传其学者数十人，以四明二万为最著；而象数之学则传于查慎行。又沈昀、张履祥亦授学蕺山。沈昀与应抝谦相切磋，黜王崇朱，刻苦自厉。而履祥之传较远，其别派则为向璇。吕留良从宗羲、履祥游，所学略与履祥近，排斥馀姚，若放淫辞。传其学者，浙有严鸿逵，湘人有曾静，再传而至张熙。及文狱诞兴，而其学遂泯。别有沈国模、钱德洪、史孝咸，承海门石梁之绪，以觉悟为宗，略近禅学。宗羲虽力摧其语，然沈氏弟子有韩当、邵曾可、劳史。邵氏世传其学，至于廷采，其学不衰。时东林之学有高愈、高世泰、顾培，上承泾阳、梁溪之传，讲学锡山。宝应朱泽沄，从东林子弟游，兼承乡贤刘静之之学，亦确宗紫阳。王茂竑继之，其学益趋于征实。又吴人朱用纯、张夏、彭珑，歙人施璜、吴慎，亦笃守高、顾之学。顺、康以降，其学亦衰。……孙奇逢讲学百泉，持朱、陆之平，弟子尤众，以耿介、张沐为最著。汤斌之学，亦出于奇逢，然所志则与奇逢异。……李颙讲学关中，指心立教。然关中之士，若王山史、李天生，皆敦崇实学。及顾炎武流寓华阴，以躬行礼教之说，倡导其民，故受学于颙者，若王尔缉之流，均改宗紫阳。颙曾施教江南，然南人鲜宗其学，故其学亦失传。……博野颜元，以实学为倡，精研礼、乐、兵、农。蠡县李塨，初受学毛大可，继从元说，故所学较元尤博。大兴王源，初喜谈兵，与魏禧、刘继庄友善，好为纵横之谈。继亦受学于元，故持论尤高。及元游豫省，而颜学被于南；塨寓秦中，而颜学播于西；及江浙之士，亦间宗其学。然一传以后，其学骤衰。惟江宁程廷祚，私淑颜、李，近人德清戴望，亦表彰颜、李之书。舍是，传其学者鲜矣。……太仓陆世仪，幼闻几社诸贤之论，颇留心经世之术，继受学马负图，兼好程朱理学。陈言夏亦言经世，与世仪同，世仪讲学苏松间，当时鲜知其学。厥后吴江陆燿、宜兴储大文、武进李兆洛，盖皆闻世仪之风而兴起者，故精熟民生利病，而辞无迂远。……赣省之间，南宋以降，学风渐衰。然道原之博闻，陆、王之学术，欧、曾、王氏之古文，犹有存者，故易堂九子均好古文。三魏从王源、刘继庄游，兼喜论兵，而文辞亦纵横，惟谢秋水学宗紫阳，与陆、王异派。及雍、乾之间，李黻起于临川，确宗陆学，兼侈博闻，喜为古文词，盖合赣学三派为一途。粤西谢济世，党于李黻，亦崇陆黜朱，然咸植躬严正，不屈于威武。瑞金罗台山，早言经世，亦工说经，及伊郁莫伸，乃移治陆、王之学，兼信释典，合净土禅宗为一。吴人彭尺木、薛湘文、汪大绅，从台山游，即所学亦相近，惟罗学近心斋、卓吾。彭、汪以下，多宅心清净，由是吴中学派，多合儒、佛为一谈。至嘉、道之际，犹有江沅，实则赣学之支派也。……闽中之学，自漳浦以象数施教，李光地袭其唾余，兼通律吕音韵，又说经近宋、明，析理宗朱子，卒以致身贵显。光地之弟光坡，作《礼记述注》，其子钟伦，亦作《周礼训纂》，盖承四明万氏之学。杨名时受学光地，略师其旨以说经，而律吕音韵之奥，惟传于王兰生。又闽人蔡世远，喜言朱学，亦自谓出于光地。雷鋐受业于世远，兼从方苞问礼，然所学稍实，不欲曲学媚世，以直声著闻。……自此以外，则湘有王夫之，论学确宗横渠，兼信紫阳，与馀姚为敌，亦杂治经史百家。蜀有唐甄，论学确宗陆、王，尤喜阳明，论政以便民为本，嫉政教礼制之失平，然均躬自植晦，不以所学授于乡，故当时鲜宗其学。别有刘原渌、姜国霖讲学山左，李阎章、范镐鼎讲学河汾，均以宗朱标其帜，弟子虽众，然不再传，其学亦晦。此皆明末国初诸儒理学宗传也。”

其后虽亦有祖述而私淑之者，然由理学而趋于考据。乾、嘉之际，汉学之帜，遂风靡一时，讲求修身行己治国成人者之风，远不如研究音韵、文字、校勘、金石、目录之学者之盛。虽经学家有古文、今文，西汉、东汉之区别，然亦承乾、嘉之风而演进，仍以汉学相高，一涉宋、明心性之谈，则相率而嗤之矣。

《近儒学术统系论》：“理学而外，则诗文之学，在顺、康、雍、乾之间，亦各成派别。然雕虫小技，其宗派不足言，其有派别可言者，则宋学之外厥惟汉学。汉学以治经为主，考经学之兴，始于顾炎武、张尔岐。顾、张二公，均以壮志未伸，假说经以自遣。毛大可解《易》说《礼》，多述仲兄锡龄之言。阎若璩少从词人游，继治地学，与顾祖禹、黄仪、胡渭相切磋。胡渭治《易》，多本黄宗羲。张弨与炎武友善，吴玉搢与弨同里，故均通小学。吴江陈启源与朱鹤龄偕隐，并治《毛诗》、《三传》。厥后大可《毛诗》之学，传于范家相。鹤龄《三传》之学，传于张尚瑗。若璩《尚书》之学，传于冯景。又吴江王锡阐、潘柽章，杂治史乘，尤工历数，柽章弟耒，受数学于锡阐，兼从炎武受经。秀水朱彝尊，亦从炎武问故，然所得均浅狭。……别有宣城梅文鼎，殚精数学，鄂人刘湘奎、闽人陈万策，均受业其门。文鼎之孙瑴成，世其家学。泰州陈厚耀，亦得梅氏之传，而历数之学渐显。……武进臧琳，闭门穷经，研覃奥义，根究故训，是为汉学之始。东吴惠周惕，作《诗说》、《易传》，其子士奇继之，作《易说》、《春秋传》。栋承祖父之业，始确宗汉诂，所学以掇拾为主，扶植微学，笃信而不疑。厥后掇拾之学，传于余萧客；《尚书》之学，则江声得其传。故余、江之书，言必称师。江藩受业于萧客，作《周易述补》，以续惠栋之书。藩居扬州，由是钟怀、李宗泗、徐复之流，均闻风兴起。……先是徽歙之地，有汪绂、江永，上承施璜、吴慎之绪，精研理学，兼尚躬行，然即物穷理，师考亭格物之说，又精于《三礼》。永学尤博，于声律、音韵、历数之学，均深思独造，长于比勘。金榜从永受学，获窥礼堂论赞之绪，学恃长于《礼》。戴震之学亦出于永，然发挥光大，曲证旁通，以小学为基，以典章为辅，而历数、音韵、水地之学，咸实事求是，以求其原。于宋学之误民者，亦排击防闲不少懈。徽歙之士，或游其门，或私淑其学，各得其性之所近，以实学自鸣。由是治数学者，前有汪莱，后有洪梧；治韵学者，前有洪榜，后有汪有诰；治《三礼》者，则有凌廷堪及三胡。程瑶田亦深《三礼》，兼通数学，辨物正名，不愧博物之君子，此皆守戴氏之传者也。及戴氏施教燕京，而其学益远被。声音训故之学，传于金坛段玉裁，而高邮王念孙所得尤精；典章制度之学，传于兴化任大椿。而李惇、刘台拱、汪中，均与念孙同里。台拱治宋学，上探朱、王之传，中兼治词章，杂治史籍，及从念孙游，始专意说经。顾九苞与大椿同里，备闻其学，以授其子凤毛。焦循少从凤毛游，时凌廷堪亦居扬州，与循友善，继治数学，与汪莱切磋尤深。阮元之学，亦得之焦循、凌廷堪，继从戴门弟子游，故所学均宗戴氏，以知新为主，不惑于陈言，然兼治校勘、金石。黄承吉亦友焦循，移焦氏说《易》之词，以治小学，故以声为纲之说浸以大昌。时山左经生有孔继涵、孔巽轩，均问学戴震。巽轩于学尤精，兼工俪词。嗣栖霞郝懿行，出阮元门，曲阜桂馥，亦从元游，故均治小学。懿行治《尔雅》，承阮元之例，明于声转，故远迈邢《疏》。又大兴二朱、河间纪昀，均笃信戴震之说，后膺高位，汲引汉学之士，故戴学愈兴。别有大兴翁方纲，与阮元友善，笃嗜金石。河南之儒，以武亿为最善，亿从朱门诸客游，兼识方纲，故说经之余，亦兼肄金石，而金石之学遂昌。时江浙之间，学者亦争治考证。先是锡山顾栋高从李黻、方苞问故，与任启运、陈亦韩友善，其学均杂糅汉、宋，言淆雅俗。而吴人何焯，以博览著名，所学与浙西文士近。吴江沈彤承其学，渐以说经。嘉定钱大昕于惠、戴之学，左右采获，不名一师，所学界精博之间。王鸣盛与钱同里，所学略与钱近，惟博而不精。大昕兼治史乘，旁及小学、天算、地舆。其弟大昭，传其史学。族子塘、坫，一精天算，一专地舆，坫兼治典章训故。塘、坫之弟有钱侗、钱绎，兼得大昕小学之传，而钱氏之学萃于一门。继其后者，则有元和李锐，受数学于大昕；武进臧庸，传其远祖臧琳之学；元和顾千里，略得钱、段之传，均以工于校勘，为阮元所罗致。嗣有长洲陈奂，所学兼出于段、王。朱骏声与奂并时，亦执贽段氏之门，故均通训故。若夫钮树玉、袁廷梼之流，亦确宗钱、段，惟所学未精。……常州之学，复别成宗派。自孙星衍、洪亮吉，初喜词华，继治掇拾校勘之学，其说经笃信汉说近于惠栋、王鸣盛。洪氏之子饴孙，传其史学。武进张惠言久游徽歙，主金榜家，故兼言礼制，惟说《易》则同惠栋，确信谶纬，兼工文词。庄存与与张同里，喜言《公羊》，侈言微言大义，兄子绶甲传之，复昌言钟鼎古文。绶甲之甥，有武进刘逢禄、长洲宋翔凤，均治《公羊》，黜两汉古文之说。翔凤后从惠言游，得其文学，而常州学派以成。……皖北之学，莫盛于桐城。方苞幼治归氏古文，托宋学以自饰，继闻四明万氏之论，亦兼言《三礼》。惟姚范校核群籍，不惑于空谈。及姚鼐兴，亦挟其古文宋学，与汉学之儒竞名。继慕戴震之学，欲执贽于其门，为震所却，乃饰汉学以自固，然笃信宋学之心不衰。江宁梅曾亮、管同，均传其古文。惟里人方东树，作阮元幕宾，略窥汉学门径，乃挟其相传之宋学，以与汉学为仇，作《汉学商兑》。故桐城之学自为风气，疏于考古，工于呼应顿挫之文，笃信程、朱，有如帝天，至于今不衰。惟马宗琏、马瑞辰间宗汉学。……浙中之士，初承朱彝尊之风，以诗词博闻相尚；于宋代以前之书籍，束而不观。杭世骏兴，始稍治史学。赵一清、齐召南兴，始兼治地理。惟馀姚、四明之间，则士宗黄、万之学，于典章文献，探讨尤勤。鄞县全祖望，熟于乡邦佚史，继游李绂之门，又从词科诸公游，故所闻尤博。馀姚邵晋涵，初治宋明史乘，所学与祖望近，继游朱珪、钱大昕门，故兼治小学。会稽章学诚，亦熟于文献，既乃杂治史例，上追刘子玄、郑樵之传，区别古籍，因流溯源，以穷其派别。虽游朱珪之门，然所学则与戴震立异。及阮元秉钺越省，越人趋其风尚，乃转治金石、校勘，树汉学以为帜。临海金鹗，尤善言《礼》；湖州之士，亦杂治《说文》古韵，此汉学输入浙江之始。厥后仁和龚丽正，婿于段玉裁之门，其子自珍，少闻段氏六书之学，继从刘申受游，亦喜言《公羊》；而校雠古籍，又出于章学诚；矜言钟鼎古文，又略与常州学派近。特所得均浅狭，惟以奇文耸众听。仁和曹籀、谭献，均笃信龚学。惟德清戴望，受《毛诗》于陈奂，受《公羊》于宋翔凤，又笃嗜颜、李之学，而搜辑明季佚事，又与全、邵相同。虽以《公羊》说《论语》，然所学不流于披猖。近人俞樾、孙诒让，则又确守王、阮之学，于训故尤精。定海黄氏父子，学糅汉宋，尤工说礼，所言亦近阮氏，然迥与龚氏之学异矣。……江北、淮南之士，则继焦、黄而起者，有江都凌曙。曙问故张惠言，又游洪榜之门，故精于言《礼》，兼治《公羊》，惟以说《礼》为本。时阮元亦乡居，故汉学益昌。先大父受经凌氏，改治《左传》。宝应刘宝楠，兼承族父端临之学，专治《论语》。别有薛传均治《说文》，梅植之治《穀梁》，时句容陈立，丹徒汪芷、柳兴宗，旌德姚佩中，泾县包世荣、包慎言均寓扬州；山阳丁晏，海州许桂林，亦往来邗水之间。立受学凌氏，专治《公羊》。芷治《毛诗》。兴宗通《穀梁》。佩中治汉《易》。世荣治《礼》，兼以《礼》释《诗》。慎言初治《诗》、《礼》，继改治《公羊》。桂林亦治《穀梁》，尤长历数。晏遍说群经，略近惠栋。然均互相观摩，互相讨论，故与株守之学不同。甘泉罗士琳，受历数之学于桂林，尤精数学。时魏源、包世臣亦纵游江淮间，士承其风，间言经世，然仍以治经为本。……燕京为学士所荟萃。先是大兴徐松，治西北地理；寿阳祁韵士，兼考外藩史乘。及道光中叶，浸成风会。而韵士之子隽藻，兼治《说文》，骤膺高位。由是平定张穆、光泽何秋涛均治地学，以小学为辅，尤熟外藩佚事，魏源、龚自珍亦然。故考域外地理者，必溯源张、何。至王筠、许瀚、苗夔则专攻六书，咸互相师友，然斯时宋学亦渐兴。……先是赣省陈用光，传姚鼐古文之学派，衍于闽中粤西，故粤西朱琦、龙翰臣均以古文名。而仁和邵懿辰、山阳潘德舆均治古文理学，略与桐城学派相近。粤东自阮氏提倡后，曾钊、侯康、林伯桐均治汉学，守阮氏之传。至陈澧遂杂治宋学。朱次琦崛起，汉、宋兼采，学蕲有用。曾国藩出，合古文理学为一，兼治汉学，由是学风骤易。黔中有郑珍、莫友芝，倡六书之学，兼治校勘。至于黎庶昌，遂兼治桐城古文。闽中陈寿祺，确宗阮氏之学，其子乔枞杂治今文《诗》。至于陈捷南，则亦兼言宋学。湘中有邓显鹤，喜言文献。至于王先谦之流，虽治训故，然亦喜言古文，是皆随曾氏学派为转移者也。惟湘中有魏源，后有王闿运，均言《公羊》，故今文学派亦昌，传于西蜀、东粤。”

汉学家之弊，方东树《汉学商兑》言之详矣。要其人所自称许者，无过于征实。

《近代汉学变迁论》：“江、戴之学，兴于徽歙，所学长于比勘，博征其材，约守其例，悉以心得为凭。且观其治学之次第，莫不先立科条，使纲举目张，同条共贯，可谓无征不信者矣。即嘉定三钱，于地舆、天算各擅专长，博极群书，于一言一事必求其征；而段、王之学，溯源戴君，尤长训故，于史书诸子，转相证明，或触类而长，所到冰释；即凌、程、三胡，或条例典章，或诠释物类，亦复根据分明，条理融贯，耻于轻信而笃于深求。征实之学，盖至是而达于极端矣。”

近人尤盛称其治学之法，谓合于西洋之科学方法，实则搜集证佐，定为条例，明代学者已开其端，非清人所得专美。

《毛诗古音考序》（明陈第）：“列本证、旁证二条，本证者《诗》自相证也，旁证者采之他书也。二者俱无，则宛转以审其音，参错以谐其韵。”《毛诗古音考序》（焦竑）：“李立作《古音考》一书，取《诗》之同韵者，胪列之，为本证，已取《老》、《易》、《太玄》、《骚赋》、《参同》、《急就》、古诗谣之类胪列之，为旁证。”

虽科条精密，后胜于前，然其能成为科学者，自文字、音韵外，初不多觏也。高邮王氏校订群书，最称精善，然其法大抵先取宋人所辑类书，如《太平御览》、《册府元龟》、《玉海》等书，比其异同，即据为己意，先立一说，而后引类书以证之。如：

《读书杂志·逸周书第二》（王念孙）：“‘辟开修道。’念孙案：辟开修道，文不成义。开本作关，辟关修道，皆所以来远人。故下文言远旅来至，关人易资也。俗书关字作閞，閞字作开，二形相似而误。《玉海》二十四、六十引此，并作辟关。”① 同上：“‘水性归下，农民归利。’念孙案：此本作水性归下，民性归利。民性与水性对文，民字总承上文士农商贾而言，非专指农民而言。今本作农民者，即涉上农民归之而误。《玉海》六十引此，正作民性归利。”同上：“《世俘篇》：‘凡武王俘商旧玉亿有百万。’念孙案：此文本作‘凡武王俘商，得旧宝玉万四千、佩玉亿有八万’。亿有八万乃佩玉之数，非旧宝玉之数。抄本《北堂书抄 • 衣冠部》二引此，正作‘武王俘商，得旧宝玉万四千、佩玉亿有八万’。《艺文类聚 • 宝部上》、《太平御览 • 珍宝部三》并同。”同上：“《周月篇》：‘凡四时成岁，有春夏秋冬。’念孙案：岁下更有岁字，而今脱之。《太平御览 • 时序部二》引此，正作‘岁有春夏秋冬’。”

此类甚多，不可胜举。恃宋人之类书以讲汉学，谓是即超过宋人，不知在宋时其书本不误，自亦不必有校勘之学矣。汉学家所尚者考证，然其考证亦时有疏漏，观魏源讥纪昀之言可见。

《古微堂集 • 书宋名臣言行录后》（魏源）：“乾隆中，修四库书，纪文达公以侍读学士总纂。文达故不喜宋儒，其总目多所发挥，然未有如《宋名臣言行录》之甚者也。曰：兹录于安石、惠卿皆节取，而刘安世气节凛然，徒以尝劾程子，遂不登一字。以私灭公，是用深濋，是说也，于兹录发之，于《元城语录》发之，于《尽言集》发之，又于宋如珪《名臣琬琰录》发之，于清江《三孔集》发之，于唐仲友《经世图谱》发之，昌言抨击，讫再讫四，昭昭国门可悬，南山不易矣。虽然，吾不知文达所见何本也。兹录前集起宋初，后集起元祐，而刘公二十余事在焉。……宋本今本，五百年未有改也，吾未知文达所见何本也。”

① 据此文，似先定为关字，然后检《玉海》得其证者。其实是先以《玉海》校此书，见《玉海》作关字，遂据以为说，而后引《玉海》为证。下均仿此。

未观原书，遽以己意妄下论断，是岂得为考证之法乎？盖汉学家所考证者，局部之考证，于唐以下之书率不屑读，尤鄙夷宋人，好事诋斥，此皆其所短也。

世尊乾、嘉诸儒者，以其以汉儒之家法治经学也。然吾谓乾、嘉诸儒所独到者，实非经学，而为考史之学。考史之学，不独赵翼《廿二史劄记》、王鸣盛《十七史商榷》或章学诚《文史通义》之类，为有益于史学也，诸儒治经，实皆考史，或辑一代之学说①，或明一师之家法②，于经义亦未有大发明，特区分畛域，可以使学者知此时代此经师之学若此耳。其于三《礼》，尤属古史之制度，诸儒反复研究，或著通例③，或著专例④，或为总图⑤，或为专图⑥，或专释一事⑦，或博考诸制⑧，皆可谓研究古史之专书，即今文学家标举《公羊》义例⑨，亦不过说明孔子之史法，与公羊家所讲明孔子之史法耳。其他之治古音，治六书，治舆地，治金石，皆为古史学尤不待言。惟限于三代语言、文字、制度、名物，尚未能举历代之典籍，一一如其法以治之，是则尚有待于后来者耳。

① 如惠栋《易汉学》之类。
② 如张惠言《周易虞氏义》之类。
③ 如江永《仪礼释例》、凌廷堪《礼经释例》之类。
④ 如任大椿《弁服释例》之类。
⑤ 如张惠言《仪礼图》之类。
⑥ 如戴震《考工记图》、阮元《车制图考》之类。
⑦ 如沈彤《周官禄田考》、王鸣盛《周礼军赋说》、胡匡衷《仪礼释宫》之类。
⑧ 如金鹗《求古录礼说》、程瑶田《通艺录》之类。
⑨ 如刘逢禄《公羊何氏释例》、凌曙《公羊礼说》之类。

第十一章　国际贸易与鸦片之祸

清初沿明例，许澳门葡人至广东市易。

《柔远记》（王之春）："顺治四年八月，佛郎机[①]来广东互市。……广督佟养甲疏言，佛郎机国人寓居濠镜、澳门，与粤商互市，于明季已有历年，后每岁通市不绝。惟进入省会，遂饬禁止，请嗣后仍准番舶通市。自后每岁通市不绝，惟禁入省会。"

及平台湾，开海禁，设榷关，而西洋诸国商舶来者益众。

《柔远记》："康熙二十二年夏六月，开海禁。……时沿海居民虽复业，尚禁商舶出洋互市，施琅等屡以为言。又荷兰以曾助剿郑氏，首请通市，许之。而大西洋诸国因荷兰得请，于是凡明以前未通中国、勤贸易而操海舶为生涯者，皆争趋。疆臣因请开海禁，设粤海、闽海、浙海、江海榷关四，于广州之澳门、福建之漳州、浙江之宁波府、江南之云台山，署吏以莅之。"

康、雍间，英人屡来互市。

《柔远记》："康熙三十七年，置定海榷关，英吉利来互市。""浙海关在宁波，商船出入海港，往返百四十里，中多礁石，每回帆径去。英吉利货船时往来澳门、厦门，复北泊舟山。宁波海关监督屡请移关定海县，部议未许。至是监督张圣诏，以定海港澳阔深，水势平缓，堪容番舶，亦通各省贸易，请捐建衙署，移关以便商船。诏可。乃于定海城外，道头街西，建红毛馆一区，以安置夹板船水梢人等。此英吉利商船来定海之始。然时虽通市，亦不能每

---

① 时尚沿明之误。

岁来华也。”同上：“雍正七年，英吉利复来通市……英吉利自康熙间通市后，亦不常来，至是始互市不绝。”

然未尝立约通商，其立约通商者惟俄罗斯。中、俄之立条约，始于康熙二十八年尼布楚之约。

《俄罗斯互市始末》（何秋涛）：“俄罗斯国于顺治十二年，始遣使入贡。康熙十五年，贸易商人尼果赖等至，圣祖召见之，赐察罕汗书，谕边界事。时其国所属罗刹滋扰黑龙江境，出没于尼布楚、雅克萨诸地，屡经大兵剿抚，而盘踞如故。康熙二十一年，大臣马喇奏言，雅克萨城恃田禾为食，尼布楚与车臣汗部所属巴尔呼接壤，时以牲畜易貂皮，宜刈田禾，绝互市，以困之。乃诏车臣汗诺尔部，饬所属与绝市。迨二十七年，命以屡谕情由，作书付荷兰及西洋国转达俄罗斯察罕处。察罕汗寻上疏，乞撤雅克萨城之围。于二十八年，经内大臣索额图等赴尼布楚议定疆界，立约曰：和好既定以后，一切行旅，有准令往来文票者，许其贸易不禁。……三十二年定例，俄罗斯国准其隔三年来京贸易一次，不得过二百人，在路自备马驼盘费。一应货物，不令纳税；犯禁之物，不准交易。到京时，安置俄罗斯馆，不支廪给，限八十日起程还国，此在京互市著令之始也。”《约章大全・俄罗斯部》：“黑龙江俄约六款，系康熙二十八年领侍卫内大臣索额图等与俄国使臣费岳多额里克谢在尼布楚议定，是为我国入本朝以来因界务而与他国立约之始。其时国势正盛，所定界线，尚以大兴安岭为限，厥后渐移而南，以黑龙江为限矣。”

至雍正五年，有恰克图之约。

《约章大全》：“恰克图界约凡十一款，立于雍正五年。”《俄罗斯互市始末》：“恰克图名初不著，以互市故始大显。”“先是俄罗斯人只准隔三年来京一次，而喀尔喀土谢图汗部与俄罗斯接壤，其边界之民互相贸易。向惟土谢图汗自为经理，初未设官弹压，亦未著于功令也。康熙五十九年，理藩院议准哲布尊丹巴呼图克图库伦地方，俄罗斯与喀尔喀互相贸易，民人丛集，难以稽察，嗣后内地民人有往喀尔喀图、库伦贸易者，令该管官出具印文，将货物人数开明报院，给与执照。出何边口，令守口官弁验明院照放行。如带军器禁物，立即查拿送院，交该部从重治罪。由院委监视官一人，前往会合喀尔喀土谢图汗等弹压稽查，二年一次更代，是为库伦准互市之始。……雍正五年八月，遣郡王策凌、内大臣伯四格、侍郎图理琛等，与俄罗斯使臣萨瓦，议定楚库河等处边界，安设卡伦，以恰克图为常互市所，人数不得过二百。设监视官一员，由理藩院司官内拣选，二年一代，是为恰克图准互市驻部员之始。诏，非市期毋许俄罗斯逾楚库河界。"

中数因事停止贸易。

《俄罗斯互市始末》："乾隆二十九年，停止恰克图互市。""三十三年，准市易如初。""四十四年，再停恰克图互市。""五十六年冬奉旨著理藩院檄行俄罗斯，准其所请，开关市易。"

乾隆五十五年，复立恰克图市约五条。观其约文，可以见清室是时之国威焉。

《约章大全》："恰克图市约，凡五款，立于乾隆五十七年。(一)恰克图互市，于中国初无利益，因你萨那特衙门吁请，是以开市。(一)中国与你国货物，原系两边商人自相定价。你国商人，应由你国严加管束，彼此货物交易后，各令不爽约期，即时归结，勿令负欠，致起争端。(一)今你国守边官，皆恭顺知礼，我游牧官群相称好。你从前守边官皆能视此，又何致两次失和？嗣后你守边官，当慎选贤能，与我游牧官逊顺相接。(一)恰克图以西十数卡伦，你之布里雅特、哈里雅特不法，故致有乌呼勤咱之事。今你国宜严加禁束，杜其盗窃。（一）此次通市，一切仍照旧章，已颁行你萨那特衙门矣。两边民人交涉事件，如盗贼、人命，各就查验缉获罪犯，会同边界员审讯。明确后，本处属下人由本处治罪，你处属下人由你处治罪，各行文知照示众。其盗窃之物，或一倍，或几倍罚赔，一切皆照旧例办理。”

清初与俄国交涉，恒用西洋教士，以其通两国之文字也。

《正教奉褒》（黄伯禄）：“康熙二十五年，上遣闵明我执兵部文，泛海，由欧罗巴洲往俄罗斯京，会商交涉事宜。”“二十八年，徐日昇、张诚奉命随同内大臣索额图等往塞外，与俄国会议两国边疆。”“二十八年，徐日昇、张诚奉命随内大臣索额图等往尼布楚会晤俄国使臣，勘议两国疆界。议定约章七条，书满、汉、拉提诺、蒙古、俄罗斯五体文字。两国使臣相会，日昇将约章当场宣读。毕，两国使臣俱画押盖印，各执一份。”“三十三年，闵明我回华复命，奏陈遵旨会商各情。”

其后虽因俄事，命翰林等习外国文字，然亦未闻精于俄文者。

《柔远记》：“康熙四十四年，大学士等以俄罗斯贸易来使赍至原文，翻译进呈。上阅之曰：此乃拉提诺（拉丁）、托多乌祖克（蒙古）、俄罗斯三种文也，此后翰林院宜学习外国文字。”

而俄国与中国通商，乃特遣子弟来学满、汉语言文字。

《俄罗斯盟聘记》（魏源）：“俄罗斯国在大西洋，崇天主教，其南境近哈萨克者，崇回教，其东境近蒙古者，崇佛教。故尝遣人至中国，学喇嘛经典，以绥东方之众。并遣子弟入国子监，习满、汉语言文字，居于旧会同馆，十年更代为例。”①

① 《柔远记》：“雍正五年，定俄人来学喇嘛者额数六人，学生额数四人。十年更代为例，派满洲助教一人、汉助教一人教习之。”

且以其书籍与中国交换佛经。

《俄罗斯盟聘记》："道光二十五年，汗上表言：《丹珠尔经》，佛教所重，而本国无之，奏求颁赐。上命发雍和宫藏奉八百余册赐之。越数月，其汗因肄业换班学生进京，乃尽缮其国所有书籍来献，凡三百五十七号，有书有图，通体皆俄罗斯字。当事奏请存于理藩院，以俟翻译焉。"

盖其时清之国势强于俄，故文字随之而有轻重也。又其时海上航行未若后来之利便，俄之所需茶叶、大黄，皆藉陆地输出，闭关停市，亦足以控制之。

《簷曝杂记》（赵翼）："中国随地产茶，无足异也。而西北游牧诸部，则恃以为命，其所食膻酪甚肥腻，非此无以清荣卫也。自前明已设茶马御史，以茶易马，外番多款塞，我朝尤以是为抚驭之资。喀尔喀及蒙古回部，无不仰给焉。大西洋距中国十万里，其番舶来，所需中国之物，亦惟茶是急，满船载归，则其用且极于西海以外矣。俄罗斯则又以中国之大黄为上药，病者非此不治，旧尝通贡使，许其市易。其入口处曰恰克图，后有数事渝约，上命绝其互市，禁大黄勿出口，俄罗斯遂惧而不敢生事。"

道、咸以降，轮舶大通，其形势始变焉。

雍正中，西南洋诸国多来互市，

《柔远记》："雍正七年，西南洋诸国来互市。先是康熙中虽设海关与大西洋互市，尚严南洋诸国商贩之禁。自安南外，并禁止内地人民往贩。比因粤、闽、浙各疆臣以弛禁奏请，是年遂大开洋禁，凡南洋之广南港口、柬埔寨，及西南之埭仔、六坤、大呢、吉兰丹、丁噶奴、单咀、彭亨诸国，咸来互市。"

瑞典亦以此时始通中国。

《柔远记》："雍正十年，瑞丁来互市。"瑞丁国即瑞典，粤中呼为蓝旗国。

乾隆中，苏禄欲以土地编入版图。

《柔远记》："乾隆十九年，苏禄入贡，禁商民充外洋正副贡使。""时苏禄国苏老丹嘛喊味安柔律噒，遣使附闽人杨大成船入贡，福建巡抚陈宏谋以闻。部议该国王遣使唠独万喳喇等，赍捧表文方物来闽，应如所请，给夫马勘合，委员伴送来京。所带土产货物，听照例贸易，免征关税。惟该国以杨大成列为副使，杨大成即武举杨廷魁，缘事被斥，复藉出洋贸易，冒充该国副使，若不严加惩儆，恐内地民人习以为常，出洋滋事，应请照例发黑龙江充当苦差。并行文该督抚知照该国王，嗣后凡内地在洋贸易之人，不得令承充正副使。至该国王愿以地土丁户编入天朝图籍，伏思我朝统御中外，荒夷向化。该国土地人民久在薄海臣服之内，该国王恳请来年专使赍送图籍之处，应毋庸议，从之。"

美利坚亦来市茶。

《柔远记》："乾隆四十九年，米利坚来购茶。""米利坚，粤东俗称花旗，北亚墨利加洲大国也。""华盛顿甫立新国，即于是年遣船至中国购茶，是为米利坚来粤互市之始。"

清之国势之隆，正如日之方中。故于英使马加尼之来，痛挫折之，英人亦无如之何。

《石渠余记》(王庆云)："乾隆五十七年冬十月，广东巡抚郭世勋奏称：英吉利国夷人至粤，译言国王以前年大皇帝八旬万寿，遣使臣马戛尔尼（George，Earl of Macartney）航海至京修贡，约明年二、三月可抵天津。……次年五月十二日，贡船始过澳门，二十七日泊定海，六月十三日过登州庙岛。船中夷官五十余人，从人水手八百余名，各疆吏次第以闻。时车驾驻热河，命盐政瑞徵护送以来。……督臣梁肯堂宣旨，贡使但免冠竦立。瑞徵为言连日学习跪叩，乃使钦天监副索德超、贺清泰等至热河带领，以皆西洋人，便肄习也。八月，贡使至山庄。上谕：使臣礼节多未谙悉，朕心深为不惬。前此沿途款接过优，以致妄自骄矜，将来应由内河水路，前抵江南。由长江渡梅岭，再由水路至广东，供顿不可过丰。经过营汛墩台，务须完整严肃，以昭威重。寻军机大臣以训戒夷使，颇知悔惧闻。时外藩咸集山庄庆贺，上连日御万树园大幄次及澹泊敬诚殿，马戛尔尼偕副使斯当东（George Staunton）等，卒随缅甸诸陪臣舞蹈跪叩，宴赉成礼而退。于是许令由宁波乘船回国。……及译出表文，则有派人留京照料买卖学习教化之请，有宁波、天津收泊交易之请，有照俄罗斯在京设立货行之请，有给珠山相近小海岛居住之请，有给广东省小地方一处之请，有澳门居住夷人出入自便之请，有广东下澳门由内河且减税之请，又使臣谩言请准夷人传教。上震怒，既责夷使以所请皆不可行，又于答给国王敕书之外，别为敕谕一道，前后二千六百余言，反复开谕。……乃定以九月三日，令侍郎松筠押带，由定海上船回国。马戛尔尼请改由内地至粤，松筠许之。"

然后来割地租地，传教通商，以及最惠条例，利益均沾之事，均萌芽于是时矣。

嘉庆中，禁英人传教，

《柔远记》："嘉庆十二年冬十一月，禁英人传教。先是乾隆间，英人斯当东随贡使至京，后贡使归，斯当东留住澳门，诱惑愚民甚众。至是降旨，闻有英吉利夷人斯当东，留住澳门已二十年，通晓汉语，夷人来粤者，大率听其教诱，日久恐至滋生事端，著蒋修铦等查明妥办。"

又却其贡使，

《柔远记》："嘉庆二十一年六月，英吉利贡使罗尔美都（Lord

Amherst）、副贡使马礼逊（Robert Morrison）乘贡舟五，达天津。上命户部尚书和世泰、工部尚书苏楞额往天津，率长芦盐政广惠，料理贡使来京。一昼夜间，驰至圆明园。诘朝，上升殿受朝会，时正使已病，副使言衣车未至，无朝服，何以成礼？和世泰惧获谴，遂饰奏贡两使皆病。上怒，却其贡不纳，遣广惠伴押使臣回粤。”

而其测我内情益熟。至道光中，遂有鸦片之战。

鸦片产于印度，唐代译籍已载吸烟之事。

《癸巳类稿》（俞正燮）：“鸦片烟事述唐译《毗耶那杂事律》云：在王城婴病，吸药烟瘳损，苾刍白佛，有病者听吸烟。佛言，以两碗相合，底上穿孔，中著火置药，以铁管长十二指，置孔吸之。用了，用小袋盛挂杙笐竿上；复用时，置火中，烧以取净。不应用竹，不应水洗。此则西域古有之。”

明代南洋诸国多以之入贡。

《癸巳类稿》：“明四译馆同文堂外国来文八册，有译出暹罗国来文云：那侃备办金叶表文，差握坤大通事众头目，到广东布政使司，给文赴北京叩头皇帝。”“那侃进皇帝苏木二千斤、树香二千斤、马前二百斤、鸦片二百斤。进皇后苏木一千斤、树香一千斤、马前三百斤、鸦片一百斤。《大明会典》九十七、九十八：‘各国贡物：暹罗、爪哇、榜葛剌三国，俱有乌香，即鸦片。’翻文与会同馆册合，知三国明时已有鸦片，且入贡品，盖药物也。”

其价与黄金等。

《癸巳类稿》：“明徐伯龄《蟫精隽》云：成化癸卯，令中贵收买鸦片，其价与黄金等。其国自名合浦融。是成化时，市廛已有货卖者。”

而其以商品输入，则自澳门之葡人始。

《清朝全史》(稻叶君山)："外国鸦片初入中国，由通商之葡人始。雍正七年，上谕发布之输入数，一年大约不出二百箱。此输入至乾隆三十八年，专在葡人手中。""盖十八世纪时，外国输入鸦片，仅为医药用品，已经许可。明万历十七年，对于鸦片、没药、乳香、阿魏等商品之输入，课取关税。万历四十三年，及康熙二十七年、雍正十一年，制定税则，鸦片亦照样处置。乾隆十八年，广东税关之记录中，鸦片一担，取三两。自雍正七年起，外国鸦片输入，不受中国政府之关涉。至乾隆三十八年止，每年约加增二十箱。"

清乾隆中，英之印度公司专卖鸦片，输入日增，始为祸于中国。

《柔远记》："鸦片烟，一曰波毕（Poppy），一曰芙蓉，一曰阿片，本罂粟壳所造，产印度之孟加拉及麻打拉萨、孟买诸处，有公班白皮、红皮、大小土之分。明中叶始入中国[①]，康熙初，以药材入口，每担税银三两，又每包加税二两四分五厘，时尚无吸食者。其入内地，附西洋诸商船，岁不过二百箱。自英吉利在孟加拉购片土，立市埔，至乾隆二十年，因构衅剪灭孟加拉，乘胜蚕食五印度诸部。其中东南三部，则全为所役属。地产棉花，又产鸦片，英人倍征其税，遂专擅印度鸦片之利。其运载亦附英人船旗，船名格拉巴，约载三百趸。[②] 每箱载两满，每满各重六十七棒[③]，其价自一千三百至千五百鲁卑不等[④]，以分售各处。乾隆季年，闽、粤吸食渐多，粤督奏禁入口，然官吏奉行有名无实。"《清朝全史》："乾隆三十八年，英国东印度会社，获取由孟加拉、彼哇及俄利萨产出鸦片之专卖权。而英国商人最初输入鸦片即在乾隆三十八年，由加尔格

---

① 见李时珍《本草纲目》及龚云林《医鉴》。

② 千六百八十斤为一趸。

③ 十二两一棒。

④ 二鲁卑值一番银。

达（Calcutta）送于广东。乾隆五十四年，由印度输出，渐次增加至四千零五十四箱。由是中国国内到处皆有鸦片，惟广东为最，因外国鸦片皆由此地进入，供给他处。”

其后英虽废公司专卖之权，而其国家仍许商人运售鸦片。输入之数，更盛于前。

《柔远记》：“道光十三年，英商公司罢。”“十四年，英国遣领事律劳卑（Load Napier）来粤。”“十六年，继遣义律（Captain Charles Elliot）来粤，设审判衙门，专理各洋商交涉讼事，其贸易仍听散商自理。”同上：“道光十八年，鸿胪寺卿黄爵滋奏：自鸦片流入中国，道光三年以前，每岁漏银数百万两。其初不过纨袴子弟，习为浮靡。嗣后上自官府搢绅，下至工商优隶，以及妇女僧尼道士，随在吸食。粤省奸商，勾通兵弁，用扒龙、快蟹等船，运银出洋，运烟入口，故自道光三年至十一年，岁漏银一千七百万两；十一年至十四年，岁漏银二千余万两；十四年至今，渐漏至三千万两之多。福建、浙江、山东、天津各海口，合之亦数千万两。以中土有用之财，填海外无穷之壑，为此害人之物，渐成病国之忧，日复一日，不知伊于胡底。查鸦片烟制自英吉利，严禁本国人勿食，专以诱他国之人，使其软弱，既以此取葛留巴，又欲诱安南，为安南严禁始绝。今则蔓延中国，槁人形骸，蛊人心志，丧人身家，实生民未有之大患，其祸烈于洪水猛兽。”

是实国际史上最大之污点也。

粤之通商，以洋行为之介，输出输入，悉由洋行，所谓官商也。

《南越笔记》（李调元）：“广州城南设有十三行。”“按十三行，今实止八行：为丰进、泰和、同文、而益、逢源、源泉、广顺、裕元云。”《清朝全史》：“自十七世纪末年以前，在中国通商之外人，皆集中于广东。”“当时有所谓官商者，其性质实指定一人为经手人，外国人等购买茶绢，皆出于其手。又其时外货销入内地者，由彼购买物少数，以限制之。”同上：“康熙五十九年，广东商人等组织一种机关，名曰公行。其目的，专为划定价格而设，即贩卖于欧人之货物，彼等定以正当之价格，不论卖者为何人，总之对于货物应得若干之纯利益。”“乾隆三十六年，公行解散。四十七年，又设立公行，对于外国通商，为唯一之经理者，又对于政府命令，保证其适当之服从，成为政府与外商之传递机关，又可作为介绍者。”“此后六十年间，公行所有特权及组织，毫无改变。”

而官吏因缘为奸，所损于外商者至巨。

《柔远记》：“嘉庆十五年，英商请减行用银，不许。行用者，每价银一两，奏抽三分，以给洋行商人之辛工也。继而军需出其中，贡项出其中，各商摊还洋行货亦出其中，遂分内用、外用名目。此外尚有官吏之需求，与间游之款接，亦皆出于入口、出口长落之货价，以故洋利渐薄。是年大班喇咈等诉于广东巡抚韩崶，略曰：始时洋商行用少，与夷无大损益，今行用日夥，致坏远人贸迁。如棉花一项，每石价银八两，行用二钱四分，连税银约四钱耳。兹棉花进口，三倍于前，行用亦多至三倍，每石约银二两，即二十倍矣。他货物称是。洋货其何以堪，伏恳酌量裁减。韩崶与总督及属僚核议，佥谓洋人无利可获，或可杜其偕来，遂不许。”

又倚国势之盛，时时凌辱之。

《道光二十年澳门新闻纸》：“三十三年以来，我等所受之凌辱欺负，真系难以比较。中国人不独不准我等与中国官府相交，乃除洋商之外，亦不准我等与中国之人民有一些往来。即各洋商，因系与我等贸易往来，所以亦被中国人之轻忽鄙贱。即在中国人之示谕上，亦以红毛夷人、番鬼等名号，轻贱我等。”

鸦片之利，既可偿行用之损失，而内地之人，复与外商勾结，视为利薮。

《中西纪事》（江上蹇叟）："道光元年，申烟禁。二年，廷寄交广督阮元密查，奏请暂事羁縻，徐图禁绝。而其时鸦片趸船泊急水门、金星门等处，勾结内地奸民，往来传送，包买则有窑口，说合则有行商，私受土规，则有关汛为之奥援，包揽运载，则有快蟹艇资其护送，于是趸船之来，每岁骤增至数万箱。"《致姚亮甫中丞书》（包世臣）："烟禁真行，则粤、闽之富人失业，而洋商尤不便此，势必怂恿英夷出头恫喝。又闻粤中水师皆食土规，一日有事，情必外向。内地既有谋主，沿海复多胁从，英夷亦难保其不生歹心。"

官吏欲禁而有所不能。又其时内治之窳敝，已多为外人所窥破。

《道光二十一年澳门新闻纸》："当林[①]亲身看守销毁鸦片之时，亦有人将其鸦片成箱偷出，每箱卖银七百至一千元不等。林掌如此大权，尚有人胆敢违犯皇帝谕旨，若林一去以后，鸦片必定复兴。""中国人若可以依靠，北京皇宫内亦不致有鸦片之污秽。"同上："中国之兵，说有七十万之众，若有事之时，未必有一千合用，余皆系聚集下等之辈。其炮台却似花园之围墙，周围有窗，在海岸远望，亦是破坏。炮架亦不能转动，却似蜂巢。其师船之样，若得一只我等[②]或咪唎哑之兵船，在一点钟之久，即可赶散各师船。中国敌外国人，不过以纸上言语，真可谓之纸王谕国。"

虽以林则徐之公诚，焚毁烟土，罢英互市，卒不能申其志。

《柔远志》："道光十九年春正月，钦差大臣林则徐至广东，查禁鸦片烟。夏四月，毁鸦片烟土。[③] 十一月罢英吉利互市。""二十

① 此指林文忠公则徐。

② 当是英人自称。

③ 通查趸船所存烟土，实数呈出凡一万二百八十三箱。即在虎门外销毁，每箱偿茶叶五斤。

二年八月，英义律来天津要抚，以琦善为钦差大臣赴粤，罢两广总督林则徐。”

卒劫于英之武力，割香港，赔烟款，立五口通商之约焉。

《柔远记》：“道光二十一年春正月，琦善以香港许英。二月，英人寇虎门。四月，犯广州城。七月，陷厦门。八月，陷定海、镇海，进据宁波府。二十二年二月，攻慈溪。四月，犯乍浦。五月，陷宝山、上海，犯松江府。六月，陷镇江。七月，犯江宁。耆英、伊里布、牛鉴与英人成和。”

《约章大全》：“《中英江宁条约》十三款：（一）嗣后大清大皇帝、大英国君主，永存和平。所属华英人民，彼此友睦，各住他国者，必受该国保佑，身家安全。（一）自今以后，大皇帝恩准英国人民，带同所属家眷，寄居沿海之广州、福州、厦门、宁波、上海等五处港口，贸易通商无碍。英国君主派设领事、管事等官，住该五处城邑，专理商贾事宜，与各该地方官公文往来。令英人按照下条开叙之例，清楚交纳货税钞饷等费。（一）因英国商船远路涉洋，往往有损坏须修补者，自应给予沿海一处，以便修船及存守所用物料。今大皇帝准将香港一岛，给予英国君主，暨嗣后世袭主位者，常远主掌，任便立法治理。（一）因钦差大臣等，于道光十九年二月间，将英国领事官及民人等强留粤省，吓以死罪，索出鸦片以为赎命。今大皇帝准以洋银六百万元，补偿原价。（一）凡英国商民在粤贸易，向例全归额设行商，亦称公行者承办。今大皇帝准其嗣后不必仍照向例，凡有英商等赴各该口贸易者，勿论与何商交易，均听其便。且向例额设行商等，内有累欠英商甚多，无措清还者。今酌定洋银三百万元，作为商欠之数，由中国官为偿还。（一）钦差大臣等向英国官民人等不公强办，致须拨发军士，讨求伸理，今酌定水陆军费洋银一千二百万元，大皇帝准为偿补。惟自道光二十一年六月十五日以后，英国在各城收过银两之数，按数扣除。

（一）以上酌定银数，共二千一百万元。此时交银六百万元；癸卯年六月间，交银三百万元，十二月间，交银三百万元，共银六百万元；甲辰年六月间，交银二百五十万元，十二月间，交银二百五十万元，共银五百万元；乙巳年六月间，交银二百万元，十二月间，交银二百万元，共银四百万元。自壬寅年起，至乙巳年止，四年共交银二千一百万元。倘按期未能交足，则酌定每年每百元应加息五元。（一）凡系英国人，无论本国属国军民等，今在中国所管辖各地方被禁者，大皇帝准即释放。（一）凡系中国人，前往英人所据之邑居住者，或与英人有来往者，或有跟随及伺候英国官人者，均由大皇帝俯降谕旨，誊录天下，恩准免罪。凡系中国人为英国事被拿监禁者，亦加恩释放。（一）前第二条内言明开关，俾英国商民居住通商之广州等五处，应纳进口出口货税饷费，均宜秉公议定则例，由部颁发晓示，以便英商按例交纳。今又议定，英国货物自在某港按例纳税后，即准由中国商人遍运天下。而路所经过税关，不得加重税例，只可照估价则例若干，每两加税不过某分。（一）议定英国住中国之总管大员，与中国大臣无论京内京外者，有文书来往，用照会字样，英国属员，用申陈字样，大臣批复，用札行字样。两国属员往来，必当平行照会。若两国商贾上达官宪，不在议内，仍用奏明字样。（一）俟奉大皇帝允准和约各条施行，并以此时准交之六百万元交清，英国水陆军士当即退出江宁、京口等处江面，并不再行拦阻中国各省商贾贸易，至镇海之招宝山亦将退让，惟有定海县之舟山海岛、厦门厅之鼓浪屿小岛，仍归英兵暂为驻守，迨及所议洋银全数交清，而前议各海口均已开关，俾英人通商后，即将驻守二处军士退出，不复占据。（一）以上各条，均关议和要约，应俟大臣等分别奏明大清大皇帝、大英君主，各用朱、亲笔批准后，即速行相交，俾两国分执一册，以昭信守。”

第十二章　内治之腐败及教匪发捻之乱

自乾隆中叶，至道、咸间，清代内治之腐败，达于极度。虽无外患，亦不足以自保。盖高宗习于汰侈，务为夸大，金川、缅甸、安南诸役，俱以苟且蒇事。而朝野莫敢直言，相尚以欺诈蒙蔽，积之既久，如痈决疣溃，所在皆患。而继起者，复皆庸碌无能之辈，浸淫酝酿，愈引愈巨，清之祚几斩焉。藉非汉族出死力以维之，清之亡久矣。然当时政治之腐败，不尽由于满人，大小官吏，贪墨狼藉，十九皆汉人也。要亦以劫于满人之威势，其明知其不可，而不得不为之者，观当时诸人之言论可见。

> 《圣武记》（魏源）："国朝军需，固皆发帑，无加赋，而州县吏私派之弊，实不能免，边省尤甚。乾隆征缅之役，调满洲索伦兵各五千，朝廷轸念民艰，每站夫马倍给雇价，然多供有司侵润，未必宽差徭以实惠也。其见于赵氏翼《簷曝杂记》者曰：镇安府应兵夫马，皆民间按田均派。每粮银一两，科至六两余，因藩库不先发，令有司垫办，有司亦令民垫办。俟差事毕，始给，及差毕而给否莫敢过问矣。至黔苗应徭役，一家出夫，则数家助之，故夫役尤多云云。此皆令典所无，甚有军需告竣，而已加之赋，吏不肯减，遂沿为成例者。"

此仅指边地言也，实则其时州县侵蚀贪冒，所在皆是。洪亮吉《征邪教疏》言之：

> 《征邪教疏》（洪亮吉）："今日州县之恶，百倍于十年二十年以前。上敢蘼天子之法，下敢竭百姓之资。以臣所闻，湖北之宜昌，四川之达州，虽稍有邪教，然民皆保身家，恋妻子，不敢犯法也。

州县官既不能消弭化导于前，及事有萌蘖，即借邪教之名，把持之，诛求之，不逼至于为贼不止。臣请凡邪教所起之地，必究其激变与否，与起衅之由，而分别惩治之。或以为事当从缓，然此辈实不可一日姑容。明示创惩，既可舒万姓之冤，亦可塞邪民之口。盖今日州县，其罪有三：凡朝廷捐赈抚恤之项，中饱于有司，皆声言填补亏空，是上恩不逮下，一也；无事则蚀粮冒饷，有事则避罪就功，府县以蒙其道府，道府以蒙其督抚，甚至督抚即以蒙皇上，是使下情不上达，二也；有功则长随幕友皆得冒之，失事则掩取迁流颠踣于道之良民以塞责，然此实不止州县，封疆之大吏、统率之将弁，皆公然行之，安怪州县之效尤乎？三也。”

章学诚《上执政论时务书》言之：

《上执政论时务书》（章学诚）：“近年以来，内患莫甚于蒙蔽，外患莫大于教匪，事虽二致，理实相因。……贼扬言官逼民反，九重既知之矣。夫由官逼民反观之，则吏治一日不清，逆贼一日得藉口以惑众也。以良民胁从推之，则吏治之坏，恐亦有类于胁从者也。盖事有必至，理有固然。天下之患，莫患于知其不可，而群趋于不得不然之势，今之州县是也。……夫贼之反，以官逼为辞，而吏治之坏，又有不得不然之说。则吏治与寇患，相为呼吸，必当切究其故而急去之，斯非一切庶事可以从容待次第者比也。州县仓库空虚，缓急俱不可恃，此根本之说也。州县典守皆不可信，一切留存预备之项，多提贮于司库，此救弊而不揣其本者也。此犹未见寇患相与呼吸，其最与寇患相呼吸者，情知亏空为患，而上下相与讲求弥补，谓之设法。天下未有盈千百万已亏之项，只此有无出纳之数，而可为弥补之法者也。设法者，巧取于民之别名耳。……盖既讲设法，上下不能不讲通融。州县有千金之通融，则胥役得乘而牟万金之利；督抚有万金之通融，州县得乘而牟十万之利。……韦布书生，初膺民社，趋谒大吏，首请指挥，即令肩承前官累万盈千亏项，责以分卯限年，设法弥补。强者欲矫名节而无从，弱者欲退初服而无路。惟有俯就羁勒，驰驱于习俗之中，久且心与之化，而不肖者之因以为利，又无论矣。……侧闻所设之法，有通扣养廉，而不问有无亏项者矣。有因一州县所亏之大，而分累数州县者矣。有人地本属相宜，特因不善设法，上司委员代署，而勒本员闲坐县城，或令代摄佐贰者矣。有贪劣有据，勒令缴出赃金，而掩复其事者矣。有声名向属狼藉，幸未破案，而丁故回籍，或升调别省，勒令罚金若干，免其查究者矣。有肤腴之缺，不问人地宜否，但能担任弥补，许买升调者矣。……种种意料难测，笔墨难罄之弊，皆由设法而生。"

而洪以直言被罪，章言之亦不见听。

《清先正事略》(李元度)："洪稚存先生初第时，大臣掌翰林院者，网罗人才，以倾动声誉。先生知其无成，欲早自异，遂于御试《征邪教疏》内，力陈中外弊政，发其所忌。又先生上书成亲王暨当事大僚言事，成亲王以闻，即日落职，交刑部治罪。奏上，免死，戍伊犁。"

盖清自和珅用事以来，上下相蒙，公私交困，非一日也。

《上执政言事务书》："自乾隆四十五年以来，讫于嘉庆三年而往，和珅用事几二十年，上下相蒙，惟事婪赃渎货。始则蚕食，渐至鲸吞。初以千百计者，俄而非万不交注矣，俄而万且以数计矣，俄以数十万计、百万计矣。一时不能猝办，由藩库代支，州县徐括民财归款。贪墨大吏，胸臆习为宽侈，视万金呈纳，不过同于壶箪馈问。属吏迎合，非倍往日之搜罗剔括，不能博其一欢。官场如此，日甚一日，则今之盈千百万所以干而竭者，其流溢所注，必有在矣。道府州县向以狼藉著者，询于旧治可知。而奸胥巨魁，如东南户漕、西北兵驿，盈千累万，助虐肥家，亦必可知。督抚两司，向以贪墨闻者，询于廷臣可知。圣主神明洞鉴，亦必有知其概者，此辈蠹国殃民，今之寇患，皆其所酿；今之亏空，皆其所开。其罪浮于川陕教匪，骈诛未足蔽辜。”

由嘉庆至道光，迭经教匪及英人祸乱，而其弊依然不改，且加甚焉。刘蓉《致某官书》曾痛言之：

《致某官书》(刘蓉)：“今天下之吏亦众矣，未闻有以安民为事者，而赋敛之横，刑罚之滥，朘民膏而殃民命者，天下皆是。”“国家牧民之吏，其始取之也，以记诵词章，而不必有德行道艺之实；其职之也，以科条律令，而不必有慈祥仁爱之施；其课之也，以钱谷刑名，而不必有抚字教化之效，是固已失出治安民之本矣。况夫科目之外，又杂以捐纳之途，是驱之使责偿于民，而肆其贪婪之志也。法律之外，又加以条例之烦，是借之使挟以为奸，而制其死生之命也。考成之外，又责以苞苴之私，是教之使敛怨于下，而快其溪壑之欲也。是以才者既尽其所欲为，而不顾斯民之疾苦，不才者又茫然不省，一听猾胥之所欲为，而因以便其私计。”“又有甚者，府史胥徒之属，不名一艺，而坐食于州县之间者，以千计。而各家之中，不耕织而享鲜美者，不下万焉。乡里小民，偶有睚眦之故，相与把持愚弄，不破其家不止。”“今之大吏，以苞苴之多寡，为课绩之重轻，而黜陟之典乱。今之小吏，以货贿之盈虚，决讼事之曲直，而刑赏之权乖。”“州县之中，稍有洁己自好者，不惟白首下僚，无望夫官阶之转，而参劾且随之。而贪污者流，既以肥身家、乐妻子，而升擢之荣，岁且数至。彼此相形，利害悬绝，彼廉吏者，名既无成，利亦弗就。而独舍天下之所甚利，犯当世之所甚忌，此岂其情也哉！宜乎竞通私贿，煽起贪风，虽或负初心，亏素守，然犹每顾而不悔者也。”同上：“民之黠者，既巧为规避，而非法律所得制；富者，又得以献纳鬻免，虽罹禁网而不刑。是以法之所及，止于愚鲁贫民；而豪猾者流，日寝馈于法禁之中，而常逍遥于文网之外。于是法律之施，不惟不足以整齐夫风俗，又且驱天下之风俗而益败坏之。”“今天下僻远之邑，绿林深密之地，盗贼群聚而据焉。大者以千计，小者亦以百计，造栅置寨，屠狗椎牛，昼则群饮于市肆，赌博叫嚣，夜则劫掠于乡村，纵横骚扰。而乡里莫之敢发，州县莫之敢问，隶卒莫之敢撄者，诚畏其势而无可如何也。夫国家治盗之法亦严矣，然而令行而禁不止，此其弊有二：一则纵贼以为利，一则讳盗以为功。今穿窬小贼，每流乡里，惟强有力者，乃能自捕而解之县。县得民之资，而后系之，旋纳盗之贿，而又出之。是故盗以囹圄为逆旅，而吏视盗贼犹客商，此所谓纵贼以为利之弊也。至其大者，则又修好于乡里之民，以固其巢穴；缔交于豪强之吏，以广其羽翼。而势焰既张，有司者熟视而莫敢发，苟发而不能捕，捕而不能获，则参罚且随其后。今一讳之，苟不至于劫财害命，则固可以幸旦夕之安，而不病于考成之法，此所谓讳盗以为功者也。”同上：“往岁洋烟之禁初下，诏旨严切。有犯者，大则诛辟，小则流配，不三数日，而决遣已定。盖国家立法之严，大吏奉法之亟，未有捷于此者。然当时吏旨胥役之徒，边远偏僻之邑，肆然犯禁，莫敢过而问焉。不数日而法禁渐弛，纠察渐惰，则城市都会间，盖已有之。半年之后，上下相忘，而价值日廉于旧，若不知此之为禁者。则夫国家政令之不行，与其他良法美意之不克施于下，亦可见矣。”“今时弊之积于下者，不必尽闻于上。其闻于上者，又必再四详慎，不甚关于忌讳，然后敢人告焉。公卿大臣，又必再三审处，不甚戾于成法，然后勉而行焉。则夫弊所及除之端，盖无几耳。而禁令之不行，抑又如此，则是天下之弊，终无厘革之日也。”①

故教匪发捻之迭起为果，而官吏贪墨舞弊实为之因，此清室中叶以降之

① 曾纪泽注：此盖作于道光辛丑、壬寅年间。

真相也。

> 《清朝全史》（稻叶君山）："白莲教非始于清朝，元有乐城韩山童者，以其祖父所创之白莲教，煽惑人民，焚香诱众，倡言弥勒佛降生，白莲教之名自此始。""明天启五年，白莲会又蔓延于山东、直隶、河南、山西、陕西、四川等省。""清之白莲教教义，以祷告及念咒可以治病号召党徒，与前明不异。""白莲教之是否邪教，殊未易言。支那民间信仰颇杂，必非出于儒、释、道三教之一途，指人民之信仰即以为邪教，未得为当。究其真意，谓此种信仰稍带有政治意味，未始不可。然事多出于变动之结果，不能归罪于人民信仰，而在上者反卸其责而不问也。"

其端起于乾隆四十年，至嘉庆九年而始定，

> 《圣武记》："乾隆四十年，安徽刘松以河南鹿邑邪教事发，被捕，遣戍甘肃。复分遣其党刘之协、宋之清授教传徒，遍川、陕、湖北。日久，党益众，遂谋不靖，倡言劫运将至，以同教鹿邑王氏子曰发生者，诡明裔朱姓，以煽动流俗。乾隆五十八年，事觉，复捕获，各伏辜。嘉庆元年，湖北、四川教匪起，蔓延河南、陕西、甘肃，乘新政之宵旰，与五省环攻之兵力，且抚且剿，犹七载而后定。靖余孽者又二载，先后糜饷逾万万金。"

后又举事于清宫。

> 《清朝全史》："嘉庆十八年，有极大胆之阴谋，破裂于北京宫廷。阴谋作于天理教徒，其时因政府对于白莲教之法律过严，此乃其变名，实则仍为白莲教也。"

是亦可见其时人民仇满之思想。而满清之兵力亦由剿办教匪而显其不足恃，汉人之团练因之勃兴，是则满、汉势力消长之关键，实在嘉庆初年矣。

> 《清朝全史》："嘉庆二年，德楞泰条呈坚壁清野之法。""又有

著名之合州知州龚景瀚条呈谓八旗官兵不可恃，其军纪废弛，所过地方受害甚于盗贼。”“嘉庆四年，尝诏征黑龙江之兵，往返数千里，供应浩繁，水土不服，不熟贼情。计调一黑龙江之兵，可以募数十乡勇，且可卫身家、免虏掠，当使嗣后乡勇有功者，如八旗官兵保奏议恤，以收敌忾同仇之效。可知清廷意在节省经费，募集乡勇，行德楞泰之策。自嘉庆元年至二年，四川一省乡勇之数已越三十万人。”“总之，无论为坚壁清野，或募集乡勇，皆可证明满洲常备军不足以保障国家、维持社会也。”

道光末年，名地土匪蜂起。而洪秀全所部，复明制，蓄发以示敌清，清人谓之“发逆”。洪起兵四年，遂都江宁，建号太平天国。至同治三年六月，清兵克江宁，其党始渐平。

《克复江宁折》（曾国藩）：“洪逆倡乱粤西，于今十有五年，窃据金陵者十二年，其蹂躏竟及十六省，沦陷至六百余城之多。”

而其后复有捻匪。

《湘军记》（王定安）：“捻之患，不知其所自始。或曰：乡民行傩逐疫，裹纸然膏，为龙戏，谓之捻。其后报仇吓财，掠人勒赎，浸淫为寇盗。或数人为一捻，或数十百人为一捻，白昼行劫，名曰定钉。山东之兖、沂、曹，河南之南、汝、光、归，江苏之徐、淮，直隶之大名，安徽之庐、凤、颍、寿，承平时在在有之。”“咸丰三年，洪秀全陷安庆，踞金陵，遣党徇临淮、凤阳，出归德以扰河朔，于是皖、豫捻患益炽。”

又越数年，始平。捻为流寇，无宗旨，与发殊。然其为清室政治不良造成祸乱之现象，则一也。

太平军之起，以推翻清室、倡行耶教为宗旨。

《湘军记》：“洪秀全者，广东花县人。少饮博无赖，敢为大言，粗知书，卖卜为活。闻妖人朱九涛倡上帝会，与同邑冯云山往师之，以其术游广西。桂平曾玉珩延为塾师，武宣萧朝贵与贵县石达开、秦日纲，皆师事秀全。秀全诈死七日，复苏，谬众云，上帝召我，有大劫，拜天则免。遂托泰西人所称耶稣教者，造真言宝诰，谓天曰耶和华，耶稣为长子，秀全次子。其咒辞赞美上帝，以诳众敛钱，男妇多信事之。”《清朝全史》：“洪秀全以嘉庆十八年生于广东花县，彼族实由嘉应州移来之客民也。身干长大，有雄姿，略识文字。其父名国游，母早死，颇信基督教。其后得香港美国宣教师罗把兹之教训，然尚未受洗礼。未几，彼忽组织上帝会，其党与为冯云山与洪仁玕。彼主张神圣之三位一体，即第一位为天父，第二位为基督，即天兄，而己则为天弟。”“咸丰元年正月，在大黄江自号太平王。闰八月，陷永安州，在此建立太平天国之国号，自称天王。”

世多称其制度，

《清朝全史》：“太平军之军制，其初甚为完备。洪王右手握剑，左手捧耶稣教之信条，专鼓吹全军之勇气。”“在一八五八年之末期，置籍太平军者，有五十万乃至六十万之男子，其女子在五十万以上。兵之训练，就定营规条观之，阵营中之教训，并不懈怠。恪遵天命，熟读天条赞美，男女两营有别，禁吸阿片饮酒，约法极严。”“太平军初颁之规条如左：（一）恪遵天令。（二）熟识天条赞美，早晚礼拜，以感谢颁布之规矩及诏谕。（三）因欲练成好心肠，不得吸烟饮酒；宜公正和平，毋得弄弊徇情，顺下逆上。（四）同心合力，各遵有司，不得隐藏兵数及收匿金银器饰。（五）男营与女营有别，不得授受相亲。（六）宜熟谙日夜点兵鸣锣吹角擂鼓之号令。（七）无事勿得过他营行别军，以荒误公事。（八）宜学习为官之称呼问答礼制。（九）各整军装枪炮，以备急用。（十）不许谎言国法王章，讹错军机将令。”

且谓其能行共产主义，

《清朝全史》："统治军政，天京分设男馆女馆，分前、后、左、右、中五军。女馆分八军，军有女军师一人，下有女百长数十。此馆之创置，一面预防逃亡，一面便于布教。咸丰三、四年，收容此馆者共计二十四五万人。对于城南之一般住民，行门牌制，凡男子自十六岁至五十岁者，为牌面，其余曰牌尾，以便户口稽查。而土地分给之制，则彼等所创造者也。癸丑三年[①]颁行之天朝田亩制度，分田为九等。每田一亩，以早晚二季出千二百斤者为上上田，出千一百斤者为上中田，以下递减，出四百斤者为下下田。上上田一亩，当下下田三亩，照人口分给。受田之标准，男妇一人，每十六岁以上，受田；十五岁以下，给其半。若一家六人，三人受好田，三人受劣田，以一年为定。关于此制之精神，确有所在。彼云天下之田，天下之人同耕之。此处不足，迁移彼处；彼处不足，迁移此处。又曰，凡天下之田，丰荒相通，此处若荒，移彼丰处以赈此荒处；彼处若荒，移此丰处以赈彼荒处，务使天下共享天父上主皇上帝之天福。有田同耕，有饭同食，有衣同穿，使地无不均匀，使人无不饱暖。此等理想之下，土地田亩不为私有，金钱不许私藏，故贮藏银十两、金一两者为私藏犯法，须处罚云。"

然其理想单简，务破坏中国从来一切制度，而未能得他国完美之法以为之导，故其法制可称者止此。其后据地广袤，日事兵争，救死不暇，亦无复建设之力矣。

由太平军之反动，而满洲之势力益衰。湘军崛起，以书生农夫，奋死与洪、杨角逐，而后满洲之兵权几完全归于汉人之手。

《湘军记》："自洪、杨倡乱，大吏久不习兵。绿营呰窳骄惰，闻征调则惊号，比至前敌，秦、越、楚、燕之士，杂糅并进。胜则相妒，败不相救，号令歧出，各分畛域，迄不得一兵之用。于是诸

---

① 西一八五三年。

路将帅，颇厌征调劳费，稍事招募。潮勇川勇，萌蘖渐起。然其人多游民剧盗，剽悍绎骚，民尤患苦之。江忠源初创楚军，刘长佑助之，挈其乡人子弟，慷慨赴敌。始讲节制，禁骚扰，义声日起。其时草昧缔构，实为湘军滥觞。迨曾国藩以儒臣治军长沙，罗泽南、王鑫皆起诸生，讲学敦气谊，乃选士人，领山农。滑弁游卒及市井无赖，摈斥不用。初立三百六十人为一营，已而改五百人为一营，营分四哨，哨官四人，统以营官。自两营迄数十营，视材之大小而设统领焉。”“一营之中，指臂相联，弁勇视营哨官，营哨官视统领，统领视大帅，皆如子弟之事其父兄焉。”“其后湘军战功遍天下，从戎者日益众。迨左宗棠、刘锦棠平秦、陇，率师出关，所部百数十营。虽号老湘营，间用他省人，错杂其间。然其营制薪粮，犹遵循未改也。”

淮军继之，参以西法，遂开近数十年军阀之统系焉。

《淮军平捻记》（周世澄）：“淮军之始也，于同治元年，其营制一准楚勇。”“淮军之精于炮火也，以李公之雇募英、法弁兵教练洋枪队始。李公初至上海，雇募英、法弁兵通习军器者，仿照制办，并令参将韩殿甲督率中国工匠，尽心学习。”《清朝全史》：“当时上海富商，组织一爱国会，各出军资，使欧人助之，以防太平军。美国人华尔及白齐文，受爱国会之嘱托，于一八六〇年六月募集欧人一百、马尼亚人二百，攻击松江。”“华尔转战浙江慈溪阵亡，白齐文后以不服从清吏而解职，英国陆军少将戈登代之，统率常胜军。”

世谓湘军之精神，在维持名教，

《清朝全史》：“咸丰四年，曾国藩颁布讨粤匪檄。……自唐、虞三代以来，历世圣人，扶持名教，敦叙人伦，君臣父子，上下尊卑，秩然如冠履之不可倒置。粤匪窃外夷之绪，崇天主之教，自其伪君伪相，下逮兵卒贱役，皆以兄弟称之，谓惟天可称父，此外凡民之父，皆兄弟也；凡民之母，皆姊妹也。农不能自耕以纳赋，谓田皆天主之田也；商不能自贾以取息，谓货皆天主之货也；士不能诵孔子之经，而别以所谓耶稣之说、新约之书。举中国数千年礼义人伦诗书典则，一旦扫地荡尽，此岂独我大清之变，乃开辟以来，名教之奇变，我孔子、孟子之所痛哭于九泉。凡读书识字者，又焉能袖手坐观，不思一为之所也。自古生有功德，没则为神，王道治明，神道治幽，虽乱臣贼子，穷凶极丑，亦往往敬畏神祇。李自成至曲阜，不犯圣庙；张献忠至梓潼，亦祭文昌。粤匪焚郴州之学官，毁宣圣之木主，十哲两庑，狼藉满地。所过州县，先毁庙宇，即忠臣义士，如关帝、岳王之凛凛，亦污其宫室，残其身首，以致佛寺道院、城隍社坛，无庙不焚，无像不灭，此又鬼神所共愤怒，欲一雪此憾于冥冥之中者也。"同上："湘中主将，皆系书生，只知中国固有之学问名教。曾之檄文，实湘军之精神。彼指摘洪军焚郴州之学官、孔子之木主及十哲之两庑等，谓孔子、孟子当痛哭于九泉，此语最为紧要。后日洪军之政策，亦许读孔孟书，以冀人心之和缓矣。……湘军非勤王主义，亦非雷同性之侵略，意在维持名教。其最终之目的，即恢复异宗教之南京是也。是故湘军可称为一种宗教军。"

观彭玉麟之宗旨，固可以见湘军之动机。

《清朝全史》："彭玉麟为长江水师之指挥者，三十余年之久。当从军之初，立二誓约：其一曰不私财，其二曰不受朝廷之官。咸丰十一年，授安徽巡抚，彼辞不受。同治三年，克复南京，赏一等轻车都尉世爵，加太子少保衔，续任为漕运总督，朝赏频至，彼亦不受。彼上痛切之辞表曰：'臣本寒儒，佣书养母，咸丰三年母物故，曾国藩谬用虚名，强之入营。初次臣见国藩，誓必不受朝廷之官职，国藩见臣语诚实，许之。顾十余年来，任知府，擢巡抚，由提督补侍郎，未尝一日居其任。应领收之俸给及一切银两，从未领纳丝毫，诚以朝恩实受，官犹虚也。’又曰：‘臣素无室家之乐、安逸之志，治军十余年，未尝营一瓦之覆、一亩之殖，受伤积劳，未尝请一日之假，终年于风涛矢石之中，未尝移居岸上，以求一人之安，诚以亲丧未终，出从戎旅也。既难免不孝之罪，又岂敢为一己之图乎！臣尝闻士大夫之出处进退，关于风俗之盛衰，臣既从军，志在灭贼，贼既灭而不归，近于贪位。夫天下之乱，不徒在盗贼之未平，而在士大夫之进无礼退无义。中兴大业，宜扶树名教，振起人心’云。……彼扩张长江水师，使至一万余人。一切兵饷，以盐税及长江厘金税充之，不烦户部。乱平后，尚余六十余万，报告两江总督，寄托于盐道之手，取其利息，加水师公费。彼曰：‘予以寒士来，愿以寒士归也。’观以上之事实，湘军组织之动机，非对于朝廷之义务，又不为赏爵所激动，全由自卫之必要而起。然则洪军之平定，枢纽于湘军，与朝廷无涉，而朝廷之设施，直隔靴搔痒而已。”

然亦足征吾国人之能力，虽以满清之压制，亦能崛起而大有为。惜乎，后来之淮军，无此风气也！

第十三章　外患与变法

清代之外患，虽自鸦片之战始，然壬寅立约后，朝野上下，一切如故，初未因外患而有所变革也。因外患而有所变革，自咸丰庚申始，而其事尤极可笑。初则以禁洋人入广东省城启衅，而有《天津和约》，继则以禁洋人入北京启衅，而有《北京和约》，而增开口岸，

> 《咸丰八年中英续约》第十款："长江一带各口，英商船只俱可通商。惟现在长江上下游均有贼匪，除镇江一年后立口通商外，其余俟地方平靖。大英钦差大臣与大清特派之大学士尚书会议，准将自汉口溯流至海各地，选择不逾三口，准为英船出进货物通商之区。"第十一款："广州、福州、厦门、宁波、上海五处，已有《江宁条约》旧准通商外，即在牛庄、登州、台湾、潮州、琼州等府城口，嗣后皆准英商亦可任意与无论何人买卖，船货随时往来。至于听便居住、赁房、买屋、租地、起造礼拜堂、医院、坟茔等事，并另有取益防损诸节，悉照已通商五口无异。"《中法条约》第六款："中国多添数港，准令通商，屡试屡验，实为近时切要。因此议定将广东之琼州、潮州，福建之台湾、淡水，山东之登州，江南之江宁六口，与通商之广东、福州、厦门、宁波、上海五口，准令通市无异。"《咸丰十年中英续增条约》第四款："大清大皇帝允以天津郡城海口作为通商之埠，凡有英国民人等至此居住贸易，均照经准各条所开各口章程比例画一无别。"《中法续约》第七款："从两国大臣画押盖印之日起，直隶省之天津府克日通商，与别口无异。"

协定税率，

> 《中英续约》第二十六款："前在江宁立约第十条内，定进出口

各货税。彼时欲综算税饷多寡，均以价值为率，每价百两，征税五两，大概核计，以为公当。旋因条内载列各货种式，多有价值渐减而税饷定额不改，以致原定公平税则，今已较重。拟将旧则重修，允定此项立约，如有印信之后，奏明请派户部大员，即日前赴上海，会同英员迅速商夺。俾俟本约奉到朱批，可即按照新章迅行措办。”第二十七款：“此次新定税则，并通商各款，日后彼此两国再欲重修，以十年为限。期满，须于六个月之前，先行知照，酌量更改。若彼此未曾先期声明更改，税则税课仍照前章完纳，复俟十年，再行更改。以后均照此限此式办理，永行弗替。”《中法条约》：“大法国人在通商各口贸易，凡入口出口，均照两国钦差大臣所定印押而附章程之税则，输纳钞饷。但因两国货物或土产或工艺，一时不同，而价值有低昂之殊，其税则有增减之别，每七年较订一次，以资允协。七年之内，已定税银，将来并不得加增，亦不得有别项规费。”《中国近时外交史》（刘彦）：“独立国家，由主权发动，有制定税率之权，外国商人不可不服从之。以前俄、英商人不过哀求我国减税，朝廷以泽及远人之意，特从宽减。至此以外人之强制，由主客二国协定税率，是独立国大伤体面之事。且此协定税率并非用互惠条款，彼可得之于我，我不能求偿于彼，其损害及于我国财政上经济上尤甚大。”

领事有裁判之权，

《中英续约》第十六款：“英国民人有犯事者，皆由英国惩办；中国人欺凌害英民，皆由中国地方官自行惩办。两国交涉事件，彼此均须会同公平审断，以昭允当。”第十七款：“凡英国民人控告中国民人事件，应先赴领事官衙门投禀，领事官即当查明根由，先行劝息，使不成讼。中国民人有赴领事官告英国民人者，领事官亦应一体劝息，间有不能劝息者，即由中国地方官与领事官会同审办，公平讯断。”《中国近时外交史》：“凡国家对于领土内行使主权，虽外国人不可不服从之，即国家独立权所在也。故外国人入领土内，必服从其法律，领事裁判权许与，则外人入我领土之内，不服从我国法律，即国际法上国家之独立权受制限是也。”

利益有均沾之例，

《中英续约》第五十四条款：“上年立约，所有英国官民，理应取益防损各事，今仍存之勿失。倘若他国今后别有润及之处，英国无不同获其美。”《咸丰八年中美条约》第三十款：“现经两国议定，嗣后大清国有何惠政恩典利益施及他国或其商民，无论关涉船只、海面、通商、贸易、政事交往等事情，为该国并其商民从来未沾，抑为此条约所无者，亦当立准大合众国官民一体均沾。”

以及传教游历、

《中英续约》第八款：“耶稣圣教暨天主教，原系为善之道，待人如己。自后凡有传授习学者，一体保护，其安分无过，中国官毫不得刻待禁阻。”《中法条约》第十三款：“天主教原以劝人行善为本，凡奉教之人，皆全获保佑身家，其会同礼拜诵经等事，概听其便。凡按第八款备有盖印执照、安然入内地传教之人，地方官务必厚待保护。凡中国人愿信崇天主教而循规蹈矩者，毫无查禁，皆免惩治。向来所有或写或刻奉禁天主教各明文，无论何处，概行宽免。”《中美条约》：“耶稣基督圣教，又分天主教，原为劝人为善，凡欲人施诸己者，亦如是施于人。嗣后所有安分传教习教之人，当一体矜恤保护，不可欺侮凌虐。凡有遵照教规、安分传习者，他人毋得骚扰。”《中英条约》第九款：“英国民人准听持照前往内地各处游历通商，执照由领事官发给，由地方官盖印。经过地方，如饬交出执照，应即随时呈验，无讹放行。雇人装运行李货物，不得拦阻。如其无照，其中或有讹误，以及有不法情事，就近送交领事官惩办，沿途止可拘禁，不可凌虐。如通商各口，有出外游玩者，地在百里，期在三五日内，毋庸请照。惟水手船上人等不在此例，应由地方官会同领事官，另定章程，妥为弹压。”《中法条约》第八款：“凡大法国人欲至内地及船只不准进之各埠头游行，皆准前往，然务必与本国钦差大臣或领事等官，预领中法合写盖印执照，其执照上仍应有中华地方官钤印以为凭。如遇执照有遗失者，大法国人无以缴送，而地方官员无凭查验，不肯存留，以便再与领事等官复领一件，听凭中国官员护送进口，领事官收管，均不得殴打伤害虐待所获大法国人。凡照旧约在通商各口地大法国人，或长住，或往来，听其在附近处所散步动作，毋庸领照，一如内地民人无异，惟不得越领事官与地方官议定界址。其驻扎中国大法国官员，如给执照之时，惟不准前往暂有匪徒各省分，其执照惟准给予体面有身家之人为凭。”

售卖洋药、

《中英通商章程》第五款：“向来洋药、铜钱、米谷、豆石、硝磺、白铁等物，例皆不准通商，现定稍宽其禁，听商遵行纳税贸易。洋药准其进口，议定每百斤纳税银三十两。惟该商只准在口销卖，一经离口，即属中国货物，只准华商运入内地，外国商人不得护送，即《天津条约》第九条所载英民持照前往内地通商、并二十八条所载内地关税之例，与洋药无涉。其如何征税，听凭中国办理，嗣后遇修改税则，仍不得按照别货定税。”《中西纪事》（江上蹇叟）：“壬寅约内，绝不提烟土一字。”“自通商议行，鸦片弛禁，于是利权操之于外洋，而烟土遂为各行之首业，此岂特漏卮之患而已哉！”“壬寅通商之后，鸦片之禁大开，直至咸丰八年，始定税则，是法穷则变也。”

禁书“夷”字、

《中英续约》第五十一款：“嗣后各式公文，无论京外内，叙大

> 英国官民，自不得提书‘夷’字。”

自由建造等事，

> 《咸丰十年中法续约》第六款：“应如道光二十六年正月二十五日上谕，即颁示天下黎民，任各处军民人等传习天主教，会合讲道，建堂礼拜。且将滥行查拿者予以应得处分，又将前谋害奉天主教者之时所充之天主堂、学堂、茔坟、田土、房廊等件，应赎还，交法国驻扎京师之钦差大臣，转交该处奉教之人。并任法国传教士，在各省租买田地，建造自便。”

无往而不允其所请，正不独赔款割地之为国耻也。（咸丰八年，赔英商损害银二百万两、英国军费二百万两，赔法国损害费与军费共银二百万两。咸丰十年，改赔英款为八百万两，法款亦八百万两。咸丰十年，中英续增条约第六款，允以广东九龙司地方一区，付与大英君主。）

清廷受此巨创，始渐有改革政法之意。首建总理各国通商事务衙门，

> 《柔远记》（王之春）：“咸丰十年冬十月，建总理各国通商事务衙门。时各国交涉纷繁，军机处难以兼理，因议建总理衙门。奉谕，恭亲王等奏办理通商善后章程一折，即照原议办理，京师设立总理各国通商事务衙门。着即派恭亲王奕䜣、大学士桂良、户部左侍郎文祥管理，并着礼部颁给钦命总理各国通商事务关防。应设司员，即于内阁部院军机处各司员内满汉挑取八员，即作为定额，毋庸并兼军机处行走，轮班办理。侍郎衔候补京堂崇厚，着作为办理三口通商大臣，驻扎天津，管理牛庄、天津、登州三口通商事务，会同各该将军督抚府尹办理，并颁给办理三口通商大臣关防。其广州、福州、厦门、宁波、上海及内江三口，潮州、琼州、台湾、淡水各口通商事务，着江苏巡抚薛焕办理。新立口岸，惟牛庄一口，归山海关监督经管。其余登州各口，着该督抚会同崇厚、薛焕派员管理。所有各国照会，随时奏报，并将原照一并呈览，一面咨礼

部，转咨总理衙门，并着各该将军、督抚互相知照。其吉林、黑龙江中外边界事件，并着该将军等据实奏报，不准稍有隐饰。”《清会典》：“总理各国事务衙门，亲郡王贝勒大臣大臣上行走，掌各国盟约，昭布朝廷德信，凡水陆出入之赋，舟车互市之制，书币聘饔之宜，中外疆域之限，文译传达之事，民教交涉之端，王大臣率属定议，大事上之，小事则行。每日集公廨以治庶务，奏事日，则直朝房以待召见。”“凡各国使臣入觐，先奏请觐所定期，皇帝御殿阁，则导其使臣入。使臣行礼，如见其国君，使臣呈递国书，代陈御案，使臣陈词，皇帝宣慰毕，则帅以退。”“凡各国使臣以事期会，则入公廨，接以宾礼，纪问答，要事则录备进呈，往会亦如之。”“凡使臣来贺元旦令节，于岁首约期。部院堂官咸集，接以宾礼，往贺也如之。凡有约之国十有六：曰俄罗斯①，曰英吉利②，曰瑞典、那威③，曰米利坚④，曰法兰西⑤，曰德意志⑥，曰丹麻尔⑦，曰荷兰⑧，曰日斯巴尼亚⑨，曰比利时⑩，曰意大利亚⑪，曰奥斯马加⑫，曰日本⑬，曰秘鲁⑭，曰巴西⑮，曰葡萄牙⑯。分五股以理各国交涉事务：曰俄国股，日本附焉；曰英国股，奥斯马加附焉；曰美

---

① 俄国通商之始，自康熙二十八年议定《黑龙江约》六条，咸丰八年议定《爱珲城约》三条，又立《天津约》十二条，皆在衙门未设以前。

② 道光二十二年，在江宁立约十三条。

③ 道光二十七年，在广东立约三十三条。

④ 道光二十四年，在广东立约三十四款。

⑤ 咸丰八年，在天津立约四十二款。

⑥ 咸丰十一年，立通商条约四十二款。

⑦ 同治二年，立约五十五款。

⑧ 同治二年，立约十六款。

⑨ 同治三年，立约五十二款。

⑩ 同治四年，立约四十七款。

⑪ 同治五年，立约五十五款。

⑫ 同治八年，立约四十五款。

⑬ 同治十年，立约十八款。

⑭ 同治十三年，立约十九款。

⑮ 光绪七年，立约十七款。

⑯ 光绪十三年，立约五十四款。

国股，德意志、秘鲁、意大利亚、瑞典、那威、比利时、丹麻尔、葡萄牙附焉；曰法国股，荷兰、日斯巴尼亚、巴西附焉；曰海防股。”①

及同文馆。

《柔远记》：“同治六年春三月，设同文馆于京师。”“时京师有洋馆，乃议设同文馆，并招集士子学习推算及泰西文字语言，而雇西人教习，廷臣谏疏皆留中。”《清会典》：“同文馆管理大臣，掌通五大洲之学，以佐朝廷一声教。”“考选八旗子弟与民籍之俊秀者，记名入册，以次传馆。”“设四国语言文字之馆②，曰英文前馆，曰法文前馆，曰俄文前馆，曰德文前馆，曰英文后馆，曰法文后馆，曰俄文后馆，曰德文后馆。”

其议盖发于文祥。

《文文忠公别传》（匡辅之）：“咸丰十年，拟善后章程六条：（一）京师立总理各国事务衙门。（一）分设南北口岸大臣。（一）新立税关，派员专理。（一）各省办理外国事件，将军、督抚互相知照，以免歧误。（一）广东、上海各择通外国语言文字者二人来京，仿俄罗斯馆教习例，选八旗子弟年十三四以下者学。习两年后，考其勤惰，有成者优奖。（一）各海口内外商情，并外国新闻纸，按月咨报总理各国事务衙门备核。”

而其时号为理学者，颇非之。

《倭文端公别传》（匡辅之）：“同治六年正月，同文馆招考天文、算学，由满、汉之正途出身五品以下京外各官考试录取，延聘西人在馆教习。公奏言：立国之道，尚礼义不尚权谋；根本之图，

---

① 按《会典》成书律，续订条约各国，曰刚果，则在光绪二十四年；曰墨西哥，曰韩国，则在光绪二十五年，其交涉之事，亦兼附各股。

② 天文、化学、算学、格致、医学，共八馆。

在人心不在技艺。今求诸一艺之末，又奉夷人为师，无论所学未必果精，即使教者诚教，学者诚学，其所成就，不过术数之士，未闻有恃术数而能起衰振靡者也。自耶稣之教盛行，无识愚民，半为所惑，所恃读书明理之儒，或可维持人心。今复举聪明隽秀、国家所培养而储以有用者，使之奉夷人为师，恐所习未必能精，而读书人已为所惑。夫术为六艺之一，本儒者所当知，非歧途可比。然天文、算学，为益甚微，西人教习正途，所损甚大。伏望立罢前议，以维大局而弥隐患。事遂止。旋命公在总理各国事务衙门行走，公恳请收回成命。上不允，寻上疏固辞。"

比遣使出洋，稍识外情，

《柔远记》："同治七年六月，遣使出洋与美国增订条约。……时外洋诸国公使领事等交错来华，周知内地虚实，而中国于外洋情事，仅得传闻，未亲历目睹。有以彼能来，我亦能往为言者，于是特派钦差为重任大臣，二品顶戴志刚、孙家穀均充办理中外交涉事务大臣，赴大东洋，抵华盛顿，与美国总理各国事务大臣增订条约八款。"《初使泰西记》（满洲宜厚）："大清同治六年丁卯十二月初二日，总理各国事务衙门，以军功花翎记名海关道总办章京志刚笃实恳挚器识宏通保奏，奉旨派充使臣，与本衙门章京候选知府孙家穀并赏给二品顶戴，偕同美国钦使蒲安臣、英国协理柏卓安、法国协理德善等，恭赍国书，前往西洋有约各国，办理中外交涉事件。""初十日，使者与孙家穀诣乾清门，预备召见。衔前大臣带领进养心殿，皇太后问由何路行走，奏对由陆路到上海，上火轮船，经日本，过大东洋，到米里坚。由米里坚渡大西洋，到英吉利，过海，到法兰西。往北，顺路到比利时、荷兰、丹麻尔、瑞典、俄罗斯。往南，回路到布路斯，再南，仍经法兰西，到西班牙、意大利。由地中海，经大南洋，顺广东、福建、江、浙中国海面，自天津回京。谕：随从人务须管束，不可被外国人笑话。奏对：谨当严加管束，不准其在外滋事。”《随使日记》（张德彝）：“中国既与海外诸国通商，于是各遣使臣来华驻扎，修和好，保商民，以期办事确切，通信迅速。光绪元年，皇上以华民出洋日众，非有重臣旬宣，不足以资镇抚，特准赍诏前往各国，以通和好。适值英人马嘉理在滇被戕一案，乃奉旨派花翎兵部右侍郎郭嵩焘为正使，花翎三品衔候补五品京堂刘锡鸿为副使，莅英吉利国。”①

始知西洋立国自有本末，

《使西记程》（郭嵩焘）：“西洋立国自有本末，诚得其道，则相辅以致富强，由此而保国千年可也。不得其道，其祸亦反是。”

欲洗国中积弊而更张之。然其时国人犹蔽于故见，以不谈洋务为高，即有倡议改革者，率为群议所阻。观李鸿章答郭嵩焘书，可知其时之风气矣。

《李文忠朋僚函稿》卷十七《光绪三华复郭筠仙星使书》：“西洋政教规模，弟虽未至其地，留心咨访考究几二十年，亦略闻梗概。自同治十三年海防议起，鸿章即沥陈煤铁矿必须开挖，电线铁路必应仿设，各海口必应添设洋学格致书馆，以造就人才。其时文相目笑存之，廷臣会议皆不置可否。是年冬，晤恭邸，极陈铁路利益，请先试造清江至京，以便南北转输。邸意亦以为然，谓无人敢主持，复谓其乘间为两宫言之。渠谓两宫亦不能定此大计，从此遂绝口不谈矣。……人才风气之固结不解，积重难返。鄙论由于崇尚时文小楷误之，世重科目，时文小楷即其根本，来示万事皆无其本，即倾国考求西法，亦无裨益，洵破的之论。而中国上下，果真倾国考求，未必遂无转机。但考求者仅执事与雨生、鸿章三数人，庸有济耶！”

① 按同治七年志刚等之出使，仅为修交立约，初非驻使。同治四年侍郎崇厚使法国，专为陈述天津焚教堂杀领事案情而往，而至郭嵩焘之使，始为常驻使臣之始。

光绪初年，外患之来，相续不绝。日夺琉球，俄割伊犁，法夺安南，英取缅甸。清之国势，已岌岌不可保，而清人犹泰然安之。虽时时仿效西法，以涂饰耳目，而根本实未尝变。

《原强》（严复）：“中国知西法之当师，不自甲午有事败衄之后始也。海禁大开以还，所兴发者亦不少矣：译署一也，同文馆二也，船政三也，出洋肄业四也，轮船招商五也，制造六也，海军七也，海署八也，洋操九也，学堂十也，出使十一也，矿务十二也，电邮十三也，铁路十四也，拉杂数之，盖不止一二十事。此中大半皆西洋以富以强之基，而自吾人行之，则淮橘为枳，若存若亡，不能实收其效。”

及甲午之役，海军几尽，辽东几亡，韩国独立，台湾割让，偿金二亿，开埠四处，内江自由通航，内地从事制造，皆为从前军事所未有，交涉所未有。

《中国近时外交史》：“光绪二十一年，马关媾和条约二十一款，其主要如左：（一）中国确认韩国为完全独立自主国，所有该国向中国修贡献典礼等，自后全行废绝。（二）中国将左开之地域，及在该地域之城垒兵工厂及一切官有物，永远割让与日本国。（甲）奉天省南部，即自鸭绿江口溯江至安平河口，从该河口北线至凤凰城、海城及营口而止，所有北线以南地方及辽东湾、东海、黄海北岸属于奉天省诸岛屿，概为割让地。（乙）台湾全岛及其附属诸岛屿。（丙）澎湖列岛，即英国格林尼址东经百九十度起，至百二十度，及北纬二十三度起，至二十四度间之诸岛屿。右割让地方之中国人民，愿迁居割让地方以外者，准于二年内任便变卖产业，迁居界外。但二年期满后，尚未迁徙者，即认为日本臣民。（三）中国赔偿日本军费库平银二万万两，内一万万两，自本条约批准后十二个月内，分二期交还，余一万万两，自本条约批准后七年内，分六次交还。未纳银每年付五厘利息。（四）两国从前之条约，一概作废。中国以与欧洲各国现行约章为基础，速与日本结通商航海及陆路交通贸易新条约，又遵行以下诸项：中国现今已通商口岸之外，为日本国臣民新开沙市、重庆、苏州、杭州为通商口岸，日本得置领事官，且享有中国已开市场之特典与便宜；自宜昌至重庆，自上海入吴淞江入运河至苏州、杭州间之航路，准日本汽船自由通航；日本臣民在中国内地购置货品及生产物，又向中国内地输入之运送品，皆有租栈房存货之权，免除税钞及一切派征诸费；日本臣民在中国各通商口岸，得自由从事各种制造业，又各种机器，仅纳进口税，便得自由装运进口；日本臣民在中国内地制造之货物，其一切税课及租借栈房之利益，均照日本臣民输入货物之例办理，并享受一切之优例豁免。”

清之朝野上下，始觉感受非常之痛苦，而病旧制之不适矣。未几而英、俄、德、法诸国踵起，强迫立约，割我土地，定彼范围。

《中国近时外交史》：“光绪二十四年，列国对中国形势一变，英结扬子江不割让与他国之约，德结租借胶州湾之约，俄租旅顺、大连，日本约福建不割让与他国，法亦租借广州。”

于是康有为等上书德宗，力请变法。

《上皇帝第一书》：“所欲言者三：曰变成法、通下情、慎左右而已。”《第三书》：“乞及时变法，富国养民，教士治兵，求人才而慎左右，通下情而图自强。”“富国之法有六：曰钞法，曰铁路，曰机器，曰轮舟，曰开矿，曰铸银，曰邮政。”“养民之法，一曰务农，二曰劝工，三曰惠商，四曰恤众。”“教有及于士，有逮于民；有明其理，有广其智。”“治兵之法，一曰汰冗兵而合营勇，二曰起民兵而立团练，三曰练旗兵而振满蒙，四曰募新制以精器械，五曰广学堂而练将才，六曰厚海军以威海外。”“凡此富国养民、教士练兵之策，所以审端致力者，则在于求人才而擢不次，慎左右而广其选，通下情而合其力而已。”《第四书》：“今当以开创治天下，不当以守成治天下；当以列国并争治天下，不当以一统无为治天下。”《请开制度局疏》：“立制度局以总其纲，十二局以分其事：一曰法律局，二曰度支局，三曰学校局，四曰农局，五曰工局，六曰商局，七曰铁路局，八曰邮政局，九曰矿务局，十曰游会局，十一曰陆军局，十二曰海军局。”

德宗遂诏定国是，废八股取士旧制，谕立学堂，译新书，奋然欲大革积弊，

《光绪政要》：“光绪二十四年四月，诏定国是。”“数年以来，中外臣工，讲求时务，多主变法自强。迩者诏书数下，如开特科、裁冗兵、改武科、创立大小学堂，皆经再三审度，筹之至熟，始定议施行。惟是风气尚未大开，论说莫衷一是，或狃于老成忧国，以为旧章应行墨守，新法必当摈除，众喙哓哓，空言无补，至今日时局如此。若仍以不练之兵，有限之饷，士无实学，工无良师，强弱相形，贫富悬绝，岂真能制梃以挞坚甲利兵乎？朕惟国是不定，则号令不行，极其流弊，必至门户纷争，互相水火，徒蹈宋、明积习，于实政毫无裨益。即以中国大经大法而论，五帝三王，不相沿袭，譬之冬裘夏葛，势不两存。用是明白宣示，尔中外大小诸臣，自王公以及士庶，各宜努力向上，忿然为雄。佩圣贤义理之学，植其根本，又须博采西学之切于时务者，实力讲求，以救空疏迂谬之弊。”“五月，诏改八股取士旧制。”“总理衙门会同军机处奏筹办京师大学堂事宜。”“谕各省府厅州县设立学校。”“六月，谕派康有为督办官报，饬各衙门删改则例。”“派梁启超办理译书局。”“七月，宣示变法之意，并准藩臬道府专折奏事。”

为孝钦后及诸守旧者所沮，不久咸复其旧，而维新者多诛窜焉。

《光绪政要》：“光绪二十四年八月，御史杨深秀、军机章京谭

嗣同、林旭、杨锐、刘光第、康广仁正法，并宣示康有为罪状。”“谕复一切旧制。”

由戊戌变法之反动，而有庚子拳匪之祸。

《中国近时外交史》：“光绪二十四年春，帝与师傅翁同龢谋，决计变法。适恭王以四月十日薨，帝遂于四月二十三日下更新国是之诏。五日后，召见康有为于颐和园仁寿殿，咨询革新政略。五月五日，废八股取士制，天下耳目一新。先是康有为于召见之前，开保国会于北京，士大夫热心集合者数百人。其时御史潘庆澜、黄桂鋆、李盛铎等屡加弹劾。召见之后，弹者益多，帝不为动，且擢康有为同志杨锐、林旭、刘光第、谭嗣同四人为四品京卿，参与新政。凡奏章皆经四人阅览，上谕皆依四人起稿。维新诏敕，日如雨下。又许天下士民皆得上封奏，维新政论，日益增势。而各省督抚热心改革者，以湖南巡抚陈宝箴为首，一时治绩，大有可观。且帝欲效康熙、乾隆之例，御懋勤殿，选英才，聘外国人，共议兴革制度。先草一诏，求太后谕允，乃事变莫测，未几遂有太后垂帘穷治党人之事。盖改革过急，其主意与利益皆相反对之守旧派王大臣等，厌帝之所为，竭全力妨碍之，劝皇太后训政。先以荣禄易王文韶为直隶总督，次黜翁同龢职。八月七日，太后垂帘听政。十三日，捕杨锐、林旭、刘光第、谭嗣同、杨深秀、康广仁六人，戮于市。政府实权，全归守旧派之手，诏天下万事皆复旧。康有为、梁启超逃海外，自是守旧派以帝在位恐与己不利益，阴有所谋。八月十一日，诏天下名医诊帝疾。”“二十五年十一月二十五日，忽下谨遵慈训立端郡王载漪之子溥儁为穆宗毅皇帝之子以继皇绪之谕。”“斯时端郡王以皇太子生父之故，势力增大。且性刚愎，有胆略，素富排外精神，而军机大臣刚毅、徐桐、荣禄等皆与之深相结托，端郡王遂隐然为北京排外派之大首领。适义和团起自山东，东抚毓贤，极言义和团忠君爱国，有驱逐洋人能力。端王与刚毅等迷信之，奏请保护，于是政府有与义和团一体之势。”

八国联军入京，清皇室遁之陕西，赖李鸿章与各国订辛丑年和约，赔款四百五十兆两。

《中国近时外交史》：“光绪二十七年七月二十五日，北京和议成。”“其条约第六项，中国皇帝允付诸国偿款海关银四百五十兆两。”

而守旧者夺气，不敢反对新政。于是刘坤一、张之洞等上变法之折，其言多见于施行。二十年来旧制之日趋消灭，新法之日有增益基于此也。

《光绪政要》二十七年五月《两江总督刘坤一、湖广总督张之洞第一次会奏变法事宜疏》：“中国不贫于财，而贫于人才；不弱于兵，而弱于志气。人才之贫，由于见闻不广，学问不实；志气之弱，由于苟安者无履危救亡之远谋，自足者无发愤好学之果力。保邦致治，非人无由。谨先就育才兴学之大端，参考古今，会通文武，筹议四条：一曰设文武学堂，二曰酌改文科，三曰停罢武科，四曰奖励游学。敬为圣主陈之：（一）设文武学堂并取士之法，自汉至隋为一类，自唐至明为一类，无论或用选举，或凭考试，立法虽有短长，而大意实不相远也。要之，皆就已有之人才而甄拔之，未尝就未成之人才而教成之。故家塾则有课程，官学但凭考校，此皆与三代学校之制不合。现行科举章程，本是沿袭前明旧制，承平之世，其人才尚足以佐治安民；今日国蹙患深，才乏文敝，若非改弦易辙，何以拯此艰危？考《周官》司徒之职，《小戴礼·学记》之文，大率皆以德行道艺兼教并学，学成而后用之。此外见于经传者，乡国之学，皆兼六艺；大夫之职，必备九能。书礼干戈，司成并教；寄象鞮译，王制分官。海外图经，伯益所传；润色专对，《论语》所重。又按三代之制，庠序之称曰士，卒伍之称亦曰士，实为文武合一、文武并重之明征。若孔子兼通文武，学于四夷，尤圣人躬行垂教之彰彰者。今泰西各国学校之法，犹有三代遗意，'礼失求野'，或尚非诬。臣等谨参酌中外情形，酌拟今日设学堂办法，拟令州县设小学校，童子八岁以上，入蒙学，习识字，正语音，读蒙学歌诀诸书。除《四书》必读外，《五经》可择读一二部。家塾义塾，悉听其便，由绅董自办，官劝导而稽其数，每年报闻上司可也。十二岁以上，入小学校，习普通学，兼习《五经》。先讲解，后记诵，但解经书浅显义理，兼看中外简略地图。学粗浅算法，至开立方止；学粗浅绘图法，至画出地面平形止。习中国历代史事大略、本朝制度大略，习柔软体操，三年而毕业，绅董司之，官考察之。十五岁以上，入高等小学校，解经书较深之义理，学行文法，学策论词章，看中外详细地图，学较深算法，至代数几何止；学较深绘图法，至画出地上平剖面、立剖面、水底平剖面止。习中国历史大事、外国政治学术大略，习器具体操，兼习外国一国语言文字之较浅者。此学必设兵队操场，三年而毕业，官司之，绅董佐之。府设中学校，十八岁高等小学毕业者，入中学校，习普通学。此学温习经史地理，仍兼习策论词章，并习公牍书记文字。学精深算法，至弧三角航海驶船法止；学精深绘图法，至测算经纬度行军图目揣远近斜度止。习中国历史兵事，习外国历史法律格致等学。外国政治条约即附于律法之内，并讲明农工商等学之大略。习兵式体操，兼习外国一国语言文字之较深者。词章一门，亦设教习，学生愿习与否，均听其便。此学亦必设兵队操场，三年而毕业，学政考之，给予凭照，送入省城高等学校。省城应设高等学校一区，大省容二三百人，中小省容百余人。屋舍不便者，分设二三处亦可，但教法必须一律，非由中学校普通学毕业者不能收入。拟参酌中西学制，分为七专门：一经学，中国经学、文学皆属焉；二史学，中外史学、中外地理学皆属焉；三格致学，中外天文学、外国物理学、化学、电学、力学、光学皆属焉；四政治学，中外政治学、外国律法学、财政学、交涉学皆属焉；五兵学，外国战法学、军械学、经理学、军医学皆属焉；六农学，七工学，凡测算学、绘图学、道路、河渠、营垒、制造、军械、火药等事皆属焉，共七门。各认习一门，惟人人皆须兼习一国语言文字。此学亦必设兵队操场。至医学一门，以卫生为义，本为养民强国之一大端。然西医不习风土，中医又鲜真传，止可从缓。惟军医必不可缓，故附于兵学之内。并另设农工商矿四专门学校各一区，专以考验实事为主，机器药料试验所皆备，亦三年而毕业。其普通学成，愿入此四学者听。入此四学者，中国政学、文学皆令温习。无论何学，皆有兵队操场。其习武者，专设一武备学校，择普通毕业之廪生愿习武者送入。《四书》义、中国历史策论，人人兼习。其余悉依外国教课之法，并专习一国语言文字。或仿日本并设一炮工学校，专学制造枪炮之法，均三年而毕业。文学生高等学校毕业后，除农工商矿专门四学，另为章程外，此七门学生，学律法者，派入交涉局，学习实事，名曰练习学生；其余六门学生，均随其所愿，派入农工商矿等局，兼习实事，名曰兼习学生，均以实在局在营一年为度。农工商矿四专门学生，三年毕业后，农学派赴本省外县山乡水县考验农业，工学派赴本省外省华洋工厂考验制造，商学派赴南北繁盛口岸考验商务，矿学派赴本省外省开矿之山、炼矿之厂考验采炼，均名曰练习学生，亦均以实在出外游历练习一年为度。其武学生武备学校毕业后，令入营学习操练一年，半年充兵，半年充弁，以实在营一年为度。合计在学肄业及出外练习文武各门，均四年。学成，先由督抚学政考之，再由主考考之。取中者，除送入京师大学校外，或即授以官职，令其效用。大学校毕业又益加精，门目与省城所设高等专门学校同。三年学成，会试总裁考之，取中者授以官，此大中小学教法门目等级年限之大略也。（一）酌改文科并拟即照光绪二十四年臣张之洞奏变通科举奉旨允准之案酌办。大约系三场先后互易，分场发榜，各有去取，以期场场核实。头场取博学，二场取通才，三场归纯正，以期由粗入精。头场试中国政治史书，二场试各国政治、地理、武备、农工、算法之类，三场试《四书》、《五经》经义，经义即论说考辨之类也。头场十倍中额，原奏经礼部通行，陕西有案可查。惟声光化电等学，场内不能试验，拟请删去。此系原本朱子救弊须兼他科目取人之意，欧阳修随意去留鄙恶乖诞以次先去之法，而又略仿现行府县复试童生学政会考优贡之章，似乎有益无弊，简要易行。（一）停罢武科。武科硬弓刀石之拙，固无益于战征；弧矢之利，亦远逊于火器。至于默写武经，大率皆系代倩，文字且不知，何论韬略。以故军兴以来，以武科立功者，概乎其未有闻。凡武生、武举、武进士之流，不过恃符豪霸，健讼佐斗，抗官扰民，既于国家无益，实于治理有害。近年自故督臣沈葆桢以后，中外大臣，言武科改章者甚多。盖人已共知其弊，臣等揆之今日时势，武科无益有损，拟请宸断奋然径将武科小考乡会试等场一切停罢，此诚自强讲武之一大关键也。（一）奖励游学。查外国学堂，法整肃而不苦，教知要而有序。为教师者，类皆实有专长，其教人亦有专书定法。教法尤以日本为最善，文字较近，课程较速，其盼望学生成就之心，至为恳切。传习易，经费省，回华速，较之学于欧洲各国者，其经费可省三分之二。其学成及往返日期，可速一倍。江鄂等省学生，在日本学堂者多，故臣等知之甚确。此时宜令各省分遣学生出洋游学，文武两途及农工商学专门之学，均须分门认习，须择其志定文通者，乃可派往。学成后，得有凭照，回华加以复试，如学业与凭照相符，即按其等第，作为进士举贡，以辅各省学堂之不足，最为善策。此时日本人才已多，然现在欧洲学堂附学者尚数百人，此举之有益可知。并宜专派若干人，入其师范学堂，专习师范，以备回华充小学、中学普通教习，尤为要著。再官筹学费，究属有限，拟请明谕各省士人，如有自备资斧出洋游学，得有优等凭照者，回华后复试相符，亦按其等第，作为进士举贡。如此游学者众，而经费不必尽由官筹。盖游学外国者，但筹给经费，而可省无数之心力，得无数之人才，可谓善策矣。若自备资斧游学者，准给凭照录用，则经费并不必多筹，尤善之善者矣。此四条为求才图治之首务，其间事理皆互相贯通补益，故先以此四条上陈。”

光绪二十七年六月《两江总督刘坤一、两湖总督张之洞第二次会奏变法事宜疏》：“立国之道，大要有三：一曰治，二曰富，三曰强。国既治，则贫弱者可以力求富强；国不治，则富强者亦必转为贫弱。整顿中法者，所以为治之具也；采用西法者，所以为富强之谋也。谨将中法之必应整顿变通者，酌拟十二条，一曰崇节俭；二曰破常格；三曰停捐纳；四曰课官重禄；五曰去书吏；六曰去差役；七曰恤刑狱；八曰改选法；九曰筹八旗生计；十曰裁屯卫；十一曰裁绿营；十二曰简文法。敬备朝廷采择，胪陈于下：（一）崇节俭。今京畿凋残，秦、晋饥馑，赔款浩大，民生困穷，以后更不知如何景象。此时若欲挽回天意，激励人心，非贬损寅畏、力行节俭不可。拟请明降谕旨，力行节俭，始自宫廷，所有不急之务，一切停罢；无益之费，一切裁减。即不能不举之工，务从俭省核实，内务府诸臣，再有营私糜费者，必重惩之。并请谕饬内外大小臣工，务从节俭，力禁奢华。所有宫室舆服，力求朴素，应酬宴会，勿得浮糜。上官岁时之供亿，一概禁绝。督抚巡阅，学政按试，以及一切驰骋过境之贵官要差，所有舟车馆舍、厨传供张，严禁华侈，不准需索骚扰。宽于商民，严于职官，有违旨者，上司立予纠参。此不惟爱惜物力之心，乃所以昭不忘忧患之意也。（一）破常格。窃谓此时朝廷一切举动，宜视为草昧缔造之时，视为与民同患之时，将一切承平安乐之繁文缛节，量为简省变通。中外大小臣工，尤以除官气、达下情为主，应行破除常格之处甚多，兹先约举最要者三事：一曰敷奏。奏对之际，天威咫尺，往往战栗矜持，不能尽言。至于上疏陈言，每以不尽能称旨为虑，导之使言，犹多顾忌。若以折槛批鳞为戒，则虽至于颠覆，而无人为朝廷言之矣。拟请明谕中外，凡臣工奏疏召对，务以直言正谏、指陈利害为主，不必稍存忌讳。言事过于戆直者，体式稍有未合者，亦望朝廷曲予优容，以收从善纳规之益。一曰仪文。今日文武官员，官气最重，实为失人心、害政事之根。故大学士曾国藩、故巡抚胡林翼常切言之。文官贱视其民，罕与民接，炫之以仪从，威之以鞭扑，故罕通民隐；武将贱视其兵，罕与兵亲，驱为贱役，视为利薮，故罕识兵情。夫不得民心而能治，不得兵心而能胜，未之有也。应请切戒文武各官，务须屏除官气，不尚虚文，必其诚意咸孚，然后兵民皆可用矣。一曰用人。承平用人多计资格，所以抑躁进；时危用人必取英俊，所以济时艰。今之仕途，不必其皆下劣也。同一才具，而依流平进者多骑墙，精力渐衰者惮改作，资序已深者耻下问。平日论吏才者，患更事之不多；今当变政之际，则惟患更事之太多。盖其所谓更事者，不过痼习空文，于中外时局，素未讲求，安有阅历?而迂谈谬论，成见塞胸，不惟西法之长，不能采取学步，即中法之弊，亦必不肯锐意扫除。古人有言：'老者谋之，壮者行之。'施之今日，似为有当。（一）停捐纳。捐纳有害吏治，有妨正途，人人能言之。户部徒以每年可收捐三百万，遂致不肯停罢，查常捐若衔封翎枝贡监等项，本不可停。若将常捐量为推广，但系虚与荣名、无关实政者，皆可扩充。拟请敕下户部，博采众议，量为推广，必可抵补损数大半。即或不敷百余万，然今日须筹赔款数千万，断不宜惜此区区，以致牵结，有妨自强要政。拟请俟此次秦、晋赈捐完竣后，即行永远停罢，以作士气而清治源。（一）课官重禄。方今事变日多，京外各衙门，断非仅通时文、翻查成例者所能胜任，欲济世用，非学无由。拟请京城设仕学院，外省设校吏馆，多备中外各种政治之书，凡中外舆图、公法、条约、学制、武备、天算、地理、农工、商矿各学之书，咸萃其中。选派端正博通之员为教习，令候备各员均入其中，分门讲习，严定课程，切实考核。进功者给予凭照，量才任用；昏惰者惩儆留学；不可教者，勒令回籍。其实缺各官，愿入馆讨论求益者，亦听其便。惟善教以培其材，尤须重禄以养其廉。查京职俸银俸米，为数无多，加以银贱物贵，实不足以自给。而科道为风宪之官，翰詹为储才之地，俸银尤宜从优。光绪八年户部奏定，令各省关筹解京官津贴银廿六万两，乃行之一年，旋将此项拨充饷需。且原定数目较少，大小各官不能遍及，其分给者，为数亦不敷用度。今日亟宜另筹办理，至三品以上大员，用度较繁，关系甚重，必应一并筹及。其名目即称为养廉，勿庸再称津贴，方为名正言顺。大约必须筹款百万，方足敷各衙门办公之需，杜乞货苞苴之习。至外省各府县等官，甘苦亦不一致，州县有民社之寄，知府有表率之责，断不可令其苦累。州县瘠区则科派鬻狱而病民，冲繁则亏挪库款而病国，不得已而为调剂调署之策，则传舍无常，而国与民交病。其号称优缺者，不过隐匿税契杂税，减削驿站经费，甚至捏报例灾。盖州县官卑事繁，科场考棚之摊捐，解役缉捕之繁费，驿路大差之供亿，委员例差之应酬，其养廉万不足以给用，不得不迫而出此。故州县多一分之繁费，则国帑暗伤一分之进款。知府公费，无非取给州县，然公费多少不一，往往藉端挑剔，格外诛求。故府州县皆须令其办公有资，然后能尽心于国事，应请饬下各省，体察本省情形。省州县之繁费，禁上司之需索，州县既无累可言，则可令其久任，责以实政。设遇地方有重要难办之事，只可因择人而量移，不准因恤累而更调。一切公款，责令切实报解，不得藉口侵欺。知府办公竭蹶者，亦为筹增公费，至增加养廉公费以后，京外各官，如再有贪墨败检者，除参革外，仍行追罚充公。果使贤才无北门贫窭之忧，当官有公而忘私之志，则为国家所省者多矣。（一）去书吏。蠹吏害政，相沿已二千年。臣等历年来所见部文，不过查叙旧案、核算数目，从未论及事理。下等司官皆优为之，其准者不过曰与某案尚属相符，尚属实在情形。其驳者不过曰与旧案不合，窒碍难行，间有援据古今、发为议论、指陈事理、语有断制者，则必系司官秉笔，或经堂官改定，一望而知决非经承稿书所能为。然则此辈一无所长，但工作弊索贿。至外省各衙门书吏，弊窦亦多。若督抚衙门之兵房，藩司之吏房、户房，州县之户粮、房税、契房，皆所不免，而州县为尤甚。缘兵燹以后，鱼鳞册多已无存，催征底册，皆在书吏之手。缓欠飞洒，弊混极多，把持州县，盘剥乡民，税契一项，包揽隐匿，官无如何。其实无论大小衙门，书吏伎俩皆极庸劣，凡紧要奏牍咨札详禀，或本官亲自属稿，或委员幕友拟稿，从无书吏能动笔者。所能为者，不过例行公事，依样壶卢而已。若各局文件，多非循例之事，则皆系委员办稿，至亲书则满纸俗别，谬说脱落，尤为恶劣，实于公事有妨。兹拟将各省书吏一律汰除，改用委员。其额设办稿经承，督抚、司道、知府、直隶州衙门用本省候补佐贰杂职为之，称为稿委。缮写清书，用本省生员为之，称为写生。督抚、司道衙门书吏，向有饭食津贴各项银两，即以拨充稿委、写生薪水之用。州县等衙门应就地筹款，惟各州县户房粮房，藏匿收征底册，以为居奇，最为藐法可恶。拟请将各省州县户房粮房应分为数年裁汰，由督抚体察情形，一年先办六七县或十余县，择其易于清理者办起。如该吏有敢抗匿销毁粮册者，即行奏请正法。俟办有规模，即可一律推行，永除要官朘民之弊矣。（一）去差役。差役之为民害，各省皆同，必乡里无赖始充此业。传案之株连，过堂之勒索，看管之陵虐，并相验之科派，缉捕之淫掳，白役之助虐，其害不可殚述。民见差役，无有不疾首蹙额，视如虎狼蛇蝎者。差役扰民之事，其报官者不过什之一，其报官而惩办者不过什之五，师徒相承，专习为恶之事，良由换官不换差役。故根株蟠结，党羽繁滋，斥革旋复，虽有良吏，只能遇事惩儆，稍戢其暴而已，而终不能令种种扰民害民之弊一概杜绝。盖官署事事需差，州县不皆久于其任，势不能锄而去之，别筹良法。今钦奉明谕，令将差役、白役分别裁汰，此诚恤民图治之要端也。此事自当转饬有司，钦遵实办。惟州县之听讯理刑催科缉捕等事，不能不需人以供驱使，若繁剧州县，人少亦不敷用，例定役食无多，不足以资雇募。拟令州县自行募勇，以供驱遣，大县百余名，小县数十名，以供上项各种驱使。此勇既由官选募，必自择妥实可信之人，去留在官，自然不能把持，习气未深，作弊不能甚巧，但使本官约束严明，即可不为民害。各国清查保甲、巡街查夜、禁暴戢奸，皆系巡捕兵之责，其人并非下流猥贱之人，其头目即系武弁。日本名为警察，其头目名为警察长，而统之以警察部，其章程用意，大要以安民防患为主，与保甲局及营兵堆卡略同。然警察系出于学堂，故章程甚严而用意甚厚，凡一切查户口、清道路、防火患、别良莠、诘盗贼，皆此警察为之。闻京城现拟设立巡捕，将来自可仿办。兹拟州县用勇，即与用巡捕兵之意相近，当于繁盛城镇，采取外国成法，并参酌本地情形，先行试办，以次推行。警察若设，则差役之害可以永远革除，此尤为吏治之根基，除莠安良之良策矣。（一）恤刑狱。州县有司，政事过繁，文法过密，经费过绌，而实心爱民者不多。于是滥刑株累之酷，囹圄凌虐之弊，往往而有。虽有良吏，不过随时消息，终不能尽挽颓风。外国人来华者，往往亲入州县之监狱，旁观州县之问案，疾首蹙额，讥为贱视人类。驻民入教，职此之由。今酌拟九条：一曰禁讼累。每有诉讼，差役家丁必索讼费，视其家道以为多少。至少者制钱四千，薄有田产者任意诛求，不满其欲者，则诡曰案未传齐，致官不能过堂。即恤民之官，为之酌减定数，不准多索。然一官所禁，后任复然，差役不革，此弊不除，至传案株累，最为民害。其中有原告诬攀者，亦有吏役怂恿本官者，亦必须裁去吏役，方能杜绝。二曰省文字。承审之例限处分太严，而命盗案之报少，必俟犯已认供而后详报。盗案之例限开参太严，且必获犯过半，兼获盗首，方予免议。而讳盗之事多，讳有为无，讳劫为窃，讳多为少，各省从无一实报人数者。命案罕报罕结，则多私和人命及拖毙证人之事，民冤所以不伸也。盗案不早报，不实报，则萑苻已起而上官不知，寇乱所以潜伏也。此事关系甚大，非宽减例处，断无禁绝拖延命案、讳饰盗案之法。至于上控之案，其官吏偏私，实有冤抑者，自应彻底严惩；乃近来上控，往往有讼棍主持，意图攀累讹索，图准而不图审，以致被告羁系日久而原告不到案。虽有原告两月不到、将案注销之例，而两月之久，拖累已多，即由省押发，或已经逃匿，或中途潜逃，诬累害人，情尤可恶。应请明定例章，如上控案已经批发而两月后并不到案者，除照例注销外，并将上控之人通缉治罪。以后再将此案上控者，亦即驳斥治罪，究出架讼之人，一律严办。并将上控承审迟延之处分，分别情节办理，此亦省拖累之一端也。三曰省刑责。敲扑呼号，血肉横飞，最为伤和害理，有悖民牧之义，地方官相沿已久，漠不动心。拟请以后除盗案命案证据已确而不肯供认者，准其刑吓外，凡初次讯供时，及牵连人证，断不准轻加刑责。其笞杖等罪，应由地方官体察情形，酌量改为羁禁，或数日，或数旬，不得凌虐久系。四曰重众证。外国问案，专凭证人；众证既确，即无须本犯之供。查例载众证明白，即同狱成，不须对问。然照此断拟者，往往翻控，非诬问官受贿，即诋证人得赃，以故非有确供，不敢详办。于是反复刑求，则有拷虐之惨；多人拖累，则有瘐毙之冤。拟请以后断案，除死罪必须有输服供词外，其军流以下罪名，若本犯狡供，拖延至半年外者，果系众证确凿，其证人皆系公正可信，上司层递亲递复讯皆无疑义者，即按律定拟，奏咨立案。如再京控上控，均不准理，此即省酷刑拖累之大端也。五曰修监羁。州县监狱之外，又有羁所，又有交差押等名目，狭隘污秽，凌虐多端，暑疫传染，多致瘐毙，仁人不忍睹闻，等之于地狱，外人尤为痛诋，比之以番蛮。夫监狱不能无，而酷虐不可有。宜令各省设法筹款，将臬司府厅州县各衙门内监外监，大加修改，地面务须宽敞，屋宇务须整洁，优给口粮及冬夏调理各费，禁卒凌虐，随时严惩。至羁所一项，所以管押窃贼地痞，及案情干涉甚重而供情未确、罪名未定、保人未到者，定例虽无明文，而各省州县无处无之。盖此等案犯，若取保则什九潜逃，断不能行，若令还住客店，交差看守，则勒虐更甚，无从稽考。故羁所一项，其势不能不设。拟请明定章程，各处羁所，务须宽洁整净，不能虐待，亦不准多押。至传质者归入候审所，各省多已设立，其余差带官店等事，务须禁绝。此事之实办与否，有房屋可验，不能掩饰。六曰教工艺。近年各省多有设立迁善所、改过所者，亦间教以工艺等事，然行之不广，且教之亦不认真。应令天下各州县有狱地方，均于内监中，必留一宽大空院，修工艺房一区，令其学习，将来释放者可以谋生改行，禁系者亦可自给衣履。七曰恤相验。凡有命案应相验者，验尸棚厂官吏夫马之费甚多，均取之被告家，不足则派之族邻，小村单户，则派之一半里外之远邻。间有恤民之吏，自备夫马帐棚，严禁差役科派，然亦不过百之一二，终无禁绝之法。查四川有三费局，由绅民粮户捐出，一为招解费，一为相验费，一为夫马费，民甚便之，行已三十年。此事似宜令各州县就地筹款，务以办成为度，仍责令州县轻骑简从，不准纵扰，违者严参。八曰改罚锾。赎罚之刑，古经今律皆同有之，惟其途尚隘。查命案盗案应按律治罪，窃贼、地痞、恶棍伤人、诈骗讼棍，宜量予扑责监禁，藉以儆其悍暴，晓示良民，此数项应不准罚赎。此外如户婚田土家务钱债等类之案，其中多系绅衿，且两造必系亲戚乡邻，不宜苦辱过甚，致本人有碍上进，并使两造子孙永为仇隙，除按其曲直审断外，其曲者按其罪名轻重，酌令罚缴赎罪银若干，以为修理监狱经费。举贡生监职员封职犯事罪不致军遣者，除递革外，并罚缴修理监狱经费，看管数月，免其刑责，似于化民善俗之义有合。罚缴之数，令其详报上司，私罪及入己者罪之。九曰派专官。监羁一事，固须屋宇广洁，尤须随时体恤，禁绝凌虐，必有专官司之，方有实济。吏目典史，卑于州县，不能考察。查各府皆有同知通判，所司清军盐捕水利等事，久成具文，一无事事。按今之通判，宋亦名通判，或名签判，明曰推官，皆兼管狱囚诉讼，故文人称为司李，俗人称为刑厅。拟请著为定章，每府即派实缺同知，专司稽察各属监狱之事，同知不同城者，派同城通判，每两月遍赴所属外县稽察一次。同城兼有同通者，两员分任，一月稽察一次。同城县监，十日稽察一次。监狱不善，凌虐未禁者，准其据实禀明督抚臬司，比照滥刑例参处，稽察府监责成本道司监，由督抚随时委员稽察。要之，事事皆有确实办法，庶可以仰裨圣朝尚德缓刑之治，而驱民入教之患可渐除矣。（一）改选法。明季以来，部选之官，皆系按班依次选用，查册之外，辅以掣签，并无考核贤否之法。候选人员，多系遣人投供，必托部吏查探选期已近，始行亲自入都。选缺到省，必令赴任，间有留省学习，不过一年数月。其中多有纨绔子弟、乡僻寒儒，罕能通晓吏事，至本省情形，则更茫然。每出一缺，或应外补，或应内选，或一咨一留，或两咨一留，班次纠纷，章程繁细。各官但算计得缺之迟早、班次之通塞，心思识解，日趋鄙俗。窃议略为变通，以后州县同通，统归外补。无论正途保举捐纳，皆令分发到省，补用试用，令其学习政治。上官亦得以考核其才识之短长，遇有缺出，按照部章，应补何班，即于本班内统加酌量拟补，不必拘定名次。惟到省未满一年者，除本班无人外，不得请补。（一）筹八旗生计。京外八旗生齿日繁，饷额有定，且银价渐低，物价日贵。国家虽费巨款，而旗兵旗丁仍不免拮据之忧，殊鲜饱腾之乐。拟请将京外八旗饷项，仍照旧额开支，惟照旧法略为变通，宽其约束。凡京城及驻防旗人，有愿至各省随宦游幕、投亲访友以及农工商贾各业，悉听其便。侨寓地方、愿寄籍应小考乡试者，亦听其便。准附入所寄居地方之籍，一律取中，但注明寄居某旗人而已，有驻防省分，或即附入驻防之额，其自愿归入民卷者，必其自揣文艺可与众人争衡，即不为之区别，寄籍者即归地方官，与民人一体约束看待。惟出京寄籍自谋生理之人，其钱粮即行开除，不必另补。但将马步甲兵，豫定一至少减至若干之额，省出饷银饷米，即以专充八旗广设学堂之费，士农工商兵五门，随所愿习。惟习武备，须择年在二十岁以下者，如系当兵者，既入学堂，则寻常旧例操演勿庸再到，以免分其学堂之日力。其习武备者，留以供禁旅之用。习他项者，令其为谋生之资。所学未成，不能营生之时，饷项照旧给发。五年以后，省饷日巨，学堂日增。十年以后，充兵者可以御侮，则不患弱，改业者各有所长，则亦不患贫矣。（一）裁屯卫。漕运一事，种种有名无实，亟应设法变通。查有漕各省，屯田本为赡运军而设；各卫所守备千总，本为征屯饷押漕运而设。今日无论折漕与否，运漕皆系轮船，民船运军，久无其人，卫官一无所事。而屯田屯饷，弊窦尤多。一卫所属屯田，有隔在别府者，有跨在别省者，卫官并不知其田在何处、数有若干，其册皆在该卫数书吏之手。至于荒熟丰歉，更无影响可寻，卫官但向书吏索取年例陋规而已。此等积弊，各省皆同。臣等查之甚悉，计十年之中，江南、湖北各卫官，以争利谋缺讦讼滋闹之案甚多，谬妄离奇，直不知官场为何事，不文不武，形同赘疣。若屯田屯饷改归所隶州县征收，则每年丰歉完欠皆有可考矣。（一）裁绿营。绿营之无用，自嘉庆初年川、楚教匪之乱而已著，自发、捻之乱而大著。调派出征，则闻风推诿，其不能当大敌御外侮，固不待言，即土匪盐枭，亦且不能剿捕。三十年来，以裁汰绿营为言者，不止数十百人。自光绪十一年，奉懿旨，令裁汰绿营。光绪二十二年，又奉上谕，裁汰绿营，各省虽已分别裁汰，然现存者尚复不少，合计各省原营额饷挑练加饷岁费饷银饷米马干，照光绪十一年八月二十二日懿旨绿营兵饷一千五百万两之数核算，此时尚需银一千万两以外，物力艰难，年年巨耗，真不知何所底止也。裁汰之要义有二：一则宜筹从容消散之方，一则宜筹抵补弹压地方之具。拟请将各省绿营，不论挑练之兵、原营之兵，分马步战守，限每年裁二十分之一，计百人裁五，统限二十年裁竣。应裁者每名发给恩饷一年，责成各省督抚藩司。每年饷银饷米，就现在应发之数，于二十成中扣发一成，其何营应开除几名，令各该营自行按数开除。惟是此项省出之饷，只能改为养缉勇设警察之费，不能指为充裕库储之计。盖精练备战之营，只可屯扎省城及要隘重镇两三处，断不宜各处分扎，又蹈营汛之失。省外府县，亦未便听其空虚，可即以此项省出之饷，酌营缉捕勇营，派赴外府，择要分防。并设警察之勇，归州县调度，不过改募勇丁，则整顿去留，其权在地方官。勇可随时裁募，兵可随时更换，于弭乱安民既有实际，而经费可免另筹，此即与新增巨款无异矣。（一）简文法。约有三端：一曰省虚文。凡部院文移，外省公牍，多有陈陈相因、无益实政者，有册籍浩繁、无关利弊者，有末节细故、往返驳查、稽延时日者，有循旧具报出结、并无实事者，此类不可殚述。拟请敕下京外各衙门，通行彻查，酌量省罢。至于无谓仪节，徒致废务妨要者，亦请查核，酌改从简。一曰省题本。查题本乃前明旧制，既有副本，又有贴黄，兼须缮写宋字，繁复迟缓。我朝雍正年间，谕令臣工将要事改为折奏，简速易览，远胜题本。五十年来，各省已多改题为奏之案。上年冬间，曾经行在部臣，奏请将题本暂缓办理。此后拟请查核详议，永远省除，分别改为奏咨。一曰宽例处。范仲淹之言曰：士大夫公罪不可无，私罪不可有。洵为名论。方今吏议繁密，京外各官，殆无一人无一日不干吏议者，而州县为尤甚。治民之本，全在州县，救过不暇，何暇论及教养乎？牵缠既多，于是遇事诿卸，多方弥缝，上官亦知其情多为难，不肯苛求，姑从掩覆。既明知为无益劝惩之事，何必存此虚文？应请敕下吏部、兵部、都察院，查核处分旧例，分别公私轻重，量加宽减删除。如此则臣下之于朝廷，僚属之如上官，可以进实言，办实事矣。以上十二条，皆中国积弱不振之故，而尤为外国指摘诟病之端。臣等所拟办法，或养民力，或澄官方，或作士气，前人论及此者多矣，特以误于弊去太甚之言，怵于诸事更张之谤，律令文告，都成具文，小有设施，不规久远。今日外患日深，其乐因循、务欺饰者，动以民心固结为言，不知近日民情，已非三十年前之旧。羡外国之富，而鄙中土之贫；见外兵之强，而疾官军之懦；乐海关之平允，而怨厘局之刁难；夸租界之整肃，而苦吏胥之骚扰。于是民从洋教，商挂洋旗，士入洋籍，始由否隔，浸成涣散，乱民渐起，邪说乘之，邦基所关，不胜忧惧。必先将以上诸弊一律铲除，方可冀民心固结永远，然后亲上死长，御侮捍患，可得而言矣。”光绪二十七年《两江总督刘坤一、两湖总督张之洞第三次会奏变法事宜疏》：“西法纲要，更仆难终，情形固自有异同，行之亦必有次第。臣等谨就切要易行者胪举十一条：一曰广派游历，二曰练外国操，三曰广军实，四曰修农政，五曰劝工艺，六曰定矿律路律商律交涉刑律，七曰用银圆，八曰行印花税，九曰推行邮政，十曰官收洋药，十一曰多译东西各国书。大要皆以变而不失其正为主。”

第十四章　译书与游学

译书之事，盛于明季，清初译者渐少。穆尼阁之《天步真原》，蒋友仁之《地球图说》，无大影响于学者也。

> 《畴人传》（阮元）："穆尼阁，顺治中寄寓江宁，喜与人谈算术而不招人入会，在彼教中，号为笃实君子。青州薛凤祚尝从之游，所译新西法曰《天步真原》。""穆尼阁新西法，与汤、罗诸人所说互异。当时既未行用，而薛凤祚所译，又言之不详，以故知其术者绝少。"《畴人传二编》（罗士琳）："钱大昕官赞善时，适西洋人蒋友仁以所著之《地球图说》进。奉旨翻译，并诏大昕与阁学何国宗同润色。"

道光中，海疆事棘，学者欲通知四裔之事，始竞编译地志，若《海国图志》、《瀛环志略》、《朔方备乘》等书，皆杂采诸书为之，非专译也。

> 《海国图志序》（魏源）："《海国图志》六十卷，何所据？一据前两广总督林尚书所译西夷之《四洲志》，再据历代史志及明以来岛志及近日夷图夷语，钩稽贯串，创榛辟莽，前驱先路。大都东南洋、西南洋增于原书者十之八，大小西洋、北洋、外大西洋增于原书者十之六，又图之经之，表以纬之，博参群议以发挥之。何以异于昔人海图之书？曰：彼皆以中土人谈西洋，此则以西洋人谈西洋也。"原刻仅五十卷，嗣增补为六十卷，道光二十七年，增为百卷，重刻于扬州，仍其原叙，不复追改。《山西通志·徐继畬传》："继畬官福建巡抚，入觐，宣宗询以各国风土形势，奏对甚悉。爰命采辑为书，书成曰《瀛环志略》。"《何秋涛传》（张星鉴）："尝考东北边疆之要，成书百卷，尚书某公为进呈，赐名《朔方备乘》。"

咸丰中，海宁李善兰客上海，与英人艾约瑟、伟烈亚力等游，译述重学、几何、微积等书，于是译事复兴。

《畴人传三编》（诸可宝）："李善兰，字壬叔，号秋纫，海宁人。咸丰初，客上海，识英吉利文士伟烈亚力、艾约瑟、韦廉臣三人，从译诸书。""《几何原本》后九卷续译序云：泰西欧几里得（Euclid）撰《几何原本》十三卷，后人续增二卷，共十五卷。明徐、利二公所译，其前六卷也，未译者九卷。""自明万历迄今，中国天算家愿见全书久矣。道光壬寅，国家许息兵，与泰西各国定约，此后西士愿习中国经史、中士愿习西国天文算法者听，闻之心窃喜。岁壬子，来上海，与西士伟烈君亚力约，续徐、利二公未完之业。伟烈君无书不览，尤精天算，且熟习华言。遂以六月朔为始，日译一题，中间因应试避兵诸役，屡作屡辍。凡四历寒暑，始卒业。是书泰西各国皆有译本，顾第十卷阐理幽玄，非深思力索，不能骤解，西士通之者亦鲜。故各国俗本，掣去七八九十四卷，六卷后即继以十一卷，又有前六卷单行本，俱与足本并行。各国言语文字不同，传录译述，既难免参错，又以读全书者少，翻刻讹夺，是正无人。故夏五三豕，层见叠出，当笔受时，辄以意匡补。伟烈君言：异日西士欲求是书善本，当反访诸中国矣。""《重学》二十卷附《曲线说》三卷序云：艾君约瑟语余曰：西国言重学者，其书充栋，而以胡君威立所著者为最善，约而该也。先生亦有意译之乎？余曰诺。于是朝译几何，暮译重学，阅二年，同卒业。""《代微积拾级》十八卷序云：罗君密士，合众之天算名家也，取代数、微分、积分三术，合为一书。分类设题，较若列眉，嘉惠后学之功甚大。伟烈君亚力闻而善之，亟购求其书，请余共事，译行中国。译既竣，即名之曰《代微积拾级》，时《几何原本》刊行之后一年也。""《谈天》十八卷序云：余与伟烈君所译《谈天》一书，皆主地动及椭圜立说。""又京卿所译西书，尚有《植物》一种，凡八卷。”“论曰：李京卿邃于数理，专门名家，用算学为郎，王公交辟，居译署者几二十年。”

同治初，总理衙门设同文馆，并设印书处，以印译籍。吴人冯桂芬倡议，上海、广东均应仿设。

《显志堂稿·上海设立同文馆议》（冯桂芬）：“互市二十年来，彼酋类多能习我语言文字之人，其尤者，能读我经史，于朝章国政吏治民情，言之历历。而我官员绅士中，绝无其人，宋聋郑昭，固已相形见绌。且一有交涉，不得不寄耳目于所谓通事者，而其人遂为洋务之大害。上海通事，人数甚多，获利甚厚，遂于士农工商之外，别成一业。广州、宁波人居多，其人不外两种：一为无业商贾，凡市井中游闲跅弛、不齿乡里、无复转移执事之路者，以学习通事为逋逃薮。一为义学生徒，英、法两国，设立义学，广招贫苦童稚，与以衣食而教督之，市儿村竖，流品甚杂，不特易于湔染洋泾习气，且多传习天主教，更出无业商贾之下。此两种人者，声色货利之外，不知其他，惟藉洋人之势力，狐假虎威，欺压平民，蔑视官长，以求其所欲。……又其人质性中下，识见浅陋，叩其所能，仅通洋语者十之八九，兼识洋字者十之一二。所识洋字，亦不过货名银数与俚浅文理，不特于彼中政治张弛之故，瞢焉无知，即间有小事交涉，一言一字，轻重缓亟，展转传述，往往影响附会，失其本指，几何不以小嫌酿大衅。……夫通习西语西文，例所不能禁，亦势所不可少，与其使市井无赖独能之，不若使读书明理之人共能之。前见总理衙门文，新设同文馆，招八旗学生，聘西人教习诸国语言文字，与汉教习相辅而行，此举最为善法，行之既久，能之者必多，必有端人正士奇尤异敏之资出于其中。然后得西人之要领而驭之，绥靖边陲之原本，实在于是。惟是洋人总汇之地，以上海、广州二口为最，种类较多，书籍较富，闻见较广。凡语言文字之浅者，一教习已足，其深者，务其博采周资，集思广益，则非上海、广州二口不可。……愚以为莫如推广同文馆之法，令上海、广州仿照办理，各为一馆。募近郡年十五岁以下之颖悟诚实文童，聘西人如法教习，仍兼聘品学兼优之举贡生监，兼课经史文艺，不碍其上进之路。三年为期，学习有成，调京考试，量予录用。遇中外交涉事件，有此一种读书明理之人，可以咨访，可以介绍，即从前通事无所施其伎俩，而洋务之大害去矣。至西人之擅长者，历算之学，格物之理，制器尚象之法，皆有成书，经译者十之一二耳，必能尽见其未译之书，方能探赜索隐，由粗迹而入精微。”

苏抚李鸿章从其议，遂就上海敬业书院地址，建广方言馆，教西语西学，以译书为学者毕业之证。

《墨馀录》：“同治建元，岁次壬戌，苏抚李鸿章题准就上邑设立广方言馆。时新移敬业书院于学宫旧址，乃即院西隙地，起造房廊，制极宏敞。官绅冯桂芬等拟定章程十二条，禀准颁行。”“肄业生额设四十名，延英士中之有学问者二人，为西教习；以近郡品学兼优绅士一人，为总教习；举贡生员四人，为分教习。分教经学、史学、算学、词章为四类。”“诸生于三年期满后，有能一手翻译西书全帙，而文理亦斐然成章者，由中西教习移道，咨送通商衙门考验，照奏定章程关会学政，作为附生。以后通商各衙门应添设翻译官，承办洋务，督抚即可遴选承充，不愿就者听，其能翻译而非全帙者，作佾生，一体出馆。”

后又移并于制造局，

《瀛壖杂志》：“广方言馆向设于旧学官之西偏，同治己巳，应敏斋方伯于南门外制造局，大拓基地，以建书院。庚午春间，广方言馆移附于此。”

而制造局的翻译馆，尤专以译述为事。

《江南制造局记》：“翻译馆，同治六年设，翻译格致、化学、制造各书。提调一人，口译二人，笔述三人，校对图画四人。”《瀛壖杂志》：“广方言馆，后为翻译馆，人各一室，日事撰述。旁为刻书处，乃剞劂者所居。口译之西士，则有傅兰雅、林乐知、金楷理诸人；笔受者则为华若汀、徐雪村诸人。自象纬、舆图、格致、器艺、兵法、医术，罔不搜罗毕备；诚为集西学之大观。”《清稗类抄》：“无锡徐雪村寿，精理化学，于造船造枪炮弹药等事，多所发明，并自制镪水、棉花药、汞爆药。我国军械既赖以利用，不受西人之居奇抑勒，顾犹不自满，进求其船坚炮利工艺精良之原，始知悉本于专门之学，乃创议翻译泰西有用之书，以探索根柢。曾文正公深韪其言，于是聘订西士伟力亚利、傅兰雅、林乐知、金楷理等，复集同志华蘅芳、李凤苞、王德均、赵元益诸人以研究之，阅数年，书成数百种。”

西人之来华传教行医，亦恒以图书为鼓吹之具，虽其译笔不佳，要亦可以新当时之耳目，然论者恒病之。

《西学书目表序例》：“曾文正开府江南，创制造局，首以翻译西书为第一要义。数年之间，成者百种，而同时同文馆及西士之设会教于中国者，相继译录，至今二十余年，可读之书约三百种。”“译出各书，都为三类：一曰学，二曰政，三曰教。今除教类之书不录外，自余诸书，分为三卷：上卷为西学诸书，其目曰算学、曰重学、曰电学、曰化学、曰声学、曰光学、曰气学、曰天学、曰地学、曰全体学、曰动植物学、曰医学、曰图学。”“中卷为西政诸学，其目曰史志、曰官制、曰学制、曰法律、曰农政、曰矿政、曰工政、曰商政、曰兵政、曰船政。下卷为杂类之书，其目曰游记、曰报章、曰格致、曰西人议论之书、曰无可归类之书。”“官局所译者，兵政类为最多。盖昔人之论，以为中国一切皆胜西人，所不如者，兵而已。西人教会所译者，医学类为多，盖教士多业医也。制造局首重工艺，而工艺必本格致，故格致诸书，虽非大备，而崖略可见。惟西政各籍，译者寥寥，官制、学制、农政诸门，竟无完帙。”《论译书之弊》（叶瀚）：“自中外通商以来，译事始起。京师有同文馆，江南有制造局，广州有医士所译各书，登州有文会馆所译学堂使用各书，上海益智书会又译印各种图说，总税务司赫德译有西学启蒙十六种，傅兰雅译有格致汇编、格致须知各种。馆译之书，政学为多，制局所译，初以算学、地学、化学、医学为优，兵学、法学皆非专家，不得纲领；书会税司各学馆之书，皆师弟专习，口说明畅，条理秩然；讲学之书，断推善本，然综论其弊，皆未合也。（一）曰不合师授次第。统观所译各书，大多类编专门，无次第，无层级，无全具文学卷帙，无译印次第章程，一也。（一）曰不合政学纲要。其总纲则有天然理数测验要法，师授先造通才，后讲专家。我国译书，不明授学次第，余则或只零种，为报章摘录之作，为教门傅翼之书，读者不能观厥会通，且罔识其门径。政学则以史志为据，法律为纲，条约章程案据为具，而尤以哲学理法为本。我国尤不达其大本所在，随用逐名，实有名而无用，二也。（一）曰文义难精。泰西无论政学，有新造之字，有沿古之字，非专门不能通习。又西文切音，可由意拼造，孳乳日多；汉字尚形，不能改造，仅能借用。切音则字多诘屈，阅者生厌；译义则见功各异，心志难齐，此字法之难也。泰西文法，如古词例，语有定法，法各不同，皆是创造不如我国古文骈文之虚抚砌用，故照常行文法，必至扞格不通。倘仿子史文法，于西文例固相合，又恐初学难解，此文法之难也，三也。（一）曰书既不纯，读法难定。我国所译，有成法可遵者，有新理琐事可取者，有专门深纯著作前尚有数层功夫，越级而进、万难心解者。取材一书，则嫌不备；合观各书，又病难通。起例发凡，盖甚难焉，四也。坐此四弊，则用少而功费，读之甚难；欲读之而标明大要，以便未读之人，又难之难也。”

马建忠尝议设翻译书院，其言亦未能实行。

> 《拟设翻译书院议》（马建忠）：“（一）书院之设，专以造就译才为主。入院者分两班：一选已晓英文或法文，年近二十，而资性在中人以上者十余名，入院，校其所造英法文之浅深，酌量补读，而日译新事数篇，以为功课。加读汉文，如唐、宋诸家之文，而上及周、秦、汉诸子，日课论说，务求其辞之达而理之举。如是者一年，即可从事翻译。一选长于汉文，年近二十而天资绝人者二十余名，每日限时课读英、法文字，上及拉丁、希腊语言，不过二年，洋文即可通晓。盖先通汉文，后读洋文，事半功倍，为其文理无间中外，所异者事物之称名耳。（一）请一兼通汉文之人，为书院监理，并充洋文教习。（一）请长于古文词者四五人，专为润色已译之书，并充汉文教习。（一）应译之书，拟分三类：其一为各国之时政，外洋各国内治之政，如上下议院之立言；各国交涉之件，如各国外部往来信札、新议条款、信使公会之议。其原文皆有专报，此须随到随译，按旬印报。书院初设，即应举办者也。其二为居官者考订之书，如行政、治军、生财、交邻诸大端所必需者也，为书甚繁，今姑举其尤当译者数种，如《罗玛律要》，为诸国定律之祖，诸国律例异同，诸国商律考异，民主与君主经国之经，山林渔泽之政，邮电铁轨之政。《公法例案》，备载一切交涉原委，条约集成，自古迄今宇下各国凡有条约无不具载。其为卷甚富，译成约可三四百卷。《东方领事便览》，生财经权之学，国债消长，银行体用。《方舆集成》，凡五洲险要皆有详图，为图三千余幅，乃舆图中最为详备之书。罗玛总王贵撒尔（Julius Caesar）行军日记，法王那波伦第一行军日记，此两王者，西人称为古今绝无仅有之将材，所载攻守之法，至为详备。他书应译者，不可胜记。”

甲午以后，学者多学日语，以译日本所译著之书，其浅劣殆更甚于官局及教会之译籍焉。

近世译才，以侯官严复为称首。其译赫胥黎《天演论》标举译例，最中肯綮：

《天演论译例言》(严复)："(一) 译事三难：信、达、雅。求其信，已大难矣；顾信矣，不达，虽译，犹不译也，则达尚焉。海通已来，象寄之才，随地多有，而任取一书，责其能与于斯二者，则已寡矣。其故在浅尝，一也；偏至，二也；辨之者少，三也。(一) 西文句中，名物字多随举随译，如中文之旁支，后乃遥接前文，足意成句。故西文句法，少者二三字，多者数十百言，假令仿此为译，则恐必不可通。而删削取径，又恐意义有漏，此在译者将全文神理融会于心，则下笔抒词自然互备。至原文词理本深，难于共喻，则当前后引衬，以显其意。凡此经营，皆以为达，为达即所以为信也。(一) 信达而外，求其尔雅，此不仅期以行远已耳。实则精理微言，用汉以前字法句法，则为达易；用近世利俗文字，则求达难。往往抑义就词，毫厘千里，审择于斯二者之间，夫固有所不得已也。……又原书论说，多本名数格致及一切畸人之学，倘于之数者向未问津，虽作者同国之人，言语相通，仍多未喻，矧夫出以重译耶！"

嗣译斯密亚丹之《原富》、穆勒约翰之《名学》、斯宾塞尔之《群学肄言》、孟德斯鸠之《法意》、甄克思之《社会通诠》等书，悉本信、达、雅三例，以求与晋、隋、唐、明诸译书相颉颃。于是华人始知西方哲学、计学、名学、群学、法学之深邃，非徒制造技术之轶于吾土，是为近世文化之大关键。然隋、唐译经，规模宏大，主译者外，襄助孔多。严氏则惟凭一人之力，售稿于贾竖，作辍不恒，故所出者亦至有限，此则近世翻译事业之远逊前人者也。严复之外，若林纾之译《拿破仑本纪》、《布匿第二次战纪》[①] 特史部之简本，虽文笔雅洁，实不足与复相

① 按即《迦太基与罗马之第二次战争》，布匿即 Punic 也。

比。故舌人口授，纾笔述之，法颇近古，又其属文甚速，所出小说不下数百种，亦能使华人知西方文学家之思想结构焉。

与译事并兴者，为印刷术。铅印石印之类，皆兴于同、光间。

《瀛壖杂志》："西人设有印书局数处，墨海其最著者。以铁制印书车床，长一丈数尺，广三尺许，旁置有齿重轮二，一旁以二人司理印事，用牛旋转，推送出入。悬大空轴二，以皮条为之经，用以递纸，每转一过，则两面皆印，甚简而速，一日可印四万余纸。字用活板，以铅浇制，墨用明胶煤油合搅煎成。印床西头有墨槽，以铁轴转之，运墨于平板，旁则联以数墨轴，相间排列，又揩平板之墨，运之字板，自无浓淡之异。墨匀则字迹清楚，乃非麻沙之本。印书车床，重约一牛之力。""墨海后废，而美士江君，别设美华书馆于南门外，造字制板，悉以化学，实为近今之新法。按两国印书之器，有大小二种，大以牛运，小以人挽，人挽者亦殊便捷，不过百金可得一具云。"《淞南梦影录》："石印书籍，用西国石版，磨平如镜，以电镜映像之法，摄字迹于石上。然后傅以胶水，刷以油墨，千百万页之书，不难竟日而就。细若牛毛，明如犀角，剞劂氏二子，可不烦磨厉以须矣。英人所设点石斋，独擅其利者已四五年。① 近则宁人之拜石山房，粤人之同文书馆，与之鼎足而立。"

中国旧籍，亦资以广为传播，又进而有铜版、玻璃版之类，影印书画，不下真迹，实为文化之利器焉。又其藉印刷之速而日出不穷者，有新闻纸及杂志。

《瀛壖杂志》："西人于近事，日必刊刻，传播遐迩，谓之新闻纸，有似京师按日颁行之邸报。特此官办，彼则民自为之耳。沪上设有专局，非止一家，亦聚铅字成版，皆系英文，排印尤速。同治初年，字林印字馆始设《华文日报》，嗣后继起者，一曰《申报》，

① 是书作于光绪癸未之后，则点石斋之创立当在光绪初年。

倡于同治十一年，英人美查主之；一曰《汇报》，倡于同治十三年，美人葛理主之。皆笔墨雅饬，识议宏通，而字林遂废。”《沪游杂记》：“《申报》，美查洋行所售也，馆主为西人美查，秉笔则中华文士。始于壬申三月，除礼拜，按日出报。每纸十文，京报新闻各种告白，一一备载，各省码头风行甚广。先有上海字林洋行之《上海新报》，继有粤人之《汇报》、《彙报》、《益报》等馆，皆早闭歇。”同上：“《万国公报》，出林华书院，摘录京报及各国近事，逢礼拜六出书一卷。[①] 本名《中西新报》，周年五十本，售洋一元。”同上：“《格致汇编》，秉笔者为英国傅兰雅（John Fryer），编内详论格致工夫及制造机器诸法，绘图集解，月出一卷。周年价值半元，在格致书院印售。”《清稗类钞》：“江海关道译英国蓝皮书，送之总署及通商大臣各督抚，藉以略通洋情，然人民多不得见，曰《西国近事汇编》，月出一册。此我国报章之最古者，是为月报之始。”

始则仅通消息，继则讨论政治，表示民意，提倡学术，指导社会之法，一寓于其间。

《清稗类钞》：“《申报》创行于同治时，是为日报之始。盖英人美查、耶松二人相友善，来华贸易，美查创办《申报》，延山阴何桂笙、上海黄梦尘主笔政。特所载猥琐，每逢试年，必载解元闱艺，与外报之能开通知识、昌明学术者，相去霄壤。时天南遯叟王紫诠韬颇有时名，间撰时务论说，弁之报首，销数遂以渐推广，获利亦不赀。耶松设一船厂，开创之始，连年折阅，美查遂以《申报》所获，补助耶松船厂，得以维持永久。而《申报》馆因之大受影响。光绪中叶改组，添招商股，由吴县席裕福经理之，旋由江海关道蔡乃煌出资收买，后又展转售与沪人。是报为吾国之首创者，至于今沪市卖报人，于所卖各报，必大声呼曰‘卖《申报》’。是

① 此为周报之始。

《申报》二字，在沪已成为新闻纸之普通名词。继《申报》而起者，在南洋叻埠曰《叻报》，在上海曰《字林沪报》。癸巳冬，电报沪局总办上虞经元善，纠股设一报馆曰《新闻报》，往往用二等官电传递紧要新闻，消息较灵捷。甲午之役，痛诋当局失计，直言不讳，一时风行沪上。以其销数之多，广告云集，至今商家广告仍以《新闻报》为最。若夫预闻政事之报，当以《时务日报》为首。是报为光绪戊戌汪康年、梁启超所经营者，旋改为《中外日报》，始终有官费补助，所谓半官报者也。《中外日报》记载中外大事，评论时事得失，凡政治学术风俗人心之应匡正、应辅翼者，无不据理直陈，颇为士大夫所重视。……至于反对政府、鼓吹革命者，前惟《苏报》，后惟《民呼》、《民吁》二报。宣统辛亥秋，则各报一律排满，而《民立报》声价尤高，贩卖居奇，较原价昂至十倍。”同上：“光绪戊戌之变，康有为、梁启超既出走，乃设《清议报》于日本之横滨，诋毁孝钦后党，不遗余力。是时唐才常亦设置《亚东时报》于上海，以翼《清议》。庚子唐死，梁之同志复创办《新民丛报》，以言论自效。当是时，京朝士夫及草野志士，咸思变法图强，喜得《新民丛报》之为指导也，故其销数乃达十万以上。……戊戌以后，内地革命思潮既以流转各地，而东瀛留学界更为狂热，乃各集乡人，刊行杂志。于是湖北有《湖北学生界》，浙江有《浙江潮》，湖南有《湖南》以及《游学译编》、《民报》之类，殆皆以鼓吹革命为宗旨。”

为文者务极痛快淋漓，以刺激人之心目，又欲充实篇幅，不惮冗长，而近世文字之体格乃大变，其以觉世牖民为主者，则用通俗之语，述浅近事理，期略识文字之人亦能阅览，而白话文学遂萌芽焉。

近世输入西方之文明，自译书外，以游学为一大导线。初各国订约，未有及游学者，同治七年，志刚、孙家穀等使美，订《中美续约》始立专款。

《中美续约》第七款："嗣后中国人欲入美国大小官学学习各等文艺，须照相待最优国之人民，一体优待。美国人可以在中国按约指准外国人居住地方，设立学堂，中国人亦可在美国一体照办。"

曾国藩、李鸿章等，遂议遣幼童出洋肄业。

《李文忠译署函稿》卷一《论幼童出洋肄业函》："拟派员在沪设局，访选各省聪颖幼童，每年以三十名为率，四年计一百二十名，分年搭船赴洋，在外国肄习。十五年后，按年分起挨次回华。计回华之日，各幼童不过三十岁上下，年力方强，正可及时报效。通计费用，首尾二十年，需银百二十万两。然此款不必一时凑拨，分析计之，每年接济六万两，尚不觉其过难。""英国威使来京，告以此事，亦颇欣许，谓英国大书院极多，将来亦可随便派往。"①

初次率领学生赴美者，为刑部主事陈兰彬、江苏同知容闳。学生抵美，多在哈佛（Hartford，Conn.）各校肄业。

《新大陆游记》(梁启超)："哈佛者，中国初次所派出洋学生留学地也。中国初次出洋学生，除归国者外，其余尚留美者约十人。内惟一郑兰生者，于工学心得甚多，有名于纽约，真成就者此一人也。次则容骙，在使馆为翻译，文学甚优，亦一人也。其余或在领事署为译员，或在银行为买办，人人皆有一西妇。"《留美中国学生会小史》："同治末年，湘乡曾国藩奏请派幼童出洋留学，议成于一八七〇年，使丰顺丁日昌募集学生。翌年，适吴川陈兰彬出使美国，遂命香山容闳率学生同来，以高州区谔良为监督，新会容增祥副之，学生即唐绍仪、梁诚、梁敦彦、容骙、欧阳庚、侯良登、詹天佑、郑兰生等，此为中国学生留美第一期。各生初到时，清政府在干拿得杰省（Connecticut）之哈佛埠（Hartford），购置一室为

① 同治十年五月。

留学生寄宿舍。”

其后沈葆桢督办福州船政局，又请选派生徒出洋肄业。

《沈文肃公政书》[①] 中《船工将竣谨筹善后事宜折》：“臣窃以为欲日起而有功，在循序而渐进，将窥其精微之奥，宜置之庄狱之间。前学堂，习法国语言文字者也，当选其学生之天资颖异、学有根柢者，仍赴法国，深究其造船之方及其推陈出新之理。后学堂，习英国语言文字者也，当选其学生之天资颖异，学有根柢者，仍赴英国，深究其驶船之方及其练兵制胜之理。速则三年，迟则五年，必事半而功倍。”按此议至光绪二年，文肃始与李文忠会奏实行。当时所定章程，选派制造学生十四名、制造艺徒四名，赴法国学制造，选派驾驶学生十二名，赴英国学驾驶兵船，均以三年为限。

此游学之第一时期也。赴美幼童，先后都百五十人，嗣遂停止。

《留美中国学生会小史》：“光绪六年，南丰吴惠善为监督，其人好示威，一如往日之学司。接任之后，即招各生到华盛顿使署中教训，各生谒见时，均不行拜跪礼，监督僚友金某大怒，谓各生适异忘本，目无师长，固无论其学难期成材，即成亦不能为中国用。”“具奏请将留学生裁撤，署中各员均窃非之，但无敢言者。独容闳力争无效，卒至光绪七年遂将留学生一律撤回。”

光绪十六年，总理衙门奏请出使英、法、俄、德、美五国大臣，每届酌带学生两名，后又各增两名，为数既少，功效亦未大彰。甲午以后，游学之风复盛，人取速化，不求深造。官私学生，多往日本游学。（据《光绪二十五年总理衙门奏折》，光绪二十一年，南北洋及鄂省派赴日本学校学生各二十名，又浙江四名，费由各省筹给。）辛丑变法，各省创办学校，赴日本学师范者尤夥，其议实张之洞倡之。日本高等师范学校

---

① 同治十二年十月十八日。

校长嘉纳治五郎为之特设速成师范班于弘文学院，有数月毕业者，有一年毕业者，略讲教授管理之法，即归国创办学校，而陆军学生亦多。光绪末年，提倡教育、改革军制者，大抵皆日本留学生也。光绪三十一年，考试出洋学生，予以进士、举人出身，并授以检讨、主事等官。

《光绪政要》：二十九年八月《湖广总督张之洞奏陈约束鼓励出洋游学章程疏》："查日本学生，年少无识，惑于邪说，言动嚣张者，固属不少，潜心向学者亦颇不乏人。自应明定章程，各一通。""计拟定约束章程十款，鼓励章程十款。""三十一年六月《予出洋学生出身谕》云，本日引见之出洋学生金邦平、唐宝锷，均著给予进士出身，赏给翰林院检讨。张锳绪、曹汝霖、钱承锳、胡宗瀛、戢翼翚，均著给予进士出身，按照所习科学，以主事分部学习行走。陆宗舆，著给予举人出身，以内阁中书用。王守善、陆世芬、王宰善、高淑琦、沈琨、林棨，均著给予与举人出身，以知县分省补用。"

利禄之途大开，人人以出洋为猎官之捷径，而日本之中国学生多至数万，是为游学之第二时期。

当赴日学生极盛时，留学于欧美者亦不乏人；有由官吏派送者，有由教会资给者，有由自费而远游者。观于游日者之足以得官，亦争归而应考试，故光绪三十二年考试出洋学生，其予出身而授官者，大都留学于欧、美各国者也。

《光绪政要》光绪三十二年九月《赐游学生毕业出身谕》云："本日学部带领引见之考验游学毕业生陈锦涛著赏给法政科进士，颜惠庆赏给译科进士，谢天保赏给医科进士，颜德庆赏给工科进士，施肇基赏给法政科进士，徐景文赏给医科进士，张煜全赏给法政科进士，田书年赏给法政科举人，施肇祥赏给工科举人，陈仲篪赏给医科医士，王季点赏给工科举人，廖世纶赏给工科举人，曹志沂赏给医科举人，黎渊赏给法政科举人，李应泌赏给医科医士，王鸿年赏给法政科举人，胡振平赏给法政科举人，王荣树赏给农科举人，路孝植赏给法政科举人，薛锡成赏给法政科举人，王宏业赏给法政科举人，陈威赏给法政科举人，权量赏给商科举人，董鸿袆赏给法政科举人，嵇镜赏给法政科举人，富士英赏给法政科举人，陈耀典赏给农科举人，罗会垣赏给农科举人，傅汝勤赏给医科医士，陈爵赏给商科举人。”

然其人数究不逭在日本者之多，故其灌输西洋文化，较之由日本间接而得者，势反有所不敌。光绪三十四年，美国国会议决退还庚子赔款①，清廷议以其款按年派学生百人往美国留学②。逾年，遂设游美学务处于北京，并建游美生肄业馆于清华园，于是游美之学生日多。

《留美中国学生会小史》：“光绪季年，国家多难，于是设立学堂、派学生之议再起。是时盛杏荪选北洋学堂毕业生九人，派来美国留学，以傅兰雅为监督。此时学生即王宠惠、王宠祐、张煜全、陈锦涛、严锦镕、胡栋朝、吴桂龄、陆耀廷等，同时有游学会派出数名，如谭天池、王建祖等，多留西美之加拿宽省。”“自一九〇九年③、一九一〇年之后，中美之密西根、芝加谷、威士干臣、衣里内等大学，中国学生渐多。”“自一九一一年留美中国学生会成立后，各埠中国学生多隶会籍，当时会员约八百余名。翌年，清华派百人来，而自备资斧者亦日多。民国成立后，中央政府及各省选派者亦日来日众。至一九一四年夏间，会员数将达千三百名，今则千五百以外。④ 按留学生数已达千五百余名，若照官费生经费每人每年九百六十圆美金为例，则我国每年共输出美金一百四十四万圆，合华币将及三百万圆，倘能以此在国内兴办大中小学，事半而功

① 美金一千三百六十五万四百九十圆。
② 以四年为限。第五年后，在认解赔款期内二十九年，每年派学生至少五十人。
③ 宣统元年。
④ 此文作于民国六年。

倍。况造就人材，为数十倍于千五百名耶。”

女学生亦踵武远游，不限于日本一国。

《留学生中国学生会小史》：“前清晚季，我国女子渡东洋求学者，盛极一时。但来美者尚无其人，留学美国毕业于大学者，殆自江西康女士及湖北石女士二人始。然继两女士而来者，实繁有徒，去年留美学生名录中，已有一百五十九人，今数将及二百矣。”

民国以来，学术思想多采美国之风尚，以此也。

美国之广收吾国学生，始于国务卿海约翰之建议，美人见其成绩之佳，辄叹其用心之善。

《纽约星期报·论华人留学美洲之今昔》[①]：“华人之最初来美留学者，为已故之容闳博士。容君于一八五九年返华，力劝当局派学生来美，竟费十二年之游说，始能动心量较大者之听，卒奏闻清廷，得俞允，派生赴美肄业。然当日华人不知外国教育之价值，多踌躇不愿报名，历一年之久，招集学生三十名。一八七二年来美国，其后三年间，又续派数批，每批各三十名。诸生在美受监督极严，须穿华服，保存辫发，守祀孔之古礼。然虽有此等禁令，后仍嫌诸生中有违背古训、效法美俗、就近外人者，而尤恶其接近美国女子、信仰耶教，遂一概命之归国。”“至一九〇八年，始复派学生来美，盖从当日美国国务卿海约翰之建议。美国以中国应付之庚子赔款给还一半，即作中国学生来美留学之经费焉。”“是年招考此邦学生，投考者六百余人，录取四十七名。翌年[②]派送来美，先入中学，旋升入著名各大学，如哈佛、耶鲁、康耐尔、里海、波杜及麦塞邱塞工业学校。诸生学业皆优良，尤以麦塞邱塞工校为最。”“综计现分布于由大西洋至太平洋间美国各校之中国学生，共一千一百

① 见《东方杂志》十四卷十二号。

② 西纪一九〇九年。

七十人。凡被派来美之学生，均经竞争试验录取者，亦有政府未经录取而由亲友私费资送来美者，是可见中国人留学外国之热忱矣。分别计之，由赔款供给之留美学生计三百七十人，由各省官费供给约二百人，其余私费生近六百人。”“综而论之，海约翰氏之主张，其识见之远，关系之大，不止一端：第一，此法拯救中国，不至破产；第二，以中国之款，供给一种新用途，有裨于中国政府与人民之进步。夫美国退还中国之款，固仍以补助美国学校，然此区区利益，与中美二国将来之亲密联结较之，又何足比数耶？学成归国之中国少年，一日在中国教育商政诸界具有势力，即美国之势力一日将在中国历史上为操纵一切之元素，此在今日尤有特别意味。盖日本目前正执亚洲之牛耳，然不得谓日本将永执此牛耳也。就近事观之，中国终非容易受人指挥者，真正之指挥，或有一日转操之于中国，诚未可知。而此中国，乃一部分受训练于美国之中国也。”

然近年美人对于中国学生，颇致不满。

民国十一年五月十一日《时报世界周刊·欧美特约通信》：“美国自由思想派新闻记者班佛先生，近应中国的留美学生月报记者之请，著为《归国留学生》一篇，以真诚恳切之词，发为愤慨惋惜之调，对于中国留美学生之已往成绩，多所抱憾。”

华人之激烈者，责备之词尤严焉。

《论留学生》[①]（马素）：“本期《留美学生月报》，载班佛先生论文，颇惹余之注意，余亦学生之一，未敢议论留学生，但余观西人之归自东方者，往时多说，救中国者惟有留学生，而今则改变其辞曰：祸中国者，官僚之外，即留学生。前后结断，截然不同。余从实际观察，不得不佩班佛先生之眼光过人。今请稍举浅鲜事实，以

① 亦见《时报世界周刊》。

明班佛先生之未尝过诬我留学生。留学生败德之不可掩塞者：一曰虚浮。归国留学生，往往妄自高大，不屑以硕士、学士之资格，与未出国门者同列。未先尝试，即求大用，宁为高等游民，不肯屈就卑职微俸。外国学生，于大学毕业后，皆从小事练起，而中国留学生，则多数好高夸大，岂非误于虚浮？……官费学生，多数来自清华；自费学生，大半出身教会学校。清华与教会学校向来偏重英文，对于中国学术漠不关心，故留美学生，大半国文不通，国情不懂，不作中国文章，不看中国报纸。见有新从中国来者，辄向探听消息，偶闻一二，则转相传述，正误不辨，新旧不分。……去年留美学生内哄，有所谓某联合会长者，投函纽约华字报纸，不能自写中文信，余闻而异之。后见美国书肆刊一巨册，即出此人手笔，英文非常可观。此等学生，从外国人皮相观察，能不视为中国之救星，然由我国人自视则何如？此等丧失民族固有文明之怪象，实不能全归咎于留学生，盖中国教育当局，于选派毫无根蒂之青年出洋时，即种恶因也。……留美学生因犯虚浮与蔑视国学之病，当然缺乏深沉的思虑与独立的精神，模拟而不创造，依人而不自主。故治国则主亲美，经商则为买办。服务社会，则投降教会机关；办理教育，则传播拜金主义。怠惰苟且，甚少建白。辛亥革命，无留美学生之流血，五四运动，无留美学生之牺牲。人家吃尽辛苦，而留美学生安享其成。彼不明华事之美国人，动辄称许留美学生为改造中国之发动机，其实此等浮夸之谀词，适足消磨留美学生之志气而已。”

第十五章　机械之兴

中国近世之事变，原因非一，其最大之一因，则欧美之发明机械也。自西历一七六九年[①]苏格兰人瓦特（James Watt）发明蒸汽机关，而世界之变更即肇于是。一八〇七年[②]美人富尔登（Robert Fulton）发明汽船，一八二五年[③]英人史蒂芬森（George Stephenson）发明汽车，一八三七年[④]美人摩尔斯（H. B. Morse）发明电报，皆若与吾国邈不相涉也。而其后鸦片之战，天津、北京联军之役，胥此等机械成之。咸、同之交，吾国深识之士，知世局既变，吾国不可墨守故技而不之变，故以仿制机械为立国之要图，而五千年闭关自守之国，乃崛起而与世界日新焉。

仿造机械，始于曾国藩，

> 《曾文正公奏议》同治七年《轮船工竣并陈机器局情形疏》："中国试造轮船之议，臣于咸丰十一年七月复奏购买船炮折内，即有此说。同治元、二年间，驻扎安庆，设局制造洋器，全用汉人，未雇洋匠，造成一小轮，而行驶迟钝，不甚得法。"《清稗类钞》："无锡徐寿，专究格物致知之学。曾文正公檄委创机器局于安庆。同治丙寅三月，造成木质轮船一艘，长五十余尺，每小时能行二十余里，文正锡名'黄鹄'。"

李鸿章继之，创建江南制造总局于上海。

> 《李文忠公奏稿》同治四年八月《置办外国铁厂机器折》："御

---

① 清乾隆三十四年。
② 嘉庆十二年。
③ 道光五年。
④ 道光十七年。

史陈廷经奏：夷情叵测，恃有战舰机器之精利，逞其贪纵。然彼机巧之器，非不可以购求学习，以成中国之长技。请于广东等处海口设局，行取西洋工匠，置造船炮等语，与臣所筹议不谋而合。兹经收买上海虹口地方洋人机器铁厂一座，改为江南制造总局。此项铁厂所有，系制器之器，无论何种机器，逐渐依法仿制，即用以制造何种之物，生生不穷。目前未能兼及，仍以制造枪炮，藉充军用为主。”《曾文正公奏议·轮船工竣并陈机器局情形疏》：“同治二年冬间，派令候补同知容闳，出洋购买机器，渐有扩充之意。四年五月，在沪购买机器一座，派委知府冯焌光、沈保靖等开设铁厂。适容闳所购之器亦于是时运到，归并一局。”“六年四月，奉请拨洋税二成，以一成为专造轮船之用，仰蒙允准。于是拨款渐裕，购料渐多，苏松太道应宝时及冯焌光、沈保靖等朝夕讨论，期于必成。从前上海洋厂自制轮船，其汽炉机器，均系购自外洋，带至内地装配船壳，从未有自构式样，造成重大机器、汽炉全具者。此次创办之始，考究图说，自出机杼。本年七月初旬，第一号告竣，命名曰‘惠吉’轮船。其汽炉、船壳两项，均系厂中自造。船身长十八丈五尺，阔二丈七尺二寸，先在吴淞口外试行，由铜沙直出大洋，至浙江舟山而旋，复于八月十三日驶至江宁。臣亲自登舟试行至采石矶，每一时上水行七十余里，尚属坚致灵便，可以涉历重洋。原议拟造四号，今第一号系属明轮，此后即续造暗轮，将来渐推渐精。即二十余丈之大舰，可伸可缩之烟囱，可高可低之轮轴，或亦可苦思而得之。”又曰：“该局向在上海虹口暂租洋厂，诸多不便，六月夏间，乃于上海城南兴建新厂，购地七十余亩①，修造公所。其已成者，曰汽炉厂，曰机器厂，曰熟铁厂，曰洋枪楼，曰木工厂，曰铸铜铁厂。”《江南制造局记》：“同治四年创办之初，厂中机器均未全备。先就原有机器推广，造成大小机器三十余座，用以铸造枪炮

① 据《墨馀录》，机器局基广二百余亩，盖同治七年以后逐渐扩充者。

炸弹。六年始造轮船。十三年仿制黑色火药。光绪四年仿造九磅子、四十磅子前膛快炮。五年更造前膛四十八磅、八十磅各种开花实心弹。七年造篇式一百磅药、碰电、热铁浮雷及生铁沉雷。十年造林明敦中针枪。十一年停造轮船，专修理南北洋各省兵轮船只。十六年仿造新式全钢后膛快炮。十七年改造快利新枪，试炼钢料，又造各种新式后膛快炮，及五十二吨、四十七吨大炮。十九年仿制栗色火药。二十一年试造无烟火药。二十四年造七密里九口径新毛瑟枪。三十年添造铜元，旋归江宁合办。三十一年将船坞及轮船锅炉机器三厂，划归海军商厂办理。”

同时南京、天津亦设立机器局，

《续纂江宁府志》：“机器制造总局，在南门外扫帚巷东首，同治四年兴工，五年七月告竣。”《李文忠公奏稿·奏报机器局经费折》：“天津机器局，自同治六年四月开局，前任三口通商大臣崇厚等创办。”《津门杂记》：“机器局，制造局，一在城南三里海光寺，以机器制造洋枪炮架等物，兼制小大轮船；一在城东八里直沽东北，人称东局，专制火药及各种军械水雷。水师电报各学堂并附于东机器局。”

福建则设立船政局，

《东方杂志》第十四卷《马江船坞之历史》：“船政之设，在同治五年。湘乡左宗棠总制闽浙，实创是局，相地之宜，以马尾为最。议既定，宗棠移督陕甘，举侯官沈葆桢以代。聘订法员日意格、德克碑为正副监督，并法员匠数十人以为导。同治八年，第一号万年青轮船告成。十二年，华匠徒于制造之技渐能悟会，遂于是年遣散洋员匠回国。计九年之间，成大小兵商轮船十五号，洋人所经理全成者十二号，余三号则皆华人完全成之。后此续制各船，截至光绪三十三年，共成船四十号。”

虽多以制造船械为主，偏重于海、陆军之用，然始意未尝不为生利计也。

《李文忠公奏稿・置办铁厂机器折》："洋机器于耕织、印刷、陶埴诸器皆能制造，有裨民生日用，原不专为军火而设。惟其先华洋隔绝，虽中土机巧之士，莫由凿空而谈。逮其久，风气渐开，凡人心智慧之同，且将自发其覆。臣料数十年后，中国富农大贾，必有仿造洋机器制作以自求利益者。"

其时学者如徐寿、华蘅芳及寿子建寅等，皆殚心研究，具有成效。

《清稗类钞》："文正设江南制造局，令雪村[①]总理局务。时百事草创，雪村于制造船枪炮弹等事，多所发明。建寅字仲虎，寿之仲子也，从寿精研理化制造之学。寿与华蘅芳谋造黄鹄轮船时，苦无法程，日夕凝思，仲虎累出奇思以佐之，黄鹄遂成，旋于上海制造局助成惠吉、操江、测海、澄庆、驭远等船。光绪庚子春，在汉阳药厂，配合棉质无烟药轰毙。"

光绪初，山东设立机器局，建寅实主其事。

《光绪政要》："光绪元年，山东巡抚丁宝桢奏设机器局，咨调徐建寅来东商办，就省城外泺口地方买民地设局，先造子药，次造枪炮。"

朝鲜之变法，且遣人至天津学造机械焉。(《李文忠公奏稿》光绪六年《妥筹朝鲜制器练兵折》具载其事。)

通商之始，各国轮船麇至，吾国航业之利，几尽为所夺，于是议者思倡行商船，

《李文忠公奏稿》同治十一年《试办招商轮船折》："同治六七年间，曾国藩、丁日昌在江苏督抚任内，叠据道员许道身、同知容

① 徐寿字。

闳创议华商置造洋船章程，分运漕米，兼揽客货。经总理衙门核准，饬由江海关道晓谕各口试办。”

同治十一年，始设局招股，购置轮船。

《李文忠公奏稿·试办轮船招商折》：“购集坚捷轮船三只。”“光绪元年《轮船招商请奖折》计有自置轮船并承领闽厂轮船八号，现又添招股分，向英国续购两号，分往南北洋日本、吕宋、新加坡等处贸易。”《邮传部第一次统计表》：“该局资本，先后拨用直隶、江苏、江西、湖北、东海关等处官款，计一百九十万八千两，自光绪六年起，分期缴还。迄今并无官款，惟商股四百万两。”

光绪二年，收买美国旗昌公司船只，其业始盛。

《邮传部第一次统计表》：“光绪二年，两江总督沈葆桢，奏拨浙江等省官款，买并旗昌公司，增大小轮船十八号，而外洋船舶尽力排挤。李文忠于光绪三年二月，奏明沿江沿海各省，遇有海运官物，统归商船经理，并请苏浙海运漕米，分四五成，拨给该局承运，以顾商本，免为外人倾轧。赖此扶助，局基益坚定矣。”

迄今数十年，招商局船凡三十一艘，载重六万六千余吨，资本八百四十万，为吾国航业公司之巨擘。其内河商轮，亦年有增设。民国五年，统计各省内河商轮，凡一千零七十七艘，载重七万余吨。较之咸、同以前，航行江海专恃帆船者，其敏钝霄壤矣。然外人在华之航业，实远过于吾国。民国五年夏季江海关进出之航海汽船，凡一千八百三十余艘，三百一十七万余吨。日本船，七百二十八艘，一百二十二万余吨；英国船，五百四十九艘，一百零七万余吨；中国船则仅有四百一十九艘，五十三万余吨，是则相形而见绌者也。欧战以来，各国商船缺乏，制造亦有所不及，美国航务部乃向吾国船厂定造四艘，其大者至一万四千余吨，制造家诧为未有焉。

《东方杂志》十七卷十二号：“战时，美国航务部因商船缺乏，特向我国上海江南造船厂定造商船四艘，其最大者为官府号，计重一万四千七百五十吨，排水量一万吨，速率每小时十海里半，于民国九年六月三日下水，美国公使克兰夫人行命名典礼，计中国所建商船，以此船最大矣。”

次于船舶者为电机，同治十三年，日本觊觎台湾，沈葆桢奏请设立电报，以利军备，事寝不行。光绪五年，李鸿章于大沽北塘海口炮台设线以达天津，极言其便。翌年，遂试设南北两洋电线。

《李文忠公奏稿》光绪六年《请设南北洋电报片》：“俄国海线可达上海，旱线可达恰克图，其消息灵捷极矣。即如曾纪泽由俄国电报到上海只须一日，而由上海至京城，现系轮船附寄，尚须六七日到京。如遇海道不通，内驿必以十日为期，是上海至京仅二千数百里，较之俄国至上海数万里，消息反迟十倍。”“同治十三年，日本犯台湾，沈葆桢等屡言其利，而因循迄无成就。臣上年曾于大沽北塘海口炮台试设电报以达天津，号令各营，顷刻响应，现自北洋以至南洋，调兵馈饷，在在俱关紧要，亟宜设立电报，以通气脉。”

初由官办，光绪八年，改归商办，陆续展设水陆各线，遍及南北各省，以逮新疆、蒙古，综计线路十余万里。光绪二十八年，清廷议收电报为国有，嗣因商情不协，允各股商悉仍其旧①，而为商股官办之局。

《邮传部第一次统计表》：“南北洋电报既成，由盛宣怀招集商股，于八年三月起，接归商办。自时厥后，行之二十年，历办无异。二十八年改归官办，特设电政大臣以督之。二十九年设立邮传部，归部直辖。中国新政完全属于中国主权，无外人权力羼杂其中者，惟电报一事耳。”

---

① 其时官商股本合计二百二十万元。

旧传江慎修能为传声机，而其法不传，

《清稗类钞》："江慎修永尝置一竹筒，中用玻璃为盖，有钥开之。开则向筒说数千言，言毕即闭。传千里内，人开筒侧耳，其音宛在，如面谈也；过千里，则音渐澌散不全。慎修乾隆壬午年卒，则其法发明之时，尚在留声机电话之前也。"

通商以后，海上始有电话机，

《淞南梦影录》："上海之有德律风，始于壬午季夏。其法，沿途竖立木杆，上系铅线，线条与电报无异，惟其中机括不同。传递之法，只须向线端传语，无异一室晤言。""其初有英人皮晓浦，在租界试行，分设南北二局，嗣以经费不敷，不久遂废。癸未春，经天主教司铎能慕谷重设，由徐家汇达英、法各界。闻此法由欧人名德律风者所创，故即以其名名之。"

光绪末年，各省竞设电话局。

《邮传部第一次统计表》："上海电话局，系光绪三十二年十二月分开办。""太原电话局，系光绪三十二年十月分开办。""北京、天津、广东、奉天、河南各地电话局，表不载创办年月。"

民国初年，设京津长途电话，近又议设宁沪长途电话，传达消息，日捷于前矣。

电之为用极广，电报、电话之外，电灯、电车之属，皆兴于光绪中。

《清稗类钞》："电灯始于光绪中叶，创办者为西人德里。创议之初，华人闻者以为奇事，一时谣诼纷传，谓将遭电击，人心汹汹不可抑制。当道患其滋事，函请西官禁止，后以试办无害，其禁乃开。"同上："沪上通行电车，始于光绪戊申。""上海电车乃西人所经营，华人虽亦投资，而实权皆为彼所握。初开时，华人虑或触电，多望而却步，西人广为招徕，不及一年，其营业日益发达。"

始自上海，继则及于各地，电气事业，殆有方兴未艾之势。然自外人观之，则其程度较日本犹远逊焉。

《最近支那经济》[①]（善生承助）："据最近调查，支那电气事业经营之现在数，凡八十有七，其所在地，则支那本部二十二，满洲二十五。""依其性质分类，则业电气供给等八十，制造电气机械者三，供给电力与电气铁道合并经营者四。""支那本部开设电气铁道之市街，仅上海三，香港、天津各一，北京则屡议敷设而未成。[②]其大连、抚顺之电气铁路，则日本满铁会社之所经营也。""支那全体动力用之电力，使用高现仅三万三千马力，比之日本北海道之三万五千马力，尚有不逮。又电灯全部之烛力，亦不过百三十七万五千烛光，比之日本东京市电气局与东京电灯株式会社所有设备之百九十万烛光，亦远不及云。"

近年海陆军多用无线电机，

《世界年鉴》："北京南苑、天津、保定陆军用无线电，乙巳年设立。北京、南京海军用无线电，辛亥年设立。"

且拟设西安至喀什噶尔之无线电。（据《东方杂志》，民国七年交通部与马可尼无线电报公司订立合同，政府为设西安、喀什噶尔间安全之通信，拟购买并建设三台无线电报机器，向该公司订购马可尼弧光最新式无线电板机三台。）上海交通大学亦设无线电机，以供试验而通消息，异时无线电信当代有线者而日兴矣。（按民国十三年北京《交通日报》载中国境内无线电台，为中国自办者凡十三所：即北京、张家口、武昌、吴淞、福州、广州、崇明、上海、南苑、保定、天津、烟台、大沽等处，又为外国所经营者凡二十处：计日本八、法国五、美国四、英国二、俄国一，大抵皆在使馆及领事馆、兵营中。）

---

① 大正六年出版。

② 按北京已于民国十三年开行电车。

光绪二年，英商自上海租界造铁路达吴淞，行驶火车，是为外人侵我路权之始。江督沈葆桢购其路而毁之，盖其时舆论，不仅以为损失主权，且于铁路火车，特具一深恶痛绝之意，故不惜重资以求消毁其萌蘖也。

《中国铁路史》(袁德宣)："同治五年七月，英怡和洋行创设上海江湾间铁路。光绪二年，上海江湾间铁路延长至吴淞口，长三十里，名淞沪铁路。时风气未开，国人视为异物，两江总督沈葆桢以银二十八万五千两购回淞沪铁道，毁拆弃诸河。"

其后以外患日亟，思造铁路以助军用。

《光绪政要》光绪六年《刘铭传请开铁路以图自强疏》："俄自欧洲造铁路，渐近浩罕，又将由海参崴铁路以达珲春，不出十年，祸将不测。日本一弹丸国耳，师西洋之长技，恃有铁路，藐视中华，亦遇事与我为难。臣每私忧窃叹，以为失今不图自强，后虽欲图，恐无及矣。练兵造器，固宜次第举行，然其机括则在于急造铁路。铁路之利于漕务、赈务、商务、矿务、厘捐、行旅者，不可殚述。而于用兵一道，尤为急不可缓之图。中国要道，南路宜开二条：一条由清江经山东，一条由汉口经河南，俱达京师。北路宜由京师东通盛京，西通甘肃，惟工费浩繁，急切未能并举。拟请先修清江至京一路，与本年议修之电线相表里。"

而开平煤矿之铁路，遂为全国铁路之嚆矢。

《中国铁路史》："光绪四年，美国留学生唐景声，请于直督李鸿章，创办唐山开平煤矿，聘英人全达为技师长，筑铁路以便运输，初用马车，继改用小机关车。光绪十二年改筑，轨广四尺八寸半，为中国铁路轨道定例。"

光绪十五年，张之洞奏办芦汉铁路，

《光绪东华录》："张之洞奏：铁路之用，以开通土货为急。中国物产之盛，甲于五洲，然腹地奥区，工艰运贵，其生不蕃，其流不广，且土货率皆质粗价廉，非用机器化学，不能变粗贱为精良，化无用为有用。苟有铁路，则机器可入，笨货可出，本轻费省，山乡边郡之产，悉可致诸江岸海壖，而流行于九洲四瀛之外，民之利既见，而国之利因之。臣愚以为宜自京城外之芦沟桥起，经行河南，达于湖北之汉口镇，自保定、正定、磁州，历彰、卫、怀等府，在清化镇以南，荥泽口以上，作桥以渡黄河，自河以南，则由许、郑、信阳驿路以抵汉口。”

虽定议而未实行。总计甲午以前，中国铁路仅成榆关内外七百零五里。

《中国铁路史》：“光绪十三年，直督李鸿章募集股本，敷设由天津经大沽至滦州之古冶线，长三百十一里，谓之商路。光绪十六年，又延长古冶至关外之中后线，长三百九十四里，谓之官线，共长七百零五里。”

中日战后，朝野上下，始知筑造铁路为不容缓之事，遂设铁路总公司于上海，先造芦汉干路，次及苏、沪、粤、汉等，

《光绪政要》：“光绪二十年，直督王文韶、鄂督张之洞会陈芦汉铁路办法，并保津海关道盛宣怀督办，宣怀请设铁路总公司，先造芦汉干路。其余苏、沪、粤、汉等处，亦准公司次第展造。”

于是借款购料，一切仰给于外人，而各国争我路权者麇起。

《约章大全》：“光绪二十三年《芦汉铁路商订比国借款合同》第一条：除总公司已有成本银一千三百万外，并准总公司向比国银行工厂合股公司借款四百五十万金镑。二十四年续订《比国借款详细合同章程》第二十五款：全路所需材料，除汉阳各厂所能造者先尽购办外，皆归比公司承办。”《中国铁路史》：“时各国铁路政策怀抱已久，一闻募外债之议，无不踊跃争先。首请者为美公司，次为英、德两公司，惟比利时公司以轻便条约，商定于政府。”“比利时者，受俄、法之指使而来者也。俄、法势力潜伏于比公司之下，比营之，即俄、法营之也。英闻之，恐碍其扬子江一带势力，遂扼榆营铁路监督权，遮断东清铁路，弗与京汉联络。德闻之，又与英协商握津镇铁路敷设权，沿运河，出扬子江，以与京汉颉颃。”

光绪二十九年，商部奏定铁路简章，以奖励华商、抑制洋股为主。各省绅民，乃议自办铁路，潮汕、滇川、常辰、江西、江苏、福建、浙江、安徽分省自筑之路，同时均见于奏报，而粤汉、京汉亦次第借款赎回。然各省自办铁路，多鲜实力，其成者，仅潮汕、新宁、沪浙数路，而其材料机器，仍须购之国外，无完全自办之路也。辛亥革命，起于铁路国有之议，而民国成立以后，商办铁路次第收为国有，盖民力不充，仍不能不资外力也。

铁路附设之学校，以唐山工业专门学校为最著。

《民国行政统计汇报 · 交通类》：“唐山工业专门学校，创始于前清光绪三十一年。原由津榆铁路筹资设立，民国元年，改为唐山铁路学校。三年，改名为工艺专门学校，其学科专以铁路工程为主。”

而制造厂亦以唐山为巨。

《铁路协会报 · 京奉路线始末记》：“唐山有极大极完备之工厂，工人约三千名。该厂从前或装配车辆，或建造客货车及装配机车，现在该厂能自行建造机车及车辆，但特别之部分仍须购自外洋。沟邦子地方有一修理车辆厂，从前机车均向英国北方机车公司购买，其余或向美国之保鲁敦或比国购买，然该厂近年亦能制造机车。”

据民国三年京奉铁路报告，唐山厂自造机平转车、盘车、顶湾梁汽机、起重机等，并代道清、京张、吉长各路造车辆、汽筒、锅炉等凡数千具，是则机械工学进步之征也。

吾国采矿，多恃人工，其用机械开采化炼，亦自同、光间始。

《李文忠公奏议》光绪七年《直境开办矿务折》：“从前江西之乐平及山西、湖南等省，皆以土法开采煤、铁等矿，近来如台湾之基隆、湖北之荆门、安徽之池州，经营煤矿，渐用洋法。然或因创办伊始，或因经费未敷，尚难骤得大效。光绪元年，闻滦州所属之开平镇煤铁矿产颇旺，饬候选道唐廷枢驰往察勘。唐廷枢勘得滦州所属，距开平西南十八里之唐山，山南旧煤穴甚多。光绪四年，钻地探试，深六十丈，得有高烟煤六层，计所得之煤，足供六十年之用。旋于五年购办机器，按西法开提煤贯风抽水，水井开深六十丈。就所得之煤论之，可与东洋头号烟煤相较，将来愈深愈美，尤胜东洋。开煤既旺，则炼铁可以渐图。”

开平之煤，漠河之金，

《光绪政要》：“光绪十二年黑龙江将军恭镗招集商股开办漠河金厂。”

大冶之铁，萍乡之煤，

《汉冶萍公司纪略》：“光绪十六年，张文襄公督鄂，创办汉阳铁厂，采炼大冶之铁。大冶铁矿，据英伦钢铁会史戴德化验之报告，为世界不多觏之佳矿。就浮面之铁测算，年采一百万吨，足供百年。光绪二十二年，盛宣怀接办，于萍乡发现一大煤田，其面积长三十里、宽十里。技师赖伦言，每年采取百万吨，可继五百余年。”《中国工艺沿革史略》：“汉阳铁政局，为中国最大之制铁所，其铁路在湖北武昌大冶县属之铁山铺，其坑之重要者，在下陆雌雄狮子山、铁山等处。其地产铁，自古有名。光绪十六年，两湖总督张之洞，派德国技师至大冶县采矿。十八年，乃创立汉阳铁政局，一切机械，均由比利时购入。本年始开始制炼，初以管理非人，财政困难，改聘比国人为管理，至二十二年，乃让于盛宣怀。盛氏大招股本，改为股本公司，现今之汉冶萍煤铁矿厂有限公司，即是物也。其矿石之种类：一为磁铁矿及赤铁矿床，二为褐铁床。光绪二十八年，每月磁铁矿产二千七百吨，褐铁矿六百吨。其产出矿石，除供给汉阳铁厂外，每年尚有千余万吨，输出于日本之八幡制铁所。其制成铁料，自光绪二十六年，与日本有输出之特约，每年不下六万余吨。"

为世所艳称。而山西、河南之煤、铁，四川、云南之铜、锡，湖南之锑，延长之石油，亦相继而以西法开采。

《约章大全》光绪二十五年《总署奏湘省严禁私运锑沙折》："湘省各属所在多锑，足供制造机器之用，因招粤商大成公司来湘，就近提炼。""光绪二十八年，豫抚锡良奏开河南矿务，并派豫丰公司总办。光绪二十九年，晋抚赵尔巽奏请山西矿务先尽丰公司办理。光绪三十三年，度支部奏兴复云南旧矿，均可考见各省矿产之历史。"《中华矿产调查记》（赖继光）："四川彭县磺铜矿，于清光绪三十一年归矿政局拨款开采。"《中国工艺沿革史略》："光绪三十二年，有湖南洪某者，服官陕西，颇识新学，请之当道，筹资千余万，购买机器，并聘日本技师，在延长开采石油。凡凿四井，内二井出油甚旺，陕西省城各机关所有灯油，皆此矿所出，因此延安石油渐为世人所注意。"

其沿铁道之矿，为外人攫取，若抚顺、淄川各地之煤，更无论矣。

清代货币，兼用铜、银，铜曰制钱，银曰元宝。而广东与外人互市，多用墨西哥银元。光绪十六年，张之洞督粤，设银元局，自铸银币，其后各省亦相继仿铸。

《约章大全》光绪三十二年《财政处奏顿圜法折》："中国铸造银圆，始于广东，嗣后湖北、江南、直隶、浙江、安徽、奉天、吉林等省，亦陆续购机制造。"

而铜元之制，亦倡于广东，福建继之。辛丑以后，各省竞铸铜元，制钱之用遂微。光绪三十一年，户部设造币厂于天津，兼铸铜、银各币，民国因之，虽未能统一中国钱币，而其规制特宏焉。

《财政月刊・天津造币总厂报告书》："北洋银圆局，踵机器局而成立。总厂既建，购机美厂，不足，调于宁、鄂各省。民国肇兴，鲁、豫、闽各省旧设铜圆局，相继停办，其机械亦先后运致，动机改用电力，以期利用。"

甲午以前，官办局厂之用机械者虽多，而商民之创办公司、经营制造者，尚未大盛。自《中日条约》明订装运机器进口，任便从事各项工艺制造之条，于是土货益为洋货所制，而商民始知自奋，

《约章大全・中日马关条约》第六款第四项："日本臣民，得在中国通商口岸城邑，任便从事各项工艺制造，又得将各项机器任便装运进口。日本臣民在中国制造一切货物，其于内地运送税内地钞课杂派以及在中国内地沾及寄存栈房之益，即照日本臣民运入中国之货物一体办理。"

纺织、印刷、酿造、陶瓷、纸革、茶糖、淀粉、玻璃、肥皂、火柴之类，靡不购机设厂，竞师西法。以民国三年农商统计表观之，各省工厂用原动力者，凡三百五十九厂；蒸汽机三百五十七具，电机三百三十二具，其他机关四百七十六具。虽较之他国尚属幼稚，而二十年间，由手工而日趋于机械工业，是实文化之一大进步也。

机械工业之兴，不过数十年耳，论者谓其历史可分为四时期。

《支那之工业》（东亚同文会编纂）曰："自支那固有之工场进一步而洋式机械工业之发生者，同治初年，即距今约五十年以前之事也。[①] 尔来经几多之变迁，渐次举支那工业界革命之实，以及今

① 是书大正六年出版。

日。试回顾其历史，可分为下之时期：（一）官督商办时代[①]，（二）外人企业时代[②]，（三）利权收回时代[③]，（四）国货维持时代[④]。”

其变迁盖亦多矣。顾自欧战以来，西人鉴于机械工业之害，乃转以吾国之工业未开发为幸，盖机械工业之害，在以人为机械，较之手工之时代，其违反人道殊甚。

《杨端六记罗素未开发国之工业演说文》：“所痛恨于工业主义者，乃以其逼迫老幼男女，使之违反其本性，从事于不自然的不自发的人为的生活。果使工业发达至极，则人类将不复见有青草之地，新雨之后，不复嗅得泥土之气。惟促处于数尺之地方，四围嚣而尘上，不得不竭一日多数时间之力，以营单一无趣之机械工作。妇女则大率不得不于工厂中谋生，舍其子女，求他人顾。儿童苟不入工厂，则留作学校之中，十分督责其功课，聪颖子弟，受害尤大。凡此违反本性之生活，足使从事工业之人民，日为社会所轻蔑，而激动杀人战争之事，将不绝于人间矣。”

然以经济竞争之所驱迫，目前之状况，仍不能不随欧、美之轨辙以进行也。

---

① 此时代为洋式工业萌芽期，自同治初年至光绪二十年，约三十年间。

② 此时代自日清媾和条约缔结后，至商部设立，约九年间。

③ 自光绪二十九年至民国元年，约八年间。即支那因日露战争之影响，奋然自觉，以奖励实业振兴工艺为目的，频行官制之改废，法令之制定，一方则民间利权收回热爆发。对于外人既得之权利，苟有隙可乘，无不思收回其权利，而自当其经营。此等企业热之勃兴，以光绪三十年为最旺盛。

④ 自民国元年至现在国民运动正在进行中。

第十六章　种族革命与政治革命

满清之主中国，二百数十年，而种族之界甚严。汉族隐忍衔恨，虽不能恢复明室，而秘密集会，阴图颠覆满清者，所在多有。

> 《清稗类钞》："三合会之成立，在康熙甲寅。相传其原起之目的，以少林寺僧被官焚杀，志在复仇。""自乾隆至嘉、道间，台湾、两广、江西、南方一带，三合会至跋扈，而以福建为酝酿之所。虽官吏下严令痛制之，卒无效。""世多以洪秀全为三合会首领，呼粤寇曰三合贼，实大谬也。秀全仅容纳三合会之一部分耳，非自为三合会员也。虽其复明逐满，两者俱同，蓄发易服，不背三合会主旨，然三合会所为奉为道教、佛教，上帝教所奉为基督教，其根源实大相刺谬。"同上："哥老会一称哥弟会，秘密会党也。或谓其成立于乾隆时，同治朝以粤寇平而撤湘军，其人穷于衣食，多入此会。""哥老会之宗旨，与三合会无异，亦以复明为言。"

道、咸以来，外患日棘，满人之无能力，为汉族所共喻，而欧、美之思想又渐次输入，于是官僚学者，思以新法扶翼清室。而反之者，则以推翻清室、恢复主权为职志。孙文等之倡兴中会，即由清室之不足恃以御外侮而起。

> 《孙文学说》："予自乙酉中法战败之年，始决倾覆清廷、创建民国之志。"《清稗类钞》："兴中会之起，在光绪壬辰，倡首者为孙逸仙、陆皓东、杨鸿飞等人。"

庚子拳匪之乱，以满人仇外，贻汉族无穷之祸，

> 《国债辑要》："庚子赔款，自一九〇一年至一九四〇年，合计

一万四千二百八十六万三千六百一十一镑。”

汉人之怨讟益深。唐才常欲起事于汉口，不成。

《清稗类钞》：“庚子七月，浏阳拔贡唐才常等，谋起事于汉口，结合江湖会党，设自立军，散放富有票，议起自立军，事泄被诛。”

而研求国故之士，如章炳麟、邹容、刘师培等，时时刺举宋、明遗老之言论行谊，以鼓吹革命。故革命之分子，实合秘密社会下流无赖之徒，及经生学子能为文章之士两者而成焉。

邹容之《革命军》，革命之原动力也。

《孙文学说》：“章太炎、吴稚晖、邹容等，借《苏报》以鼓吹革命，为清廷所控。太炎、邹容被拘，囚租界监狱，吴亡命欧洲。此案涉及清帝个人，为朝廷与人民聚讼之始，清朝以来所未有也。清廷虽讼胜，而章、邹不过仅得囚禁两年而已，于是民气为之大壮。邹容著有《革命军》一书，为排满最激之言论，华侨极为欢迎，其开导华侨风气，为力甚大。”

析其性质，盖有四因：

（一）则根于历史，

《革命军》：“自秦以来，狐鸣篝中，王在掌上，卯金伏诛，魏氏当涂，黠盗奸雄，觊觎神器者，史不绝书。于是石勒、成吉思汗等，类以游牧腥膻之胡儿，亦得乘机窃命，君临我禹域，臣妾我神种。”同上：“吾读《扬州十日记》、《嘉定屠城记》，书未尽，吾几不知流涕之自出也。吾为言以告我同胞曰：扬州十日，嘉定三屠，是又岂当日贼满人残戮汉人一州、一县之代表哉！夫二书之记事，不过略举一二耳。想当日既纵焚掠之军，又严剃发之命，贼满人铁骑所至，屠杀虏掠，必有十倍于二地者也。有一有名之扬州、嘉定，有千百无名之扬州、嘉定。”

（二）则动于译籍，

《革命军》："吾幸夫吾同胞之得卢梭《民约论》、孟得斯鸠《万法精理》、弥勒约翰《自由之理》、《法国革命史》、《美国独立檄文》等书，译而读之也。"

（三）则憾权利之不平，

《革命军》："满洲人之在中国，不过十八行省中之一最小部分耳。而其官于朝野者，则以一最小部分，敌十八行省而有余。今试以京官满汉缺观之，自大学士尚书侍郎，满汉二缺平列外，如内阁衙门，则满学士六、汉学士四，满蒙侍读学士六、汉军汉侍读学士二，满侍读十二、汉侍读二，满蒙中书九十四、汉中书三十。又如六部衙门，则满郎中、员外、主事缺额约四百名，吏部三十余、户部百余、礼部三十余、兵部四十、刑部七十余、工部八十余，其余各部堂主事皆满人，无一汉人，而汉郎中、员外、主事缺额不过一百六十二名。"

（四）则憾战祸之独受。

《革命军》："祸至则汉人受之，福至则满人享之。太平天国之立也，以汉攻汉，山尸海血，所保者满人。甲午战争之起也，以汉攻倭，偿款二百兆，割地一行省，所保者满人。团匪之乱也，以汉攻洋，血流近京，所保者满人。故今日强也，亦满人强耳，于我汉人无与焉。今日富也，亦满人富耳，于我汉人无与焉。"

故竭力提倡革命，以推翻满族为的。然其所受革命之因，已不全为种族之争，而含有政体之异。故其主张之条件，实欲举旧民族、旧国家，改造为一新民族、新国家。

《革命军》："革命要义：（一）当知中国者，中国人之中国也。（一）人人当知平等自由之大义。（一）当有政治法律之观念。由斯三义，更生四种：（一）曰养成上天下地、惟我自尊、独立不羁之精神。（一）曰养成冒险进取、赴汤蹈火、乐死不群之气概。（一）曰养成相亲相爱、爱群爱已、尽瘁义务之公德。（一）曰养成个人自治、团体自治、以进人格之人群。”同上：“革命独立之大义：（一）中国为中国人之中国，我同胞皆须自认为自己的汉种中国人之中国。（一）不许异种人沾染我中国丝毫权利。（一）所有服从满洲人之义务，一律销灭。（一）先推倒满洲人所立北京之野蛮政府。（一）驱逐居住中国中之满洲人，或杀以报仇。（一）诛杀满洲人所立之皇帝，以儆万世，不复有专制之君主。（一）对敌干预我中国革命独立之外国人及本国人。（一）建立中央政府，为全国办事之总机关。（一）区分省分，于各省中投票公举一总议员；由各省总议员中，投票公举一人为暂行大总统，为全国之代表人；又举一人为副总统；各府州县又举议员若干。（一）全国无论男女，皆为国民。（一）全国男子有军国民之义务。（一）人人有致忠于此所新建国家之义务。（一）人人有承担国税之义务。（一）凡为国人，男女一律平等，无上下贵贱之分。（一）各人不可夺之权利，皆由天授。（一）生命自由及一切利益之事，皆属天付之权利。（一）不得侵人自由，如言论、思想、出版等事。（一）各人权利必需保护，须经人民公许建设政府，而各假以权，专掌保护人民权利之事。（一）无论何时，政府如有干犯人民权利之事，人民即可革命，推倒旧日之政府，而求遂其安全康乐之心。迨其既得安全康乐之后，经承公议，整顿权利，更立新政府，亦为人民应有之权利。（一）定名中华共和国。（一）中华共和国为自由独立之国。（一）自由独立国中，所有宣战议和订盟通商及独立一切应为之事，俱有十分权利，与各大国平等。（一）立宪法，悉照美国宪法，参照中国性质立定。（一）自治之法律，悉照美国自治法律。（一）凡关全体个人之事及交涉之事及设官分职国家上之事，悉准美国办理。”

观其次项所列之二十五条，惟前七条为对于满洲所发[①]，余则纯采美国独立之制度，而为政治之革命。故清末之革命，与前史之朱明推翻胡元迥殊。彼则纯乎种族之争，此则借种族之争以引起政治之改革耳。章炳麟《革命军序》，亦分析此二义，以光复、革命互举：

> 《革命军序》（章炳麟）："吾闻之：同族相代，谓之革命；异族攘窃，谓之灭亡。改制同族，谓之革命；驱除异族，谓之光复。今中国既灭亡于逆胡，所当谋者光复也，非革命云尔。容之署斯名，何哉？谅以其所规画，不止驱除异族而已，虽政教学术体俗材性独有当革者焉，故大言之曰革命也。"

故徒谓推翻满族为蒇革命之志事者，实非首事诸人之初意也。

邹容死于狱，章炳麟走日本，孙文亦至日，乃开支那亡国二百四十二年纪念会，组织同盟会，

> 《清稗类钞》："拳乱以后，通国大兴教育，留日学生亦骤众，孙文乘此注入其主义于留学主。会章炳麟游日本，更鼓吹民族革命主义。秦力山亦创开支那亡国二百四十二年纪念会以激励之，其会为驻日公使蔡钧借日警力所阻。时留学生提倡革命者益多，人数亦益众，几逾万人。而内地革命失败之徒，复纷然来集，各交换意见，上下议论，而湖南黄兴、直隶张继隐执牛耳。会孙文由欧美游历至日，因开欢迎会，是为革命党统一之权舆，乃组织中国同盟会，举孙为首领，复发刊《民报》，以为革命党之机关，揭载六大纲：（一）颠覆现今之恶劣政府。（二）建设共和政党。（三）维持世界真正之平和。（四）土地国有。（五）主张中、日两国之国民连合。（六）要求世界列国赞成中国革命新事业。"

刊行《民报》。而拥护清室者，则以君主立宪为平和之改革。

---

① 亦含有对他国之意。

> 《中华民国开国史》（谷钟秀）："孙文在日本开会演讲，留学生服膺其说者，月异而岁不同。于是设同盟会于东京，渐扩充及于内地各省。刊行《民报》，汪兆铭主其事，标示推倒满清政府、建设中华民国之大旨。适值梁启超于《新民丛报》大倡开明专制之议，违反人心之倾向，《民报》痛驳其非，遂风行一世。是时杨度等刊行《新中国报》，亦深斥开明专制之议，惟恐因革命以召外祸，主张君主立宪，速开国会，为平和之改革。是说亦颇犁然有当于人心。"

清廷派载泽、戴鸿慈、端方、尚其亨、李盛铎等，赴各国考察政治，归而宣布预备立宪。

> 《光绪政要》："光绪三十二年正月，考察政治大臣载泽、尚其亨、李盛铎等奏请宣布立宪。七月，宣布预备立宪事宜，谕曰：载泽等回国陈奏，皆以国势不振，实由于上下相蒙，内外隔阂，官不知所以保民，民不知所以卫国。而各国之所以富强者，实由于行宪法，取决公论，军民一体，呼吸相通，博采众长，明定权限，以及筹备财用，经画政务，无不由仿行宪政，公之于黎庶。又兼各国相师，变通尽利，政通民和，有由来矣。时处今日，惟有及时详晰甄核，大权统于朝廷，庶政公诸舆论，以立国家万年有道之基。但目前规制未备，民智未开，若操切从事，徒布空文，何以对国民而昭大信？故廓清积弊，明定责成，必从官制入手，亟应先将官制分别议定，次第更张，并将各项法律，详慎厘订。而又广兴教育，清理财政，普设巡警，使绅民明晰国政，以备立宪基础。"

宣统元年，遂设各省咨议局及资政院，以为议院之先导。宪政编查馆则采择德、日宪法，编制宪法大纲，预定立宪期限。然满人用事，政治益趋腐败，各省咨议局联合会，请愿速开国会，及另组责任内阁，皆不获遂。平和而文明之人民，亦大失望。

《中华民国开国史》："袁世凯坐镇北洋，参与朝政，锐意图改革，于是有派遣五大臣出洋考察政治之举，归而有预备立宪之诏。然第一次中央官制改革案，竟为铁良等所扼，而为有名无实之更张。后虽有资政院之设，定期召集国会之明文，而满族内阁与皇族内阁相递嬗。其首领之奕劻，以贪庸著闻于天下，载泽因其妻与隆裕为姊妹，握财政管钥，其势与奕劻抗。载洵、载涛皆以其兄载澧监国之故，分掌海陆军大权，藉以殖其私财，卖官鬻缺，苞苴竞进。"同上："各省请愿国会者，接踵而至京师，甚至有割指断臂，誓期成功者。虽激于一时之感情，然人民希望立宪之意，亦云至矣。乃政府始终冥顽如故，最后竟以军警驱逐请愿代表回籍，而人民立宪之希望遂绝。"

党人之谋革命也，或以个人行暗杀之策，或以团体为起义之举。乙巳九月，吴樾图炸毙出洋考察宪政之五大臣，未中。丁未五月，徐锡麟杀安徽巡抚恩铭。辛亥三月，温生才杀广州将军孚琦。而起兵者亦相踵，丁未七月，黄兴起于广州，十月，孙文起于镇南关。戊申三月，黄又起于河口，七月，熊成基起于安庆。庚戌正月，倪映典起于广州。辛亥三月，黄兴、赵声等复起于广州。虽皆不成，而革命之机日迫。清廷又以铁路国有之策，大失民心。辛亥八月十九日，民军遂起于武昌。

《中华民国开国史》："辛亥八月十九日，即阳历十月十日，民军起义于武昌，拥黎元洪为都督，称中华民国军政府。以黄帝纪元，宣布宗旨。""所有文告，皆用中华民国军政府鄂都督名义，末署黄帝纪元四千六百零九年某月日，藉种族问题，激动军民之感情。盖共和意义，一般军民骤难索解，一触其感情，则大多数靡然向风，而清亡矣。"

各省闻风响应。清以袁世凯为内阁总理，督兵攻民军。而袁亦不慊于清廷，首鼠两端。十月，遂停战议和。十七省代表公举孙文为中华民国临时大总统，设临时政府于南京，为南北对峙之局。袁命唐绍仪为代表，与南军代表伍廷芳议开国会，而阴迫清帝退位。是年十二月二十五日[①]，清颁退位诏，而四千余年帝制之国，遂一变而为民主之国。

中华民国之基础，以民国元年各省代表所组织之参议院制定之《约法》为主，兹录其全文于下：

（一）中华民国，由中华人民组织之。

（二）中华民国之主权，属于国民全体。

（三）中华民国领土，为二十二行省、内外蒙古、西藏、青海。

（四）中华民国以参议院临时大总统、国务员、法院，行使其统治权。

（五）中华民国人民一律平等，无种族、阶级、宗教之区别。

（六）人民得享下列各项之自由权：（1）人民之身体，非依法律，不得逮捕、拘禁、审问、处罚；（2）人民之家宅，非依法律，不得侵入或搜索；（3）人民有保有财产及营业之自由；（4）人民有言论、著作刊行及集会、结社之自由；（5）人民有书信秘密之自由；（6）人民有居住、迁徙之自由；（7）人民有信教之自由。

（七）人民有请愿于议会之权。

（八）人民有陈诉于行政官署之权。

（九）人民有诉讼于法院，受其审判之权。

（十）人民对于官吏违法损害权利之行为，有陈诉于行政院之权。

（十一）人民有应任官考试之权。

（十二）人民有选举及被选举之权。

（十三）人民依法律有纳税之义务。

（十四）人民依法律有服兵之义务。

（十五）本章所载人民之权利，有认为增进公益、维持治安，

---

① 即中华民国元年二月十二日。

或非常紧急必要时，得依法律限制之。

（十六）中华民国之立法权，以参议院行之。

（十七）参议院以第十八条所定各地方所选之参议员组织之。

（十八）参议员每行省、内蒙古、外蒙古、西藏各选派五人，青海选派一人。其选派方法，由各地方自定。参议院会议时，每参议员有一表决权。

（十九）参议院之职权如下：(1) 议决一切法律案；(2) 议决临时政府之预算、决算；(3) 议决全国之税法、币制及度量衡之准则；(4) 议决公债之募集及国库有负担之契约；(5) 承议第三十四条、三十五条、四十条事件；(6) 答复临时政府咨询事件；(7) 受理人民之请愿；(8) 得以关于法律及其他事件之意见，建议于政府；(9) 得提出质问书于国务员，并要求其出席答复；(10) 得咨请临时政府查办官吏纳贿违法事件；(11) 参议院对于临时大总统认为有谋叛行为时，得以总员五分四以上之出席，出席员四分三以上之可决，弹劾之；(12) 参议院对于国务员认为失职或违法时，得以总员四分三以上之出席，出席员三分二以上之可决，弹劾之。

（二十）参议院得自行集会开会闭会。

（二十一）参议院之会议，须公开之；但有国务员之要求，或出席议员过半数之可决者，得秘密之。

（二十二）参议院议决事件，咨由临时大总统公布施行。

（二十三）临时大总统对于参议院议决事件，如否认时，得于咨达后十日内，声明理由，咨院复议；但参议院对于复议事件，如有到会员三分二以上仍执前议时，仍照第二十二条办理。

（二十四）参议院议长，由参议员用记名投票法互选之，以得票满投票总数之半者，为当选。

（二十五）参议院议员于院内之言论及表决，对于院外不负责任。

（二十六）参议院参议员，除现行犯及关于内乱外患之犯罪外，会期中非得本院许可，不得逮捕。

（二十七）参议院法，由参议院自定之。

（二十八）参议院以国会成立之日解散，其职权以国会行之。

（二十九）临时大总统、副总统，由参议院选举之，以总员四分三以上出席、得票满投票总数三分二以上者，为当选。

（三十）临时大总统代表临时政府，总揽政务，公布法律。

（三十一）临时大总统为执行法律或基于法律之委任，得发布命令，并得使发布之。

（三十二）临时大总统统帅全国海陆军队。

（三十三）临时大总统得制定官制官规，但须提交参议院议决。

（三十四）临时大总统得任免文武职员，但任命国务员及外交大使、公使，须得参议院同意。

（三十五）临时大总统经参议院之同意，得宣战、媾和及缔结条约。

（三十六）临时大总统得依法律宣告戒严。

（三十七）临时大总统代表全国，接受外国之大使、公使。

（三十八）临时大总统得提出法律案于参议院。

（三十九）临时大总统得颁给勋章及其他荣典。

（四十）临时大总统得宣告大赦、特赦、减刑、复权，但大赦须经参议院同意。

（四十一）临时大总统受参议院弹劾后，由最高法院全院审判官互选九人组织特别法庭审判之。

（四十二）临时副总统于临时大总统因故去职或不能视事时，得代行其职权。

（四十三）国务总理及各部总长，均称为国务员。

（四十四）国务员辅佐临时大总统，负其责任。

(四十五) 国务员于临时大总统提出法律案公布法律及发布命令时，须副署之。

(四十六) 国务员及其委员，得于参议院出席及发言。

(四十七) 国务员受参议院弹劾后，临时大总统应免其职，但得交参议院复议一次。

(四十八) 法院以临时大总统及司法总长分别任命之法官组织之，法院之编制法及法官之资格，以法律定之。

(四十九) 法院依法律审判民事诉讼及刑事诉讼，但关于行政诉讼及其他特别诉讼，则以法律定之。

(五十) 法院之审判须公开之，但有认为扰害安宁秩序者，得秘密之。

(五十一) 法官独立审判，不受上级官厅之干涉。

(五十二) 法官在任中，不得减俸或转职，非依法律受刑罚宣告或应免职之惩戒处分；不得解职，惩戒条规以法律定之。

(五十三) 本约法施行后，限十个月内，由临时大总统召集国会，其国会之组织及选举法，由参议院定之。

(五十四) 中华民国之宪法，由国会制定，宪法未施行以前，本约法之效力与宪法等。

(五十五) 本约法由参议院参议员三分二以上或临时大总统之提议，经参议员五分四以上之出席，出席员四分三之可决，得增修之。

(五十六) 本约法自公布之日施行，临时政府组织大纲，于本约法施行之日废止。

吾国由人治国变为法治国，由民意规定国家组织有成文之法律，明定人民之权利义务，实始于此。而行政之人极苦其不便。三年三月，第一任大总统袁世凯召集约法会议；五月，公布《新约法》，凡元年《约法》束缚总统国务院之权力之文，悉删改之。五年，袁世凯叛国而死，黎元洪执大总统职权，复令宪法未定以前，仍遵用元年三月十一日公布之《临时约法》，至宪法成立时为止。六年五月，旧国会二次解散，元年《约法》复失效力，南方各省起兵力争，扰攘多年，事变百出，迄今尚无成文之宪法。曹锟为总统时，有贿选议员所制之宪法，世亦未行。故元年《约法》，犹有宪法之效焉。

种族革命，至辛亥十二月已告成功，而政治革命迄今尚未成事实。盖国民习于帝制者久，不知履行国民之权利义务，于代议政治非所素谙，又不知政党之性质与选举之重要。元年以临时参议院议决之国会组织法，召集国会，而国民党与进步党势成水火。二年十月，袁世凯被举为正式大总统，十一月，即解散国民党，取消国民党籍之议员。三年一月，国会停止职权，而袁世凯遂以《新约法》所定之参政院，议决变更国体，改行君主立宪，建元洪宪，不百日而罢。五年八月，旧国会复开，至六年，又为各省督军所迫而解散。七年二月，段祺瑞所召集之参议院，修改国会组织法，重选国会议员。旧国会议员之暴横者，仍麇集于南方，而同时遂有新旧两国会。十年，南北政府均有剧变。黎元洪复职，而广州之国会复移于北京。十二年，曹锟贿选为总统，国会复分裂。十三年，江浙奉直之战，段祺瑞起而执政，国会复解散。十五年，段祺瑞复被逐，法统之说泯焉莫知所从，虽悬一中华民国之帜，而实则仅造成武人专制、强藩割据之局，是又革命之始所不及料者矣。

第十七章　法制之变迁

清季迄今，变迁之大，无过于法制。综其大本，则由德治而趋法治，由官治而趋民治，漩洑激荡，日在蜕变之中。而世界潮流，亦以此十数年中变动为最剧。吾民竭蹶以趋，既弃吾之旧法以从欧美之旧法，又欲弃欧美之旧法而从彼之新法，思想之剧变，正日进而未有艾。虽其功效之若何及其归宿之若何，目前未易预测，而过去之事迹，固亦有可述也。

清季变法，首在司法制度，其起原则以修改商约。外人不慊于吾国法律，不得已，而变通法律，以期从同。

《光绪政要》光绪三十年《伍廷芳、沈家本奏疏》："光绪二十八年四月初六日，奉上谕：现在通商交涉，事益繁多，著派沈家本、伍廷芳将一切现行律例，按照交涉情形，参酌各国法律，悉心考订，妥为拟议，务期中外通行，有裨治理等因。当经臣等酌拟大概办法，并遴选谙习中西律例司员，分任纂辑，延聘东西各国精通法律之博士律师，以备顾问。复调取留学外国卒业生，从事翻译；请拨专款，以资办公等因在案。计自光绪三十年四月初一日开馆以来，各国法律之译成者，德意志曰刑法、曰裁判法，俄罗斯曰刑法，日本曰现行刑法、曰改正刑法、曰陆军刑法、曰海军刑法、曰刑事诉讼法、曰监狱法、曰裁判所构成法、曰刑法义释；校正者曰法兰西刑法。至英美各国刑法，臣廷芳从前游学英国，夙所研究，该两国刑法虽无专书，然散见他籍者不少，饬员依类辑译，不日亦可告成。复令该员等比较异同，分门列表，展卷瞭然，各国之法律已可得其大略。臣等以中国法律与各国参互考证，各国法律之精意，固不能出中律之范围。第刑制不尽相同，罪名之等差亦异，综而论之，中重而西轻者为多。盖西国从前刑法，较中国尤为惨酷。近百数十年来，经律学家几经讨论，逐渐改而从轻，政治日称美善。中国之重法，西人每訾为不仁，其旅居中国者，皆藉口于此，不受中国之约束。夫西国首重法权，随一国之疆域为界限，中国之人侨寓乙国，即受乙国之裁判，乃独于中国不受裁判，转予我以不仁之名，此亟当幡然变计者也。方今改订商约，英、美、日、葡四国，均允中国修订法律，首先收回治外法权，实变法自强之枢纽。臣等奉命考订法律，恭译谕旨，原以墨守旧章，授外人以口实，不如酌加甄采，可默收长驾远驭之效。现在各国法律既已得其大凡，即应分类编纂，以期克日成书。”

始设法律馆起草，继经宪政编查馆核订，资政院第一期议会议决，而刑律遂逐渐变迁。

《大清新刑律释义序》(秦瑞玠)：“我国自有历史以来，向崇道德、宗教、礼仪、政治，而不言法律。故一般法制，几无历史沿革之可言，惟刑名则与礼制相出入，与政术同作用，又与兵事类列，较之一般法制史，其沿革起原为最早。始自唐虞，迄于前明，以至今日。就刑法上沿革论之，略可分为两大时期：第一期，自虞夏至前明，此时期可分之为二：(甲)自虞夏至隋唐；(乙)自唐以后至前明。第二期，自国初以至今日，其间又可细分为三时代：(甲)旧律时代，自国初至光绪二十八九年间为止。所奉行者，为原有之《大清律例》，实悉本《唐律》及《明律》之旧，分吏、户、礼、兵、刑、工等总目而为六，又分名例职制公式，至断狱、营造、河防等门目为三十，更分子目为四百三十有六，以律为本，例各随之。(乙)现律时代，自光绪二十九年后至宣统三年为止。所奉行者，为《大清律例》已修改之现行律例。盖旧律承自前明，实始有唐，历千余年，多不合于现时之应用。如流囚家属、私出外境、违禁下海、封禁矿山、朝见留难、文官不许封公侯等条，均成虚设。

官制既改，又不得不废六律之名，而废凌迟、枭首、戮尸等惨酷之刑，及免缘坐、除刺字，尤为仁政所暨。笞杖改为罚金，徒流均免实发，改为工作。废死罪之虚拟，改并律定之笞、杖、徒、流、死及例定之军遣，而为死、遣、流、徒、罚之五种，禁人口卖买。废关于奴婢奴仆之条例，改减蒙古例，订满汉通行刑律，删除旗籍与民人轻重互异之条。变通秋审之制，又另增私铸银元、窃毁铁路物件及揭损邮票等各专律，均为此数年间刑法上沿革之大略。（丙）新律时代，自豫定宣统四年实行以后，至于将来均属之。新刑律草案，由修订法律馆起草，自光绪三十三年八月告成。经各部及各省签注，加以修正，复经宪政编查馆核订，经资政院第一期议会议决通过总则，而分则不及议毕，于宣统二年十二月一并奉旨颁布。虽声明仍可提议修正，而大致无甚变更。其调查考订之事，虽出于日本冈田朝太郎者为多，而归安沈公实始终主持其事，沟合新旧，贯通中外，为现时最新最完备之法典。"

迄于民国，仍行援用。

民国元年三月十日《临时大总统令》：现在民国法律未经议定颁布，所有从前施行之法律及新刑律，除与民国国体抵触各条，应失效力外，余均暂行援用，以资遵守。

当资政院议决刑律草案时，尝发生极大之争执，后卒从新党之议。

《大清新刑律释义序》："自新刑律草案出，而礼教之争议生。主进化者，谓新刑律与礼教并不相妨；主国粹者，谓新刑律于礼教显有违背。彼此相持，争议甚剧。""议者一则曰，全弃中律，概从外邦；再则曰，专摹外人，置本国风俗于不顾；三则曰，不为本国数万万人计，专为外国流寓之数千人计。""宪政编查馆核订刑律原奏有云：刑律之是非，但论收效之治乱为何如，不必以中外而区畛域，且必上折衷于唐、虞、夏、商刑措之盛，而不容指秦、汉以后之刑律，为周、孔之教所存。”

其于官制，则改刑部为法部[①]，大理寺为大理院，定四级三审之制，于京外次第设立各级审判厅。民国仍之，时以司法独立为言。

《支那年鉴》：“民国之司法制度，袭用前清之法院编制法，为四级三审制。京师设大理院及总检察厅，为全国上诉最高机关，又设高等以下各级厅，管理京兆属县及京师地方之诉讼，各省省城设高等厅，县乡镇设地方及初级厅。”

然未设审检各厅之处，县知事仍得审理诉讼，

《现行法令全书》：“民国三年四月五日，颁行县知事审理诉讼暂行章程。”

未能尽行独立。而华盛顿会议，我国提议取消治外法权，各国复以调查为口实，于清季改法律以保国权之目的尚未达焉。

《华盛顿会议记事》（黄惟志）：“治外法权案，由代表王宠惠提出，远东委员会议定。八国政府各派代表，调查中国现行治外法权之现状，此项委员会，于大会闭幕后之三月完全成立，一年内缮具报告。各国有自由接受或拒绝建议全部或一部分之权，惟无论如何，不得藉中国许诺任何利益特权而接受之。此案吾国亦愿派委员一人加入治外法权委员会，且亦有接受拒绝之权，在第四次大会正式通过。”

清季修改刑律，同时议订民律及商律，

《光绪政要》光绪三十三年《民政部奏请厘订民律疏》：“东西各国法律，有公法、私法之分。公法者，定国与人民之关系，即刑法之类是也。私法者，定人民与人民之关系，即民法之类是也。二

① 民国曰司法部。

者相因，不可偏废。而刑法所以纠匪僻于已然之后，民法所以防争伪于未然之先，治忽所关，尤为切要。各国民法，编制各殊，而要旨宏纲，大略相似。举其荦荦大者，如物权法，定财产之主权；债权法，坚交际之信义；亲族法，明伦类之关系；相续法，杜继承之纷争：靡不缕析条分，著为定律。"“中国律例，民刑不分。而民刑之称，见于《尚书》孔《传》。历代律文户婚诸条，实近民法，然皆缺焉不完。李悝六篇不载户律。汉兴，增厩户为三，北齐析户婚为二，国家损益明制，户例分列七目，共八十二条，较为完密。然第散见杂出于刑律之中，以视各国列为法典之一者，犹有轻重之殊。因时制宜，折衷至当，非增刷旧律，别著专条，不足以昭画一。”同上：“光绪二十九年三月谕派载振、袁世凯、伍廷芳先订商律，作为则例，俟商律编成奏定后，即行特简大员开办商部。”

民律迄未编定，仅有民事诉讼法一种。

《光绪政要》光绪三十二年《修律大臣伍廷芳、沈家本奏呈刑事民事诉讼法疏》：“中国旧制，刑部专理刑名，民部专理钱债田产，微有分析刑事民事之意。若外省州县，俱系以一身兼行政司法之权，官制攸关，未能骤改。然民事、刑事性质各异，虽同一法庭，而办法要宜有区别。臣等从事编辑，悉心比絜，考欧美之规制，款目繁多，于中国之情形未能尽合。谨就中国现时之程度，公同商定简明诉讼程序，分别刑事、民事，探讨日久，始克告成。”“综计全编分为五章，凡二百六十条。”①

民国十年，修订法律馆复加修正，仅以期其应用耳。（《现行法令全书》民事诉讼法草案十年七月二十二日公布，凡七百五十五条。）商律，则清季已定商人通例、公司律、破产律等。

① 是疏并陈各国通例，亟应取法者二端：一设陪审员，一用律师。

《光绪政要》："光绪二十九年十二月，商部疏称，订立商人通例九条，公司律一百三十一条。""三十二年，商部疏称，订立破产律六十九条。"

民国初年，张謇任农商总长，首以乞灵法律为政见。

《农商公报·张謇政见宣言》："（一）当乞灵于法律。世界以大企业立国，而中国以公司法、破产法不备之故，遂败坏不可以拾。""故农林工商部第一计画，即在立法，拟提出关于农工商法案，若耕地整理法、森林保护法、工场法及商人通则、公司法、破产法、运输保险等规则。"

陆续颁行权度法、森林法、商会法及商人通例、公司条例、公司保息条例、矿业条例等①，视民法较详备。然其影响于商业者，亦未大见进步也。

清季行政制度，自辛丑议和后，陆续改变。首改总理各国事务衙门为外务部②，次设商部③、学部④。嗣议行宪政，明定行政之权，以为预备立宪之基，遂定内阁及各部官制。

《光绪政要》光绪三十二年九月《庆亲王等奏改内阁部院官制疏》："行政之事，专属之内阁各部大臣，内阁有总理大臣，各部尚书亦为内阁政务大臣。故分之为各部，合之皆为政府，而情无隔阂；入则参阁议，出则各治部务，而司事贯通。""司法之权，则专属之法部，以大理院任审判，而法部监督之。""此外有资政院以持公论，有都察院以任纠弹，有审计院以查滥费，亦皆独立，不为内阁节制。""分职之法，首外务部，次吏部，次民政部，次度支部，次礼部，次学部，次陆军部，次法部，次农工商部，次邮传部，次

---

① 均详见《农商公报》。

② 光绪二十七年六月。

③ 二十八年七月。

④ 三十一年九月。

理藩部。专任之法，内阁各大臣同负责任，除外务部载在公约，其余均不得兼充繁重差缺。各部尚书只设一人，侍郎只设二人，皆归一律。”“特设承政厅，使左右丞任一部总汇之事；设参议厅，使左右参议任一部谋议之事。其郎中、员外郎、主事以下，视事之繁简，定额缺之多寡，要使责有专归，官无滥设。”

其外省地方官制，亦以次递改。

《光绪政要》光绪三十二年《编制馆拟定外省官制疏》：“我朝承明制，管官官多，管民官少。州县以上，府道司院，层层钤制，而以州县一人，萃地方百务于其身，又无分曹为佐，遂致假手幕宾，寄权胥役，坏吏治，酿祸乱，皆由于此。今拟仿汉、唐县分数级之制，分地方为三等：甲等曰府，乙等曰州，丙等曰县。每府、州、县各设六品至九品官，分掌财赋、巡警、教育、监狱、农工商及庶务，同集一署办公。”“每省以督抚经管外务、军政，兼监督一切行政司法；以布政司专管民政，兼管农工商；以按察使专管司法上之行政，监督高等审判厅。另设一财政司，专管一省之财政，兼管交通事务，秩视运司。均酌设属官，佐理一切。此外学盐粮关河各司道，仍旧制。”①

宣统三年四月，颁行内阁官制。内阁设总理大臣、协理大臣及外务、民政、度支、学务、陆军、海军、司法、农工商、邮传、理藩十大臣，号称责任内阁，盖仿日本之制，而变通满清旧制以就之。民国肇建，官制官规，时有改变，其实大体亦循清季官制，第变大臣之名为总理、总长，变内阁为国务院耳。② 民国初年，地方官制仅存两级，即一县之长官及一省之长官，其名称亦时有变更。自民国三年以来，设置道尹，地

---

① 光绪三十三年五月谕改各省按察使为提法使，并增设巡警、劝业道缺，裁撤分守、分巡各道，由东三省先行开办，直隶、江苏两省亦先为试办。

② 农工商尝分农林、工商二部，寻合并。理藩部改为蒙藏院，不在国务员之列。国务总理尝改称国务卿，要其大致实循清季内阁制度。

方行政官复为三级制。然行政实权仍在一县及一省省长，道尹几等骈枝；又以军阀暴横，司民政者恒仰司军政者之鼻息。近方争议废督，其制故无足述也。

清代财政，素不公布。甲午以后，刘岳云辑光绪会计表，李希圣辑光绪会计录，世始稍知其出入之概。然学者所纂录，固非法定之案牍也。光绪末叶，赵炳麟请定预算决算表，整理财政。

《光绪政要》："光绪三十二年十二月，度支部议复御史赵炳麟奏制定预算决算表事宜。"

至宣统中，始由政府及地方官吏编制预算，交资政院及咨议局议决岁出岁入，乃由黑暗而渐趋于光明。民国之法，国家行政费由国会议决，地方行政费由省议会议决，逐年预算亦有可稽。然国会屡散，政局不定，迄未议及决算，即预算亦多等于具文，其审计院虽专司决算，而钩稽琐碎，逐年积压，于大宗用费之不当者，反多不能审核，第存其法而已。

《现行法令全书·审计院编制法》："审计院直隶于大总统，依审计法，审定国家岁出岁入之决算。""审计院于每会计年度之终，须以审计成绩呈报于大总统。""审计院对于各官署职官，于出纳事项，有违背法令或不正当之情事者，须呈报于大总统。""审计院对于预算及财政事项，得依其审计之经验，陈述意见于大总统。"

光绪末叶，宪政编查馆设立统计局，并请立各省调查局，以为编制法规统计政要之助，是为统计初桄。

《光绪政要》光绪三十三年《宪政编查馆请令各省设立调查局疏》："臣馆职司编制、统计二局，亟当预筹京外通力合作之办法，以期推行尽利。""仿东西各国成法，令各省分设调查局，以为编制法规、统计政要之助。开办之始，必须事事先求其简明确实，断不可参以虚饰之词、敷衍之见，乃可望由疏而至密，祛伪以存真。"

宣统初，颁定表式，邮传部之路、电、邮、航四政，学部之各学校，遂均制成统计表，而他部阙然。

《宣统新法令》宣统元年二月《宪政编查馆奏拟定民政财政统计表式疏》："臣馆遵旨设立统计局，奏定办事章程，并由各部院分设统计处，各省分设调查局，搜集各种事项，汇齐办理，以备刊行统计年鉴。""谨督官员参考中西，斟酌义类，拟订统计总例十有四条。又为民政统计部表七十有六、省表七十有二，财政统计部表九十、省表八十有八，并将所以立表之意，填表之法，各于表后系以解说。""请饬下内外各衙门，自此项奉文到日起，统限半年内，务各查照表式例要，逐一确实迅速填报。"

民国之制，国务院有统计局，各官署亦有专司统计之职。

《现行法令全书・各部官制通则》："各部设总务厅，所掌总务二：编制统计及报告。"

所制统计表，较清季之形式颇为进步，然各部亦仅内务、司法、农商、教育、交通之统计，逐年编布，其军、财二宗，迄未编订。而农商户口之统计，亦多向壁虚造，不可径据之以觇国势也。

民国草创，百度更新。官有一制，事有一法，规程条例，日出不穷。有经国会议决者；有未经国会议决，但以命令颁布者。虽曰法制万能，实多轶出法制之外，吾书亦不能为之毛举。第有一事，为前清之所无者，即行政诉讼法及平政院之制，较之他事为可称述。从前官吏损害人民权利，虽亦有京控叩阍等事，然无明定条文以为保障。民国特定行政诉讼法及设立平政院以司之，是亦抑制官权，伸张民权之要点也。

《现行法令全书・行政诉讼》："人民对于下列各项之事件，除法令别有规定外，得提起行政诉讼于平政院。（一）中央或地方最高级行政官署之违法处分，致损害人民权利者。（二）中央或地方行政官署之违法处分，致损害人民权利，经人民依诉愿法之规定，诉愿至最高级行政官署，不服其决定者。”

袁氏当国，欲复前清御史之制，于平政院设肃政厅，置肃政使，其意似在整顿吏治，实则误解清代法制及民国法制之原则。[①]

《现行法令全书》：“平政院编制令：平政院肃政使于人民未陈诉之事件，得依行政诉讼条例之规定，对于平政院提起行政诉讼。”“平政院肃政使依纠弹条例，纠弹行政官吏之违反宪法、行贿受贿、滥用威权、玩视民瘼事件。”“平政院之裁决，由肃政使监视执行。”“肃政厅对于平政院独立，行其职务。”

袁氏败而肃政厅亦废，惟平政院如故，裁决行政诉讼，亦时有可纪焉。

吾国立国之法，自来惟有封建、郡县二制，虽有时藩镇跋扈，外重内轻，或叛臣自立，脱离关系，要皆听事势之自然，非有法制以为之解说也。民国既立，研究宪法，求之域外，学说孔多：有单一制，有联合制；有总统制，有内阁制；有中央集权制，有地方分权制；有职业代议制，有全民与政制；有政治的民主政治，有社会的民主政治：党派分歧，主张各异。二年，国会宪法起草委员会所制之宪法草案，与民国十一年国是会议所拟之宪法草案，其根本大相径庭。

《天坛宪法草案》：“第一章，国体。第一条，中华民国永远为统一民主国。”《国是会议宪法草案甲种》：“第一章，总则。第一条，中华民国为联省共和国。第二章，联省及各省权限之划分。第五条，凡事之关于全国者由联省机关立法或执行之，兹列举如下：（一）外交，（二）陆海军，（三）币制银行，（四）度量权衡，（五）海关税及其他国税，（六）国债，（七）邮政，（八）电报，（九）铁路及国道，（十）航业，（十一）两省以上之水利，（十二）沿海渔业，（十三）民法，（十四）刑法，（十五）商法，

① 前代之有御史，非专治官吏，实在监督君主。民国以国会监督总统，其中央及地方之官吏，亦有国会及地方议会以监督之，可以随时弹劾。

(十六)民事刑事诉讼法,(十七)全国法院编制法,(十八)国籍法,(十九)发明及专利法,(二十)矿法,(二十一)移民法,(二十二)土地收用法,(二十三)联省官制官规,(二十四)联省监狱,(二十五)全国户口调查及统计,(二十六)劳动法,(二十七)产业公有法。第六条,各省得自定宪法,凡事之关于一地方者,由各省或地方机关立法或执行之,兹列举如下:(一)省之官制官规,(二)省之税法,(三)省以内之实业,(四)省之民团,(五)省债之募集,(六)省之公产处分,(七)省之学制之规定,(八)省以下之地方制度,(九)省以内之水利,(十)省道或其他省内交通,(十一)省以内之电话,(十二)省之警察,(十三)违犯省法之罚则,(十四)卫生及慈善事项,(十五)省监狱。第七条,各省宪法应规定以下各项:(一)各省应设省议会代表民意,(二)省之行政首长,或为一人,或为数人之委员会,由省之人民或议会选举,但不得以退职未满三年之军人充选,(三)凡非省内官吏,住居省内二年以上者,依其省之宪法或法律,享有选举及被选举权利,(四)各省各设民团,其额数由各省省议会议定之,(五)省议会应详订关于一切选举之舞弊法,(六)各省行政机关中之文官,应定考试任用及保障之法,不因一省内政状况而更动。第八条,联省法律之效力,在省法律效力之上。第九条,联省政府应保证各省之民主政治,如一省内政体变动,有违反本宪法或各该省宪法者,联省政府应干涉之;各省有不能履行本宪法上之义务者,联省政府应督促之;甲省有以武力侵犯乙省者,联省政府应阻止之。第十条,中华民国之国体发生变动,各省得互相联合,维持宪法上规定之组织,至原状恢复时,各省之行动应即停止。"

盖一则属于单一制,一则属于联合制;一则徒取法于欧洲旧式之宪法,一则兼采取欧洲最近之新宪法也。《天坛宪法草案》近亦经国会修改,而为曹锟时代之宪法。国是会议所拟之草案,则已有数省采取实行,如

《湖南省宪法》及《浙江省宪法》，皆采联合制，以省为全国中一自治区域，而各自编定宪法者也。《湖南省宪法》与《浙江省宪法》有同有异，如省议员由全省公民直接选举，其同者也。

《湖南省宪法》："第四章，省议会。第二十八条，省议会以全省公民直接选出之议员组织之。"《浙江省宪法》："第四章，省议院。第三十八条，省议院以全省人民直接选出之议员组织之。"

省长之选举，法律之表决，其异者也。

《湖南省宪法》："第五章，省长及省务院。第四十七条，省长由省议会选出四人，交由全省公民总投票决选，以得票最多数者为当选。"《浙江省宪法》："第五章，省长及省政院。第五十三条，省长由全省选民分区组织选举会选举之，其选举程序另以法律定之。"

《湖南省宪法》："第六章，立法。第六十四条，法律案由省议会议员或省务院以省长之名义提出之。第六十五条，法定之省教育会、农会、工会、商会、律师公会及其他依法律组织之各职业团体，得提出关于各该团体范围内之法律案，省议会必须以之付议。第六十六条，全省公民百分之一以上连署动议，或全省县议会及一等市议会三分之一以上连署动议，得提出法律案，呈请省长，咨省议会议决。省议会对于此项议案，如搁置不议，或议而否决时，省长应将该案及否决之理由，付全省公民总投票表决，可决时，即成为法律。第六十八条，凡本法所规定，得由公民提案，及须公民总投票表决之事项，其提案及投票之方法，以省法律定之。"《浙江省宪法》："第九章，立法。第九十四条，法律案由省议院议员或省政院提出之。第九十七条，有三分之一以上之县，每县选民一千人以上之连署，得提出法律案于省议院，请其议决。省议院对于所提全案不同意时，应交付全省县议会、特别市议会投票表决，如得半数以上可决时，由省长公布之。"

世界日新，吾国人理想中之法律亦随之而日新。然理想进步，事实殊不能与之相应。有全民表决之制，而全民之不知者殆十八九，是则不能不有待于教育之普及也。

省之自治，既已成为最新之趋势，而省以下之自治区域，亦有新旧法律之不同。清季以来，谈国是者，咸以地方自治为立国之基础。

> 《光绪政要》光绪三十三年正月《民政部奏饬各省查报乡社情形以重治本疏》："地方自治，一时未能骤行，而各省乡社办法之善否，即为地方治忽民生休戚所关。欲兴民政，自以考求各省乡社情形为入手办法。查《会典》、《保正甲长乡约》等，本悬之功令，自咸丰、同治以来，地方多事，举凡办防集捐、供支兵差、清理奸宄诸事，各牧令又无不藉乡社之力，于是边腹各地，名目纷立，推择各殊。有曰乡正、乡耆、里正者，有曰寨长、圩长者，有曰团总、练总者，有曰公正、公直者，有曰镇董、村董者，有曰社首、会首者，羼杂离奇，不可胜举。近年推行警政，如奉天等省，则各乡社又多称巡长等名，此名目之不同也。其经理之地，有仅止一村者，有多至数村十村者，边远州县，乡保且有管至百十里者，此地势广狭之不同也。其更代之法，有一年一易者，有数年一易者，有轮流充当者，有由地方官札谕派委者，而以公众推举者为多。所遴用者，或为生贡，或为职衔军功人员，或为平人。地方官待遇之者，或贵之如搢绅，或贱之如皂隶，而要之官民相通，又皆以乡社为枢纽，是以细故之裁判，公用之科摊，案证之传质，护田防盗之计画，新政旧章之颁布，多隐以乡社司之，且有牧令倚以收赋税、集团练者。大约如古之王烈、田畴者，固不乏人；而猾贪虎冠、为地方之患者，亦在所不免。几有为者不善、善者不为之势。近年海口通商之处，亦多有研究自治组织会所者，较之相沿乡社办法已有进步，然当绵蕞之初，尤宜详为调查，以期整齐而免流弊。"

第颁行城镇乡地方自治章程，而未实行。民国初年，各省竞行自治，旋为袁氏所废。

民国三年二月三日《停办各地自治会令》："近据甘肃、山东、山西、湖北、湖南、河南、直隶、安徽等省民政长电呈，各属自治会，良莠不齐，平时把持财政，抵抗税捐，干预词讼，妨碍行政，请取消改组等语。""著各省民政长，通令各属，将各地方现设之各级自治会，立予停办。"

民国八年九月，复公布县自治法；十年七月，公布市自治制及乡自治制，大致亦根据清季城镇乡自治章程。县为官民合治之制，市乡则属于县而纯任民治。《湖南省宪法》、《宪制大纲》、《市乡自治制大纲》，则与之迥异。如县长由议会公举及一等市直接受省政府之监督等条，皆较政府所制之法不同。

《湖南省宪法》："第十章，县制大纲。第一百零三条，县长由县议会选举六人，交由全县公民决选二人，呈请省长择一任命。第十一章，市乡自治大纲。第一百十一条，省以内之都会商埠，人口满二十万以上者，为一等市；人口满五万以上，不及二十万者，为二等市；人口满五千以上，不及五万人者，为三等市；不及五千人者，属于乡。第一百十二条，一等市直接受省政府之监督。"

《广东县自治条例》县长亦由民选，其选举及被选资格，以服工役三日，或缴纳免工费六毫为条件。是亦可以觇法制思想之进步者也。

清季之倡地方自治者，首推江苏之南通，以实业为之基，以教育启其知，而其他道路工程、慈善事业，皆缘之而经营发展，不遗余力。

《南通指南》："南通实业，以大生纺织公司为母，垦牧公司、大生第二厂、大生第三厂、广生油厂、复兴面厂、资生铁厂、大达外江轮船公司、大达内河小轮公司、通明电灯公司、通燧火柴厂、大聪电话公司、阜生蚕业公司、绣织局、颐生酒厂等，皆其后起。""通海垦牧公司，又为各盐垦公司之母，其他继起者，有大有盐垦公司、大豫盐垦公司、大赉盐垦公司、大丰盐垦公司、华成盐垦公司、新通垦植公司、新南垦植公司、大祐垦植公司。”“其资本总计约一千余万元。”同上：“南通教育，以师范学校为母，其次有女子师范学校、中学校、高等小学。专门有医学校、纺织学校，甲种有农业学校、商业学校、中学校。外分二十一市乡国民学校，以十六方里设一校计，凡三百三十二所；高等小学以全县计，凡十二所。”“总计学生合一万七千余人。”同上：“公共机关，有博物苑、图书馆、军山气象台、五公园、唐闸公园、地方路工处、地方市政处、教养公积社、南通自治会。”“慈善机关，有育婴堂、养老院、残废院、盲哑学校、南通医院、贫民工场、济良所、栖流所。”

其自治会之章程，则定于已经兴办各种事业之后，故能名副其实，具有积极之精神。

《南通县自治会报告书》：“南通县自治会章程第二条：本会规定属于全县之自治事宜，如下：（一）教育，（二）实业，（三）交通，（四）水利，（五）工程，（六）卫生，（七）慈善，（八）公共营业，（九）依法及行政公署委托办理事宜。”

然其弊在绅权之太重。民国之倡地方自治者，首推山西，号称村本政治。其施行之法，订立村范，使各村设立禁约，

《山西政治述要》：“某某村公议禁约如下：不准贩卖金丹洋烟，不准吸食金丹洋烟，不准聚赌窝娼，不准打架斗殴，不准游手好闲，不准忤逆不孝，不准儿童无故失学，不准偷窃田禾，不准毁坏树木，不准挑唆词讼，不准缠足，不准放牧牛羊蹈毁田禾，不准侵占别人财产。”

又立息讼会及采访村仁化之法。

《山西政治述要》：“息讼会条文：（一）每编村设立息讼会，村长兼充会长，另有村人公推公断人四名或六名为会员，均义务职。

公推后，将公断人姓名，报由区长转报县署立案。（二）村中除命案外，凡有两造争讼事件，均亲愿请求公断者，本会得公断之。如甲编村人民与乙编村人民争讼时，由两村公断人合组临时公断会，公平公断之。其组织法，由两村公断人协定之。（三）公断时，以公断人多数取决，如可否同数时，由会长决定之。（四）公断后，如两造有不服者，应听其自由起诉。（五）公断事件，有涉及会长或公断人之本身者，会长应自行回避，由公断人推举临时会长，至公断人应不到场。（六）公断人之任期，于每届村长改选时为满期，但得连举连任。”同上：“采访村仁化之标准：亲慈、子孝、兄爱、弟敬、夫义、妻贤、友信、邻睦。上之八项标准，派员往各县调查，据实报告，择尤褒扬，并专刊于报，名曰《村话》。”

各省亦有慕其法，而欲设立新村，以为自治模范者，然其弊在主动之在官。要之，法制变迁之时代，由官治而趋民治，非大多数之人民晓然于德治法治之义，未能达于完全美善之域也。

第十八章 经济之变迁

吾国历代虽有与各国通商互市之事，然在满清道、咸以前，大都锁国独立，其经济之变迁，要皆限于国内。自五口通商以后，门户洞开，海陆商埠，逐年增辟，加以交通之进步，机械之勃兴，而吾国之经济遂息息与世界各国相通。昔之荒陬僻壤，可变为最重要之都市；昔之家给人足者，多变为不平均之发展。语物力之开发，则为远轶于前；论财政之困难，又觉迥殊于古。而国民之思想道德，根于经济之变迁而变迁者，尤为治史者所当深究矣。

经济之变迁无他，吸收散殊之各点，集中于新辟之地。新兴之业与外人相竞争，而卒之仍为外人所操纵，而吾国之巧黠者又袭取其术以操纵吾愚民，而愚民遂日随以颠倒而已。集中之法，第一在通商市埠。商埠之开，始多迫于条约，继则自保利权，轮舶走集，物货填委，其附近各地及与之关连者，罔不仰通商大埠之鼻息。而此通商大埠，又听命于世界各大商场，铜山东崩，洛钟西应，牵连钩贯，而盈亏消息，恒多不能自主。此数十年间经济变迁之主因也。

各省商埠表

省名	地名	开放年月	设关年月
直隶	北京南苑	光绪二十八年《中美条约》	
	天津	咸丰十年《中英法北京续约》	咸丰十一年二月十三日设津海关
	秦皇岛	光绪二十四年奏准开放	光绪二十七年十一月初五日设秦皇岛分关
	张家口	咸丰十年《中俄条约》民国三年一月奉令开放	

续前表

省名	地名	开放年月	设关年月
山东	烟台	咸丰八年《中英天津条约》	咸丰十一年七月十七日设东海关
	济南	光绪三十四年四月奏准开放	
	潍县	光绪三十年四月初一日奏准开放	
	青岛	光绪二十年《中德曹州教案条约》	光绪二十四年设胶海关
	周村	光绪三十年四月初一日奏准开放	
	龙口	民国二年一月八日奉令开放	
江苏	上海	道光二十二年《中英南京条约》	道光二十二年设江海关
	吴淞	光绪二十二年奏准开放	
	镇江	咸丰八年《中英天津条约》	咸丰十一年四月初一日设江海关
	南京	光绪二十三年奏准开放	光绪二十五年三月二十日设金陵关
	苏州	光绪二十一年《中日马关和约》	光绪二十二年八月二十日设苏州关
	海州	光绪三十一年九月二十六日奏准开放	
	浦口	民国元年奉令开放	
安徽	芜湖	光绪二年《中英烟台条约》	光绪三年二月十八日设芜湖关
	安庆	光绪二十八年《中英条约》	
河南	郑州	民国十一年自行开放	
江西	九江	咸丰八年《中英条约》	同治元年十一月初一日设九江关
湖北	汉口	咸丰八年《中英条约》	咸丰十一年十一月初一日设江汉关
	沙市	光绪二十一年《中日马关和约》	光绪二十二年八月二十日设沙市关
	宜昌	光绪二年《中英烟台条约》	光绪三年二月十八日设宜昌关
	武昌	光绪二十六年十月初八日奏准开放	

续前表

省名	地名	开放年月	设关年月
湖南	岳州	光绪二十四年奏准开放	光绪二十五年十月一日设岳州关
	长沙	光绪三十年奏准开放	光绪三十年五月十八日设长沙关
	湘潭	光绪三十一年八月初六日奏准开放	
	常德	光绪三十一年八月初六日奏准开放	
四川	重庆	光绪十六年《中英条约》及光绪二十一年《中日马关和约》	光绪十七年正月十一日设重庆关
	万县	光绪二十八年《中英商约》	民国四年设万县分关
浙江	宁波	道光二十二年《中英南京条约》	道光二十二年设浙海关
	温州	光绪二年《中英烟台条约》	光绪三年十二月八日设瓯海关
	杭州	光绪二十一年《中日马关和约》	光绪二十二年八月二十日设杭州关
福建	福州	道光二十二年《中英南京条约》	道光二十二年设闽海关
	厦门	道光二十二年《中英南京条约》	道光二十二年设厦门关
	三都澳	光绪二十四年奏准开放	光绪二十五年三月二十九日设福海关
	鼓浪屿	光绪二十八年十月二十二日奏准开放	
广东	广州	道光二十二年《中英南京条约》	道光二十二年设粤海关
	九龙	光绪二十四年《中英条约》	光绪二十四年设九龙关
	澳门	光绪十三年开放	光绪十三年设拱北关
	汕头	咸丰八年《中英法天津条约》	咸丰九年十二月初九日设潮海关

续前表

省名	地名	开放年月	设关年月
广东	琼州	咸丰八年《中英法天津条约》	光绪二年三月初七日设琼海关
	北海	光绪二年《中英烟台条约》	光绪二年三月十八日设北海关
	三水	光绪二十八年《中英缅甸条约》	光绪二十三年五月初五日设三水关
	江门	光绪二十八年《中英日商约》	光绪三十年正月设江门关
	惠州	光绪二十八年《中英商约》	
	公益埠	民国元年省署批准开办	
广西	南宁	光绪二十四年奏准开放	光绪三十二年十一月十七日设南宁关
	梧州	光绪二十三年《中英缅甸条约》	光绪二十三年五月初五日设梧州关
	龙州	光绪十三年《中法条约》	光绪十五年五月初三日设龙州关
甘肃	嘉峪关	光绪七年《中俄条约》	光绪十一年八月初十日设关
云南	昆明	光绪三十年四月十一日奏准开放	
	腾越	光绪二十三年《中英条约》	光绪二十八年四月初一日设腾越关
	思茅	光绪二十一年《中法条约》	光绪二十二年十一月二十九日设思茅关
	蒙自	光绪十三年《中法条约》	光绪十五年七月二十八日设蒙自关
	河口	光绪二十一年《中法条约》	光绪二十三年六月初二日设河口分关
	大理	光绪二年《中英条约》	
奉天	营口	咸丰八年《中英天津条约》	咸丰十一年六月初四日设山海关
	大连湾	光绪二十四年《中俄条约》	光绪三十三年五月二十一日设大连关

续前表

省名	地名	开放年月	设关年月
奉天	安东		同上年月日设安东关
	大东沟	光绪二十九年《中美日通商条约》	同上年月日设大东沟分关
	沈阳		光绪三十二年实行开放
	辽阳	光绪三十一年《中日条约》	光绪三十三年五月十八日实行开放
	新民屯	同上	光绪三十二年八月二十一日实行开放
	法库门	同上	光绪三十二年七月二十二日实行开放
	通江子	同上	同上
	铁岭	同上	同上
	凤凰城	同上	光绪三十二年五月十八日实行开放
	洮南	民国三年一月奉令开放	
	葫芦岛	同上	
	郑家屯	同上	
	天锦县	民国五年自行开放	
吉林	哈尔滨	光绪三十一年《中日条约》	宣统元年五月十四日设滨江关
	吉林	同上	光绪三十二年十二月初一日实行开放
	长春	同上	同上
	珲春	同上	光绪三十三年五月十八日设珲春关
	宁古塔	同上	同上年月日开放
	三姓	同上	宣统元年五月十四日设三姓分关
	局子街	宣统元年《中日图们江界约》	宣统元年九月实行开放
	龙井村	同上	宣统元年九月设分关

续前表

省名	地名	开放年月	设关年月
吉林	头道沟	同上	宣统元年九月实行开放
	百章沟	同上	同上
黑龙江	齐齐哈尔	清光绪三十一年《中日条约》	光绪三十二年十二月初一日实行开放
	爱珲	同上	宣统元年六月初十日设大黑河分关
	海拉尔	同上	光绪三十三年五月十八日实行开放
	满洲里	同上	光绪三十四年正月初四日设满洲里分关
热河	赤峰	民国三年一月奉令开放	
察哈尔	多伦诺尔	同上	
绥远	归化城	同上	
新疆	伊犁	咸丰元年《中俄条约》	
	塔尔巴哈台	同上	
	喀什噶尔	咸丰十年《中俄条约》	
	乌鲁木齐	光绪七年《中俄条约》	
	古城	同上	
	哈密	同上	
	吐鲁番	同上	
外蒙古	库伦	咸丰十年《中俄条约》	
	恰克图	雍正五年《中俄条约》	
	乌里雅苏台	光绪七年《中俄条约》	
	科布多	同上	
西藏	亚东	光绪十九年《中英藏印条约》	光绪二十年三月二十六日设关
	江孜	光绪三十一年《中英藏印条约》	宣统元年三月二十二日设关
	噶大克	同上	同上

其次则为公司。吾国商业，从来虽有独资合资之别，要皆无大规

模。自与西人通商，震于其公司之财力雄厚，知非小商业所能抵制，则集小资本为大资本，而公司之制以兴。同、光之间，李鸿章创办轮船、织布等局，招商集股，尚未名为公司。

《李文忠公奏稿·复陈招商局疏》："轮船招商局之设，系由各商集股作本，按照贸易规程，自行经理，已于同治十一年十一月创办之初奏明，盈亏全归商认，与官无涉。"同上《试办织布局折》："饬据郑观应等拟禀估需成本银四十万两，分招商股足数，议有合同条规，尚属周妥。当经批准，先在上海设局试办。"

其后各省经营铁路，相率仿行公司之制。清廷修订商律，首颁公司法，分为合资公司、合资有限公司、股分公司、股分有限公司四种。

《公司律》："第一条，凡凑集资本共营贸易者，名为公司，共分四种：一合资公司，一合资有限公司，一股分公司，一股分有限公司。第四条，合资公司，系二人或二人以上集资营业，公取一名号者。第六条，合资有限公司，系二人或二人以上集资营业，声明以所集资本为限者。第十条，股分公司，系七人或七人以上创办，集资营业者。第十三条，股分有限公司，系七人或七人以上创办，集资营业，声明资本若干，以此为限。"

民国初年，颁行公司条例，又为改定名称，

《公司条例》："第一条，本条例所称公司，谓以商行为业而设立之团体。第二条，公司共分为四种：一无限公司，二两合公司，三股分有限公司，四股分两合公司。"

并定保息条例，以示提倡大规模商业之意，而公司之数乃日增。

《第三次农商统计表》："民国二年调查，五年印行。内载全国公司数凡一一一〇家，资本金共九〇五二二一七二元，公积金共一六七五二八七元。"

然公司法律虽极严密，其权往往操之大股东及经理人之手，小资本之股东，目击其腐败而无可如何，惟有听其浪掷。久之而股分公司之信用堕落，已成者破产倒闭，未成者或积久而不能募集焉。民国十年，颁行《交易所条例》，买卖证券者，尤举国若狂。经济变迁，益趋激烈，因之贫困自杀者，时有所闻。盖经济集中，则影响孔巨，投机之业，尤以引人妄念。诈欺奢侈，相因而生，举凡从前俭勤谨信之德，率缘经济之潮流而变矣。

其次则为银行。吾国昔之操金融权者，惟钱庄与票号。钱庄营业不巨，资本亦微。票号流通全国，为汇兑专业，其资本亦不过数十万两。

> 《支那经济全书》（东亚同文会编）①："第五编，山西票庄篇。票号为支那金融机关中最有势力者，其经营者多山西人，严守秘密，研究至难。""山西票庄之组织，颇为严密，其取引之习惯规矩极严，故其基础坚固。所雇佣者，决不用他省人，而又赏罚严明，使彼等对于业务不倦不挠，且互守秘密不泄。""自清初迄今，凡经二百数十年，日益繁荣增长。""其资本大概，小则十万两，大至五六十万两，惟南邦义善源及源丰润，皆百万两。"

甲午战后，讲求变法，始有倡设银行，以为通商惠工之本者。

> 《光绪政要》二十二年十一月《总理衙门奏复四品京堂盛宣怀条陈自强大计请开设银行折》："查原奏谓西人通商惠工之本，其枢纽皆在银行，中国亦宜仿行。及另片所奏，遴选各省公正殷实之绅商，举为总董，招集股本银五百万两，先在京都、上海设立中国银行，其余各省会口岸以次添设，由商董自行经理。""奉旨，责成盛宣怀选择殷商，设立总董，招集股本，合力兴办。"

盛宣怀首设中国通商银行，

---

① 按此书有宣统二年经济学会编译本，改名《中国经济全书》。

《民国元年世界年鉴・经济类》："中国通商银行，为盛宣怀等发起。资本五百万两，创始于光绪二十四年，为股分有限公司之组织，是普通商业银行性质。"

嗣由政府设立户部银行[①]及交通银行。

《中国泉币沿革》："光绪三十年正月，财政处户部奏由部试办银行。二月，又奏定试办银行章程三十二条。三十一年七月，始奏明在京师、天津、上海等处先行开设，是为户部银行。三十四年正月，度支部奏改户部银行为大清银行，并定则例二十四条。宣统三年，革命军起，上海大清银行改为中国银行。民国元年，各处均改为中国银行。二年四月十五日，公布《中国银行则例》三十条。"同上："光绪三十三年十一月，邮传部奏设交通银行，定章程三十八条。民国三年三月，公布《交通银行则例》二十三条。"《光绪政要》光绪三十三年《邮传部奏拟设交通银行综合轮路电邮四政收回利权折》："拟由臣部设一银行，官商合办，股本银五百万两，招募商股六成，由臣部认股四成，名曰交通银行，将轮路电邮各局存款，改由该行经理。就臣部各项借款，合而统计，以握其经画之权，一切经营，悉照各国普通商业银行办法。"《世界年鉴》："中国银行，由中华民国政府设立，资本五千万两，总行在北京，各省均有分行。""凡政府发行之期票、汇票及公债票等，皆可贴现及抵押借款，具中央银行性质。"同上："交通银行，资本五百万两，分为五万股。内百万两，由招商局、电报局及盛氏所承买，余招诸各地商人，照股份有限公司办理。总行在北京，其汉口、天津、上海、南京、香港、广东、芝罘、新加坡、卑南等处，均有分行。其内部组织，分为放款、存款、汇兑三课，系仿西制，具殖业银行之性质。"

民国以来，银行猥多，中央及地方政府所设之银行，固为全国经济之枢

---

① 后改为大清银行，民国元年改为中国银行。

纽，商民合资开设者，亦竞进而与官立银行争利，于是全国经济，又集中于银行或类似银行之银号钱局之类。

《第三次农商统计表》："银行类，民国三年，全国银行总数凡五十九家，资本金总额五六七一七二〇六元，客户存款额共三四一〇二八四一元，纸币发行额共一五八三一四六六元。"

民国十一年银行年鉴简表

行名	总行所在地	分行数	资本金	公积金
中国银行	北京	八二	60 000 000 元	597 840 元
交通银行	北京	四九	10 000 000 两	3 592 523 两
浙江兴业银行	上海	六	2 500 000 元	680 000 元
浙江地方实业银行	杭州	四	2 000 000 元	327 151 元
上海商业储蓄银行	上海	六	2 500 000 元	400 000 元
盐业银行	北京	九	5 000 000 元	2 200 000 元
中孚银行	天津	四	2 000 000 元	180 000 元
聚兴诚银行	四川重庆	七	1 000 000 元	340 000 元
四明商业储蓄银行	上海	三	2 500 000 两	
中华商业银行	上海		250 000 元	121 000 元
广东银行	香港	四	1 200 000 镑	400 000 元
金城银行	天津	三	5 000 000 元	600 000 元
新华储蓄银行	北京	二	5 000 000 元	660 000 元
东莱银行	青岛	四	200 000 元	287 200 元
大陆银行	天津	五	5 000 000 元	474 316 元
东亚银行	香港	三	1 000 000 元	200 000 元
永亨银行	上海		500 000 元	140 000 元
中国实业银行	天津	五	20 000 000 元	237 006 元
东陆银行	北京	三	2 000 000 元	1 066 838 元
正利商业银行	上海		500 000 元	37 400 元
中国通商银行	上海	二	5 000 000 两	1 770 000 两
四海通银行	新加坡	二	2 000 000 元	1 250 000 元

续前表

行名	总行所在地	分行数	资本金	公积金
北洋保商银行	北京	二	6 000 000 元	211 894 元
江苏银行	上海	五	1 000 000 元	295 240 元
山东银行	济南	九	5 000 000 元	81 348 元
华孚银行	杭州	三	1 000 000 元	
常州商业银行	常州		200 000 元	6 700 元
北京商业银行	北京	二	1 000 000 元	185 000 元
五族商业银行	北京	一	1 000 000 元	245 920 元
大宛农工银行	北京		1 000 000 元	135 000 元
山东工商银行	济南	二	2 000 000 元	42 361 元
杭县农工银行	杭州		200 000 元	4 579 元
浙江储蓄银行	杭州		300 000 元	3 000 元
新亨银行	北京	二	1 000 000 元	150 000 元
中华储蓄银行	北京	一	1 000 000 元	148 000 元
南昌振商银行	南昌		200 000 元	72 000 元
劝业银行	北京	四	5 000 000 元	152 137 元
华大银行	上海		1 000 000 元	17 109 元
边业银行	北京	六	10 000 000 元	134 470 元
厦门商业银行	厦门		1 200 000 元	6 180 元
中南银行	上海	一	20 000 000 元	
中华劝工银行	上海		1 000 000 元	6 532 元
上海惠工银行	上海		1 000 000 元	
江苏典业银行	苏州		1 000 000 元	1 511 元
浙江储蓄银行	杭州		500 000 元	
杭州惠通银行	杭州		200 000 元	
工商银行	香港	二	5 000 000 元	
中兴银行	马尼拉		10 000 000 元	120 000 元
和丰银行	新加坡	五	20 000 000 元	
淮海实业银行	南通	六	5 000 000 元	38 000 元

续前表

行名	总行所在地	分行数	资本金	公积金
东三省银行	哈尔滨	六	8 000 000 元	150 000 元
富华银行	常州	一	200 000 元	13 300 元
中国棉业银行	上海		1 000 000 元	
通易银行	上海	二	3 000 000 元	
上宝农工银行			3 000 000 元	
永大银行	北京	一	250 000 元	12 000 元
上海江南银行	上海		1 000 000 元	
中原实业银行	汉口	一	500 000 元	36 594 元
济南通惠银行	济南		10 000 000 元	
长春益通银行	长春		1 000 000 元	
杭州道一银行	杭州		310 000 元	
大生银行	北京		2 000 000 元	

于此有一连带之事，不可不并述者，即外人在华所设之银行是也。吾国未设银行之先，西商已在各商埠设立银行，经营中外汇兑兼存款放款之业，其力实足操纵吾国金融。

> 《世界年鉴》："通商以来，各埠外国银行之设立，日多一日，以补助其母国商人，攫夺远东商权。外商之能操纵金融者，惟银行是赖，且其资本金及公积金之雄厚，迥非我国银行所及。又能发行纸币，吸收我国现金，故一举手间，社会金融已隐在外人掌握。""外国银行之在我国者，计十有三家：（一）麦加利银行①、（二）花旗银行②、（三）英国宝信银行③、（四）汇丰银行④、（五）中华汇

① 一八五三年立。
② 一九〇一年立。
③ 一九〇二年立。
④ 一八六七年立。

> 理银行[①]、（六）义丰银行[②]、（七）德华银行[③]、（八）华比银行[④]、（九）东方汇理银行[⑤]、（十）有利银行[⑥]、（十一）荷兰银行[⑦]、（十二）华俄道胜银行[⑧]、（十三）横滨正金银行。”

而清季贪墨官吏，惧以赃私获罪者，多存储于外国银行，辛亥以来尤甚。欧战之时，各国经济困难，其银行或倒闭，或停付，清之亲贵大僚，损失至巨。而近年之军阀，仍多以其盗取之金钱，辇致外国银行，外人乃取而贷之吾国政府，盘剥重利，干我主权，要我抵品，是至可痛之事也。民国元年，英、美、法、德四国组织银行团，专营借款，嗣又加入俄、日二国，而美国寻即退出。欧战时，银行团解散，至欧战既终，又组织新银团以谋我，而共同管理财政之声，日有所闻。

> 《借款团历史及改组新银行团经过》（《东方杂志》第十七卷第七号）：“借款团新名，在中国始见于一九一二年，为英、美、法、德所成立。第一次成立，为借给新中华民国建立共和之行政，及发展经济一切用途之经费。本借款，借款团有监督权，担保品为盐税。”“一九一三年，俄、日两国始新加入借款团，是年三月，美国退出借款团。”“一九一三年七月，英国提议，以后借款团不借给中国经济借款，只供给政治借款。”“一九一四年因大战，借款团机关解散。”“一九一八年六月，美国首发起组织新借款团，集英、法、日、美四国为团员，美国合三十一家银行，共派一财政家，赴中国专门调查。”“一九一九年五月十二日，协商国各重要银行代表，在巴黎开一大会，拟定组织新借款团草案：（一）新团员为英、法、

---

① 一八九一年立。
② 未详。
③ 欧战中停办。
④ 一九〇三年立。
⑤ 一八七五年立。
⑥ 一八九二年立。
⑦ 一八四四年立。
⑧ 一八九六年立，欧战中停办。

美、日四强国，借款团为借给中国必需借款；（二）新借款团，非徒供给中国政治借款，亦当供给经济借款；（三）新团员各国，因从前借款在中国所得之特权与优先权，当各放置于新借款团，或统还中国。”

而吾国之业银行者，初不以保护国权为意，发行纸币，既极纷歧，经理借款，尤多弊窦。甚至以储蓄之款，为帝制之用；举赢余之利，供政党之事。其以纸币之兑换，价格之涨落，因之获利巨万者，更不足论矣。

近数十年，物价日益腾贵，生计日益困难，推其原因，则货币之淆杂滥伪及价值低落，实为主因之一。观民国二年泉币司之调查，各省银铜货币之庞杂，已可概见。

《中国泉币沿革》：“现行银铜币统计：据民国二年十二月十七日财政部泉币司所制之调查表，计天津、广东、武昌、四川、江南、奉天、云南、湖南、河南、福建、吉林、江苏、清江、安徽、山东、江西、浙江十七处银铜元局厂，自开办以来，截至是年报告之时为止①，其枚数及折合元数，分列表如下。②

币质	种类及价值	所铸枚数	折合银元数
银元	一元	206 428 152 枚	206 428 152 元
	五角	32 279 421 枚	16 139 710 元
	二角五分	1 141 000 枚	285 250 元
	二角	1 232 860 442 枚	246 572 088 元
	一角	235 004 212 枚	23 500 422 元
	五分	5 174 669 枚	258 733 元
铜元	百文	447 253 枚	44 725 元
	五十文	2 653 548 枚	132 677 元
	二十文	274 786 488 枚	5 495 729 元
	十文	28 583 195 956 枚	285 831 959 元

① 除川厂所铸藏元不计。

② 折合元数，以十角或千文合一元。

续前表

币质	种类及价值	所铸枚数	折合银元数
铜元	五文	37 942 952 枚	189 714 元
	二文	28 049 671 枚	56 099 元
	一文	185 937 661 枚	185 937 元
制钱	一文	5 250 102 000 枚	5 250 102 元

如表总计，合银元七万八千九百九十七万一千三百零一元三角三分三厘，约言之可称七万九千万元。其中一元银主币约占二万零六百万余，五角以下银辅币约占二万八千六百万余[①]，铜辅币约占二万零一千七百万余[②]。银铜辅币合计约五万零三百万余，与一元主币之数相较，大约主币居一而辅币几居三。统计局厂十七处，惟津、粤、鄂、川、宁、奉、滇、吉八厂，银铜币并铸，其余湘、豫、闽、苏、皖、鲁、赣、浙、清江九厂，均只铸铜币。现在只留津、粤、鄂、川、宁、奉、滇、湘八厂，余均停撤。”

清季及民国初年，均拟整顿钱币，颁行条例，皆不果行。

《中国泉币沿革》：“宣统二年四月十六日，度支部奏厘定币制，酌拟则例，同日明谕内外大臣，遵照则例，切实奉行。”同上：“民国三年二月八日，颁国币条例及施行细则。三月八日，特设币制局，监督进行，议借外债，克期办理。秋间欧战忽起，借款无望，年杪总裁辞职，撤局。”

近年币制日益紊乱，发行兑换券之银行，既日出不穷，已经停铸之铜元局，又重行开铸，虽经人民之呼吁，而在位者竟无术以剂其敝焉。

《全国银行公会建议案》（《东方杂志》第十八卷第三号）：“改革币制之条陈，裒然成帙，然民国币制破坏扰乱，甚于前清。即就

① 二角者约占二万四千六百余万。

② 十文者实占二万八千五百余万。

兑换券一端言之，民国四年十月，政府曾拟订取缔条例，凡已经发行纸币之银钱行号，有特别规定者，于营业年限后，应即全数收回；无特别规定者，由财政部酌定期限，陆续收回；未发行者，概不得发行。乃三年来，凡称中外合办银行，无不特许发行纸币，即一二与政府当局有关系之银行，亦享此特权，致令市面纸币驳杂，商民疑惧。……流弊所至，必至相率滥发，扰乱金融。一旦有停兑之事，全国将蒙其殃。……至于停铸铜元，中国商民之吁请，外国商会之要求，至再至三，政府已允饬令各厂一律停铸。乃昨年以来，因筹款无法，向外商赊购生铜，密令南京、武昌等厂铸铜元，变售银元，以铸余利充行政经费。于是各省效尤，纷纷加铸。安庆、开封已奉部令裁撤之铜元局，均已开铸铜元。近闻天津总厂，至有以全厂押借外款，专铸铜元，并发行铜元券之说。……图目前之少利，坏国家之大法，势必至以整理弊制之权，授之外人而后已。”

清代国用，岁不过数千万两。

《清财政考略》：“顺治七年以前，每岁入数一千四百八十五万九千余两，出数一千五百七十三万四千余两。”“康熙六十年，地丁银二千八百余万两，盐课银三百七十万两，关税杂税三百万有奇，米麦六百九十万担各有奇。”“雍正元年，岁入计共四千余万。”“乾隆五十六年，各省实征岁入银四千三百五十九万，岁出三千一百七十七万，而漕粮兵粮不与。”“嘉庆十七年，岁入银四千一十三万有奇，岁出银三千五百一十万有奇。”“道光二十二年，岁入地丁盐课关税共银三千七百一十四万，岁出三千一百五十余万。”“同治末年，岁入六千余万，岁出在七千万上下。”

宣统之末，增至三万数千万元。

《宣统四年岁入岁出预算表》：“岁入总计银三万五千八十五万

九千九百八十二元”，“岁出总计银三万五千六百三十六万一千六百七元”，“出入相抵，共亏银五百五十万一千六百二十五元。”

至民国八年，增至五万万元。

《民国八年岁入岁出预算表》：“岁入总计四万九千零四十一万九千七百八十六元”，“岁出总计四万九千五百七十六万二千八百八十八元。”

其支出之最巨者，厥惟军费，以光绪甲午以前额军饷干及勇饷之数，较之民国海陆军费之数，真有天壤之别。

光绪会计表 出项总表

年份	饷干	勇饷
光绪十一年	17 331 502 两	25 231 741 两
光绪十二年	18 598 460 两	27 715 780 两
光绪十三年	20 244 973 两	20 176 969 两
光绪十四年	18 361 425 两	22 798 851 两
光绪十五年	18 748 537 两	20 587 370 两
光绪十六年	20 356 159 两	19 993 253 两
光绪十七年	27 938 777 两	18 268 313 两
光绪十八年	19 757 179 两	18 607 255 两
光绪十九年	18 495 269 两	19 069 720 两
光绪二十年	22 766 734 两	18 908 025 两

民国元年及八年军费表

年份	陆军	海军
民国元年	161 695 792 元	8 982 935 元
民国八年	207 832 420 元	9 379 506 元

盖民国一年中所用于陆海军之费，可以供同、光以前政府全部之经费三四倍而有余。即比之宣统末年之国用，亦已占其三分之二，而其他独立省份所用之军费，尚不在北京政府预算之内，此岂国民所能担负乎！

国用增加，则恃内外债以救目前之急，而外资遂源源输入，一方则患其贫，一方则见其富。债款集中，而使用此债款者，任意挥霍，奢侈无艺。畸形之发达，乃以此十数年中为骤。居必洋房，行必汽车，赌博冶游，日支千万无吝色，问其来源，皆国债也。前清国债，自庚子赔款外，仅以中日战役之后所借七次外债为最巨。①

> 《民国行政统计汇报》："甲午以后，连借外债七次，统计债额银一千万两。法金四万佛郎，英金三千七百万镑。"

其清末币制借款，仅付四十万镑，余未及交而革命事起。

> 《国债辑要》："一九一一年一千万镑之大借款，两方交涉，正在困难之中，忽辛亥之乱起，四国银行团仅交付四十万镑之前付金，其余均一时终止。"

民国以来，政纲瓦解，中央政府不能节制地方，举凡到期之外债，急需之军费政费，举恃外债以应之。于是逐年以债累债，积至十二万万有奇。（民国十一年财政部公布外债数，有抵押品者，约共十万二千九百余万元；无抵押品者，约二万零四十万元，合计约十二万六千九百余万元。）而各省单独所负之债及交通部之债额，尚不在内。

> 《国债辑要》："铁道外资总额，合计三〇九八九〇〇〇镑。"

此民国政府所以为世所诟病也。清季尝募昭信股票及爱国公债，是为内债之滥觞。

> 《民国行政统计汇报》："我国内债，滥觞于前清光绪甲午年昭信股票之发行，定额一万万两，年息五厘，二十年还清。然其时人民鲜知运用公债之利，当道办理多未得法，以致购买无人，率归失败。辛亥事起，清政府复发行爱国公债，定额三千万元，年息六厘，通共收数不满一千二百万元。"

民国以来，以外债之不能应手，累年发行国内公债，积至民国十一年，凡

---

① 同、光间借款，在甲午前后陆续还清。

欠内债四万五千万有奇。（民国十一年财政部公布内债数，有抵押品者，约共二万零八百四十余万元；无抵押品者，约二万四千九百余万元，合计约四万五千七百余万元。）论者谓国民之实力即此可觇。然以人民有限之财，供当局无厌之欲，要亦所谓“取之尽锱铢，用之如泥沙”耳。

> 《全国银行公会建议案》：“民国发行内债，计元年公债一万二千余万元，三年公债二千四百万元，四年公债二千四百万元，五年公债一千五百余万元，七年长短期公债七十余万元，八年公债一千九百余万元，八厘军需公债五百七十余万元。整理金融公债，截至最近止，已发行四千七百余万元，共计票面三万余元。其间市价高低不一，以目下市价计之，约计现洋二万万元左右，此皆募自民间者。……年来变乱相乘，公私交困，而能吸收内债如此之巨，孰谓吾国民无实力乎。”

经济之变迁，全视人口与物质之关系。清代人口，虽无精确之统计，然当道光中已达四百兆之数。发捻之乱，人口锐减。同、光以来，生息又复其故。稽其约数，最近之人口，殆不下四亿三千余万。而近人之欲望与需要，远轶于前数十年，供求不相应，则时时现恐慌之状。道德之堕落因之思想之激烈因之，是亦自然之趋势也。

近数十年人口约数表

道光二十二年	（西 1842 年）	413 021 000
三十年	（西 1850 年）	414 493 000
咸丰十年	（西 1860 年）	360 925 400
光绪八年	（西 1882 年）	338 139 000
十一年	（西 1885 年）	377 636 000
二十七年	（西 1901 年）	407 253 109①
宣统二年	（西 1910 年）	438 425 000
民国十年	（西 1921 年）	443 382 000②

① 以上均据民国元年《世界年鉴》。

② 以上据海关册。

人口增加，而土地初未增拓，则生计自然日形困难。以民国五年农商部统计表观之，全国农田园圃凡十五万万余亩，以四百兆人分之，一人不足四亩，即以所列荒田合计，亦不过人得五亩，而常年灾歉之地，又占三分之一强，此所以常悬民食不足之问题也。

《民国五年农商部统计表》："各省田圃面积，一五七八三四七九二五亩。荒地面积，五七八八六七二九六亩。灾歉田地面积，六五三四七五四四五亩。"

吾国北方人民多食豆麦杂粮，南方人民则全食米，米价腾贵，则百物之价值随之而长。各地米价虽不一致，以上海近年米价腾贵推之，即可得其梗概。

《民食问题》（《东方杂志》第十七卷第十五号）："上海米价，在欧战以前，每担约五元。到去年十二月[①]已经涨到七元二角；今年四五月间，到了八元五角；六月初间，到了十一元；二十日后，居然涨到了十六七元。"

吾国号称农业立国，然每年尚须购入食米数百万担或数十万担。

民国元年至八年食米出入口统计表

年份	米入口	米出口	入超
民国元年	2 700 391 担	0 担	2 700 391 担
民国二年	5 414 896 担	0 担	5 414 896 担
民国三年	6 814 003 担	27 939 担	6 786 064 担
民国四年	8 476 058 担	22 263 担	8 453 795 担
民国五年	10 284 024 担	22 515 担	10 261 508 担
民国六年	9 837 182 担	37 912 担	9 799 270 担
民国七年	6 984 025 担	33 281 担	6 950 744 担
民国八年	1 809 749 担	1 227 692 担	582 057 担

故遇大荒，或邻国荒歉，需购吾米之时，则食料不敷分配，而贫民

① 民国八年。

有因以断炊者矣。

近年世界各国，因经济之变迁，而致工人罢工者，所在皆是。吾国受其影响，以及国内经济之变迁，亦时有罢工之举，而劳工问题遂为社会最重要之一事。虽都会及商埠与内地情形迥殊，不可一概而论，然牵联钩贯，各地之工价随时增长，亦如潮流之澎渤。试就清末汉口工厂之工价与近年广州劳工之工价相较，即知其增长之趋势矣：

《汉口》①："武昌织布厂工二千人，工钱分上、中、下三等：上等一日一人二百文，中等百五十文，下等百文。执业之时间，午前自六时至十二时，午后自一时至六时，夜晚七时至十一时。……纺纱局职工一千五六百人，工钱分三等：上等四百文，中等三百文，下等百文以上。执业之时间，午前六时至十二时，午后一时至六时，目下虽不为夜业，若有夜业时，则给以一日分之工钱。……官丝局职工四百七十人，皆系女工，工钱上等百八十文，中等百二十文，下等九十文。执业时间，午前自六时半至十一时半，正午自十二时至六时半。……第一工场职工四百五十三人，男工一日最高十五仙，最低七仙；女工最高十三仙，最低六仙。执业时间，每日午前七时至午后六时。……汉阳铁政局职工，男工四百余人，女工千人以上。炉子房男工，月薪六元，押板房六元，脱板房四元，上药房六元，轧刀房六元，装盒房女工每日五仙，抽斗业五仙，成包房七仙。"

《广州劳工状况调查表》②（郑筹伯）："织布工厂内漂纱及上机用男工，月薪十余元。织布则多女工，每织布一丈，得工值五分，每日约得二三角。织毛巾者多女工，每织一打，得工值三角，日可获四五角。机器工人月薪可得二三十元。造木船工人月薪不过七八元，造汽船者恒至二三十元。电灯工人，分修路线与厂内司机二

---

① 日本水野幸吉著，光绪三十四年刘鸿枢译。

② 《东方杂志》第十八卷第七号。

种。厂内司机者，月薪数十元，工作时间分日夜班，每班约八时至十时；修理路线者，月薪仅八元或十元耳。建筑工人，分泥水、造木两种，所业虽各不同，而工作必须互相联络。工值从前每日三角，近日已涨至七角。店主得一角，工人得六角。工作时间，如每日由六时开工，则至九时必休息一时或二时，至十一时后开工，至一时又必暂停，下午五时，则一日之工作完矣。人力车夫，日夜二人交替，合租一车。如遇旺时，日夜可得一元八角余，除车租外，实得一元二三角。二人均分，每人得六七角。”

国内之地，不足以养其人，则必求食于国外。华人之移殖海外者，远起宋元，至明代而渐盛。清代严海禁，而冒禁出洋者殊夥，大抵皆闽、广人也。清季华工之出洋者益多，往往受外人之排斥，而政府初不保护之，任其自为谋。

《中国五十年来之外交》：“同治十二年，古巴之夏湾拿（Havana）有虐待华工事，政府与日斯巴尼亚交涉，至光绪三年始议结。废同治三年招工之约，听华侨之自为谋。”“光绪六年《中美续约》，中国承认美国得有限定在美华工人数及华工居美年数之权。”“是后十余年，美国对于华工之取缔，逐渐加严。而欧工之中之爱尔兰人，仇视华工亦日以加厉。中国既承认美国之有权限制，则惟有听其所为而已。”“二十年，驻美公使杨儒与之订《中美保工条约》，中国允自禁华工之前往。”“从此，在美华工有减无增。”

间思吸取华侨之金钱，则派员一巡视，而名为爱护侨民，

《光绪政要》：“光绪三十四年，命农工商部右侍郎杨士琦，考察南洋华侨商业情形，历经美属之飞猎滨，法属之西贡，暹罗之曼谷和属爪哇之巴达维亚、三宝垅、泗水、日惹梭罗及附近苏门答腊之汶岛，英属之新加坡、槟榔屿，及附近之大小霹雳等埠。”

而于外人之苛待，固无术以抵之。

> 《中国五十年来之外交》："英荷所属之马来半岛及东印度群岛，华商颇占势力，而侨民之数亦特多。英属各大埠，我国早设置领事，而荷兰属地则否，华侨深以为苦。光绪三十年以后，荷人对于华侨更设种种之苛例，侨民大窘，屡告急于政府。宣统三年，始设立领事条约。"

论者谓吾国通商口岸输入恒超过输出，而其所恃以抵补者，在海外工商能以其工资及商业所得，输入祖国，然其数虽不能确定，大致亦甚微也。

吾国之对外贸易总额，年有增加，自表面观之，亦可谓为经济之进步。

> 《东方杂志》第二十卷第三号《三十年来之经济进展观》："国际贸易之有统计，始于光绪三年之海关册。全国进出口总数，自光绪三年以至十三年，均在二亿万两以内，其后历年增加。光绪三十四年增至六亿万两左右，宣统年间增至八亿万两左右，民国五年增至九亿万两左右，迨及民国十年，则历年增进，竟达于十五亿万两。""在光绪十九年间，全国贸易进出口总数，共为二亿七千余万两。今则十年度，上海一埠之贸易总额数，已有六亿三千余万两之巨，殆两倍于当年之全国总数。苟就贸易统计以观察之，则三十年来国际贸易之趋势，固不能谓为无进展也。"

然自通商以来，仅有光绪二年，出口之数超过入口，余均有绌无赢。

> 《四十年来中国贸易统计》："输出超过输入，仅最初光绪二年，计赢一千余万两。自光绪三年起，无岁不绌。光绪六年，绌数最少，为一百四十万余两。民国九年，绌数最多，为二万二千零六十一万余两。民国三年，欧战发生，各国军事倥偬，无暇扩张商业，我国正宜利用时机，大兴实业，发展对外贸易，以求输出之增加。

> 乃当民国四年欧战正烈之时，虽输入顿减，尚绌至三千五百六十一万余两之巨。”“此四十五年中共绌二十九万二千一百九十九万七千三百三十九两。除光绪二年，赢一千零五十八万零九百三十八两，实绌二十九万一千一百四十一万六千四百六十一两，平均每年约绌六千四百七十万两。”

故吾谓吸收散殊之各点，集中于新辟之地，新兴之业，与外人相竞争，而卒之仍为外人所操纵也。

第十九章　最近之文化

最近之文化，当以学校教育为主。清自同、光以来，既由科举而渐倾向于学校，至光绪三十年，诏废科举，民志益定。十余年来，中央政府与地方政府，虽对于教育，有提倡与摧残之二方面，而社会之心理，殆皆公认学校为民族文化之一大事，虽有私塾与其他讲学之团体，其盛衰固悬别也。民国初年，迭制教育统计，观其数字，固可以见其进步之梗概。

民国元年至民国五年全国学校概况表（教育部总计表）

事项	民国元年 第一次统计	民国三年 第二次统计	民国五年 第三次统计
学校	87 272 所	108 448 所	121 077 所
学生	2 933 387 人	3 643 206 人	4 034 893 人
卒业生	173 207 人	232 221 人	248 283 人
教员	129 297 人	164 607 人	187 350 人
职员	98 929 人	122 174 人	120 536 人
岁入	29 647 098 元	34 170 082 元	36 882 161 元
岁出	29 667 803 元	35 151 361 元	38 269 495 元
资产	83 041 199 元	98 087 158 元	11 813 740 元

以《新教育》杂志调查表观之，尤可以见各地文化之优劣焉。

《新教育》第五卷第四期全国各等学校学生数表（民国十一年）

省别	小学校 学生数	中等学校 学生数	高等专门 大学学生数	总数
直隶	551 073 人	13 570 人	6 917 人	571 560 人
山东	523 311 人	7 801 人	692 人	531 806 人
山西	320 861 人	6 385 人	1 035 人	328 281 人

续前表

省别	小学校学生数	中等学校学生数	高等专门大学学生数	总数
陕西	149 107 人	1 810 人	139 人	151 056 人
江苏	369 730 人	12 205 人	1 379 人	373 314 人
浙江	353 154 人	9 285 人	514 人	362 953 人
安徽	70 840 人	3 393 人	88 人	74 321 人
江西	134 172 人	5 529 人	627 人	140 328 人
河南	248 526 人	5 728 人	676 人	254 930 人
湖北	232 617 人	5 259 人	1 669 人	239 545 人
湖南	244 765 人	13 067 人	1 032 人	258 855 人
福建	139 337 人	5 475 人	616 人	145 426 人
广东	368 616 人	10 547 人	539 人	279 702 人
广西	168 538 人	3 911 人	227 人	172 676 人
甘肃	69 886 人	1 608 人	71 人	710 565 人
四川	535 603 人	11 489 人	138 人	548 410 人
贵州	64 138 人	2 235 人	281 人	66 654 人
云南	192 927 人	35 人	32 人	196 810 人
蒙古				
新疆	4 321 人	54 人		4 366 人
西藏				
黑龙江		1 065 人	117 人	
奉天	363 274 人	5 285 人	209 人	372 202 人
吉林		2 159 人	92 人	
热河		439 人		
绥远	26 900 人	127 人		27 628 人
察哈尔		162 人		
其他	5 131 687 人	132 432 人	19 282 人	4 183 401 人

清季教育，多取法于日本。张之洞所定学堂章程，最注重于读经，以其为中国文化之根本也。民国以来之教育，多取法于欧、美，而中小

学校之读经，首先废止，高等大学之经学科目，亦以次改革。急进之士，尤以反对孔子之学说、提倡后进、改造解放之声，震于一时。于是有所谓新文化运动者，以排斥旧道德、改革旧文学、创造新民族、建设新国家为目的。其他之主张革新而较为平和者，则以提倡职业教育，施行选科制度，采取欧、美最新之教学法，如设计教学及道尔敦制等，今方日进而未有艾焉。

新文化之运动，始于北京大学。北京大学之历史，亦吾书所不可不述也。《时事新报》载《北京大学之成立及其沿革》甚详，兹节其要于下：

《北京大学之成立及其沿革》："光绪二十二年，侍郎李端棻疏请立大学于京师。二十四年，始由军机处及总理衙门拟具《大学章程》八十余条，呈请开办。命孙家鼐为管学大臣，即景山下马神庙四公主府为大学基址，置仕学院，令进士、举人出身各京曹入院学习。庚子拳匪作，生徒四散，校舍封闭，大学停办者二年。二十七年，张百熙被命为管学大臣，延吴汝纶为总教习。汝纶病卒，副总教习张鹤龄继主教务。二十八年七月，奏定大学堂章程。十一月，开学招生，甄拔各省绩学之士，风气骤变。二十九年，张之洞奏上学堂章程，以总理学务大臣统辖全国学务，别设大学总监督。三十年正月，改刊管学大臣印为京师大学堂总监督印，至是大学始成独立机关。三十三年，刘廷琛为总监督，宣统元年十一月，始筹办分科，设经、法、文、格致、农、工、商七科，各科俱以预科及译学馆毕业学生升入。武昌起义，各科学生多有散归者。民国成立，改称北京大学校，总监督改称校长。严复任校长时，学生增至八百十八人。至三年，胡仁源署校长，全校学生增至九百四十二人。四年，增至千三百三十三人。五年，增至千五百零三人。六年，胡仁源辞职，赴美调查工业。蔡元培任大学校长，整顿校规，袪除弊习，停办工、农各科，专办文、理、法三科。至六年暑假，全校学生增至二千人，校中又创设各会，如进德会、哲学会、理科化学演讲会、雄辩会、音乐会、书法研究会、画法研究会、体育会、技击会、静坐会、成美学会及阅书报社、学生储蓄银行、消费公社等。”

北京大学之倡新文化，当民国七八年间，其时欧战既平，巴黎和议将以青岛付之日本，北京学生愤之，乃于八年五月四日，大举示威运动，以驱除卖国贼曹汝霖、陆宗舆、章宗祥为帜，迭经军警干涉，而学生之气不稍挫。于是五四运动之名词，赫然为教育界之一大事。

《东方杂志 · 中国大事记》：“八年五月四日，北京中学以上各校生，因巴黎和会议定将青岛让与日本，非常愤激，于本日聚集数千人，排队出行，为一种示威运动。并四处分送传单，手白布旗，书力争山东问题、排除卖国汉奸及卖国贼曹汝霖、陆宗舆、章宗祥等字，先至东交民巷各国公使署，递意见书。途经曹汝霖住宅，群拥入质问，适回国驻日公使章宗祥在曹宅，被众攒殴，受伤甚重。寻曹宅火发，学生整队散去，警察及步军游击队捕去学生数十人，未几即经保释。事后交通总长曹汝霖、币制局总裁陆宗舆及教育总长傅增湘等，均呈请辞职，国立北京大学校长蔡元培亦辞职出京。”

后以政府财政困难，恒欠学校经费，国立诸校常感恐慌，而所倡之新文化，恒受社会之反对，其焰稍稍衰焉。

吾国教育之不能普及，原因孔多，论者谓文字之艰深亦其一因，遂有改造汉字之议，倡始于王照之官话字母及劳乃宣之简字。

《统一国语问题》（陈懋治）：“五十年来国语问题及其改进之历史，分为四期：第一期，用罗马字母拼音代汉字。此期起源远在明季，其时基督旧教始来我国，欧西人士入我内地者，辄用罗马写其地之方音，以便学习华语。有清一代，新旧两教教徒来者益多，于是此罗马字拼中国音之法，传播益广。此类之书，今教会中新旧都有出售。”“第二期，白话书报初起，各地拼音文字之发生。此期大略在前清光绪甲午年以后，教育普及之说，萌芽是时，故白话书报往往出版于各大都会，而浙江之《杭州白话报》、北京之《京话日报》，其最著者也。又因基督教所设学校，其教科书颇用白话，于是亦有仿为之者，是即今日学校用语体文之滥觞矣。至各地之造拼音文字者，首有广东王炳燿氏，嗣有福建蔡毅若氏，而推行最广者，为直隶王照氏之官话字母。因官厅之提倡，北京、天津、东三省、山西传习者甚众，其后浙江劳乃宣氏，用王氏字母，改名简字，奏设学堂于江宁，大江南北习之者亦不少。”

民国二年，教育部召集读音统一会，制定注音字母，至七年公布。

《统一国语问题》：“民国元年十二月，教育部颁布读音统一会章程。二年二月十五日开会，三阅月而会毕，制定注音字母三十有九，审定字音六千五百余。”“会员七十九人，会议选用字母时，颇多争执。结果，议决用固有之汉字，择笔画最简单者，取其双声以为声母，取其叠韵以为韵母，其写法，则凡与楷书易混者，皆改用篆体。”同上：“民国七年十一月，教育部公布注音字母。”

于是小学校之读本，改国文为国语，师范学校亦以国语与国文并教。然其始冀以省笔之字母，代繁笔之汉文者，后则变为以俚俗之方言，代通行之文句。而读音虽号统一，又有京音及国音之别，各成风气，不相为谋，统一之期，盖有待也。

与改造汉字并时而兴者，有中国打字机，而其原，则本于汉字之不可废。

《创制中国打字机图说》（王汝鼎）：“日本山本宪氏，著有《息邪》一篇，篇中以中文与西文相较，其便与利之点，悉属中文；而不便与不利者，都系西文。因知中文为现今世界最完善之一种文字，西文之勃兴，徒以随其国势而然耳。故其断案曰：中国文字，不独现今流行于东亚各国，他日必遍布于宇内。倡汉文废止论者，妄也；倡汉文节减论者，亦妄也。”

初，美、日两国人，均思创造中文打字机，均未完善。有无锡周厚坤者，创造一机，能配置中文六千字。

《创制中国打字机图说》：“一美国教士之寓北京者曰翕脯而特，于一八九九年，创一打字机，形为一直径四尺之大平圆板，上置四千整形之中国字模印，附以其他成印之机件，惜尚未完全制成。”“又有一日本工程师，其机方在实验中。”同上：“周君厚坤，一九一〇年，留学美国意里那大学，习铁路工程科。明年，转学于波士顿麻省理工大学，改习机械、造船两科。一九一四年同时毕业，得机械、造船两学士位。一九一二年，创造中国打字机。”“其机内部有同式之圆筒四，每筒直径三英寸，长十英寸。于其周围，约可配一千五百字，字之大小，为一英方寸四分之一。四筒共可配置六千字，此数可随意增减。一十字机架，支于两端之机干上，负此四筒，如太阳之环以行星焉。”①

周仍思实验而再求改良，此可以见汉字之不适于用之说，未可尽信也。

欧战以后，世界思潮，回皇无主，吾国学者，亦因之而靡所折衷，不但不慊于中国旧有之思想制度，亦复不满于近世欧、美各国之思想制度。故极端之改革派，往往与俄国之过激主义相近，次则诵述吾国老、庄、鲍生之说，期反于原人社会，而抉破近世之桎梏，是亦时势使然也。然因此现象，复生二种思潮：一则欲输入欧、美之真文化，一则欲昌明吾国之真文化，又以欧、美人之自讼其短，有取法于吾国先哲之思。

《申报·德国通信》：“德国近半世纪以来，因物质文明发达之故，一般人多趋重物质主义，而丧失精神生活。一部分有思想之青

① 见《东方杂志》十二卷十号。

年，遂相约逃出物质，反于自然。于是所谓游鸟及自由德意志青年等等团体发生。此等团员，大率衣履务尚俭朴，行动极求自由，其出版物中，曾有一文曰《庄子解说中之道教》，文中极推崇老子，并谓老子堪作彼辈唯一无二之大师云。现在德国智识阶级中，几无一人不知老子。除老派外，又有所谓孔派，凡属国际青年团之人，几无一人不知孔子。该团每次开会，往往先读《论语》一节，颇似耶稣教徒之念《圣经》。至于演说，更屡次提及孔子，对于孔子文化所陶养之中国人，尤引为唯一无二之良友。"

而吾国人以昌明东方文化为吾人之大任之念，乃油然以生。

《东方文化与吾人之大任篇》（陈嘉异）："东方文化一语，其内涵之意义，决非仅如所谓国故之陈腐干枯。精密言之，实含有中国民族之精神或中国民族再兴之新生命之义蕴。所谓吾人之大任一语，乃对吾民族而言，非对一二先哲为言；抑非仅对吾民族而言，实对世界人类而言。以故吾人今日所以振兴东方文化之道，不在存古，乃在存中国。抑且进而存人类所以立于天壤之真面目，亦尚非保存国粹之说所得而自阈者也。"①

又进而以儒家之根本精神，为解决今世人生问题之要义。

《先秦政治思想史》（梁启超）："吾侪确信人之所以异于禽兽者，在有其精神生活；但吾侪又确信人类精神生活，不能离却物质生活而独自存在。吾侪又确信人类之物质生活，应以不妨害精神生活之发展为限度，太丰妨焉，太觳妨焉，应使人人皆为不丰不觳的平均享用，以助成精神生活之自由而向上。吾侪认儒家解答本问题，正以此为根本精神，于人生最为合理。""吾侪今所欲讨论者，在现代科学昌明的物质状态之下，如何而能应用儒家之均安主义，

① 《东方杂志》十八卷一号。

使人人能在当时此地之环境中，得不丰不觳的物质生活实现而普及。换言之，则如何而能使吾中国人免蹈近百余年来欧美生计组织之覆辙，不至以物质生活问题之纠纷，妨害精神生活之向上。此吾侪对于本国乃至对于全人类之一大责任也。”

其思想之冲突而相成，实一最奇幻之事也。

文化非一端可罄，学术亦非一事可概。近人提倡孔、老哲学者，既由旧理想一变而为新理想，而研究考据之学者，又因交通之关系、物质之发展，亦阴受其赐，而有与世界各国学者共同研究之风。如殷虚之古甲骨，如汉、晋之木简，如敦煌石室之古写本，既自清季发见，而中外学者闻声相应，研寻考索所得，于古史事大有发明。故论者谓今日专门旧学之进步，实与群众普通旧学之退步为正比例，是亦一奇幻之事也。

《东方杂志十九卷第三号抗父氏最近二十年间中国旧学之进步》：“（一）殷商文字。光绪戊戌、己亥间，河南安阳县西北洹水崖岸为水所啮，土人得龟甲牛骨，上有古文字。估客携至京，为福山王懿荣所得。庚子秋，王殉难，所藏悉归丹徒刘铁云鹗。而洹水之虚，土人于农隙掘地，岁皆有得，亦归刘氏。光、宣间所出，则大半归于上虞罗叔言振玉。王氏所藏凡千余片，刘氏藏三千余片，罗氏藏二三万片。其余散在诸家者，当以万计。而驻彰德之某国牧师[1]，所藏亦近万片。其拓墨影印成书者，有刘氏之《铁云藏龟》十册，罗氏之《殷虚书契》前编八卷后编二卷、《殷虚书契菁华》一卷、《铁云藏龟之余》一卷。后英人哈同复得刘氏所藏之一部八百片，印行《戬寿堂所藏殷虚文字》一卷。甲骨所刻，皆殷王室所卜祭祀伐征行幸田猎之事，其文字较比彝器尤古，且所裨益于文字学者尤大。（二）汉晋木简。实英印度政府官吏匈牙利人斯坦因博士（A. Stein）之所发掘。博士于光绪壬寅、癸卯间，曾游我国新

① 本志编者按：即英人明义士（J. M. Menzies）君。

疆天山南路，于和阗之南发掘古寺废址，得唐以前遗物甚夥。复于尼雅河之下流，获魏、晋间人所书木简四十枚。博士所著《于阗之故迹》（Ancient Khotan）中，曾揭其影本，法国沙畹教授（Ed. Chavannes）为之笺释。又于丁未、戊申间，复游新疆全土及甘肃西部，于敦煌西北长城遗址，发掘两汉人所书木简，约近千枚。复于尼雅河下流故址，得后汉人所书木简十余枚。于罗布淖尔东北海头故城，得魏、晋间木简百余枚，皆当时公牍文字及屯戍簿籍。其后日本大谷伯爵光瑞前后所派遣之西域探险队，仅于吐鲁番近侧，得魏、晋间木简三四枚而已。斯氏戊申年所得之木简，沙畹教授复为之考释，影印成书。罗君复与海宁王静安氏国维重加考订，于甲寅之春，印以行世，为《流沙坠简》三卷、《考释》三卷、《补遗》一卷、《附录》二卷。（三）敦煌千佛洞石室所藏古写书。石室之开，盖在光绪己亥、庚子之际，然至光绪季年尚未大显。至戊申岁，斯坦因博士与法国伯希和（P. Pelliot）先后至此，得六朝及隋、唐人所写卷子本书各数千卷，及古梵文、古波斯文及突厥、回鹘诸古国文字无算，始为我国人所知。其留在石室者，尚近万卷。后取归学部所立之京师图书馆。前后复经盗窃，散归私家者，亦数千卷。其中佛典居百之九，其四部书为我国宋以后所久佚者：经部则有未经天宝改字之古文《尚书》孔氏传及陆氏《尚书释文》、麋信《春秋穀梁传解释》、郑氏《论语注》、陆法言《切韵》；史部则有孔衍《春秋后语》，唐时西州、沙州诸图经，《慧超往五天竺国传》；子部则有《老子化胡经》、《摩尼教经》、《景教经》；集部则有《玄谣集》、《杂曲子》及唐人通俗诗、小说各若干种而已。逸四部书之不重要者及大藏经论，尚不在此数，皆宋、元以后所未见也。罗氏就伯氏所寄之影本，写为《敦煌石室遗书》，排印行世。越一年，复印行其影本，为《石室秘宝》十五种。又十一年，癸丑，复刊行《鸣沙石室逸书》十八种。又五年戊午，刊行《鸣沙石室古籍

> 丛残》三十种及《鸣沙石室佚书续编》四种。又四年，辛酉，伯氏复以陆法言《切韵》三种影本寄罗君，石印以行世。”

又自民国初年农商部设立地质调查所，集中外地质学者，调查吾国之地史。而吾国未有史籍以前之器物，古始以来地层构造变化之状，亦渐可说明其系统，而治斯学者，且出所得与万国地质学者聚会而讨论焉。是亦前此讲学者之所未见，而实有所不逮者也。

自清嘉庆中，英人玛礼逊来华传教，为耶稣教[1]传入中国之嚆矢。

> 《欧美人于中国之文化事业》（日本山口昇）：“对于支那人最初宣传新教之教义者，有英国浸礼教会之玛尔斯门（Joshua Marshman）氏。其人生于澳门，为一美人之助手，尝费十六年之功，以汉文译《新约圣经》。然通常之说，则以一八〇七年九月一日到广东之伦敦会之玛礼逊（Robert Morrisson）氏（一七八二—一八三四），为对支那宣传新教之嚆矢。”

至道光中，五口通商，教士之来华者渐多，设立医院及学校，从事布教事业，其势渐轶于旧日天主教士之上。

> 《欧美人于中国之文化事业》：“一八四三年，开第一回宣教师大会于香港，出席宣教师之数，仅十五人。经二十年，至一八六五年，组织支那内地会，益进而宣传于内地。其时宣教师之数，达一百十二名，教会正会员[2]至三千一百三十二名。一八九〇年，开第三回宣教师大会于上海，其时宣教师之数，达一千二百九十六名，教会正会员共三万七千二百八十七名。”

庚子拳匪之乱，教会之进行虽似少挫，然辛丑议和之后，国人惩于前事，无敢非议耶教，甚且以入教求学，得受欧、美之文化为荣。而教会之势，乃炎炎日上。

---

① 即新教。

② 受洗礼者。

《欧美人于中国之文化事业》："团匪事变，联军占领北京，两宫蒙尘。处排外官吏以严罚，偿以巨额之赔款，使支那人感觉吸收泰西新文化之必要，大促识者之觉醒。从来向低级之支那人试行布教之宣教师，于兹一变方针，乃为满足此等支那人之希望，爰以各教会之合同及各科学会之力，著手于支那之高等教育。一九〇七年，于上海开新教百年纪念。据其报告，一九〇五年，宣教师有三千四百四十五人，教会正会员有十七万八千二百五十四人。"

民国成立以来，教会之学者，渐进而居于政治教育之要地，其势益盛。据一九一八年之调查，其进步之速率及事业之广被，至可惊诧。

《欧美人于中国之文化事业》："一九一八年之新教大势如下：（一）布教关系。计外国宣教师五九六一人，华人宣教师二三三四五人。外人驻在地九四四处，教会正会员三一二九七〇人，信徒六五四六五八人。日曜学校四三〇一所，日曜学生二一〇三九七人，华人捐款八四六七八七元。（二）学校关系。计大学校十八所，大学学生七七二人；中学校二二八所，中学学生一一八九二人；初等小学校五三二九所，初等小学生一三八九四三人；高等小学校五七三所，高等小学生二〇八三二人；师范学校一一九所，师范学生三一二五人；神学校三十所，神学生六一〇人；实业学校三二所，实业学生一三七五人；幼稚园七五五所，幼稚园生三四九七人；孤儿院三八所，孤儿院生一一五八人。外国男教师四〇五人，外国女教师五九二人；中国男教师七六三五人，中国女教师二九九八人。（三）医疗关系。计外国男医士二七〇人，外国女医士八十一人，外国看护妇一六二人，病院三二〇所，注册诊病者三二八五〇六七人。医学校二十一所，医学生男三八九人，女六十三人，华人捐款八六〇二八二元。"

民国十一年，各地学生有非宗教同盟之举。

> 《东方杂志·时事日志》："民国十一年三月十六日，世界基督教学生同盟，定于本年四月一日在北京清华学校开第一次大会，同时上海方面，发生非宗教学生同盟大运动，发表宣言，通电全国学生。"

而论者谓信仰基督教，视信仰近日各地新兴之社院等，犹为彼善于此。

> 《评非宗教同盟》（梁启超）："现在弥漫中国的下等宗教，什么同善社、悟善社、五教道院等，其实狠猖獗。其势力大于基督教不知几十倍，其毒害是经过各个家庭，侵蚀到全国儿童的神圣情感。我们全国多数人在此等信仰状态之下，实在没有颜面和基督教徒争是非。"

盖国事不宁，社会紊乱，国外之宗教，既挟其国力与其文化，乘我之隙而得我之民心。而迷信中国旧日之神教者，亦窃其法，欲假宗教之力，以弭人心之不安，是皆时势之所造成也。